演讲与口才

周维／编著

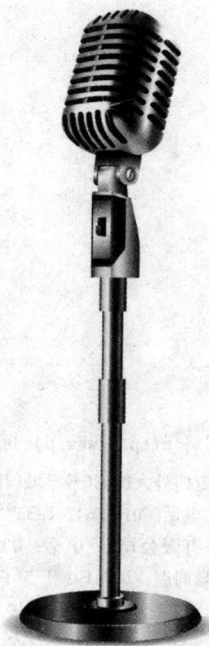

北京时代华文书局

图书在版编目（CIP）数据

演讲与口才 / 周维编著. —— 北京 ： 北京时代华文书局，2019.10
（2019.12重印）

（沟通的智慧）

ISBN 978-7-5699-3208-9

Ⅰ．①演… Ⅱ．①周… Ⅲ．①演讲－通俗读物②口才学－通俗读物
Ⅳ．①H019-49

中国版本图书馆 CIP 数据核字（2019）第 220454 号

演 讲 与 口 才
YANJIANG YU KOUCAI

编　　著 ｜ 周　维

出 版 人 ｜ 王训海
选题策划 ｜ 王　生
责任编辑 ｜ 周连杰
封面设计 ｜ 乔景香
责任印制 ｜ 刘　银

出版发行 ｜ 北京时代华文书局 http://www.bjsdsj.com.cn

　　　　　北京市东城区安定门外大街136号皇城国际大厦A座8楼

　　　　　邮编：100011　电话：010-64267955　64267677

印　　刷 ｜ 三河市京兰印务有限公司　电话：0316-3653362

　　　　　（如发现印装质量问题，请与印刷厂联系调换）

开　　本 ｜ 889mm×1194mm　1/32　印　张 ｜ 5　字　数 ｜ 107千字
版　　次 ｜ 2019 年 10 月第 1 版　印　次 ｜ 2019 年 12 月第 2 次印刷
书　　号 ｜ ISBN 978-7-5699-3208-9
定　　价 ｜ 168.00元（全五册）

‖ 目录 ‖

第六章　这样演讲，让你的声音传得更远，让你的舞台变得更大

第一章

卓越口才可以创造精彩

演　讲　与　口　才

Yan Jiang Yu Kou Cai

1. 说话可以创造精彩，也可以制造阴霾

说话是一门学问，也是一门艺术，不仅要说得对，更要说得好。

有这样一个笑话：

刘大是个老实人，但往往因为不会说话而得罪人。有一年刘大过生日，邀请他最好的朋友张三、李四、王五和赵六四个人到他家吃饭。

马上就要到吃饭的时间了，其他人都已到齐，可是赵六迟迟没有出现。有点抱怨的刘大嘟哝了一句："该来的不来。"

这话被张三听见了，他心想："难道他的意思是我不该来？"于是他气愤地走了。

眼看着张三走了，拦都拦不住，刘大有点懊悔地感叹了一句："唉，不该走的又走了。"

李四一听，心想："他的意思是我应该走？"于是，心里很不是滋味的李四也走了。

见李四走了，刘大无奈地摇了摇头，对仅留下来的王五说："我又不是说他，他怎么走了。"

王五心想："不是说他？难道是在说我吗？"于是他也"知

趣"地走了。

本来一个热热闹闹的生日聚会，突然间变得这么冷清。一桌的美味佳肴冒着热气、透着香味，而刘大只能在一旁反省："我到底说什么了，他们怎么都走了？"

在人们交往的过程中，说话的重要性是不言而喻的。在一句话里，包含的不仅仅是文字上的内容，还包含着它所携带的语气、情感、言外之意等附加因素。刘大的失败在于，他没有意识到自己话里的言外之意。他的话原本是很质朴的老实话，但它们的言外之意却是会对别人造成伤害的"恶言"。

恶言分两类，一类是"言者无心，听者有意"，另一类是说话者故意恶言相向。

苏轼、黄庭坚、米芾、蔡襄是宋代著名的书法四大家，合称为"苏黄米蔡"。有一次，蔡襄送了米芾一些好茶，米芾尝过以后觉得很好，十分高兴，于是到赵三言家请他一同品尝。赵三言是皇亲国戚，擅长演奏笛子，米芾很欣赏他，两人关系很好。茶终于沏好了，清香扑鼻，然而赵三言只是独自品着，丝毫没有称赞的意思。米芾有点不高兴了，更令他气愤的是，赵三言喝茶时还不停地发出吧嗒嘴的声音。米芾实在忍受不了了，于是说了一声："真俗！"然后拂袖而去。

因为和赵三言是好友，所以这次米芾出言不慎并没有惹上大祸，然而这种恶语伤人的习惯终有一天会给他带来麻烦。

有一天，米芾、黄庭坚和当时官居御史的杨皓相聚饮酒，当时有三个歌伎相陪，杨皓喝得尽兴，一时忘乎所以，就把一个歌伎的鞋脱了下来当酒杯。这时候，米芾实在看不下去了，有洁癖的他难以忍受用鞋喝酒这种行为，于是当场大喊："成何体统！"并把酒桌掀翻在地。杨皓虽然嘴上没说什么，但是心里暗暗记恨了米芾。后来，米芾因一幅字画入了大牢，恰巧杨皓负责那个案子，杨皓故意把米芾的饭菜弄得很脏，以此来恶心有洁癖的米芾。

当然，米芾后来安然度过了这次牢狱之灾，但给我们的启示是"不好听的话也可以制造阴霾"。那么，"好言"会有什么特殊效果呢？

陶行知是我国现代著名的教育家，他不仅以其毕生的奋斗促进了教育事业的发展，也用他的实际行动为我们诠释了说话和交往的艺术。

抗日战争期间，陶行知在重庆创立了育才学校，并且担任该校的校长。一天下午，他正在校园里散步，突然看到两个小男孩正相互追逐，后面的孩子手里还拿着一块石块，看着马上就要打起来了。陶行知赶紧上前制止，并让打人的小男孩一会儿到校长办公室。

当陶行知散步回到办公室的时候，小男孩已经在门口等他了。他们走进去，陶行知让小男孩和自己面对面坐下来，这让小男孩感到意外。然而，更令人意外的事还在后面。

陶行知从兜里摸出一块糖来，递到小男孩手里，说："这块糖是奖励给你的，原因是你不仅守约，而且还比我来得早。"小男孩把糖攥在手里，感到很诧异。

陶行知又掏出一块糖递给他，说："刚才我让你住手，你就住手了，这说明你尊重我，值得奖励。"小男孩仍然意外地望着校长。

接着，陶行知掏出第三块糖来，和蔼地说："我刚刚去问了问你同学，他们说你之所以跟那个同学打架，是因为他欺负女同学。这说明你是有正义感的好孩子。"他把糖递到小男孩手里。

这时，小男孩哭了，红着脸说："陶校长，我错了，无论出于什么理由，我都不该和同学打架……"

男孩的话还没说完，陶行知就拿出了第四块糖，奖励他的勇于承认错误。

陶行知和小男孩的谈话本质上是一种批评和教育。即便这样，陶行知也没有用恶言教育小孩，而是选择了和糖一样甜的好话，这样的教育效果与前者有天壤之别。

因此，好话使人感到春风拂面，不中听的话则让人心中留下阴霾。

2. 赠人玫瑰，手有余香

在人际交往中，赞美是必不可少的。赞美如芳香四溢的玫瑰，不但能给别人带来喜悦，还能"手有余香"。

现代文明的演进过程是一个信息不断爆炸的过程。早在工业革命时期，交通运输的发展就开始拉近人与人的空间上的距离；后来，随着广播、电视、网络等媒介的崛起，人们能在瞬间了解世界各地正在发生的事情。

在古代农业文明时期，很多人一辈子走不了多远，去不了多少地方，见不了多少人。他们会在某个地方生活很多年，交往的对象也十分固定。在一个村子里，如果有一个外人进来，会瞬间引起很多人的注意。因此，古代人更容易获得与自然、与社会、与交际对象的稳固关系，这些关系的稳固有利于他们确认自我、肯定自我、对自我产生满足感。

现代人就不同了。我们从小就开始频繁地接触陌生人，为了求学和工作，要奔走于很多地方。一方面，这些无疑会使我们获得经历，增长见识；但另一方面，它们也使我们不断地产生自我怀疑。

最典型的例子是，在门户网站热点新闻的下面，或者热门微博的下面，会有成千上万条评论，这些评论发自成千上万的不同的人，他们的观点千差万别。当我们带着自己的观点来观看这些评论时，内心会十分矛盾，既想坚持自己的，又觉得很多人说的也很有道理。

自我怀疑是因外部世界对自我的否定和压迫而产生的一种消极心理。由于现代社会的发展、信息的爆炸，人们对外部世界的了解逐步增多，它们对自我确认构成威胁，于是这一消极心理被加剧了。在这样一种心境下，人们很难拥有较强的行动力，很难积极乐观地面对生活。这时候，来自他人的肯定就显得更加重要。

小李是一家房地产公司的销售人员，他很热爱自己的工作，不仅工作业绩突出，而且深受领导和同事欢迎，然而一开始他并没有获得这么多。来公司的第一年，新年的时候公司举办了元旦晚会，小李被安排和同事合唱一首歌。这可让小李为难了，他从来不敢在公众场合唱歌。小时候，他是有这个胆量的，但是那时他的姐姐经常说他唱得难听，慢慢地，他丧失了唱歌的勇气。无独有偶，上小学和初中的时候，有同学评价他长得难看，印象中母亲也曾经这样数落过他，因此他总是认为自己与"帅"无缘。他也曾经用数码产品录下自己的声音，然后斩钉截铁地说："我说话声音真难听！"事实上，这些判断并不客观。正是这些带有偏差的消极自我认识，使小李从小到大一直处于自卑之中，刚开始他的工作并不顺利，在同事面前唱首歌都使他很难为情。

由于表演节目是公司的规定，小李不得不和一位女同事一起登台。排练的时候，小李让同事十分失望，原因并不是他五音不全，而是没有自信。但是同事并没有把自己的不满表现出来，而是用一句句赞美的话来代替。几天下来，小李逐渐获得了勇气。每当回忆起这段往事，"你唱得真好！"这类话依旧萦绕在他的耳畔。

其实，赞美小李的不仅仅是这位同事。由于他在与客户沟通时态度很好，所以经常能够赢得他们积极的评价。"小伙子性格挺好的！""你看上去很干练！"这些话一次次激起小李内心的欢喜。他开始用更加积极的姿态面对工作和生活，他发现，自己长得并不难看，说话的声音并不难听。就这样，更加自信和努力的小李慢慢受到了同事的喜欢和领导的重视。

其实，小李心里明白，自己还是原来那个自己，唯一的变化是，以前总是自我怀疑，后来相信自己了。之所以会产生这些变化，要感谢同事和客户一句句的赞美，要感谢人与人之间正能量的传播。他决定把这种正能量传播下去，以自己的实际行动真心赞美别人。

那么，我们该如何赞美别人呢？

首先，赞美要发自内心，真心实意。一方面，如果赞美不是出于真心，那么它就沦为了"溜须拍马"和"阿谀奉承"。另一方面，即使赞美者表演得再好，也很容易被被赞者识破，而一旦被识破，对对方造成的伤害比"恶言"还要严重。

其次，要找准赞美的对象和方向。并不是人人都需要赞美，例如那些自以为是、狂妄自大的人。与之相对的是自卑的人，他们是赞美的需求者。其实，当我们扪心自问时会发现，大多数人是自卑的，或者说，人人都有自卑的一面。在交际中，我们应该试着赞美那些自卑、消极和压抑的人，并且知道他们为什么自卑、消极和压抑，找准原因后有针对地、恰到好处地赞美。

最后，赞美在表达上要清楚、恰当。如果赠送的方式不好，再美的玫瑰也会招人厌烦。赞美时言语要清楚，意思要明确，言辞要有分寸，要恰到好处，防止模糊或夸张。

3. 予人善言，赢人尊重

俗话说："言语伤人，胜于刀枪。"用尖酸刻薄的话来讽刺挖苦别人是损人不利己的。恶言满足了自己的一时口舌之快，却在人际交往中伤害了别人。

反之，好话不仅让人听得高兴，而且能获得来自对方的善意的尊重和回报。

某大学的一位中年教授负责本科生的"大学语文"课程。有一次，一位负责教务工作的年轻老师推开了中年教授办公室的门，来反映学生对这位教授教学工作的意见。年轻老师的性格比较直爽，上来就口无遮拦地说："学生们对你的课有些意见，说你讲得太简单了，不够精彩、不够深刻。他们已经不是高中生了，都是本科生，语文成绩都是在千军万马中跑出来的，你可不能炒冷饭啊。"

年轻老师说得很有道理，但是他的言辞使这位教授心里冒起了火。作为一位汉语言文学教授，他对词汇的理性意义和感情色彩都很敏感，"炒冷饭"这个词对他来说有明显的批评色彩，对他来说，这是一种羞辱。中年教授接受了年轻老师的"建议"，但是可想而知的是，今后两人的关系不会那么融洽了。

这原本是一件很简单的事，年轻老师完全可以说得更加委婉一些，毕竟对方是为人师表的教授，也是年龄比自己大很多的长者。

一句话或者一席谈话中往往包含的不仅是言语，还有言语之外的附加信息。例如，对对方是否尊重这一信息。可以肯定的是，善意的好话包含着"尊重"，恶意的话则包含着"不尊重"。

美国心理学家马斯洛有一个著名的理论，叫作"马斯洛心理需求层次理论"。该理论把人的需求分成五个层次，分别是生理需求、安全需求、爱和归属感、尊重、自我实现。这五个层次是按照由生理到社会、由个体到群体顺序排列的。由此可见，尊重是人的主要需求之一，也是在个体社会交往中的主要诉求。在交谈中，如果不能传递"尊重"这一信息，那么这次交谈便是失败的，与对方保持融洽的稳固关系是不能实现的。

我们该如何做到"予人善言"呢？

第一，避免直接说出敏感的话。

俗话说："打人不打脸，骂人不揭短。"平时的交谈中就更不能"揭短"了。每个人都有属于自己的"敏感话题"，世界上不存在"敏感的人"或"麻木的人"，只存在一个让人"敏感的事"和"麻木的事"。例如，不要跟身高较低的人谈论高个子的优越性，不要在婚姻破裂的人面前谈论自己家庭的幸福美满。

第二，学会委婉的表达方式。

直肠子的人往往更真诚，真诚是可贵的，但不计后果的说话方式是不可取的。无论是忠告、劝导，还是评论、建议，直接有力的表达方式只在特殊情况下使用，多数情形下要使用更加委婉的方式，这不仅能使对方更有尊严，还能实现交谈的效果。

第三，开玩笑要适可而止。

有些人往往自诩能言善辩，很懂得人情世故，嘴巴永远是甜的。但是我们在生活中可以发现，这种"会说话"的人也很容易得罪人，而这些"恶言"多半是由玩笑不当引起的。因此，即使是最要好的关系，也要注意说话的分寸，假如换个角度看，"玩笑"可能很严肃。

予人善言，不仅能给予他人尊重，还能把这种尊重回馈给自己。正是由于这种善言的传播，我们的人际关系才会变得越来越和谐。

4. 口才是一门终生学习的必修课

俗话说："活到老，学到老。"实际上我们不仅仅要学习知识，还应学习说话。人的本质属性在于自身的社会性，交往、说话是人一生的重要组成部分。

在法国文学家加缪的笔下，曾展现了这样一个人物：

她是一位六七十岁老太太，虽然身体日渐衰老，但是很硬朗，死亡离她还很遥远。但她并不快乐，因为她的亲人没有一位活在世上，她也不再与朋友联系。她有一份足以够她养老的财产，因此她也不需要从事任何工作。所以，她每天都不说话，她每天的事情就是修造自己死后要下葬的墓穴。

有一天，她突然意识到，自己已经死了。是的，对于别人来说，她确实已经死了，因为她和其他人的世界已经没有了任何交集。一个只沉浸在自己的世界而和他人没有任何关系的人，算不上是一个完整的人，也无法得到真正的快乐。

想拥有完整而幸福的人生，就需要融入他人的生活，而融入的最主要方式就是说话。说话是人的一生要从事的活动，即使哑巴都在用自己的方式在交流。说话是一辈子的事，是一辈子的学问。

在当代，科学技术不断进步，说话更成为了一门必修课。

无疑，科技的发展给人们的日常交际带来了很多方便。有更多的沟通渠道供我们选择：当面交谈、电话交谈、手机聊天工具交谈。有更多的沟通方式摆在我们面前：文字、语音、视频。有更多种类的选择可以被我们巧妙利用：留言可以避免直接说出的尴尬；点赞、评论可以展现关心和支持；在社交工具上发表动态，表面上是对所有人说的，却可以巧妙地把信息传达给个别人。

但是，科技也逼迫着人们学习说话，使说话这门必修课变得越来越重要。

这两年，学校的考试中出现了一道有趣的看图作文题目。图画大意为：几个年轻人围坐在一起吃饭，桌子上的饭菜很丰盛，但是大家都沉默着，低着头玩手机。手机给人们的交流带来了很多方便，但同时也降低了人们说话的能力。正如看天气一样，古人能通过观察星象或者看云来预测未来几天的天气状况，而现在天气预报不仅驻扎在电视里，还走进了手机，被装进了每个人的兜里，这使我们不必通过抬头仰望就能获得更准确甚至精确的天气预测，但是却降低了我们的观察能力。当人们越来越多地依赖手机时，面对面交谈的能力就会受到极大的威胁，这样，学习说话就显得迫在眉睫。

互联网的发展带来网络词汇的传播，大量来自网络的热门信息也成为人们日常谈论的主要话题。中老年人经常抱怨很难与儿女沟通，这不仅仅有所谓"代沟"原因，还有交流方式不同和由此带来的思维方式不同的缘故。

因此，把说话当作一门终生学习的必修课还意味着，要不断接触新事物，了解新的说话方式和内容，这样才能和对方顺利拉近距离。宋代文学家苏轼自诩上能和玉皇大帝聊天，下能陪街头的乞丐聊天，可见那时跟不同阶层、不同品位的人说话是最难的，而今天，最困难的是使自己的交谈对象遍布"上到九十九，下到刚会走"。

由于科技的发展，信息的传播速度越来越快，传播范围越来越广。被誉为"火锅皇后"的重庆小天鹅火锅创始人何永智在年过花甲的时候依然主动拥抱互联网，她经常骄傲地告诉别人，她喜欢玩微信，一个消息发出去之后，所有的管理者就会到办公室开会，或者她所指出的问题在第二天就会得到解决。但是，这样的信息传播也给人们的生活带来了麻烦，容易造成"坏话传千里"。一个人不经意的一句话很可能瞬间就被公司所有的人知道，假如这是一句恶言，其后果就不堪设想，即使原话不是恶言，也可能会被断章取义。因此，我们的交际环境会因科技的发展变得更加复杂，学习说话就是学习个人公关。

既然学习说话如此重要，那么我们该如何学习呢？

第一，从书籍上学习相关知识。书籍是文明和知识的承载者。学习说话，不仅可以直接从说话类的图书中寻找启示，还可以从文学、传记等类型的书中汲取营养。

第二，主动学习他人经验。书上的知识是死的，而生活中的知识却是活的。在丰富多彩的现实生活中，我们可以随处获得自己需要的东西。孔子说："三人行，必有我师焉。"长辈、朋友、陌生人都可以成为学习的对象。此外，互联网等媒介也为我们的学习创造了新的契机。

第三，不断实践和总结。对于任何学习来说，最难的也是最重要的就是学以致用，只有亲身经历才能更加深入地了解。

说话是一种本事，这种本事并非我们先天所拥有的，它需要不断地训练和探索。

5. 说话是本能也是本事

俗话说："人嘴两张皮。"谁不会说话呢？好像只要有张嘴巴就会说话，可真的是这样吗？要知道，说话不仅是一种本能，更是一种本事，因为它是一个人综合能力的重要组成部分，更是能够帮助你获得成功的重要因素。

美国成功学大师卡耐基说："成功靠百分之八十五的专业知识，百分之十五的人际关系。"那么人际关系靠什么呢？大家都知道人际关系很重要的一点就是沟通，可是沟通靠什么？通俗地说，沟通就是会说话的嘴巴和会听话的耳朵，我们要有听和说两双翅膀才能在人生的道路上高高飞翔。

那是不是有一张嘴巴就一定会说呢？生活中有的人很能说，总是喋喋不休、滔滔不绝，那就是会说话吗？还有的人不爱说话，一在人前说话就紧张，就支支吾吾。显然这两种人都是不会说话的人。那么什么叫会说话呢？给大家讲一个故事。

从前，有一个国王晚上睡觉做了一个梦，梦见自己的牙全没了。第二天醒来，他把两个大臣叫来，问他们这是怎么回事。第一个大臣说："国王呀，您是我们这个国家最后死去的人。"国王大怒，责令杖打五十棍。第二个大臣说："国王呀，您是我们这个国家最长寿的人！"国王听了很高兴，赏那人五十两黄金。

你看，同样是说话，这效果完全是不一样的。所以说，光有一张嘴巴不代表你就会说话。会说话的嘴巴是什么呢？就像第二位大臣那样，是良好的口才。

有人说口才是天生的，有人说口才就是说好听的话。其实口才就是艺术地表达你的想法。真正的口才是要讲究说话的方式和方法，是一种策略性的说话能力。

口才与成功的关系，在一定程度上是密不可分的。口才能提高你成功的概率。因为口才是一个人综合能力的体现，更是社交中的实用技能。

古人云"天时、地利、人和"，这三个要素都是成功必不可少的条件，其中"人和"是什么，就是沟通能力。大家耳熟能详的诸葛亮舌战群儒的故事，正所谓"三寸之舌能胜百万雄师"。

那是不是我能说话就叫有口才呢？不是的。有口才就是说好话，说好话就是言之有理、言之有物、言之有序、言之有文、言之有情。做到这几点，才能说叫有口才，而绝不仅仅是有张嘴巴想说什么就说什么。

要做到这点，我们就要通过不断地学习和实践，在学习中不断地提升语言表达能力，在实践中不断地锻炼自己的说话技艺。口才是一门技术，一门科学，一门武器，是一个人智慧的体现。口才的最高境界是什么呢？应该是言不在多，达意则灵。就是能说话，会说话，还要说好话。

　　有两个司机同时去应聘一个岗位，第一个司机在领导面前滔滔不绝，讲述自己的开车的经历，强调自己开车的经验有多么丰富。第二个司机就说了三句话："听得说不得，开得使不得，吃得喝不得。"什么意思呢？给领导开车嘴巴要稳；车是公家的车，不能随意使用；跟领导出去，一定不能喝酒。试问哪个领导不喜欢这样的人呢？可见会说话是多么重要。话不在多，达意则灵。这个司机就做到了这点，短短的三句话就把领导想要听的都有效地表达了出来。

　　能说话是本能，但会说话更是一种本事。但这个本事不是与生俱来的，是需要后天不断地学习的。让我们做一个会说话的人吧，让良好的口才为我们的成功助力，为生活增彩！
　　期待你成为一位职场口才达人！

6. 良好的口才是人的第二外表

我们都知道，外在的形象十分重要。但是，仅仅有好的外表就够了吗？当然不够。要想成为一个职场达人，还需要有好的口才。

很多年轻人都有这样的经历，在求职或求学的过程中，好不容易通过了笔试，可是往往却在最后的面试中被淘汰，与机遇失之交臂，令人可叹可惜。

诚然，在面试中漂亮的外表的确能为你加分不少，但良好的口才比外表更重要。

下面讲一个发生在身边的真实故事。

刘敏同学就读于南京某重点高中。高三的时候，她得到一个保送名牌大学的机会。可是，全校有五个人获得了面试的机会，而最终只能录取一个人。

面试的时候，她看到前面的女同学都长得很漂亮，她有点担心地对妈妈说："她们的形象、气质都比我好，我有点紧张，要是考不上怎么办呢？"妈妈鼓励女儿说："那么多难关你都过来了，你一定能行，我相信我的女儿是最优秀的，不要太在意外表。"在妈妈的安慰下，她满怀信心地走进面试考场。

面试中，教授们看了她的各方面的情况，然后问了她一个问题："请你谈谈你知道的后现代主义哲学的代表人物有哪些。"面对这样一个刁钻古怪的问题，刘敏刚开始有点丈二和尚摸不着头脑，不过她想起妈妈的鼓励，努力让自己冷静下来，沉思了一会儿，她大方自信地对主考官说："对不起，我不知道你们所说的后现代主义哲学，但我知道现代主义哲学的代表人物。"她用自信、平稳的语调娓娓道来，把她有一次在图书馆里看到的现代主义哲学方面的代表人物清清楚楚地讲了出来。

面试官们一边听着她的讲述，一边轻轻地点着头。面试结束后，她接到了名牌大学的录取通知书，并附带了教授们的评语，上面写着："刘敏同学不仅成绩优秀，在面试中的表现更给我们留下了深刻的印象。她自信得体的谈吐、灵活的应变能力、极强的语言表达和组织能力让她最终战胜了对手。"

刘敏的成功给了我们深刻的启示，良好的口才是一个人的第二外表。很多面试的问题本身是没有标准答案的，面试官是要通过这些问题考查你的应变能力和语言陈述能力。可是生活中很多人的思维被束缚住，被这些问题问得措手不及，再好的外表也不如一张会说话的嘴。

不管是学业还是事业的成功，都离不开良好的口才，它能为你塑造良好的形象，让你的自信更好地发挥出来。有的时候，流利的语言表达能力给人的印象更为深刻。

一个人的综合素质是内在和外在的统一，它应该还包括优雅的气质、得体的谈吐、优秀的口才，只有把这些都很好地结合在一起，你才是一个自信的、有修养有学识的人，才能打动人心。语言是有力量的，刘敏就是运用了语言这一工具，大方得体地展示出自己的魅力，在竞争中拔得头筹，让自己赢得了机遇，站到了一个更高的平台，为她日后事业的发展打下了良好的基础。

美丽的外表固然能让人赏心悦目，可是真诚的话语更能打动人心。我们要善于运用语言这门技艺，结合我们的身体语言，调动我们的肢体语言，打开思维，不要被标准答案所束缚，有智慧地表达，这才是美，是美的境界。生活中不少女孩子过于看重外表，看看刘敏的故事，就会明白再好看的外表，如果没有学识修养支撑，没有得体的语言，就会变成徒有其表了。

每个人对美的理解不同，不一而足，而得体的谈吐、真诚的话语、良好的表达和陈述能力、深刻的思想、渊博的学识才是人类追求的美的另一种境界。

愿我们每个人都展现出自己的魅力，用良好的口才给别人留下最美好的印象！

第二章

初次见面的口才艺术

演 讲 与 口 才

Yan Jiang Yu Kou Cai

1. 人生若只如初见——有话可说的开场白

文有起承转合，说话也是如此。开场白就是说话中的"起"。一个好的开场白可以迅速地打破僵局，炒热气氛，缩短彼此之间的距离。而一个坏的开场白只会让气氛更加尴尬，甚至导致冷场。

人既然生存在社会中，就不可避免地要和他人产生联系。想要和一个人从陌生到熟悉，最快捷的方式就是交谈。在和陌生人相处的场合中，一个有话可说的开场白往往可以起到意想不到的效果。

小芸是社会新人，刚进入职场不久。因为找到的工作和自己的专业并没有什么关系，刚上班的小芸总是免不了紧张，她总是害怕自己和同事相处不好，也担心自己无法胜任这份工作。小芸的个性有些慢热，在学生时代她就要花上比别人多数倍的时间融入集体，现在进入职场，想到自己毕业前看的那些职场"甄嬛传"，小芸总觉得有些不安。

上班的第一天，小芸见到了和自己一个办公室的同事，大家一一自我介绍后，小芸也红着脸介绍了下自己，之后就安静地坐在自己的位置上不说话了。因为她没能一下记住所有人的名字，生怕自己一开口喊错了人闹笑话。接下来的好几天，小芸都不怎么说话，在办公室里简直就像透明的空气一样。这让她有些着急，她也想早点融入同事的圈子中，可是却不知道该怎样引出话题。

再默默听了一星期同事们的聊天后，小芸终于决定主动出击。这天晚上下班时，小芸往家走时发现和一个年纪大的同事同路，她主动走上前去："王姐你也是走这边啊。"对方点点头。小芸想起办公室大家聊天时说到过这位同事家有个马上要升学的儿子，忙将话题往那上面引。王姐果然热情了不少，说到自己的孩子，嘴上虽然说他淘气成绩一般，但是脸上还是带着笑，看得出她还是很为自己儿子自豪的。小芸马上夸了王姐的儿子几句："王姐你就别谦虚了，办公室里谁不说你儿子好，中考他自然是十拿九稳的，你也别太担心了。"王姐笑了笑，又问了小芸的专业和学校，这么一来话匣子算是打开了。两人在路口分开后，小芸长长呼了口气，觉得心情好了不少。

接下来的几天，小芸不再像刚进办公室时那样怯生生的了，她开始积极加入到同事的谈话中去。因为办公室里女性的人数占绝对优势，所以大家谈论的多是护肤啊、养生啊、减肥啊、八卦啊之类的话题，这些小芸都可以插进去。这样一来二往，小芸总算是和办公室的同事熟络了起来。

通过小芸的经历我们可以很清楚地发现，叩开人和人之间的那扇门的"开场白"，就是对方所在乎的和感兴趣的东西。

开场白有很多种类型，在不同的场合，面对不同的人，你需要运用不同的开场白。

如果你是司仪，你用的开场白一定要能吸引住别人的注意力。比如冯巩在春晚上的经典开场白"观众朋友们，我想死你们啦"，配上他喜感的表情，很容易逗乐观众，也很容易吸引大家的注意力。如果他只是平平淡淡地说一句"观众朋友们好，我给你们拜年啦"，那就没有多少新意，也无法吸引大家的注意。

司仪和主持人的开场白可以尝试吊吊听众的胃口，比如在介绍某位嘉宾前，如果这位嘉宾是大家熟知的，那么不妨先聊聊他的生平，比如某年出生的，曾经得过某某奖的，曾经拍过某某电影的当红影星，大家一起喊出他的名字。这样一步一步引起大家的兴趣，最后观众的热情自然被唤醒了。要是换个次序，先说欢迎某某明星然后再盘点他的经历，明星都登场了，大家的注意力都集中在对方身上，自然也就不会在意你在说什么了。所以司仪的开场白，一定要注意吸引对方注意力。

除了在公众场合，在私底下我们有时也需要和陌生人打交道。这里的陌生人其实可以分为两种，一种是以后必须要熟悉的，比如小芸和她的同事；另外一种是以后也不会深交的。虽然投其所好是打开话匣子的必胜法宝，但是并不是对所有陌生人都适用。比如在小芸的例子里，她也是经过一段时间的观察才慢慢了解同事的喜好的，在你面对一个完全陌生的人的时候，如果贸然出口，可能戳中的不是对方的萌点，而是雷点。这样不仅不能博取对方的好感，反而会让人心生反感，因此如果你只是粗略观察而不能明确找出对方的兴趣爱好，那么干脆用最普通的那种开场白就好。比如聊聊天气或者共同面临的环境，这样也可能引发对方的共鸣。总之，只要能让对方顺利接话，那么你就可以找到可聊的话题。

好的开场白非一日能成，在日常的生活中你需要更加细心观察，这样你才能投其所好避开雷区。而这一切的前提是，你要敢开口。不要胆怯，不要恐惧，你将遇到的人并没有你想象中那么恐怖，不要害怕和人接触，大胆开口，这样即便你天生一副笨嘴，也同样可以交到不错的朋友。

2. 口头名片好不好？自我介绍很重要！

我是谁？

这个问题困扰过不少哲学家，也难倒了很多普通人。你如何定位自己，你如何认识自己，你如何介绍自己。

有人喜欢用名片来介绍自己。

在日常生活中，我们总是会收到各式各样的名片。有的很简单，上面只有姓名和电话号码；有的却很复杂，各种各样的头衔密密麻麻印了一整页，自己的名字甚至是烫金印刷的，光是看着就觉得成本不菲。虽然不同名片上的造型和内容各不相同，但是它们起到的作用都大同小异，很多时候名片只是一个便于日后联络的工具。上面印的种种头衔并不一定能让人清楚地认识你这个人。

想要给人留下深刻的印象，你还得从自我介绍出发。好的自我介绍可以让你在一群人中脱颖而出，而平平淡淡的自我介绍只会让你淹没于人群。自我介绍对多数人而言并不算陌生，只要我们进入了一个陌生的环境或者面对一个陌生人，我们就需要做一下自我介绍。在很多人看来，自我介绍就是姓名家乡和兴趣的集合。自我介绍的范围弹性很大，在健谈的人的嘴里，它不仅包括姓名家乡爱好，还涵盖了专业、个人经历、人生观。而在沉默寡言的人嘴里，它可以简略到只包括一个名字。

诚然，人们不可能只通过一个自我介绍就全面认知你，你的品行如何在日后的相处中自然可以慢慢观察，可即便如此，自我介绍对于你是否能迅速融入圈子还是极为重要的，因为它是陌生人认识你的最基本最常见的途径。

如何做一个让人印象深刻的自我介绍呢？

曾经有这样一个笑话：

王安石老家隔壁的一个老太太过世了，她的牌位上写的可不是简单的XX氏，而是王右丞隔壁家老姬XX氏。虽然她一生都名不见经传，但是牌位上还是要沾沾名人的光。这样的方式或许让人觉得好笑，但是这老太太也的确是让人牢牢记住了她，相较于和她同时代的那些XX氏，她这种做法又何尝不是一种成功呢？

举这个例子并不是鼓励大家去沾名人的名气，而是想告诉大家一种为自己的自我介绍加分的方法，那就是"攀关系"法。

比如，刚刚进入大学的大一新生，在面对自己的新同学时，如果只说自己的姓名、兴趣、爱好可能没什么人会记住你。但是如果你在自我介绍时侧重介绍下自己的家乡，那么至少可以吸引和你一个地方来的学生，在自我介绍时找找老乡，既可以让自己迅速找到新朋友，还可以加深大家对你的印象。

比如大学生小李在大一的新生见面会上就这样对自己的同学说道："我是来自天津的李××，我们天津人自带说快板基因，下面我就给大家说上一段，要是有天津的老乡，咱们可以交流交流哦。"说完之后小李就即兴表演了段快板，逗得大家哈哈大笑，这之后大家或许连自己寝室的室友都还没分清楚，却清楚地记住了小李。可见小李的这段自我介绍是成功的，这就远比直接说"我来自天津我的爱好是说天津快板"要来得好。

你要记住，你做自我介绍的目的不是为了取悦自己，而是为了让别人记住你。想要成功地让人记住你，你可以试试推己及人。当你想出一套自我介绍的方案时，你首先要自己试一试，如果是别人采用你的方案来做介绍，你会不会被打动，如果连你自己都觉得无趣，那么也就不要指望别人会被你的自我介绍所吸引了。

针对的对象不同，你的自我介绍的内容也应该做相应的调整。

时光飞逝，转眼间小李就要毕业了，三四月时不少城市都在举行招聘会。小李也和同学走上了求职之路。到了招聘会上，小李找了找自己想从事的工作，然后在其中一个摊点上停了下来。他将自己的简历交给对方，然后对方示意他做一个简短的自我介绍。这个时候小李的自我介绍就不能像大一时当着全班面做的自我介绍那样了。他要从用人单位的角度出发，对方想了解什么，他就应该先说什么。因此，小李这次的自我介绍次序是这样的：姓名、学校专业、技能、兴趣爱好。这基本就和我们平时写简历时的顺序差不多，之所以这样安排，也是为了让用人单位在最短的时间里获得最想要的信息。

一个人的身份其实是多种多样的，你是某个学校的学生，你是某人的孩子，你是某人的同事，你是某个作者的忠实读者，你是电影发烧友，你是音乐爱好者，等等等等，在面对不同的人时，你可以做不同的自我介绍。你要记住，你的自我介绍并不是说你想说的一切，而是说出对方感兴趣的想知道的那些。只有吸引住了对方，你的自我介绍才是成功的。

3. 适度寒暄可以拉近彼此的距离

《现代汉语词典》里面对"寒暄"这个词的解释：见面时谈天气冷暖之类的应酬话。

简单来说，寒暄就是英国人的"今天的天气不错"和中国人的"吃了吗"。

寒暄适用的对象很广泛，但是多数情况下都是在点头之交之间适用。毕竟如果是太过熟悉的朋友见了面也不用靠寒暄来拉近彼此之间的距离，只有那些不太熟的人才会用寒暄来缓和关系。

虽然寒暄看上去可以缩短人和人之间的距离，但如果只是寒暄，其实两者之间的距离并不会因此缩短多少，如果先前就是点头之交，现在还是点头之交，以后也会是。寒暄其实就像一个冷藏箱，可以帮你的人际关系保鲜，至于你的人际关系是进一步还是退一步，还要看之后的具体交往情况。

只有适度的寒暄才能让两人的关系保鲜，过度寒暄或者不合适的寒暄，不但不能缓和人际关系，反而会让人不悦不适，让人际关系变得更加糟糕。

在说如何寒暄时，先来说个反面例子吧。

我有个同事向来快人快语。有天她去食堂吃饭，因为人很多大家都在排队，这时排在她前面一个并不算很熟的其他部门的同事说："你这么高怎么不去打篮球啊？"她没好气地说："那你这么矮也没去卖烧饼啊？"噎得那个同事一下说不出话来。

很多人或许会觉得我同事说得有些重了，可是面对自己不喜欢的寒暄，直接拒绝也未尝不可。身为人类既不能将自己束缚在性别中，也不该将自己束缚在身高上。谁说个子高就一定要去打篮球呢？或许说话的人自己不觉得这是对高个子女生的一种嘲笑，认为这只是一种寒暄，但是在听的人的耳中，这种将对方和身高绑定的说法显然会让人反感。相似的说法有很多，比如你一个女生学什么理科，怎么不选文科读英语；你一个男生学什么文科，没出息。一个人有权力选择自己的生活方式，并不受旁人非议。将歧视性言语当作寒暄还觉得这很正常，那么就不要怪人打脸。

寒暄虽然是由不疼不痒的话组成的，但是在说话的时候也要注意避开别人的雷点。如果说的是令对方反感的话，那么还不如不说。比如遇到单身的朋友，偶尔问下感情着落还可以，但是如果没完没了地问对方有没有结婚啊有没有恋爱啊，还在言语中暗示对方年纪大了要赶紧不然会"贬值"，这样的寒暄，只怕不但不会让对方觉得舒服，还会觉得心塞吧。寒暄时想避开对方的雷点，其实很简单，己所不欲勿施于人，你自己都不想听的话，也就别对别人说了。

究竟该如何和人寒暄呢？其实很简单，就是关心对方，但不刨根问底。

比如遇到很久没见的朋友，夸她漂亮了，问下近况，接下来两人就可以慢慢聊天了。如果是有了孩子的朋友，那就问问小朋友的近况。总之如果遇到的是熟悉一些的人，那么寒暄的内容最好是对方当前最关心的事。

如果遇到的是并不算熟悉但是又是你想结交的人，那么这个时候的寒暄既可以中规中矩一点，也可以风趣幽默一点，不管你选择什么样的方式去寒暄，都不要过分自来熟，觉得自己说什么对方都不会介意。事实上，对于大多数人而言，如果一个自来熟的人说了令他们觉得不愉快的话，他们不一定会容忍。因为你和他的关系还没有到那种你说什么他都可以接受的地步。想要拥有一个好的人际关系，就不能过分自来熟。宁可稍微保持一些距离，也不要自说自话自以为是地认为自己已经是"自己人"了。

寒暄虽然是由简单的话组成的，但是它在人际交往中的作用不容小视。虽然它不一定能帮你迅速培养出很多朋友，但是却为你拓展自己的人脉做了铺垫。试想两个人一个经常和周围的人打招呼一个遇到了人从来不打招呼，别人会更喜欢谁呢？那些从来不寒暄的人，甚至很难让人记住。

寒暄很简单，也不简单，寒暄从来不只是说说话而已，它还要搭配一定的肢体语言和表情。见人问好的时候，脸上如果带着和善的微笑，那绝对比板着脸不情不愿要来得好。寒暄并不只是为了让对方记住你，还是一种基本的礼貌，就像我们小时候父母教导我们的那样，遇到认识的人一定要"喊人"，这是对对方的一种尊重。如果你不想一直被人无视，那么不妨也试着和周围的人打招呼吧。

想要让自己的寒暄发挥预期的作用，你就一定要花点心思。

首先，你得能开口和人说话。有很多抵触社交的人，遇到了熟人只想着躲只想着假装自己没看见，这样的一个人，想要寒暄无疑难上加难。因此，你一定要开口，寒暄其实没什么大不了的，跟人道一声"早上好"其实并没有那么困难。

其次，如果你能找出和对方切实相关的寒暄内容，那就别用那种最常见的。比如你知道这个朋友最近在减肥，这次遇到她看着也瘦了不少，这时你就可以说"一阵子不见你瘦了好多，有什么秘方没有啊"，这样自然可以激发对方的倾诉欲。如果你见到对方只会说"吃了吗""今天天气不错啊"，对方说完之后没话题可接，自然就冷场了。

最后，让你的表情和你的寒暄同步起来。说什么话就带上相应的表情，如果对方家里最近有病人，那么你寒暄的时候如果带上担忧的表情，自然可以博取对方的好感，而如果只是普通的寒暄，那么微笑着跟人说话感觉也不错。

总之，多多和周围的人寒暄，你会发现，和你打招呼的人也会越来越多。

4. 礼貌用语是获得好感的通行证

讲礼貌，说到也要做到。

在幼儿园的时代，我们已经接触过许许多多的礼貌用语了，比如说"请""您""谢谢"等等，这些词看上去很平常，但是当它们被应用到交际场合中时，可以成为你博取对方好感的重要筹码。

礼貌用语用和不用差别很大。公车上挤满了人，这时上来了几位老人，售票员这时会说："请大家给老年人让个座。"坐着的年轻人有不好意思的自然会主动给老年人让座。可如果乘务员这样说："你给老人让座。"这就从请求变成了命令，谁听了舒服啊。大家也都是累了一天了，让是尊老，不让也没犯法啊。

前段时间微博上有个很火的谣言：

小伙因在火车上不跟孕妇换铺而被捕。虽然警方已经证实了这是一则谣言，但是从这个谣言里面我们可以思考的东西其实有很多。谣言里说的是一个小伙子上火车后发现自己的下铺被一个孕妇占着，便让她回自己的铺位，可是孕妇执意要占小伙子的那个铺，他的丈夫也说要小伙子跟他们换铺，毕竟妻子怀着身孕。

小伙子不肯，双方发生争执，最后小伙子被警察带走。

这个消息刚出来的时候，不少网友都加入了讨论，舆论几乎一面倒地支持小伙，为什么呢？因为这篇谣言里的那位丈夫的态度让人非常不满，他的一言一行所表现出来的，不是礼貌的请求，而是命令，认为别人必须让着孕妇。这样的态度自然不会让人心生好感，因为关爱老弱病残孕是美德，却不是义务。就算你态度良好很有礼貌，别人也同样有权利拒绝你。礼貌可以帮你博取别人的好感，却不一定真的能换来你想要的结果。礼貌是自身的素质和修养，不是你占便宜的砝码。

这个世上比不讲礼貌更恶劣的就是前恭后倨。求人的时候很有礼貌非常客气，一旦被拒绝了马上破口大骂，认为对方不讲情面，这样的行为最让人恼火。想拥有好人缘，就要讲礼貌，不仅嘴上要讲，骨子里也要非常有礼貌。

一个人的素养，不仅表现在口头上，还表现在他的行为上。

小王从小就被教导要有礼貌，他也认真贯彻了这一点，但是他的礼貌仅限于口头上。见到认识的邻居他一定会打招呼，请人帮忙时一定会用上"请"，接受别人的帮助后一定会说"谢谢"，然后就没有了。小柳和小王差不多大，她有些内向，遇到认识的人总是羞涩地笑笑便算是打了招呼，但是她的礼貌是体现在其他方面的。比如和年老的人走在一起时会放慢自己的脚步，去商店推门时如果后面还有人她一定会帮对方推住门，在公车上遇到老弱病残也会主动让座。小柳是通过关爱别人来表现自己的善意的。

小王要搬家了，在网上预约了搬家公司，可是直到搬家公司的人已经过来了，他还在匆匆忙忙地打包行李，小王嘴上一个劲儿说着不好意思，弄得对方也不好意思说他。最后师傅搬好了家，小王又一个劲儿道谢。虽然他全程都很有礼貌，但是搬家的师傅还是觉得有些不舒服，因为小王的道歉和感谢看上去一点诚意都没有。

小柳也要搬家，她同样是在网上预约了搬家公司，并提前用纸盒打包好了需要搬走的东西。搬家师傅过来后，小柳有条不紊地指出哪些东西很重需要两个人抬，哪些东西比较轻可以一个人拿。在搬家的过程中，小柳也不像小王那样只在一旁看着，而是自己也拿了些稍微轻一点的东西下楼。东西都搬好之后，眼看着已经中午了，小柳除了口头感谢外还给搬家的师傅买了水和外卖。虽然她感谢的话说得不多，但是对方也的确真切地感受到了她的诚意。小柳的新居没有电梯，之前说好要加价才送上楼的，因为之前小柳的态度很好，最后师傅只收了加价的一半。

礼貌用语，用自然比不用要好，而有诚意地用比只是应付别人而用要好。如果你想博取对方的好感，那么你就要从心底尊重对方，只有这样，你的"请""谢谢""对不起"才算真正的礼貌用语。

5. 言语的惊艳魅力让对方记住你

前不久在北师大版小学语文课文四年级的一册书里面读过一篇文章，让人印象颇深。

在繁华的巴黎街头，有一个衣衫褴褛、鬓发斑白、双目失明的老人，他一人蜷缩在街头，与这繁华的街景格格不入，他的身边还立了一个牌子，上面写着"我什么也看不见"。

街头，车水马龙，人潮熙熙攘攘。贵妇、绅士们来来往往，对于这样一个失明的可怜老人却都无动于衷。人们在他面前匆忙地走过，有的恍若未见，有的淡然一笑。总之，没有人愿意停下脚步，往老人的面前丢下一两枚硬币。

这天中午，法国著名诗人让·彼浩勒看到这位老人，不禁走过去轻声地问道："老人家，您在这儿坐了一上午，可有收获？"

"哦！"老人有些尴尬地推了推身前的碗，说道，"我这一上午——……—无所获！"

让·彼浩勒沉吟片刻，拿起笔在木牌子的背面写道：春天来了，我什么也看不到！

写完这句话，让·彼浩勒拿出一些钱递到老人手上说道："

老人家，这钱够您吃一顿午饭了。"说完便离开了。老人连连道谢，并不知道让·彼浩勒在他牌子上写字的事。

到了晚上，让·彼浩勒再次经过巴黎的这条街道，老人还在那儿。他走过去问道："老人家，下午的收获如何？"

老人有些激动地说道："先生，不知道为什么……不知道为什么，下午给我钱的人特别地多。"说完，他还不忘把身前的碗向前推了推，好像在说："你看，足够多了！"

写到这里，你一定也会觉得惊诧。不过是诗人在老人家的牌子上加了一句"春天来了"，这句话给人的感觉瞬间就变得不一样了。这是为什么呢？这就是语言的魅力。

"我什么也看不见"这一句话给人的感觉过于单调乏味，看到这句话的人不光毫无感觉甚至会出现"看不见跟我有什么关系"这样冷漠的想法。事实上，社会上也不乏这样冷漠的人。可是加上了"春天来了"这样一句话，带着浓烈的诗意情感，给人的感觉瞬间就不一样了。春天给人的感觉是春暖花开、生机盎然的，景色那么地美。教堂顶端飞过的群群白鸽，塞纳河畔嬉笑追逐的小孩子……这一切的一切老人都看不见了，是多么地令人心酸呀！看啊，春天来了，可是他什么也看不见！于是乎，带着强烈情感色彩渲染的话，很容易就能直接击中人们的内心深处，从而产生情感上的共鸣。

不得不承认，语言的魅力着实让人惊叹。一句恰到好处的表扬，能让自卑懦弱的孩子重拾信心；一句深情款款的问候，能让心灰意冷的人倍感温暖；一句见机行事的劝解，能让尴尬紧张的情况化险为夷……同样地，能够把话说好，就能让别人在众多人当中记住你，甚至在必要的时候想起你。

有这样一个姑娘，她的一句话给人留下的印象非常深刻：

一次，公司公关部在招人，面试一场接一场，大多数的应届毕业生说的话都差不多，介绍也差不多，甚至工作经历的介绍也都大同小异。但是，一天面试下来，有一个姑娘却给人留下了深刻的印象。倒不是说她的简历多么漂亮或者说学历如何高，而是她在介绍自己名字的时候让我小小地惊艳了一下。这女孩叫叶蓁，名字不特别，也不怎么好记。但是在一大波的面试者当中我就只记住了这个姑娘的名字。

她说："我叫叶蓁。名字是奶奶给我起的，源自于诗经当中的：'桃之夭夭，其叶蓁蓁。之子于归，宜其家人。'是不是很有诗情画意？"

叶蓁说完微微一笑，嘴角的酒窝莫名地就吸引了我，她还不忘带着调侃式地问我"是不是很有诗情画意"。

说真的，我不知道为什么就记住了这个姑娘，脑海里一下午一直回荡着那句"桃之夭夭，其叶蓁蓁"。后来我特地去查了这句话的释义，想知道这句话是什么意思，白话这么翻译："茂盛桃树嫩枝丫，叶子浓密有光华。这位姑娘要出嫁，和顺对待您全家。"想来着实有意思。

当然，这个女孩子如愿来到公司，应聘上了公关部经理助理的职位。要知道，公司是世界五百强企业，她能够从上百名应聘者中脱颖而出，大抵是因为她的笑，她诗情画意的自我介绍，又或者是她平易近人的调侃。

说话真真是一门艺术，想要说得好并非易事。或者它其实只是一句不深不浅的问候，却直直抵达你的内心深处，让你久久无法忘怀！

6. 投其所好，打开陌生人的话匣子

俗话说："酒逢知己千杯少，话不投机半句多。"如此看来，不管是面对朋友还是陌生人，要把话说得恰到好处，说到对方心坎儿里去。可以这样说，把话说好是一门艺术，能成功地打开陌生人的话匣子并与之愉快地交谈也是一门学问。

有的人萍水相逢，可一开口便觉得一见如故、相见恨晚。面对陌生人，想要消除彼此之间的陌生感，快速地拉近距离，一句好的开场白，是非常重要的。一个好的开场白，能让一次不期而遇的对话顺利地进行下去。

有的人不太愿意和陌生人做过多的交谈，无非是戒备心作祟。一句能和对方攀上关系的话，能让对方感觉到面前的你并没有那么"陌生"，接下来的对话，对方至少不会刻意地去选择结束它。

攀关系这一方面，若是真有关系可直接说明自己和谁谁是什么关系，以降低与对方的距离感；若是没有，大可以提及"乡音""校友"等等共同的联系点，譬如，"哎？您是长沙的吧，我也是长沙的，在这异地他乡能听到家乡话真是倍感亲切啊。"总而言之，言而总之，找到与对方共同的联系点，是能够轻松打开陌生人的话匣子从而展开对话的。

那么有了开头，如何将对话顺利且与愉快地进行下去呢？

在一句"攀亲带故"的问候后，你不妨言语诚恳地抓住对方的某一个特点稍作夸奖。记住，一定是语言诚恳且稍作夸奖。我相信这个世界上一定不会有人喜欢虚伪做作的人，面对一个陌生人，倘若你的赞美过于溢于言表，对方反而心生厌恶与排斥。言语诚恳且适当的赞美会让对方感到愉悦，且不会排斥与你对话。

拉近了距离，并且营造了一个好的对话氛围，这些都是话题展开的必要因素。因为只有对方愿意与你交谈，不刻意地结束对话，那么只要你花了功夫，就一定能成功地与之畅快地交谈下去。

接下来便是话题的展开了。对于陌生人来说，能够快速地展开话题的方面无非是两个：

第一，当下热门话题、新闻、热点时事等；
第二，彼此的共同点。

第一种展开模式较为保守，对话模式大多相似。这种话题展开前提是你本身对时下热点具备一定敏感度和储备度。但是选择这一方式展开话题有一定的风险，很大程度上在于你的"话题点"是否也是对方的"话题点"。很有可能你提及一个什么东西的时候，对方对此不见得熟悉，此时此刻你千万不要表现出"这你都不知道"的表情和语气，而是简单明了地跟对方耐心地解释一遍。这样对方会自然而然地发表他对这件事情的观点，话题得到展开，而你充沛的话题储备量也足以让你应付对方的发问。

第二种话题展开模式赢得对方好感的成功几率较大，此时此刻的你需要细心地去寻找和对方的共同点。找到共同点，话题才得以展开。从共同点入手，往往使谈话更加顺利、愉快。寻找共同点，首先要善于观察对方的服饰、谈吐、行为举止等方面，从中捕获信息。

有这样一个故事：

查尔斯是一名设备用油的销售人员，他的日常工作便是寻找一些生产设备的公司，并将自己公司的油类产品推荐进去。经过一段时间的搜索，他锁定了一家中型企业。可是，通过进一步的调查和拜访后，他了解到这家公司的用油都有固定的渠道，一般不轻易采购新的油型。而且，这家公司的采购主管为人固执呆板，不太喜欢和陌生人打交道，将许多别的企业的销售员拒之门外。为了做成这笔买卖，查尔斯登门之前做了详细的调查，得知这名采购主管热爱钓鱼。于是他闲时大量地补充有关垂钓方面的知识，也和身边喜欢垂钓的朋友进行交谈，学习一些钓鱼的技巧和门道儿。

后来，查尔斯在一个风和日丽的礼拜天，拿着钓具来到那个采购主管常去钓鱼的湖边。两人"偶遇"后，查尔斯主动与之攀谈起来。当然，他首先说些钓鱼方面的心得。果然，那个采购主管与这个陌生人热情地交谈起来。时间长了，两人成了钓友。当然，后面的结果可想而知。成为朋友之后，查尔斯的工作开展得非常顺利。

　　由此可见，投其所好是打开陌生人话匣子的好方法，毕竟没有谁会对自己感兴趣的东西表示排斥或沉默。简单来说，不动声色但细致地观察一下对方，竭力找到和自己共同的性质或者特点，能够迅速引起对方的亲密感，从而引发对方交谈的兴趣，顺其自然地展开话题。倘若不能从外观或者行为找到共同点时，不妨试探性发问得到线索。当然，发问时尽量避开私密问题，不妨从籍贯、工作、兴趣爱好等不敏感的话题切入，这样不会让对方感觉到唐突。

　　说话是一门艺术，快速地与陌生人展开交谈也是一门学问，简单地说无非三点：一个能够拉近彼此距离的开头、一个让人觉得诚恳愉悦的氛围、一个共同话题点。具备这三点时，你就能成功地打开陌生人的话匣子！

第三章

修炼口才也要注重双向交流：
这个世界并不只有你在说话

演 讲 与 口 才

Yan Jiang Yu Kou Cai

1. 设身处地地说话，因为谁都不是傻瓜

人际关系中，理解尊重最为重要，尤其是我们的说话要体现出这点。良好的人际关系一定是互相尊重的，设身处地地说话，只有平等的沟通才会让人心悦诚服。

尊重是什么？尊重是一个人内在修养的外在表现，是一种品质，一种文化底蕴。我们在生活中都要自觉地尊重他人，与人交谈时要体现对别人的尊重。什么样的说话方式是尊重他人的呢？知道别人的处境，搞懂自己的位置，能够设身处地地做人、说话。

与人交流时，还有一点要注意，就是不把别人当傻瓜，有的人一说起话来，那口气仿佛全天下就他明白，总是一副得意扬扬的样子："你看，你不知道吧，我告诉你……"后面一通卖弄，这种说话方式特别令人反感。

每个人都是独一无二的生命个体，都有着与众不同的性格、能力、秉性。有的人知道这，有的人明白那；有人适合做这种事情，有人适合做那种事情。尊重他人就是要正视这种人的差异性，平等地对待每个人。

生活中有些人说话有一种习惯很不好，就是说话喜欢居高临下，态度傲慢，总有一种优越感，这是不尊重人的表现。

　　小张对人热情开朗，性格外向，可他却在人际关系中屡屡受挫，从小学开始就被人际关系困扰，一直到工作后，还是这个问题。上学时他不停地换学校，到最后干脆不上学了，找个工作好好做吧，往往就是没做两天就不干了，问他为什么，他又是一大堆理由。反正总是跟别人搞不好关系。小时候，跟老师、同学搞不关系，大了跟同事、老板的关系有问题，为此他也很苦恼。她的妈妈看到儿子这个样子也很着急，不明白儿子为什么这样。

　　生活中还有许多像小张这样在人际关系中很不顺的人，大家往往都把这归结于性格脾气，是不是他性格不好啊，脾气很坏呀。其实，你仔细观察就会发现大凡这样的人都是说话有问题。

　　什么问题呢？就拿小张举例吧。

　　有一次，他又找到我诉苦，我对他说："你说话太不尊重别人了，才搞成这样。"

　　他吃惊地看着我说："尊重？"

　　我说："是呀，你想想读书的时候，是不是你就不把老师放在眼里，经常跟老师顶嘴，老师说的话你当作耳旁风，满不在乎，经常说老师这不好那不好。跟同学吧，你仗着家里条件不错，吃喝不愁，在同学面前总喜欢摆阔气，一堆人在一起数你话最多，一说起来没完，根本不给别人说话的机会。到了单位，你又把这个坏毛病带了过去，当面跟老板顶撞，看同事不顺眼，这人有这毛病，那人有那毛病，你知道你这叫什么吗，这叫把别人当傻子，就你明白。这是很不尊重人的表现。难怪走到哪里，都不招人待见呢。你一定要改。"

像小张这样的人尤其是年轻人很多，他们往往说话直来直去，不注意说话的语气和态度，说话完全不考虑别人的感受，有一种高高在上的优越感，只要自己知道点什么，就赶快迫不急待地说出来，喜欢表现自己，喜欢出风头，说话老抢着说。这些坏习惯都是没有修养、不懂得尊重别人的表现，时间长了哪个人还愿意跟他在一起？大家其实心知肚明，往往是他不明白，俗话说"半桶水瞎晃"，说的就是这种人。

真正能得到别人喜欢和敬佩的人都是懂得尊重别人的人，他们不管是学富五车，还是富可敌国，在人前反而很低调，因为他们知道今天的成功并不是靠他一个人努力出来的，知道山外有山，人外有人，不仰仗财富盛气凌人。我们从他们的言行中感受到的不仅是他们头脑的精明，其实还有他们人格的魅力。他们知道小聪明的人是不能干成大事业的，他们固然是聪明的，但他们的成功最终是因为智慧。

聪明和智慧是两码事，生活中我们经常听到家长这样说自己的孩子："哎呀，我这孩子小时候可聪明了，嘴巴可甜了，怎么上学了成绩不好呢。"其实，决定学习成绩的关键因素不是智力而是注意力，这样的孩子从小就被宠坏了，吃不得苦，在家里做小皇帝，唯我独尊，不把别人放在眼里，说话伶牙俐齿，咄咄逼人，与老师顶嘴是家常便饭，这样的孩子怎么能好好学习呢？这样的"聪明"宁愿不要。

　　说话是一个人由内而外的表现，是一个人综合素质的集中体现，真正能打动人心的、睿智的话语都是智慧的结晶，一个真正有智慧的人才知道山外有山，人外有人。古龙说过："谁把别人当傻瓜，谁就是最大的傻瓜。"民间有句话"聪明反被聪明误"，红楼梦里最会算计别人的王熙凤，精明一世，最后还是落得悲惨的下场。

　　大智若愚才是做人的最高境界，谁都不傻，不说出来不等于不明白，有时候不说才是说话的最高境界。我们不仅要懂得说话的艺术，更要明白不说哪些话，不尊重别人的话一定不要说，管住自己的嘴才是大聪明。

　　尊重别人就是尊重自己，每个人都希望获得尊重，但愿生活中少一些"小张们"，学会尊重让我们的人际关系更融洽，最终也赢得他人的尊重，这才是说话的"双赢"。

2. 人人都有倾诉的欲望，把说话的机会留给别人

语言交流是我们生活中很重要的一部分，那么如何"说话"，如何交流，就更是我们需要学习的地方。从牙牙学语到脱口而出都需要我们循序渐进地完成，那么如何让语言这门伟大的艺术真诚地为我们服务呢？善于倾听，就是其中的一种。人人都有倾诉的欲望，我们要把说话的权力留给别人。

从小我们就听到过一个耳熟能详的寓言故事：

曾经有个小国的使者来到中国，进贡了三个一模一样的金人，金光闪闪，皇帝见此很高兴。与此同时，这个小国也出了一道题目，就是问这三个金人哪一个的价值最大。皇帝随即派人来检测这三个金人的不同之处，却发现无论是从形状、神态、重量还是做工上，这三个金人都是一模一样的，没有丝毫的差别。

眼看着距离小国的使者回去的时间快到了，皇帝和他的大臣们还是一点办法都没有，这不是给泱泱大国丢人吗？这时，一位大臣回来了，他手里拿着三根稻草。稻草插进第一个金人的左耳里，却从金人的右耳出来了；第二个金人的稻草直接从嘴巴里掉出来了；而第三个金人，稻草从耳朵进去后却进了金人的肚子

里，什么声音都没有发出。于是大臣胸有成竹地说：第三个金人最有价值！使者默默无语，心中暗生敬佩。

是啊，上帝给了我们两只耳朵一个嘴巴，也同样告诉了我们多听少说的重要性。善于倾听，才会使我们说话越来越有分量，为人处世越来越纯熟。

学会倾听，首先要求我们学会尊重。尊重，是对待他人的一种最基本的素养。无论是和陌生人说话还是和熟人说话，都要尊重别人的感受，不能只一味地考虑自己想说就说没有他人讲话的余地。

想必生活中我们也遇到过这样的同事，有个身边的例子：

有一次，有个朋友心情不好，去外地找她的一个朋友散散心，恰巧她这位朋友的一个同学也在，暂且称她为小吴，于是三人一起逛街、吃饭。可谁知，一路上就只听见小吴滔滔不绝地讲述她最近有多出色的成绩，最近去了哪里，见了什么人……刚开始的时候，这位朋友还觉得小吴能说会道，不把她当外人，是个挺活泼的小姑娘。可谁知后来，这位同学居然说起了自己有多么厉害，又开始讲述她"传奇的"人生，以致朋友几次想说话都被她打断了。她的讲话真可谓是滔滔不绝呀，导致这两个多少天没见的朋友也没有心情好好说说心里话了，一场聚逢就这样失意而散。后来，这位朋友的朋友再和别人聚会的时候就不想带着这位小吴同学了。

倾听，是对别人的尊重，同样地，总是让别人倾听不懂得去倾听别人的人也同样得不到尊重，同样还会增加他人的反感。

学会倾听，也是对我们自身的一种提高。倾听，其主体者是听者，可见听者在倾与听的过程中有多么地重要。

一位富翁带着自己的太太去参加酒会。他的太太来自小地方，第一次面对这么多的才子佳人显得有些抵触，她不知道如何去面对这些珠光宝气的物品，也不知道怎样去和这些打扮时尚的人交流。面对这些见多识广的人，她只能拼命找话题和他们聊天，反反复复都是生活，还要故作高深。结果可想而知，几乎人人都在疏远她，没有人想和她交流。

终于，有一次机会，她向一位讲话不多但很受欢迎的企业家吐露了自己的困扰。这位企业家微微笑了一下，说："你要学会约束自己的言行，没有什么话可讲的时候就沉默下来，多听听别人讲话不也是很好吗？善于聆听别人，同样也会受到欢迎。"听了这位企业家的话，她像是醍醐灌顶一般，在以后的重要场合里也不"装腔作势"地讲话了，而是在倾听的过程中适时地说上一两句，久而久之，她的笑容多了，朋友也多了，就连她的先生对她的言行举止也很是佩服。

善于倾听，是一个很重要的语言艺术。无论我们处于什么样的环境，属于什么样的身份，都要学会倾听。试想一下，如果自己遇到一个只会打断自己讲话，不在意自己讲话的人，或者说只想把自己的想法强加给自己的人，该是有多么反感。当然，在同别人讲话的时候，我们要专注地凝视对方，表现出认真聆听的样子，会让对方得到很大的尊重，与此同时，别人也会自然而然地尊重你。

无论是成为一个善于交谈的人，在工作上游刃有余，还是在生活中成为一个受人尊重的人，都需要我们多听少说，不该说的时候就要学会沉默。给他人说话的权力，让倾诉更为美好。

3. 适时沉默——当你遇到那些不能说的秘密

大家都需要朋友，都会根据自己的标准选择一位或者几位挚友。朋友的定义是什么？是可以任何时间打电话倾诉的人还是在你需要的时候能够时刻陪伴的人？是不遗余力帮助你的人还是安静听你诉说的人？

每个人都会有软弱的时候，聊天不仅是沟通交流的方式，也是释放自己的一种途径。而在这样的聊天中，什么样的角色才招人喜欢或者说不令人生厌呢？

生活在一个拥挤热闹的世界中，我们总是会不自主地产生一种不孤单的错觉，是不孤单，但是孤独。孤单和孤独，是两个相近的名词，但绝不是近义词。身处闹市，你不孤单，但也许会孤独。而孤独的人也不一定就是孤单的。

人们总是寻求心灵上的慰藉，因为与生俱来的本质，人们生活在自己的世界里，感受着自己的心跳和脉搏，品味着自己的狂欢和寂寥。所以说，每个人都需要家人，需要朋友，需要分享，需要接受，需要通过别人更加深切地触碰这个真实的世界，也需要通过别人更加真切地融入这个多元的世界。

成长的过程不仅是认知世界的过程，也是认知自己的过程。初生牛犊不怕虎，有的人把自己当作世界的唯一，当作世界的中心，就好比几千年前那些坚信地心说的人们一样。而后，随着慢慢接触世界，慢慢完善自我，大家才发现，这个世界远比我们想象的复杂，而所有人都只不过是大千世界中的一粒尘埃罢了。

在这种现实的冲击下，有人失望放弃，有人积极面对，无论以哪种方式，人内心总是在成长。只是无论如何说服自己接受这一事实，人在内心中还是不可避免地将自己摆在最重要的位置，或多或少地以自我为中心。大家关心自己今天的着装是否得当，关心自己家里的宠物会不会捣乱，关心办公桌上的植物是不是忘记浇水了……而当你关心这些事的时候，你的朋友可能正在跟你诉说他最近的烦恼与不幸。

是的，大多数人不得不承认，我们并没有自己想象中的那么无私和高尚。说话或做事或思考，我们习惯性地从自身出发，习惯性地以"我"为开头。

曾经有专家特意做过一组实验，让随机挑选出来的人进行面对面交谈，而交谈的唯一准则是不能以"我"开头。结果，不出所料，几乎所有人都在十句以内失败了。而唯一没有失败的那个人也不过是刻意省略了主语"我"罢了，所说的事情也还都是自己的事。

无疑，我们最了解自己，我们最关心自己，我们最在乎自己，因此所有的关注点也是围绕着自己。当你的好朋友在经历了失恋的痛苦，正哭着跟你倾诉的时候，你也许会尽力安慰她劝解她，但是无论我们如何投入，我们作为旁观者，始终无法切身体会到当事人的心情。而这种投入也是有时间限制的，一旦超过了一定的时间，我们伪装得累了，就会不自主地从别人的情景中跳出去。

也许朋友那张不断开闭的嘴巴让你想起了家里养的那只吐泡泡的金鱼，也许她不断奔涌的泪水让你怀疑出门的时候厨房的水龙头是否关好了。这个时候，你是多么想提醒她现在已经很晚了不如各自回家早点洗洗睡吧。当然，如果不想今后老死不相往来的话，你是不会这样做的。于是你只得假装自己完全沉浸在她的悲痛之中，一点都不疲惫，时不时地还要应付几句"嗯，你是对的"或者"我也是这么认为的"。

然而令你万万想不到的是，你的这种卖力演出并没有得到好友的认同，没多久，她的语气便开始冷淡起来，只因为你说着说着，便又不可避免地回忆起了自己当时碰到的渣男，不可避免地在追忆自己往昔的道路上越走越远。后来呢？后来她不再跟你说小秘密，不再第一时间跟你分享她的喜悦，你隐隐觉得有什么不对劲，但又说不出是哪里不对劲。

站在你的角度，你牺牲自己的休息时间来陪她已经很义气了，而站在她的角度，在她最脆弱的时候你却只想到自己曾经受过的伤害，这样太自私了，毕竟你的那段感情已经是过去式，你也已经走出来开始了新的生活，而她却是正在经历这种伤痛，并且无法自拔。好像两个人都没有错，那么，谁该为这一段逐渐冷却的友情负责呢？也许双方都应该学会适度沉默吧。

以自己为轴心的世界，以自己为主角的舞台，以自己为主语的对话，这样的自我情绪对人际交往没有好处，尤其在谈话中，如果一个人只是以自己的视角来看待事物，他很难交到朋友。那么聊天时，如何礼貌而得体地在自我与他人之间建立起一个平衡点呢？其实，最简单也最有效的方法便是适度沉默。沉默，让对方可以安心倾诉，也让自己可以专注倾听。而且，当对方跟自己谈一些隐私问题的时候，自己更要沉默。因为，无论自己说什么，都是不合适的。

　　张佳佳最近情绪不太好，上班总是一副心事重重的样子。

　　在一个雨夜，张佳佳敲开了李怡的家门。李怡对于这种突然拜访一点也不诧异，她们是无话不说的闺密。坐下后，张佳佳没有主动提及什么，李怡也不便开口询问。而那天晚上，绷了好久的张佳佳终于还是绷不住了。看着她一脸的沮丧与颓败，李怡不动声色地递给她一杯温开水。接着，她们面对面地坐着，彼此都没说话。过了好久，张佳佳忍不住了，诉说着老公的种种不是：他怎么可以不顾七年的感情，可以不顾孩子的感受，怎么可以……

　　李怡没有插嘴也没有附和，只是安静地听着，时不时地注视着她的眼睛，微微地点点头。张佳佳说完这些天来一直憋在心里的话之后，看上去也轻松多了。之后，张佳佳告辞了，如释重负地回了家。后来，她和老公又和好如初了。

　　张佳佳又重新拥有了温暖的家庭。不过，她在内心深处是非常感激李怡的，尽管李怡从始至终都沉默不语，但她需要的正是一个安静的听众。

　　其实，李怡自己也没想到那晚的沉默会有这么神奇的力量，她不知道在那种情况下说些什么才能够帮助到她的好姐妹，于是干脆不说话，就陪她坐着。而且，多年之后，她一直很庆幸自己那晚的沉默。如果自己附和着张佳佳的语气，恐怕会加大她对老公的怨恨，也许结果会是另外一种情况。如果自己说她老公的好话，也许会激起张佳佳的逆反心理。那个晚上的沉默，是唯一恰当的选择。

相信大家都有这样的经历。有时候，你只需要安静地当听众，听这个或者那个朋友诉说心事。当然这一点听起来简单，做起来却并不大容易。沉默不代表麻木，不代表不用心不在意，相反，适时的沉默便是用心倾听的最好表现。朋友之间，无法感同身受，但至少要尊重别人的感受。而尊重别人的方式之一，便是沉默、倾听。而很多时候，对方需要的也并不多，只是需要一个温暖的拥抱，或者一个关切的眼神罢了，证明他被人关心，证明他的存在，证明在这个世界上他并不孤单也并不孤独，仅此而已。而且，当对方诉说的是他的家庭、他的隐私时，你更应该保持沉默。因为，你所说的一切会影响他的判断。

说话是门艺术，我们都要上好这门功课。很多时候，我们要懂得在社交场合从容自若地与各色人巧妙周旋，口吐莲花自然魅力无限。高超的说话艺术，能让你摆脱平凡，走向辉煌，走向成功。但是，有时候恰恰沉默是金。当朋友向你倾诉的时候，当你不方便评论的时候，你能做的，便是沉默。适时沉默，做一个善解人意的朋友，一个成熟可靠的朋友，只需要学会适时沉默就好了，在世界纷纷扰扰喧喧闹闹分不清真实的时候，在外界沧海桑田物是人非看不穿人心的时候。

4.聊天中氛围比内容更重要

说话要言之有情，方能打动别人，说话还要言之有物，要有充实的内容，不空洞，方能达到沟通的目的。但仅这些还是不够的，我们知道人是环境的产物，环境对人的影响是巨大的，即所谓"近朱者赤，近墨者黑"。说话还要有良好的氛围，这样的沟通也一样能取得意想不到的效果。

氛围是什么，就是特定的环境给人的感受，人在不同的氛围中，心境是不一样的。在热烈的氛围中，我们感受到的是快乐的分享；在安静的氛围中，我们得到的是心灵的宁静。语言是丰富的，也是受各种环境的暗示的，不同的氛围中说的话带给我们的感受是不同的，沟通的效果也不一样。有时候，选择合适的时机，在良好的氛围中说的话会给人印象深刻，甚至比你要说的内容更重要。

在各种说话的环境中，有一种方式最为人所接受，就是以一种轻松的、闲聊式的方式，也就是我们老百姓说的聊天，各地有不同的叫法，北方人叫"侃大山"，东北人叫"唠嗑"，四川人叫"摆龙门阵"，湖北人叫"唠天"等等。这些看似不起眼的"拉家常"的方式，会对我们的交谈起到意想不到的作用。

我们在生活中会跟各种各样的人交往，每个人的出身、家庭、教育背景都不同，中国又是一个幅员辽阔的国家，可谓"五湖四海，天南地北"。怎么在如此巨大的个性、文化背景差异中求同存异、找到共同的话题、达到沟通的效果确实不是件容易的事。

在聊天中创造一个轻松、宽容的氛围不失为一件沟通的法宝。

1858年，林肯在竞选美国上议院议员的时候，在美国南部发表一次竞选演说。当时，当地人非常野蛮，特别是当地的奴隶主们，他们对林肯的废奴主义非常仇恨，对立情绪严重，对林肯恨之入骨，听说林肯要来，一个个剑拔弩张，氛围非常紧张。当时，有人劝说林肯不要去，可林肯微微一笑，还是坚持来到演讲现场。

他和当地人的首领见面后，与他们热烈地握手后，他心平气和地发表了演讲。他用平静的语气说："同乡们，我来之前，就听说这里有人决心要我和作对，我不明白你们为什么这么做，但我今天还是来了，我想告诉你们的是我也和你们一样，是你们中的一员，是一个普通的公民。各位好朋友们，我到这里来，不是来干涉你们的。尽管我们观点不同，但有一点我是和你们相似的，我出身在一个穷困的家庭，是从苦难的环境中一步步努力挣扎出来的。"然后林肯讲了他童年的一些事情，自己是怎么通过努力奋斗才有了今天。最后他说："同乡们，让我们以朋友的态度交往，我现在对你们诚恳的要求是请允许我在这里和你们说几句话，你们都是勇敢而坚强的人，这个想法一定不会遭到拒绝吧！现在就让我们诚恳地来讲一个问题，大家看如何？"

大家都知道，林肯是坚定的废奴主义者，他的心中有着坚定的信念，但他更知道怎么说比说什么更重要。他没有一上来就表明自己坚定的态度，那样只会让大家情绪更加对立，而是以"套近乎"的方式，做了这样一个看似和问题无关的"聊天"似的开场白，尤其是他讲起了自己的出身，他毫不避讳自己贫穷的童年生活，让大家产生了同情心，并引起共鸣。在别人还没听到他真正的问题时，他已经把将起的敌意化为大声喝彩，在危急时刻，力挽狂澜，创造了良好的开端。事实证明，后来的演讲非常成功，当时很多反对他的人后来成了他的朋友。

有的时候，比如遇到客户投诉，我们说话的时候首先要考虑怎么消除对方的对立情绪。这个时候，选择一种聊天的方式来拉近与对方的距离，让对方心平气和地听下去。

还有的时候，比如洽谈合作，说什么并不重要，而是要创造一个合适的氛围，在一种轻松的氛围中谈话更让人印象深刻。暗示有时候是最好的说服，巧妙地运用语言的暗示，让对方在一种轻松的气氛中明白你的话外之音、言外之意，不经意间达到目的，这是沟通的另一种境界。

5. 你不是唯一的主角

　　语言是人际交流的重要工具，是人际沟通的重要手段，但是所有的交流沟通是双向的，会说话的嘴巴和会听话的耳朵才是沟通的一双翅膀，有人以为口才就是口若悬河，这是一种误解，在交流的舞台上，你并不是唯一的主角。

　　要达到双向交流的目的，首先要学会倾听。倾听是沟通最有效的武器，是人际交往中制胜的法宝，一个在人群中滔滔不绝的人或许很容易得到大家的尊敬和钦佩，但是一个善于倾听并鼓励别人的人，更能得到大家的好感和信任。

　　我们知道口才很重要，它能让你很快脱颖而出。但是也正因为如此，太多的人没有耐心听别人说话，急于想表现自己，常常没等别人把话说完，就打断别人的话，这是不善于倾听的表现。时间长了，性情也变得急躁，他们希望用"短、平、快"的方式来解决问题，并以此展示自己的口才。但事与愿违，这样做的结果往往得不到别人的认同，也无法达到沟通的真正目的，轻者引起别人的反感，重者会影响人际交往，更谈不上建立良好的人际关系了。

　　不管是历史上还是现实生活中，事实证明，大凡有成就的杰出人物往往都是有着良好倾听习惯的人，他们善于倾听别人的意见，并懂得引导，在交谈中把自己放在一个较低的位置，但却给人留下了深刻的印象。他们知道自己并不是唯一的主角，所以往往会把机会让给别人表现，在别人的诉说中，他们得到了知识、经验，并收获了友情和兴趣，这样的交流是双向的，互动的。

美国的成功学大师卡耐基曾经有过这样的经历，他在一次晚宴上结识了一位著名的植物学家，他们两人愉快地交谈了近两个小时。卡耐基始终是以那位植物学家为主，听他讲一些有趣的甚至他从没听说过的事。分别之时，那位植物学家握着卡耐基的手说："非常感谢您让我度过了这样一个愉快的晚上，您一直在听我讲那些别人不愿意听的诸如园艺的事，我跟别人也讲过，他们都不屑一顾，只有您在认真听，并且表现了极大的兴趣，您真是一个最富于魅力的人！我会永远记得这次谈话，记得这个美妙的夜晚。"

卡耐基笑着说："是呀，我也很开心，我从您的谈话中学到了不少知识，我自己也有一个小小的家庭苗圃，您甚至教会了我怎么种植土豆，这真是太有趣了。"

从这个故事中我们看到，从植物学家的角度，他是位意气相投的伙伴，得到了尊重，这让他很开心。从卡耐基的角度看，他只是把他作为这场谈话的一个忠实的听众，他从中得到了乐趣，收获了友情。表面上看起来，谈话的主角是那位植物学家，但最后的结果是他得到了极大的款待和尊重，并得到了极大的收益。

　　这个故事也给了我们很多启发，在交流这个平台上，你并不是唯一的主角，谈话的对象也很重要，之所以强调倾听在沟通中的重要性，是因为善于倾听的人身上都有一种力量，这种力量就是善良的天性和善解人意的特质，我们每个人都愿意跟平易近人的交谈，这样的人容易让我们打开心扉，畅所欲言。而倾听能够拉近与别人的距离。

　　此外，倾听也是一种能力，它需要我们把注意力从自我身上转移到对方身上，并且运用记忆力、理解力、想象力、思考力等等多种能力，来进行对信息的加工、筛选、整合，并且在这个过程中要投入相当的精力和感情，所以善于倾听也让你的心智越来越发达，你说的话更深刻、睿智、耐人寻味，令人印象深刻。

　　要取得良好的沟通效果，实行真正的双向交流，还要学会克服夸夸其谈的毛病。生活中有些人一说起话来就没完没了，口若悬河，这其实是一种说话不负责任、缺乏诚意的表现。沟通表面上看起来是人和人之间的谈话，实质上是心与心的交流，沟通中最忌讳没有诚意，一味表现自己，把自己当成了唯一的主角，不顾别人的感受，

　　要克服夸夸其谈，就要远离假话、空话，要讲真话。大凡喜欢夸夸其谈的人说话都容易言过其实，其实最好的语言是朴实无华、发自内心的话，这是美好情感的展现，也是一个人为人处世的真实反映，一个为人质朴真诚的人，言谈举止也不会忸怩作态，俗话说其行也正，其言也质。所以要言行一致才能得到别人的信任。

在人际交往中，我们要牢记自己不是唯一的主角，心中时刻想着他人，耐心地倾听是打开心房的钥匙，在交谈中不要喧宾夺主，有时候，把说话的机会让给别人反而是一种更高明的手段，沟通的最终结果不取决于你说了什么，而是对方听到了什么，听进去了多少。说话时，要简明扼要，不要繁复啰唆、喋喋不休、东扯西拉，让人听了不知所云。

墨子曾对他的学生在谈到说话之道时说："有的人说话有如池塘里的青蛙，整日整夜地鸣叫，叫得自己口干舌燥，别人听得心烦意乱；还有的人说话像鸡棚里的雄鸡，不鸣则已，一鸣惊人。"

语言是一门艺术，生活是舞台，在这个舞台上有你，有我，还有他，我们要学会运用语言的艺术，掌握说话的技巧，有效地进行沟通，达到双向的交流，最终为我们的事业成功助力，为我们建立和谐的人际关系增彩！

6. 学会倾听，你便是说话高手

有人说，说话是一把钥匙，可以开启财富的大门；也有人说，说话是神奇的魔法棒，可以驱走霉运变换幸福；还有人说，说话是通往成功的梯子……

生活中，我们要和亲朋好友说话。工作中，要和同事、上级，还有竞争对手说话。很多人都觉得说话不过是言语之间的交锋，实则不然。在谈话中，有时倾听比倾诉更为重要。

为什么一定要学会倾听呢？倾听究竟在说话中能起到什么样的作用呢？

认真倾听，可以向对方传达这样一个信息——那就是你尊重对方。在谈话的过程中，认真倾听是最有利于体现出你的尊重和敬意的。

人是以自我为中心的动物，他们渴望被关注，也渴望被尊重、肯定。而交谈就是他们引起他人关注、获得他人肯定的重要方式。如果在他与你交谈时，你漫不经心、左顾右盼，那么即便是最有涵养的人，也会心生不悦。因为这一系列的表现会让他觉得你在轻视他。一旦这种想法产生，那么你在对方心里留下的就是负面印象，这对你们之后的合作非常不利。

推销员李凯就曾经在这一点上吃过亏。李凯是公司里口才最好的推销员，在遇到潜在顾客时，他总能侃侃而谈，用风趣幽默的语言打动对方，让对方心甘情愿买下他推销的产品。

这天，李凯打电话给一个客户，问对方需要多少产品，可是那个客户却说不能和他签约。这让李凯非常纳闷，因为在这之前，他们洽谈得非常顺利，原本依照约定，这次就可以签约了，为什么对方会临时变卦呢？难道是有竞争对手作梗？

百思不得其解的李凯那天晚上依照客户先前留下的住址找到了客户家，他希望对方可以替他解惑。客户起先似乎并不想说出原因，之后见李凯态度很诚恳，眼中也透着真诚，便老实告诉他："其实，这不过是一件小事。当我向你提到我的儿子的时候，你似乎并不怎么感兴趣。要知道，孩子被不错的大学录取了，他是我的骄傲。虽然说起来不太好意思，但是我之所以提到他，是希望你也可以称赞一下他的，你知道，做父母都望子成龙，也喜欢别人夸他们的孩子，甚至会制造这样的机会。可是当时你似乎不屑一顾，并且你还打断了我去打电话。这让我非常恼火，现在提起这些，我似乎有些小题大做了，可是当时我是当即就改主意了的。"

李凯听到这里，恍然大悟，又觉得分外羞愧，不管怎样，他当时的这些举动的确非常失礼，怪不得对方改主意，他非常诚恳地向对方表达了歉意，之后便离开了。从这以后，李凯再也不敢小瞧倾听的重要性了。

倾听不仅可以表现出你的姿态，传达出你的敬意，它还会直接影响你的判断。

倾听就像是谈判过程中的一个风向标，当你仔细去听对方的话时，你甚至可以揣摩出对方的态度、小组的意见和分歧，从而找出谈判的突破口。

优美的言语常常可以打动人，但是再好听的话也要适度，如果在谈话过程中喋喋不休没完没了，那么不仅不会让对方心悦诚服，还反而可能让对方心生厌恶。因为人都有倾诉欲，渴望被倾听，你说的话过多，那对方可以表达的时间就会减少。这会让对方心生不满。

有一个销售员非常健谈，他的业绩也的确不错。有一次，有一个公司想要和相关的工厂签一笔很大的单子，可供选择的工厂有四家，为了选择最好的那家，公司向其中三家工厂发出了邀请，希望他们择日去公司面谈。这位销售员所在的工厂就是其中一家。

因为订单很大，成功拿下的话工厂甚至可以一举超越同行。为了顺利拿到订单，厂长决定带着销售员亲自走一趟。转眼到了去洽谈的日子，这位销售员却咽喉肿痛，说不出话来了。厂长临时也找不到别人，只得硬着头皮和他一起去。因为销售员说不出话来，介绍产品的事就落到了厂长头上。厂长口才并不是很好，介绍产品时比较生硬，全然没有什么推销技巧。销售员因为没法开口，只好努力倾听，在对方说自己的要求时，时不时点头微笑。原本厂长和他都觉得没什么希望了，可是最后，对方却告诉他们，因为他们表现得很诚恳，产品本身质量也不错，而且两人看上去都是靠得住的人，所以决定和他们合作。

销售员后来对别人说，如果依照他以往的推销方法去谈，根本拿不到这么大的单子，与其夸夸其谈，将东西说得天花乱坠，不如认真去倾听，因为倾听中所蕴含的真诚往往更能打动人。

明白了倾听的重要性后，接下来你需要掌握一些倾听的小窍门，这些小窍门可以为你赢得对方好感增加砝码。

在交谈的过程中，如何正确地倾听呢？

首先，你必须怀着一颗真诚的心，不要敷衍他人，更不要敷衍自己。 有的人说，我只要做出倾听的样子就好，即便走走神，对方也不一定会发现啊。实则不然，首先，如果在对方说话的时候，你没有用心听，只是做出了倾听的样子，那么你很难根据对方的言语进行相应的互动，这样你的心不在焉不是一目了然了吗？此外，倾听最重要的作用不是用来表现你对对方的尊重，而是通过倾听来获得有效的谈话信息。如果在对方阐述自己的立场的时候，你心不在焉，别人自然看在眼里。

其次，在倾听的过程中，你要积极主动，加入一定的表情和肢体动作。 倾听并不意味着你就该坐着不动，事实上，在对方倾诉的时候，你的表情和肢体动作都在向对方传达信息。如果你的表情是厌恶的，你会不由自主地抓耳挠腮、左顾右盼，那么虽然看上去你在听对方说话，可是对方却可以清晰地认识到你心不在焉，这样无疑会激怒对方。因此，在倾听时，你可以通过点头、微笑或者适当的话语来肯定对方的发言，只有这样对方才能认识到你在用心听他说话。

最后，在比较正式的谈话过程中，可以做记录。你在一边倾听的同时，还可以做一些记录，将对方言语中的重点记录下来，一方面，这样可以体现出你对对方发言的尊重；另一方面，这也有助于你收集更多的信息。

朋友们，想要说好话，先从倾听开始吧。

第四章

说话有法：提高说话的技巧，这样说话更有魅力

演 讲 与 口 才

Yan Jiang Yu Kou Cai

1. 万事开口难——第一句话很关键

很多人都说，语言是人类最宝贵的一笔财富，语言是人类赖以生存的能力之一。有了语言，人类才能将自己的聪明才智组织成文字，一代代地传承下去。作为人类特有的一种天赋，语言是世界上最重要的交际工具，即使在互联网技术已经高度发达的今天，语言也占据着绝对主流的地位。语言是一种表达情感和信息的符号，它掌管着人们的情绪、表述、理解和传达，无论在什么社会，人们都需要通过语言来沟通。

面对面的说话是最常见的语言交流形式，在日常生活中，人们每天平均要说300句以上的话，可见说话依然是人类运用语言最多的地方。而在很多时候，人们对于语言都会有自己的一种判断力，比如判断一个人活泼有趣或者索然无味，一个人彬彬有礼或者缺乏教养，一个人才华出众或者见识浅陋……这些都可以通过说话体现出来。由此可见，说话艺术是人的第二仪表，它是一个人综合素质的外在表现。有时候，说话水平的高低，能很大程度影响到人的生活、工作与前途。

既然说话艺术如此重要，那么跟人交流时，第一句话就尤为重要了。现代社会生活节奏越来越快，很多时候人对长篇大论已经感到厌烦，所以交流机会有限，他们更看重第一印象、第一句话的效果。换言之，如果说好了第一句话，那么你就成功了一半。

在美国的一家推销事务所，推销员兰多夫正面临着即将失业的危机，因为他的推销业绩实在是太糟糕了，连续好几个月他都没能卖出去一件商品。其实，兰多夫并不懒惰，但他的工作方式却有问题。面对一位潜在顾客，他总是在一开始就自报家门，然后开始喋喋不休地推销自己的商品，长篇大论地介绍它的性能、它的生产地、它的工艺水平、它的质量保障等等，客户们往往还没听他说第二句，就会大声吼着"从我的门里滚出去"，然后狠狠地摔上门。遭受了顾客的多次粗暴拒绝之后，兰多夫已经受够了客户们的咆哮和口水了。"你知道他们是怎么样对待我的吗？他们直接把我的商品丢出了门外，就差没打我了。"他沮丧地向自己的同事兼好友迈克诉苦道。

迈克先是对好友的近况表示了同情，同情之余也不忘调侃他的糟糕业绩。最后，迈克对兰多夫神秘一笑："朋友，你现在的这套推销方案，早就已经过时了。"

"过时？"兰多夫很不解，"可是推销员不都是这么干的吗？他们都会把自己要推销出去的商品拿出来，在顾客面前好好说上一番，把自己的产品给夸耀一番，最后再从价格角度为客户着想，难道不是吗？"

迈克摇了摇头："没错，这是几年前的推销方式了。现在，我们的客户可都是大忙人了，谁会站在门口听你这么一个陌生人对着他啰啰唆唆地说上半天？时代发生了变化，谁能最快地打动人心，谁就能最快地取得业绩。"

"可是，要怎么做才能打动人心呢？"兰多夫依旧很迷惑。

"简单地说，你应该在和客户说第一句话之前，就要好好打量这个客户，从他的形象和家居习惯来判断他是否合适我们的产品，如果他合适，我们就尽量让他们觉得自己很需要这件商品。总之，我们始终都是在为客户着想，他们就没有理由把我们轰走了。"

兰多夫若有所思地点了点头，决定接下来就用迈克的办法去试一试。第二天，兰多夫带着自己一直都没有卖出去的吸尘器，忐忑不安地走上了推销的路。他来到了一个全新的客户家门口，敲响了大门，不一会儿，这家的主人打开了门，在开门的那几秒钟里，兰多夫尽可能睁大了眼睛，打量着这个男主人和他的房子。他发现，这个男人满脸胡子茬儿，而且身上还散发着酒味儿，房间里没有其他人，这简直就是一个活生生的美国单身汉的代表形象，同时，他看到了全家最应该被清洁的地方——一块地毯，上面几乎都被灰尘覆盖满了，兰多夫突然想到接下来该怎么说了。

几秒后，主人问兰多夫："你好，你有什么事吗？"

兰多夫深吸了一口气："你好，先生。看起来，你们家的地毯明天就得扔了。"男主人一下子呆住了，他回头看了看自己家的地毯，问道："你为什么这样说呢，先生？我们家的地毯是刚买不久的，而且样式很新颖，花色也很好看……"兰多夫还没等这位客户说完，便打断他的话："可是，您看看那条地毯，它上面的灰尘几乎都能用肉眼看见了呢。"

这时男主人才意识到自己的地毯已经脏了，而且上面满是一些小碎屑和食物的残渣，他摸了摸头，很不好意思地说："啊，看起来的确不太干净，是的，我知道我的卫生习惯可能不太好。"兰多夫一下子看到了成交商品的希望，他顺手从背后拿出了这把吸尘器："先生，不瞒您说，我其实是一名推销员，我推销的就是这把吸尘器，要知道，我们男人持家，的确有时候会把房子变得邋里邋遢的，但这也是因为我们缺少那些必要的清洁工具啊。"

男主人听到这里来了兴趣，连忙点头称是："没错，其实我也不想把家里的卫生弄得这么狼狈的，可惜没有什么好的工具。"兰多夫一看来了机会，立即凑上前去："先生，我们这次推销的吸尘器是最新类型的清洁工具，它能十分有效地清扫房子各个角落里的垃圾和细小杂物……"接下来，就是按照常规流程来介绍产品的特点了，最后，这家男主人真的当即买下了这台吸尘器，兰多夫激动不已，就因为自己的第一句话抓住了这个男主人的心理，就让接下来谈话中的每一个主动权都牢牢把握在了自己手里，可以说，就是因为这头一句话，才促成了自己这次商品交易的成功。

如果说，高明的头一句话能带来成功，那么冒失的第一句话就会带来失败。有时候，优雅得当的第一句话会给人带来舒适感和温馨感，但是拿捏不好分寸的第一句话就会被视为粗鲁无礼，甚至影响整个谈话的最终结果。

曾经有一对很恩爱的情侣，虽然彼此之间也偶尔有争执和吵闹，但他们还是很珍惜对方，尤其是对对方的第一句话有很深的印象。有一天，男生小智回到了家中，看着自己的女朋友小琳正在忙里忙外地准备晚餐，他突然说了回到家后的第一句话："小琳，我们还是别谈恋爱了。"

这句话一说出口，小琳一个激灵，仿佛被雷劈了一般，手里的餐具纷纷落到地板上："你……你说什么？"小智马上也意识到自己说错了话："不是的，你听我说完……"小琳一下子爆发了："听你说？还要听你说什么？听你说我有多糟糕，还是听你说你自己的那些破事儿？"

小智也生气了："我？我又怎么了？我有什么破事值得你说了？"

于是，小琳开始控诉男友在平常生活中的种种不是，比如从不主动做家务、逛街时总是不挽着她的手、在付账时总是等着小琳催促等等。小琳这种吹毛求疵的挑事儿方法恰恰戳中了小智的痛处，两人开始互相揭短，然后双方都变得怒不可遏。最终，小智和小琳分手了。

多年以后，小琳结婚了，前来参加婚礼的小智见到了已为人妻的小琳，已经平静下来的两人坐了下来，心平气和地谈论着最后的那次争吵，小琳笑着说："你知道吗？其实那天我本来心情很好的，就是你那第一句话，就彻底毁了我们俩的可能了。"

小智凄然地笑了笑："可惜啊，可惜。你没能耐心地听完我说第二句话。"

小琳很好奇："你的第一句话就是'我们还是别谈恋爱了'，这么伤人的话，你后面还能接什么话呢？你要知道，我们向来都是最喜欢听彼此第一句甜言蜜语的人啊。"

"呵呵。"小智苦笑了一阵，"你知道吗？我本来想说的两句话应该放在一起的：'我们还是别谈恋爱了，我们去结婚吧！'"

"啊？"小琳被小智的一番话惊得说不出话来，没想到他接下来还会说这么一句话，只恨自己当初一点耐心也没有。小智也不得不自嘲一番，曾经自己最拿手的"第一句情话"竟然成为了自己恋情的终结。

由此可见，第一句话是否合适，是多么重要呀。

人们的对话，都是从第一句话开始的，第一句话的质量将直接决定整场对话的气氛，倘若在第一句话上没有掌握好分寸，就会造成谈话的僵局甚至破裂，所以说，每当一场谈话开始时，就要注意第一句话的效果。

在心理学上，第一瞬间足以决定胜败，这样的现象称为"初次效果"。第一印象良好，下次见面时即使双方话不投机，对方也会根据上次印象而综合判断你的整体评价。相反，第一印象效果不佳，那么以后的交流中，你在对方心目中的地位就会大打折扣。第一句话是第一印象的重要载体，因为听觉上的犹言在耳，更让人印象深刻。所以说，说好第一句话，那么双方交流便成功了一半。

2. 当话题遇到瓶颈的时候

有时候说话就像是写一个剧本，需要铺垫，需要衬托，需要高潮，需要结尾。交谈也可以是一个小型社会的映射，反映了人与人之间的人情冷暖、虚与委蛇、貌合神离。再或者，与一个人交谈一次，就像谱写了一曲交响曲，有时低鸣沉静，有时高昂激荡。不论是剧本、小型社会的映射，还是一首交响曲，都会有遇到需要停下来的时候，我们把这种暂时的停滞叫作瓶颈。剧本的瓶颈在于情节卡带，无法继续；人际关系之间的瓶颈在于人际关系紧张，无法好好继续下去；交响曲的瓶颈在于音符与音符之间不能高度契合，无法谱写出完美的乐章。同样地，在说话的时候，我们不免也会遇到话题的瓶颈。

譬如时下的热点，某某电影上映啦，某某明星离婚啦……或者说那些在大多数人和你眼中尚且算热点话题的东西，当这些东西被你拿来与另外一个人当作谈资的时候，一旦对方对这个话题的了解度或者关注度不够的时候，你们的话题就像是遇到了一个杀手，当下话题可能就被终结了。这也意味着对方会觉得跟你聊天很无趣，进一步觉得你这个人可能不太符合他的交际圈。

譬如一场会议的进行，当Boss拿出一个策划案的时候，大家你一言我一语，但始终没有形成统一的意见，你们的会议就像是遇到了一个杀手，当下话题就被终结了。这意味着你的上级会觉得你们的部门并不像看起来那么有能力，进一步会重新考虑你们这个部门是否能够委以重任。

譬如一次约会的展开，对方对你的关注度不够，你的任何话题在这一次约会中都起不到任何暖场的作用，气氛始终淡淡的，你们的感情总也没有得到升华。时间一长，对方会觉得跟你约会很无趣，甚至会觉得你这个人并不对他的胃口，尽管这不是你造成的。

总的来说，话题遇到瓶颈分为主动和被动两种情况。

主动环境下的瓶颈，来源于对方对你的话题不感兴趣、认识度不够、能力达不到跟你共同讨论的程度，以至于无法顺着你的话题继续讨论下去。被动环境下的瓶颈，来源于对方本身的热忱度，即当时跟你交谈的那个人本身心思在别处，你的任何话题对方只报以敷衍的态度。

当我们遇到被动型的瓶颈时，你或许应该放弃挽救。毕竟此时此刻跟你交谈的那个人本身就心猿意马。或许他正担心着他的女朋友是不是因为中午的争执而要跟他分手，或许他正担心着下班前即将上交的财务报表能不能及时地完成，或许他正担心着信用卡的账单不能够在最后还款期还清……于此同时，你还喋喋不休、兴致勃勃地跟他说这个说那个，那当然说什么他都三两句敷衍带过。所以你此时此刻最好的说辞应该是："你看起来也许有更重要的事情需要去做，我相信一切都会很好地解决！"我想，这个时候对方心里一定会觉得你是个善解人意的人。你要知道，现在人们有时候宁愿选择虚伪地敷衍别人，也不好意思太直接地拒绝别人。他们甚至觉得那些自以为真实度很高的假意的拒绝，能够被对方感同身受地接受，其实不然。

那要是我们遇到主动型的瓶颈，即你自身造成的瓶颈的时候，你应当试图挽救。或许是因为你话题的认知度不如你所想，对方并不太熟悉；或许是你的问题太私密，对方不太好直接回答；或许是一些突如其来的尴尬，造成话题的突然中断；或许是你的一句话造成了话题的冷场、对方聊天的兴致骤减等等。这些造成话题瓶颈的直接原因，当你能够清楚地认识到的时候，你需要对症下药地去解决。

只是单纯的话题认知度不够，你可以换一个比较大众的话题，然后在对方的话题当中寻找可交谈点，然后继续交谈下去。如果是你问了比较私密的问题，我想这个就需要你自己去好好地反省，在最初的说话的艺术里我们就说过，太私密的问题如果不是特别熟的关系最好不要发问。如果是突如其来的尴尬或者因为自身原因造成的话题冷场，你不妨找个借口稍稍离开。譬如："我有点口渴，我去买些饮料，你喜欢什么口味？"

大多时候你不妨采取"冷读"式交谈模式，这样可以很巧妙地避开话题瓶颈和冷场。"冷读"即陈述式口吻说话，譬如"你有没有留过学"为一般发问方式，而"冷读"发问方式为"你一定在国外留过学"。很显然，普通式发问，对方一般会回答"没有"或"有"，而"冷读"式发问对方一般会回答"是的，你怎么知道"或者"没有，你为什么会这么觉得"等，甚至有些性格开朗的甚至会反问"噢，那你猜猜是在哪个国家"。如此一来，交谈的主动性会均衡地分在两个交谈者身上，而不是从头到尾都是你一个人在主动。

由此可见，当话题遇到瓶颈，我们需要分清楚是主动型瓶颈还是被动型瓶颈，只有这样我们才能更好地解决问题。有句话说"对症下药"，倘若你"病急乱投医"，那势必会适得其反。

孔子曾说"韩峨之曲，余音绕梁，三日不绝"。音乐有如此之魅力，那么同样作为一门艺术的语言，也有此效果，好的语言让人回味无穷、念念不忘。

话不在多，达意则灵。话要说得好，并不是越多越好。生活中我们经常看到有些人口若悬河，滔滔不绝，这样就是会说话吗？可为什么有的人言简意赅，却令人记忆深刻？

1863年，美国前总统林肯在葛底斯堡国家揭幕中心发表演讲，哀悼在葛底斯堡战役中阵亡的将士，在他之前，就有人用了两个小时把对阵亡将士的情感讲了出来。林肯上去后，他用了十句话六十个词组成了一个三分钟的演讲，把他之前演讲人的两个小时的话浓缩成了短短的三分钟，全场一万五千名观众热泪盈眶。这就是著名的《葛底斯堡演说》，此后它被铸成碑文刻在石碑上，为后人铭记。

林肯的这个演讲虽然只用了三分钟，却产生了极为震撼的艺术效果，可见语言的巨大魅力，真正达到了"绕梁三日，回味无穷"的效果。可见好的口才绝不是喋喋不休，恰恰相反，有时候，简洁的话语更给人留下深刻的印象。

话要说得好，就要入情入理，打动人心，还要学会运用语言技巧，这样的话才有内涵。说话要有分量，首先要有思想，语言是思想的外壳，没有思想的语言是空洞贫乏的，学识渊博的人讲的话令人信服，这是因为口才首先体现的是一个人良好的道德修养，古今中外很多著名的口才家往往都是学识渊博的。

好的语言还应该有力量，应该充满了说话人的真情实意，是情感的真实反映，这样的话自会引起听众的共鸣。

不仅是演讲需要这样的口才，在我们的日常生活中，也要学会运用语言的技巧，发自内心地说话，打动别人，让人听了念念不忘。在现实生活中，除了以情动人，还可以用另一种方式来达到让人印象深刻的效果，这就是用幽默的语言。可以说幽默是人际关系的润滑剂，它还会像一块磁铁，令你变得富有吸引力，可以巧妙地将烦恼变为欢畅，使尴尬的气氛缓和下来，让大家紧张的心情得到放松。

几个人在餐桌上争论起来，争得不可开交的时候，有一个人站了起来，说："各位，刚才我们吃的是什么菜？""是鸡。"有人说。"对，就是这鸡在作祟，难怪大家要斗起来。"说完他举起酒杯，说，"来，我们来点灭火剂吧！"他这番话说得大家哈哈大笑，大家不好意思地说："是呀，我们是来吃饭的，怎么为了一点小事就争了起来，太不值得了。"大家在他的带领下，纷纷举杯，一场争斗就这样平息了。试想大家回想起这件事，一定会记得那幽默的话语。

有位作家获得了一项世界级的文学大奖，面对媒体记者的"轰炸"，他始终保持低调。有记者问："大家都想知道你是如何取得这样的成就的？"他意味深长地说："有一天一只母鸡下了只金蛋，大家都来看这只母鸡，其实大家看这只金蛋就够了，何必非要看那只下蛋的母鸡呢？"言下之意是让读者多关注他的文学作品。这番话含蓄幽默，巧妙地用打比方的方式说出了他的心声，让人在会心一笑之后，对他的高超的语言功力佩服不已。

语言是门艺术，这门艺术博大精深，我们要不断加强学习，学习如何艺术地表达自己的所思所想，让我们的说话言之有物，言之有情，言之有理，运用各种手段提升我们的语言表达能力，口才不是天生的，它是后天不断学习实践中得来的。要想说话"绕梁三日"，就要在台下狠下功夫，锻炼口才，尤其是初入职场的年轻人，生活在今天这样的一个激烈竞争的时代，口才的高低对我们事业和生活的影响是巨大的。

做一个能说话、会说话、对别人有影响力的人是我们今天这个时代对人才的新的要求，这是一个人综合素质的重要部分，我们要多看多听多练，不断加强自己的语言表达能力，做一个有口才的人才！

3. 可以戴高帽，但要戴合适

我们说一个有口才的人才是会说话的人，会说话的人一定是说别人想听的话，每个人都想得到别人的认同、理解、尊重，所以我们要学会说话，就要随口携带一样东西，就是俗话说的会给别人戴"高帽子"，让别人听得舒服开心，你的话才有效果。

戴"高帽子"最好的方法就是夸赞别人，教育界有句话叫"好孩子是夸出来的"。被夸出来的孩子一定聪明伶俐、自信有活力，这样的孩子人见人爱。成年人也是一样，得到别人的夸奖会心花怒放、心情愉悦。

卡耐基说："时时用悦服的方法赞美人，是博得人好感的好方法。"生活中我们发现有些人就是嘴巴甜，会说话，他一开口，就把你夸一番："哎呀，你今天这身衣服真好看！""你看你多有精神呀！""我可真羡慕你呀，你看你孩子多优秀！"等等这些话，让人听得心里开心得不得了。这种人就叫会戴"高帽子"。

赞美是一种温柔的武器，是人际交往中的一种聪明的手段，是人际关系中最好的润滑剂，是送给别人最好的礼物。这份小小的礼物带给别人的是欣赏是鼓励，我们要学会送别人一朵赞美的小花，真诚地慷慨地赞美别人。

　　古时候，有个人要去外地做官，临行前他向老师辞行，老师说："前路漫漫，你要小心呀。"他说："老师放心，我准备一百顶'高帽子'，逢人就送他一顶，这样就不会有什么问题了。"老师听了，哈哈大笑："看来你是个明白人，老师放心了。不过你要记住，'高帽子'要戴，可要有分寸，知道别人需要'高帽子'固然重要，可懂得怎么戴好这顶'高帽子'更重要呀。"

　　师生俩的对话说出了人际关系的真谛，生活中人人都愿意被人赞美，但怎么去赞美也是学问。戴"高帽子"的最高境界是在不经意间赞美别人，一定要大方自然，不要刻意为之。有些人的确很会戴"高帽子"，但显得做作，听得多了，反而心里不舒服。所以赞美要恰当，要合适，不能言过其实，还要讲究技巧。

　　夸赞别人首先要真诚，发自内心的赞美才是别人需要的，虚伪和做作只会让人反感，打动人心的赞美一定是发自内心的，你在心里对别人有了认同、理解、尊重，夸赞的话才能让别人接受。

　　在夸赞别人时，切忌空洞抽象，赞美要具体。

　　小安大学毕业刚到一家广告公司上班，为了给大家一个好印象，他对同事很热情，见人就夸别人，说别人这也好，那也好。他对面坐着的是公司一位很有个性的女孩小美，他为了和她套近乎，和她打招呼时说："哎呀，你真美。"小美听了，不屑地说："那你说说看，我哪儿美了。"小安赶快说："你身上有一种古典美。像西施、杨贵妃那样的美！"小美一句话差点把他噎死："谁见过西施、杨贵妃呀，你们谁见过呀？"大家哄堂大笑："没见过。"小安脸上红一阵白一阵，这可真是"拍马屁拍到驴腿上"了。

小安的错误就在于他急于要给别人戴"高帽子"，可这"高帽子"戴得不合适。第一太做作，不自然；第二不具体，又很烂俗，没有新意。像小美这样清高的女孩子，什么好听的话没听过，这样空洞的话语自然引不起她的好感，反而被她的骄脾气数落了一顿。

戴"高帽子"要看人，是什么人就给他戴什么帽子，如果小安掌握了这点，找到小美与众不同的特点，具体地说她的美丽，比如眼睛啦、身材啦、头发啦等等，总之要越具体越好。尤其是对女性的赞美，要说出她与众不同的地方，因为她总希望自己的美丽是独一无二的，是不能替代的。

所以说，戴"高帽子"也是一种技巧，一种学问。它其实是要求我们要掌握不同的人的性格、脾气、教育背景、能力等等，针对不同的人戴不同的"高帽子"，而且要自然地流露出来。

有时候，当话题说到一半时，不露痕迹地给他戴一顶"高帽子"，让对方意想不到，又惊喜连连，他嘴上不说，心里自是心花怒放了。像小安可以借故找小美帮忙做一件事，等事情办完后，随口说一句："谢谢你的帮助，你不仅人长得美，工作能力又强，都说女人漂亮就是花瓶，我看你呀，是又有美貌又有智慧。"这样的话就是在夸赞小美的美丽不仅仅是外表的，还有能力上的。试想这样一顶帽子送上去，小美一定会对他刮目相看的。

越优秀的人越有个性，越希望赞美他的人也一样有个性，有吸引力，所以不要刻意去赞美别人，要让他感觉你是真正值得他赞美的人，而不是泛泛之辈。不经意的夸赞反而让人听了如沐春风，我们要摆脱令人生厌的廉价低俗的溢美之词，给别人戴"高帽子"的最终目的是为了抬高别人，所以要学会说一些有品位的赞美之词。

口才不仅表现出一个人的语言表达能力，更是一个人道德、修养的体现。要想把别人夸得好，自己就要做一个高雅的人、一个有思想有品位的人，这样戴的"高帽子"才能让别人有面子，从而达到良好沟通的目的。

4. 巧用幽默，一分钟应对人生难题

　　幽默，是一种别样的智慧，让灵光闪现的思维魅力无穷；幽默，是一种心胸的豁达，让始料未及的尴尬瞬间瓦解；幽默，是一种宝贵的天赋，让风趣诙谐的语言服务生活。

　　有人说，一个人的幽默能力和他的情商关系成正比。越是情商高的人，说起话来就会越幽默有趣，让人在笑声中领会更深层的意味和道理。虽然可能有些夸张，但在各种场合与情景下，幽默确实是一剂万能的润滑剂，只要使用得当，往往会收到意想不到的结果。在职场上，如果能在与上司的沟通中、与同事的对话中，恰当运用一点幽默，也许很多恼人的问题便会迎刃而解。

　　从另一个角度说，如果一个人在平常的言谈举止中，很少运用幽默或是从不以幽默的语言示人，那么他很容易给人留下刻板冷漠的印象。凡事中规中矩一丝不苟当然是认真负责的表现，但在繁忙的工作与生活中，能恰当运用一点幽默，岂不是更好？试想，无论是同事还是家人，有谁愿意一天到晚面对一个冰冷刻板的人呢？

　　语言暴力屡见不鲜，因为言语不当而引发的矛盾也时常发生在人们的日常生活当中。与此同时，如果因为言语不当导致矛盾或影响与人的正常交流，此刻我们若采取幽默风趣的话语道歉，必然会有意想不到的收获。除去缓和矛盾得到当事人的谅解之

外，我们的说话的艺术又更上一层楼。说话简单，但想把话说得有艺术却不简单。

费新我是书法大家，受邀参加朋友的宴会。酒过三巡，费新我有些微醺。宴会结束时，朋友希望费新我先生能够趁着这兴意留些笔墨。盛情难却，外加上费新我的确喝得开心，联想到此情此景，正是自己受到朋友邀请一起喝酒畅聊，于是挥毫洒墨，在纸上写下了孟浩然的《过故人庄》。其中有一场景与当下十分相似，费老写"开轩面场圃，把酒话桑麻"时因为不留神，将"话"字给漏写了。旁观的宾客也都是文人雅士，一下就看到了这点缺陷，便三三两两窃窃私语起来，都面带惋惜之色。费新我很快就意识到自己的错误，但是他并没有重新写，而是猛地拍了一下自己的脑门儿，说道："这人呀，往往容易酒后失话（言）。"说罢，便在诗的最后加上了"酒后失话"这四个字。这四个字切情切景，的的确确是因为喝多了酒导致书写上的失误。在场之人，无不拍案叫绝。

幽默，也许看起来只是几句简单的诙谐，抑或是一种轻松的态度，但往往在很多时候，恰恰是幽默，解决了很多重要的问题。

大文豪萧伯纳也是巧用幽默的高手。

一次，有一位很有名的女舞蹈家给萧伯纳写了一封热情洋溢的求爱信，信中还建议：萧伯纳先生，如果我俩结婚了，将来生个孩子有你那样的智慧和我这样的外貌，那该是一件多么美妙的事情！"萧伯纳在回信中表示不能接受这番好意，并说道："如果那个孩子只有我这样的外貌和你那样的智慧，那就糟透了。"

还有一次，萧伯纳的剧本《武器与人》首次公演便获得巨大成功。剧终时，许多观众迟迟不愿离场，还要求萧伯纳走上舞台，接受他们热烈的祝贺。萧伯纳应邀走上了舞台，准备向观众致意。这时候，突然有个人对他大声喊叫："萧伯纳，你的剧本太糟糕了，还是停演吧！"这一幕让观众们大吃一惊，大家以为萧伯纳一定会非常生气。可是萧伯纳没有生气，反而笑容满面地向那个人深深地鞠了一躬，彬彬有礼地说："我的朋友，你说得很好，我完全同意你的意见。"接着，他指着场内的其他观众说，"但遗憾的是，在这么多观众面前，我们两个人的反对意见起什么作用呢？"

萧伯纳用幽默和智慧化解了摆在他面前的难题。是的，人生道路上的种种无奈和尴尬，幽默是摆脱困境的一种最好方式。如果你运用得当，不但会收到意想不到的良好效果，还会在无形中增加自己的人格魅力。

幽默的态度，需要一颗真诚的心灵做依托；幽默的语言，需要闪光的智慧和才学方能显现。恰到好处地运用幽默，考验的是一个人应变的能力与临危不惧的淡然之心。

幽默，已不单单是一种诙谐的表达方式，更是一种重要的能力。

学会幽默吧，它能让你在一分钟内化解难题！

5.煮饭忌烧糊，说话忌说满

　　好的口才会让你在人际关系中如鱼得水，但也要切记不要踏上说话的"雷区"，给人际关系带来麻烦。说话还要注意一个问题，就是不要说得太满，古人说："谦受益，满招损。"说话也是如此，话说得过满，就好比煮饭最后做出的是一锅烧焦的糊米饭，这样的饭又如何让人下咽呢？

　　生活中会说话的人首先是会说赞美别人的话，人人都希望得到别人的赞美认同，这是人的天性。一句真诚的赞美于人于己都有重要意义，它会让听的人开心不已，心花怒放，说的人也会心情愉悦，被赞美的人会给你带来意想不到的回报。赞美在人际关系中是重要的一个法宝，可是赞美的话不能说得过头，说得过满，所谓赞美得体才喜人。

　　小丁和小高都是报社编辑。有一次，他们一起去会见一位作者，两人都是第一次见到那位作者，一见面，小丁就对人家说："我已读过你的文章，写得真好，你真是才华横溢，堪称是文学界的常青树啊。"事实上那是位年轻的作者，初入文坛不久，听了这话，以为是小丁在讽刺他，心里很不安，不知所措。小高看到这情形，赶紧说："是这样的，小丁的意思是说你的文章写得很好，思路开阔，文笔不错，切中要害，还希望你以后能多多投稿啊。"那位作者听了小高的这番话，脸上露出笑容，连连点头说："还请你们多多指教。"

你看，两人都是说赞美别人的话，可是小丁的话就说得太满了，因为一篇文章写得好，他就称别人为大才子，夸大其词，这样的赞美有失身份，又让那位年轻的作者心生疑虑，还以为是讽刺自己呢，本来是好话，说出来就不好了。小高的话就比小丁要得体，一是符合自己的身份，二是没有把话说得太满，而是具体说出了人家文章写得好在哪里，这就叫言之有理，言之有物，不空洞，不夸大，很实在，让人听了很舒服，这样赞美的话才会中肯。所以赞美也是有技巧的，它首先要自然，要具体，要言而有信。

要说爱听好话，那肯定是非女人莫属了。的确，女性尤其喜欢听赞美的话，一句赞美女性的话会让她心花怒放。对女性的赞美更得讲究技巧，为什么呢？因为女性天性敏感，又喜欢与人攀比，如果赞美的话说得太满，反而达不到效果。

譬如，我们赞美女性的外表，你夸张地说："哎呀，你太漂亮了。"还不如很实在很具体地说："你看你的头发真好，乌黑有光泽。"赞美她长得好看不如说："你的眼睛很迷人，虽然不大，可是很有神，好像会说话一样。"这样具体而不过于夸张的赞美给人的印象更深些，因为每位女性都希望自己是美丽的，但是每个人对美的理解不同，女人最喜欢夸她的美丽是独一无二的。

不仅是女性需要赞美，其实男性也期待赞美。男性更关注的是对他的事业上的成就和能力的认可，恰到好处的赞美是打在男性身上的一剂强心针。

有一位成功的商人说："我身边的人整天不断地对我说你现在如何成功，我都听厌了，可是我的一位客户对我说的一句话让我很是激动。"他说了什么呢？

那位商人笑着说："他说你的成功是因为你在产品定位方面有着超人的识别能力。"确实如此啊。

你看，这样实在的赞美比起那些陈词滥调，是不是给人耳目一新的感觉呢？

所以说话都不能说得太满，满则溢，溢美之词更忌言过其实。

生活中，我们有时候还要对一些特殊的人物说些恭维的话，比如你的上司，恰当的恭维是为了体现对他的尊重，但千万不要过分，要坦诚得体，高帽不可乱戴，尤其是在领导面前，说话更是不能说得太满，要留有余地，既要让他对你的工作能力有信心，让他对你放心，又不能夸大其词，最后事情没有做好，给他留下不好的印象。

生活中还有一种说话过满的情况，就是有些人说话喜欢献媚，喜欢阿谀奉承，就是我们平常说的"拍马屁"。这其实也是一种言过其实的言语，是言不由衷的，不是发自内心的，对这种人要敬而远之，他们往往没有什么真才实学，无法通过正当的方式博得别人的赏识，表现自己的能力，就采用一种不花力气又有效果的途径——溜须拍马。

生活中另外一类说话，也是说得过满的话，就是过于武断的话，有些人说话口气特别生硬，说什么就是什么，毫无回旋的余地，这也是说话交际中的大忌。良好的沟通是人际关系的润滑剂，能减少人际关系的摩擦，而过于武断的说话方式会疏离人际关系，加剧人际摩擦，引起矛盾，令人望而生畏，难以亲近，谁也不愿意跟这样的人多说几句。

烧饭忌烧糊，说话忌说满，说话是技艺，更是艺术，我们要学会用艺术的方式去表达自己的所思所想，这才是口才的最高境界。

第五章

演讲的准备工作与方法

演 讲 与 口 才

Yan Jiang Yu Kou Cai

1. 心中有"粮"，演讲才有话

一场精彩的演讲总是让听众回味无穷，而好的演讲同样能让听众收获很多知识。在演讲这种场合，知识储备显得尤为重要。心中有粮，演讲才能有话可说。有话可说，并不是什么话都可以说，整场都在讲笑话的演讲，只会让听众觉得在听相声。

曾经有过一场"无话可说"的演讲。那是一场名为"如何走向成功"的演讲，演讲者一开场就列举了我们大家所熟知的名人，例如爱迪生、达尔文等，演讲者十分简短地讲述了名人的成功经历，做实验经历无数次失败，具体的细节也没有讲得很清楚，在讲述完这几个事例以后，演讲者似乎有些局促不安，也有可能是第一次做演讲，最后就是演讲者在台上沉默不语，听众在底下窃窃私语，场面十分尴尬。主持人一看，忙上台打圆场，演讲者趁机下台了。整场演讲下来，几乎所有的听众都听得云里雾里的，不知道演讲者到底想说什么。

如何避免出现这种尴尬的场面呢？要想在台上做到游刃有余，说话具有含金量，在台下必须做足了准备。简而言之，就是要做好知识储备。有了相当丰富的知识，在台上就不会无话可说，没话找话。当然，学无止境，知识永远也学不完，也不可能一网打尽。不是将所有的知识都网罗过来，一一细看，那样不仅时间不够，效率也会很低。

对于演讲而言，进行知识储备是一种十分有效的备战方式，也能够很好地提高自己的知识水平，丰富自己的阅历，增加对人生的感悟。除了专业性的知识演讲需要的是非常专业的科学知识，但这种讲座一般都是很高的级别，像学术会议、国际交流之类。而其他任何形式的演讲，都离不开演讲主旨，而演讲主旨离不开人。这就给我们的知识储备指明了方向。知识储备的完成需要两个重要的方面：

一、常识和基础知识的储备

"常识"就是人们在日常生活中总结出来的生活经验。演讲者在演讲的过程中经常会讲到日常生活、周边发生的事情。因为这样会给观众增加亲切之感，但一旦演讲者犯了常识性的错误，就另当别论了。

有一次，在一场主旨是鼓励毕业生回乡工作的讲座中，演讲者讲到自己家乡苏州时，估计是为了增加大家对自己家乡的了解，演讲者说道："我的家乡苏州，大学士苏轼曾经在那里待过很长时间，而且还曾经在那里兴修水坝，筑造堤廊种柳树……"

演讲者话还没说完，底下就有听众在大声嚷嚷："那说的是杭州！"

演讲者闹了个大红脸，表情十分尴尬，连后面的演讲也讲得磕磕绊绊，整场演讲不是十分顺利。

演讲者犯了常识性的错误，说明其知识储备就有欠缺。因此，首先要做的就是避免出现常识性的错误。而要想避免，首先就是要补充自己的知识。不仅仅是书本上的知识，比如基本的地理概念，我国的地形山脉走势；基本的化学知识，分子由原子构成；基本的文学常识，四大名著、唐宋八大家等等。这些知识基本上初、高中阶段就已经系统学过了，因此不存在很大的问题，只需记忆便可。

而生活常识就需要自己积累，这些来源于生活。也可以找相关书籍，或者是发生在身边的，需要深刻记忆。比如，演讲者在讲到自己在辽宁发生的事情，必须符合当地的生活习惯，如果讲述的却是南方人的行为习惯做法，只会让听众半信半疑，觉得并不可信。不过在讲这些的时候，最好是演讲者自己亲身经历过的，这样才会具有真实感，也才能感染听众。

听来的，或者书上看来的故事，可以与自身的经历结合起来，或者是自己受到的感悟、触动，这些更能打动人心。常识具备，基础知识的储备，并不难做，需要演讲者日常多读一些书，都是平常基础知识性的书籍，理解起来也不会有很大的难度。读万卷书，走四方路，有条件的演讲者可以多出去旅游，增加自己的见闻。而在平常的生活中，无论是工作还是待人处事，都需要一双慧眼，多观察身边发生的事情，多思考，就会有很多不一样的收获。

二、博览群书

五柳先生曾说："好读书，不求甚解。"培养读书的好习惯对演讲来说十分重要。而博览群书并不是让演讲者将所有喜欢的、不喜欢的书通通都浏览一遍，这样并没有什么太大的成效，这样只是"看书"，并不是"读书"。

真正的读书会将书中的精华融入自己的骨髓，成为自己的演讲的营养液。首先演讲者可以根据自己的兴趣爱好读书，根据自己的职业，从熟悉的学科等方面入手，不断地扩大自己的知识面。因为熟悉，所以记忆起来也会更加深刻，或许同样一件事情，在看了别人的新的感悟之后，演讲者自己也会产生新的感受，会有不同的体验。

学知识要学精，在自己感兴趣的领域，选择的书籍一定要经典，往往能收到事半功倍的效果，比如：学美学，柏拉图的《文艺对话录》必看；学文学，四大名著必看。而这些书籍古典韵味十分浓厚，最好能博古通今，再看看现当代学者的一些著作，用现代人独具特色的眼光去解读，会有一些新颖独到的见解和看法，会让听众"眼前一亮"，易中天在"百家讲坛"那么受人欢迎，也正得益于此，用现代人习惯的观念去解读历史，不仅使普通的听众容易理解，也使自己的演讲妙趣横生。

知识不在多，而在精，走马观花式的读书方法并不能让人收获很多。要想把知识学精，首先需要以学界的泰斗为尊。而且在读书的时候，看到发人深省的字句，或者精辟蕴含人生哲理的话，最好能够用笔记下来。"好记性不如烂笔头"，这样记下来，闲下的时候可以随手翻阅，加深印象。这些真知灼见，运用得好，可以举一反三，以一当百，能够很好地在演讲进行总结的时候运用。知识储备并非一朝一夕就能够完成的，需要演讲者日积月累，更需要坚持。

有的人本身就具有丰富的知识，但演讲起来却让人觉得索然无味。这些知识指的并不是非常专业化的学科知识，一个物理学家，在面对普通人做演讲的时候，不必句句话不离相对论，一个化学家句句话不离"分子"，这样的演讲对于普通人来说，理解起来非常困难，只会让听众觉得物理、化学果然高深莫测。因此在演讲的时候需要将自己的知识平易化，而有了丰富的知识储备，还需要一种能力，将知识简单化，但是又蕴含深刻的道理，在听众的理解程度偏上一点点，这样的度刚刚好，既显得自己的演讲蕴含了深刻的道理，又不会让听众觉得讲了一些很低端的知识。

因此，要想成为一个出色的演讲家，平常要多读书，肚里攒墨水，才能在演讲台上挥洒自如。

2. 不打无准备的仗——做好演讲前的准备工作

人们常说："台上一分钟，台下十年功。"对于演讲来说，同样如此。一场精彩绝伦的演讲，演讲者必定在演讲前做好了充足的准备。而首先要做的准备就是"热情"，演讲者在演讲的时候必须充满了热情，对自己的演讲内容了如指掌，而又能满怀热情地向听众流利而富有感情地说出来，才能感染听众。

因为如果演讲者在演讲过程中没有热情，即使做了完全的准备，那么演讲也注定会失败。没有热情的演讲，听众会觉得索然无味。要想演讲取得成功，演讲者的热情很重要，演讲者的陈述起伏会带动听众的情绪。因此要想演讲取得成功，演讲者必须要有热情。卡耐基就热情对于演讲成败的重要性做过阐述：

"在纽约一家极具知名度的销售公司里，有个一流的销售员也是一位极杰出的科学家。我告知他，没有一个人——不论他是生还是已死——曾经完成、或有能力完成他所声称的已完成的奇迹。

"我神态安详地告诉他这些，因为我感到他的错误非常明显、非常荒谬，无须特别加以驳斥。我说完之后，班上的学生都看出了他论述中的谬误，唯独他自己不见，连一秒钟的领悟也没有。他对自己的观点非常热衷，热衷得简直不可救药。他即刻起立告诉我，他没有错。他抗议说，他并不是在引证某种理论，只是在陈述自己的经验而已。他是深知自己的说话对象的，他继续往下说，扩大了原有的论述，并提出更多的资料，举出更多的证据，他的声音中透出一片真诚与诚实。

"我再度告诉他：他的观点正确的可能性很小。没想到他马上又站了起来，提议跟我打赌五块钱，让美国农业部来解决这场纷争。

"你想知道后来又发生了什么怪事吗？班上有好几个学生都被他争取到那边去了。许多人开始将信将疑。我若是对此做个明确的表决，我相信班上一半以上的人都会倒向他那边。我问他们，是什么动摇了他们原先的论点的。他们一个接一个都说是演讲者的热诚和笃信使他们自己怀疑起常识的观点来。

"既然班上的学员们如此易于轻信，我只得写信给农业部。我告诉他们，问这么一个荒谬至极的问题，真觉得不好意思。果然，他们的答复说，要使兰草或其他活的东西自山胡桃木灰里长出是不可能的。他们还附加说明道，他们还从纽约收到另一封信，也是问同样的问题。原来那位销售员对自己的主张太有把握了，因此坐下后即刻写了封信。

"这件事使我终生难忘，也给了我一个有益的启示：演讲者若是热切强烈地相信某件事，并热切强烈地发表自己的观点，便能获得人们对他的信仰的拥护，即使是他宣称自己能从尘土和灰烬当中培植出兰草也无妨。既然这样，我们胸中有所归纳、整理出来的信念，其在常识和真理这边，便会有多大的驱动力。"

卡耐基所说的热诚，指的就是演讲者的热情。演讲者在陈述一件事情的时候，必须清晰地表达出事件发生的时间、地点、动态，再加上演讲者自己的亲身感受，可以把听众当作倾诉的对象，付之以自己全部的热情，这样很能让听众感同身受，仿佛亲身经历一般，也能让听众深受感动。

有了热情当然远远不够，还需要选题，为自己的演讲选一个恰当的主题。这个主题决定了演讲者在台上的所有话题都与这个主题息息相关。主题明确了，才好对应地搜集相关资料。在主题明确之前，演讲者需要做好一系列准备。

一、主题要鲜明。主题的选择要恰当。为了突出主题，切忌用呆板公式化的语言讲述，演讲者可以适当地讲一些与之相关的话题，勾起听众的兴趣。演讲者一定要选择自己经历中最为印象深刻的事情，印象最深刻、感悟最深，讲述到最艰难的时刻，自然而然就会在台上真情流露，这样才能打动听众，也会激发演讲者的灵感，感悟到与以前不同的道理。分享自己的人生经历，选择和主题相关的和观众分享，无论是艰难的求学历程，还是走向社会以后的打拼、工作上的风云，都可以和听众分享。通过个人的努力克服困难，遇挫折时不屈不挠，这些励志暖心的故事能激起听众的共鸣，也能给处于困顿中的人力量。

二、了解自己的听众。一场演讲的主体是听众。一场演讲成功与否，是由听众决定的。

听众在演讲结束后作何反应，就能很好地窥探出这场演讲的精彩程度。因此，演讲者在做演讲之前必须对自己的听众有一定的了解。自己的听众分属哪个年龄层、社会阅历怎么样、知识水平在哪个程度等都需要有一定的了解。了解自己的听众并不是说在演讲中投其所好。而是在了解自己的听众以后，演讲者可以根据得到的信息，选择一种听众容易接受的方式去演讲，让听众能够迅速进入状态，明确主题。

三、适当与听众互动。演讲和听众不是上对下的关系。真正精彩的演讲也决不会是演讲者一个人在台上说，而听众在底下静静地听。真正的演讲更像是一场面对面的交谈。演讲者把听众带入一个主题，或许是对生命的思考，或许是对未来的抉择，更或许是与所有人的生活都息息相关的事情。即使是纯学术型的演讲，也需要与听众交流。演讲到一定时间，可以适当地与听众互动、交流，一个听众的疑问很可能代表了一群听众的困惑。这样的互动能够很好地提高演讲的质量，也能营造出良好的氛围。

当一个演讲者有了足够的热情，而又确定了具体的主题时，这时候准备一份演讲稿就成了必不可少的环节。一份完美的演讲稿需要从搜集材料做起。主题确定下来以后，大都是宽泛的。比如：以生命为主题、以母爱为主题、以职场励志为主题等等。主题只是确定了一个大概的方向，具体该怎么走下去，还需要演讲者先收集详细的材料。材料并不是说只要与主题相关的都一箩筐打包过来，演讲者需要进行筛选。把材料搜集好需要按部就班地来，可分为以下几个步骤：

一、挑选的材料要真实而且有趣。材料对演讲稿来说很重要。即使主题明确了，符合要求的材料也浩如烟海。材料首先要真实可信，这样才有可能打动听众。比如所举的事例材料，是来源于传说故事，或者是动漫、电影、电视剧里看来的。这样的材料真实性有待考证，会让听众觉得这场讲座似乎就是来聊天的。空洞不可捉摸的材料只会让听众失去兴趣，也不好和演讲主题建立实质性的联系。

挑选的材料真实，是材料本身所具有的。而材料有趣，却并不是材料本身所具有的。演讲者需要通过对材料的消化和解读，呈现给听众有趣而吸引人的一面，令听众觉得新鲜好奇，最好还能引发听众深思。鲁迅先生就是一个语言大家，其演讲既妙趣横生，又饱含浓重的文化气息，其演讲稿《由中国女人的脚，推定中国人之非中庸，又由此推定孔夫子有胃病》就很好地运用了材料，并把这些材料建立起联系，十分有趣：

我中华民族虽然常常自命为爱"中庸"，行"中庸"的人民，其实是颇不免于过激的。譬如对于敌人罢，有时是压服不够，还要"除恶务尽"，杀掉不够，还要"食肉寝皮"。但有时候，却又谦虚到"侵略者要进来，让他们进来。也许他们会杀了十万中国人。不要紧，中国人有的是，我们再有人上去"。这真教人猜不出是真痴还是假呆。而女人的脚尤其是一个铁证，不小则已，小则必求其三寸，宁可走不成路，摆摆摇摇。慨自辫子肃清以后，缠足本已一同解放的了，老新党的母亲们，鉴于自己在皮鞋里塞棉花之麻烦，一时也确给她的女儿留了天足。然而我们中华民族是究竟有些"极端"的，不多久，老病复发，有些女士已在想别花样，用一枝细黑柱子将脚跟支起，叫它离开地球。她到底非要她的脚变把戏不可。由过去以测将来，则四朝（假如仍旧有朝代的话）之后，全国女人的脚趾都和小腿成一直线，是可以有八九成把握的。

然则圣人为什么大呼"中庸"呢？曰：这正因为大家并不中庸的缘故。人必有所缺，这才想起他所需。穷教员养不活老婆了，于是觉到女子自食其力说之合理，并且附带地向男女平权论卢头；富翁胖到要发哮喘病了，才去打高尔夫球，从此主张运动的紧要。我们平时，是决不记得自己有一个头，或一个肚子，应该加以优待的，然而一旦头痛肚泻，这才记起了他们，并且大有休息要紧、饮食小心的议论。倘有谁听了这些议论之后，便贸贸然决定这议论者为卫生家，可就失之十丈，差以亿里了……

二、将材料进行筛选。演讲者需要将主题密切相关的材料搜集在一起。而与主题关系不大的则可以舍弃。与主题密切相关还不够，再进一步筛选，将切题而又好切入的材料聚拢在一起。这些材料决不能是妇孺皆知的历史典故，或者听众从小就耳熟能详的故事。因为在听众看来，无论何种形式的讲述，已经能猜到接下来会讲什么。而这些故事，很有可能听众甚至比演讲者还要了解。这样的材料毫无新意，也引不起听众的兴趣。搜集的材料最好是大家知道一点，但又并不十分清楚的。这样的话，听众听完之后会有一种豁然开朗的感觉。

三、将材料进行谋篇布局。精心选取的材料需要经过具体的规划才能达到完美的谋篇布局。材料与材料之间按照轻重缓急或者高低层次具体划分开来。然后先引入话题，所阐述的道理由浅入深，很好地把握住住听众的心理，让观众在不知不觉中主动地去思考、去体会主题，这样就能很好地规划。材料与材料之间建立起联系，再加上演讲者生动的讲述，旁敲侧击的点拨，引导听众自己去思考，整场讲座就会是一场听觉的盛宴。

准备了完美的演讲稿，并不是让演讲者按照演讲稿上的内容一字不差地说出来。那种做法是做"报告"，而不是做演讲。演讲稿只是以备不时之需，以防演讲者在演讲中不知不觉脱离主题，为了取悦听众说一些不相干的话。真正的演讲家几乎都是脱稿站在台上的，而将演讲稿烂熟于心。不要以为有了演讲稿就万事无忧，演讲更多地考验的是人的应变能力。在台上，如果一直盯着演讲稿看，听众也会看出端倪。因此，最好是把演讲稿背熟，而又能从容不迫地演讲，大方流利地讲述，不必拘泥于演讲稿，与听众互动的时候可以灵活应对。但准备一份演讲稿仍然是必不可少的战前准备。

演讲者有了热情，有了丰富的材料，还有了完整的演讲稿，最后需要演讲者的语言。演讲是说出来的，富有热情的演讲者的语言总是声情并茂，也总是能够绘声绘色地描述一件事情的前因后果，让听众能够感受到真实，感受到作为聆听者的快乐。这样的演讲才会精彩，也才会赢得喝彩。

3. 命题演讲

　　"命题演讲"是根据已经定好的题目进行的演讲。这里的定好既可以是因为某种需要，比如所在单位在年终总结会或者公司业绩提升的特殊时期，由上级定好的题目，也可以是自己事先想好了的题目，比如在遇到某个社会热点问题时，或者被邀请去高校做一场演讲。

　　因为演讲的题目在事先已经定好了，所以在进行命题演讲之前，演讲者可以有宽裕的时间进行充分的准备。例如，这次命题演讲的题目为《如何在职场中提高社交能力》。这样命题式的演讲，一眼便能看出此次演讲的主题。这样演讲者就能够十分迅速地知道自己在台上要讲什么内容，也就能做好心理准备。不过光知道主题并不能充分做好演讲准备。命题演讲本身就具有很强的周密性、稳定性和针对性。

　　一、周密性。因为事先就知道了演讲的题目，所以演讲者有充分的准备时间，根据题目，演讲者能获取很多信息，也能确定自己在演讲中的主题。如何搜集材料进行筛选，如何准备演讲稿，如何开头，演讲的过程如何进行，等等。这些具体的细节都需要演讲者的精心布局，并且都十分重要，处处体现出细节的重要性。

二、稳定性。在现场演讲时，演讲者早已将演讲的内容刻入自己的记忆中。命题演讲不同于即兴演讲，在演讲时，演讲者一般都是按照事先准备好的演讲稿、演讲流程进行演讲。一般不会受到现场环境的改变，也不会受听众的影响。但演讲者需要镇定自若，不能像公式化那样演讲，即使演讲内容是事先就预定好了的，也要讲得绘声绘色。

三、针对性。既然是命题演讲，就要有针对性。因为是事先预定好的题目，当然不会是空旋来风。现在有很多命题式的演讲都是针对当今社会出现的热点问题进行切入，引导听众进行反思。比如，当下整容之风盛行，有一场命题演讲的题目就为《整容的内驱力何在》，这样的题目就带有很强的针对性，也容易发挥，引起社会反思。

根据命题演讲的特点，在场前最重要的一点就是准备好演讲稿。因为题目已知，演讲稿的难度并不大。首先根据已知的条件先确立主旨，也就是演讲的主题。当然，命题演讲并不像命题作文那样，只需完成任务即可。

因为命题演讲最终是要演讲者在台上进行演说的，所以在初步确立主旨以后，演讲者搜集相关材料的时候，可以自由选择。只要是契合主旨的材料，其实都可以作为备用。但演讲者可以根据自己的兴趣爱好，在材料中选择自己感兴趣的部分。相对自己感兴趣的话题，演讲者在台上演讲的时候就会生发出热情，热情可以感染听众，也能感染场上的气氛。

确立了主旨也搜集好了材料，接下来就是要写好演讲稿。演讲稿具有的周密性、稳定性和针对性决定了其谋篇布局必须要合理得当。演讲稿的框架可以从以下几个方面入手：

一、开头。演讲稿的开头一定要吸引听众。好的开场白就是整场演讲的好彩头，在演讲中显得十分重要。演讲的开头一定不要是："在场的朋友们，大家下午好！我今天演讲的题目是……"这样公式化的开场白会令听众觉得索然无味。在演讲稿的开头，可以说一个精彩的故事，当然这个故事必须要与主题相关，或者由演讲者在演说的过程中，渐渐引入主题。这样既吸引了听众又为自己的演讲一开始就增色不少。除了说故事，还有另外一种更加切实可行的吸引听众的办法。演讲者可以根据当时的现场环境，或者当时的氛围生发出与主题相关的开场白，因为现场的环境都与听众息息相关，所以很容易便能俘获听众的好奇心，吸引听众的兴趣。不过这种方式需要临场发挥，也需要很深厚的知识储备和很强的语言能力，对于演讲经历并不丰富的人来说并不适用。

二、内容。演讲稿的内容一定要有理有据，内容是演讲稿的精华所在。但长篇大论的说理并不能说服听众。最好是先举几个与主题相关的事例，然后进行鞭辟入里的议论，或者先表达出自己的看法。事例的选择一定要典型，才会具有说服力。因为经典事例往往能进一步发挥，蕴含深刻的哲理。演讲稿书面语，是写在之上的话，而演讲者需要把它用口说出来。因此在说事例的过程中，演讲者需要有感情地讲述，一步步引导听众的情绪，成功的演讲者在演讲的过程中总会让听众有身临其境的感觉。真正的让听众感觉到了，才会产生共鸣。而事例并不一定是名人的事例，其实发生在身边的亲身经历同样也能创造出震撼人心的效应。因为名人对于一般的听众来说总是高高在上的，或者有的听众早就听说过演讲者所讲的事例，就会失去兴趣。演讲稿的内容增添几个事例，不可过多，然后适当地进行评论，演讲者在评论的过程中一定要声情并茂，而且能够将主题融合，深入发掘，并引发听众思索，最好能散发到和听众切身相关的方面，就能很好地营造氛围。

三、结尾。好的收尾同样也能收到振聋发聩的效果。演讲稿的结尾以总结式的议论引发听众思考是常用的方法。还有如果演讲的主题是有关社会热点之类的，以几个简短犀利的反问也能很好地收尾，听众会有意犹未尽之感。好的演讲总是让人印象深刻，也能引发听众思考，启迪人心。

即使准备了充分的演讲稿，然而演讲现场毕竟是直播，没有重来的机会。演讲的时候会出现很多意想不到的情况，比如演讲的时候扩音器突然没声了，PPT屏幕忽然黑了等等，这些都是外力影响下的客观因素，在场的工作人员很快就会明白过来，问题基本上也能很快地得到解决。但会有连锁反应，影响到演讲者的心情，因为遇到这些客观的意外，很容易会让演讲者忘了演讲词，说到哪里，还有的甚至会讲错了话等等。

这样的情况并不在少数，面对这样的情况就需要演讲者有很强的应变能力。这时候演讲者的心态一定要保持好，千万不要在话说出口后在心里自责"怎么办，说错了"。圣人也会犯错，说错了话，演讲者纠正过来就可以了。而如果忘词了，其实也没什么大不了的，演讲者可以继续讲自己仍然记得的内容，暂时先将忘记的部分抛掉，重新组织语言，善于变通，与主题相关的材料或者自己亲身经历过的、想起来的都可以讲述。

对于演讲来说，无论是命题演讲还是其他形式的演讲，最重要的是语言表达能力。而语言表达能力是长时间积累的结果，也是长期锻炼才能练就在台上处变不惊、灵活应变的能力。在空闲时间，演讲者可以通过朗诵或者假设自己在演讲来锻炼自己在公共场合演讲的胆量，经过一段时间的训练，肯定可以提高自己的语言表达能力，也能提高自己的勇气。这样才能让自己在台上谈笑风生，处变不惊，也才能让自己的演讲精彩绝伦。

4. 辩论演讲

"辩论演讲"，顾名思义，既有"辩论"又有"演讲"。辩论是语言上的交锋，而演讲则是清晰地表述自己的观点。辩论演讲，指的是辩论双方对同一个事物持不同的看法，并利用大量的史实和现实经验来证明自己的观点，同时反驳对方的观点的一种面对面式的语言争辩行为。

辩论演讲的观点本身没有很强的对错之分，具有很强的主观性。辩论取胜的一方必须要有理有据，方能服众，也才能取得胜利。辩论演讲具有很强的挑战性，也非常实用。辩论双方都是以口语进行交流，传达出自己的观点。因此，辩手在陈述己方观点的时候所说的话必须十分通顺，具有很强的逻辑性，不然的话，对方在听的过程中很容易发现破绽，并进行语言反驳，这样的话己方辩手只能是哑巴吃黄连。

就形式来看，辩论演讲有"对话式"演讲、"答辩式"演讲、"竞赛式"演讲、"报告式"演讲、"大众式"演讲、"自传式"演讲。

"对话式"，顾名思义，就是辩论双方在选题以后，采取对话方式，你问我答，我问你答，双方的问题都是针对对方的话语中遗漏的地方，或者是矛盾的地方。"答辩式"，双方辩手会在答辩开始时，派出各自的代表为自己的观点进行答辩陈词，先总括出己方的观点，然后分别由辩手进行补充说明。"竞赛式"，是以竞赛为目的的，会有严格的评审团，按照比赛规则进行，相较于前两种比赛，竞赛式的论辩演讲更具有挑战性，因而辩手会被要求以最简短凝练的语言概括总结出己方观点，涉及评分的因素也很多，例如辩手对时间的控制，辩手辩论的内容是否具有含金量等等。"报告式"演讲和"大众式"演讲以及"自传式"演讲，基本上不带辩论的性质，因而不一一赘述。

辩论的形式大同小异，而辩论的技巧在辩论演讲中尤为重要，最常见的就是"比较法"。"比较法"是提炼出两种或两种以上事物的相似性，从而得出不可反驳的事实。不过这种方法通常都是作为反方辩手常用的办法，用得好会收到立竿见影的效果，令正方辩手哑口无言。因为通常来说，反方辩手的比较正是从正方的观点中提取出来的。下面是一则在辩论上很好地运用"比较法"的例子。

20世纪30年代，英国商人威尔斯和香港的茂隆皮箱行签订了合同。威尔斯订购了一批价值不菲的皮箱，由于涉及的金钱数目较大，当时就签订了合同。合同上有这么一条规定："如逾期或不按质量交货，由卖方赔偿损失50%。"

香港茂隆皮箱行自然是不敢怠慢，精心打造皮箱，并按照约定的时间交货了。谁知威尔斯检查的时候却狡辩："皮箱中有木料，不是皮箱。"

皮箱中的木料本就是为了保护皮箱在运输过程中免受磕碰而设计的。威尔斯强词夺理地要求赔偿，因为合同上明明写的是皮箱，并没有木料。茂隆皮箱行知道对方企图敲诈勒索，请了律师罗文锦帮助辩护。威尔斯在法庭上趾高气扬地等着胜诉，只见罗文锦随意地从口袋里拿出一只金表，郑重其事地先问法官："这是什么？"

法官瞥了一眼，回答："金表。"

罗文锦接着问在场的听众："这金表除表壳是镀金的外，它的内部机件都是金制的吗？"

听众纷纷摇头："当然不是。"

罗律师接着说："那么人们为什么又叫它金表呢？"

威尔斯哑口无言，并不能证明它不叫金表。评审的法官自然也听出了端倪，最终以威尔斯诬告罪罚款5000元作结。

威尔斯以"箱中有木料就不是皮箱"为借口企图进行敲诈勒索，而律师以"金表中的机件不是金的，人们公认为金表"的事实进行很好的辩驳，赢得了绝对性的胜利。

在辩论演讲中，还有另外一种经常用的办法，就是用事实说话，亦称"事实法"。因为事实不可争辩，只要抓住对方辩手的纰漏，然后利用事实进行反驳，便可以起到振聋发聩的效果。这里所说的"事实"，指的是数据，或者由国家相关部门统计的图表一类的数据，也可以指大家都熟知、默认的事实。用事实说话，是非曲直自有定论。

1990年，山东大学举办过一场辩论演讲，辩题是《进口汽车给中国经济带来的影响》。论辩的双方各自有不同的观点，分为正方和反方。

正方：进口汽车利大于弊。

反方：进口汽车弊大于利。

双方辩手在各自陈述完观点以后，到了最后一轮辩论。正方的代表做总结：

"进口汽车虽然用去了一些经费，但也刺激和带动了本国汽车工业的发展，总起来看，还是利大于弊、得大于失。"

反方听完以后，用事实回击了正方的观点：

"怎么能说'用去了一些经费'呢？'一些'究竟是多少？请看这笔巨大的经费事实：据报载，1981年至1986年五年里，全国进口汽车的费用达52亿美元。这笔钱用于国防建设，可以建成一个航空母舰舰队；用于科研，能上投资百万元人民币的大型科研项目二万多个；用于提高工资，全国职工可提高28.6%。这些数字足以表明进口汽车热所带来的严重的弊病。"

这些铁的事实令正方辩手顿时败下阵来，反方毫无疑问地取得了胜利。"事实法"虽然常见，用起来也能置对方于死地，但搜集关乎事实的数据却并不容易。而一旦搜集成功，就会成为辩论中的一把利剑。

辩论的技巧还有很多种，需要辩手自己去发掘。比技巧更为重要的一点是：辩手需要有敏锐的洞察力。这里所说的洞察力，指的是在辩论现场的辩手需要耳听、眼视、手动。

"耳听"：就是在辩论现场，辩手需要仔细听对方辩手的陈词，在心底梳理对方在演讲过程中的语序脉络，以及对方的论点是什么，有何根据，分析其中是否有不合理的地方，看似似是而非的观点一定要抓住，很可能会成为驳倒对方有力的证据。

"眼视"：指的是要注意观察辩论现场的环境，尤其是对方辩手的组成，谁是主力，谁负责搜集材料等等，还有就是当对方辩手在陈述的时候的神情，对方队员的手势之类等等。这些能很好地帮助己方，只要集中辩驳主力对手，很可能就会扭转全局。

"手动"：在对方辩手的辩论中，要在头脑中将对方的陈词进行筛选、过滤，快速提取有效的信息，并记下来。这样能够很好地抓住重点，也能有效组织己方从哪一个角度去辩驳对方，并取得可行性的方式。

在对方论辩演讲的时候要做到以上三点，能够避免疏漏。而在自己进行辩论的时候，则同样需要谨慎、细微。辩论的时候声音洪亮，吐字清晰，说话有条不紊，有理有据，营造出一种势不可当的气势，以这样的姿态呈现给听众，也必然会给自己的辩论增加气势，这样的辩论演讲不论输赢，都会为己方增色不少。

5. 即兴演讲

在没有任何准备的情况下进行演讲称为"即兴演讲"。即兴演讲的内容大部分也都是临场发挥，全靠个人的灵活应变能力和口才。

即兴演讲可以分为两种，主动式演讲和被动式演讲。

主动式演讲就是个人主动要求进行的演讲。例如在某个会议或者晚会进行中，主持人在与观众互动的环节，需要做一些即兴演讲。这时候有人主动请缨，就是主动发表即兴演讲了。主动式演讲相对来说要容易些，既为主动，那么演讲者心中的腹稿早已打好，而且在准备上台之前，肯定也已经想清楚自己要讲什么、表达什么。

与此相比，被动式演讲则相对困难些。"被动"则是在外力的情况下不得已进行演讲，或者是主持人点名点到自己，或者是轮流进行发言，又或者是众人力举某人进行演讲等等，这些都是外力，被动地进行演讲，很容易影响演讲者的情绪。演讲者在此之前可能没有任何准备，甚至会惊慌失措，在台上的表现支支吾吾，陷入尴尬的局面。而即兴演讲在生活中十分常见，一次面试、开会，甚至很随意的晚会、聚餐、欢送会、生日晚会等等，在场的人都有可能被点名道姓地做一场简短的即兴演讲。为了避免尴尬，使自己贻笑大方，学习一些即兴演讲的技巧是必要的。

首先，我们要了解这些：

一、即兴演讲的背景。即兴演讲不是莫名其妙地就发生的，而是在特定的时间、地点下进行的。因此，参加者要了解自己所处环境的基本情况。比如，有人邀请你去参加一场公司的聚餐活动，虽然主题是聚餐，但要了解为什么聚餐、聚餐地点的环境等等，不需要深入地了解，但最起码需要了解基本情况、参加聚餐的同事等等，还有一般情况下聚餐大家喜欢的娱乐活动。如果要在这种场合发表即兴演讲，说的话总要与周围的环境息息相关，最好也能与大家共事的环境有关，如果是领导就可以这么说：

"在公司的业绩取得突破性进展的这一刻，感谢大家几个月以来的努力，希望各位再接再厉，今天大家玩得开心，明天我们一起继续加油，为公司辉煌的未来，大家一起干杯！"

主题是聚餐，自然离不开聚餐的氛围，而且讲的话也与大家的连日以来的工作相关。这样的即兴演讲十分简短，又说出了主旨。这是主动式的演讲。而如果是一场非常严肃、专业化的主题讲座，即兴演讲则必须跟着转换。比如说在一场名为《生命的价值何在？》的演讲中，主持人要求在场的听众说出自己在听完讲座后自己的感悟，而主持人随机请人上台或者站起来做几分钟的演讲，这样的场合就是被动式的演讲了。这时，演讲者也不必惊慌失措，只要淡定地站起来，想一想这场讲座的内容，再结合自身的经历，简短地谈谈听完讲座的感受即可，也不必说完全赞同讲座的观点；只要有自己独到的见解，对生命价值的追求，可以有不同的形式，可以这样说：

"其实我在很长一段阶段都在为追求生命的价值而迷茫，总觉得人应该有伟大的理想抱负，才能实现自己生命的价值。而现在我明白，生命的价值从来就没有高低之分，只要自己踏踏实实做事，无愧于心，为社会做贡献，其实就是最好的生命价值体现。"

很多人都会说自己并没有见解，或者自己没看法。那么做即兴演讲还有一个办法，就是抓住演讲的主题，然后在脑海中搜索与之相关的名言警句，或者某个大家所熟知的人的奋斗史，这样的话能够很好地缓和自己的尴尬，也能做好即兴演讲，随意发挥自己的看法即可。总而言之，必须清楚"即兴演讲"时的背景，然后才好发挥，也能在毫无准备的情况下急中生智，不至于到台上的时候哑口无言。如果不了解当时的各种背景，很容易使自己的演讲成为自己天马行空的想象，不被听众理解。

二、保持好心态。遇到即兴演讲时千万不要自乱阵脚。更不要表现出惊慌失措的表情。

这样不仅让自己失态，也让听众看了笑话。在遇到即兴演讲的时候，更应该把它当作一个突发性的挑战，迎难而上。如果你把它当作困难，在不得已的情况下硬着头皮上讲台，这样的即兴演讲也很容易失败。

把即兴演讲当作挑战，充满自信地上去，神采奕奕，听众也会很期待你的演讲。想一想其实没有什么大不了的，自己给自己打气，如果实在特别紧张，也可以这么说："有点紧张，说得不对大家不要笑话。就我个人看来……"然后就开始发表自己的看法，做即兴演讲。

演讲的时候要表现出自信，微笑是缓解尴尬的利剑，语速平和放缓，吐字清晰，这样也能给自己增加信息。不过心态都是练出来的，无论是被动地进行演讲，还是自己主动地进行演讲，一般人或多或少都会紧张。但只要想到这其实很正常，深呼一口气，自己给自己信心，同样也能在上台的时候从容不迫。

曾经有一个大学生参加学校的活动，在互动的环节，没想到被主持人点到去做演讲，无非是说一下台上的表演者表现怎么样，结果这位学生在周围的人推搡下才极不情愿地站起来，支支吾吾地说："对不起，我没听清问题。"

主持人耐心地又说了一遍，结果这位同学还是答非所问，全场鸦雀无声，场面十分尴尬，最后就是主持人以"有请下一位同学……"做结束。

好的心态对即兴演讲很重要。总而言之就是要有自信，即使心里很紧张，也不要表现出来。把心态放平，把即兴演讲当作家常便饭，这样想就能把即兴演讲当作一件很普通的事情了。

三、在心里打好腹稿。一场精彩的即兴演讲确实也需要准备。因为即兴演讲的不确定性和突发性。要做好即兴演讲的稿子有些困难。而要想提高自己的水平，必须做到在心里打好腹稿。在心里梳理好框架，也就是先想好自己如果在这种场合下做即兴演讲，自己该怎么说。首先必须具备一定的知识水平，要注重平常的积累，即兴演讲不是随口说话，或者与听众闲聊，真正精彩的即兴演讲总是能给人带来惊喜，令听众回味无穷。

演讲者必须具有广阔的知识面，而且又有应变的能力，因为还必须考虑到听众的知识水平，不可一出口就是一连串令人摸不着头脑的典故，或者是历史中鲜少有人知道、生僻而又无趣的资料。演讲者在心里打好腹稿，应该清楚说哪些，说的材料必须真实可靠，或者是来源于生活中的社会事件，或者是比较浅显易懂的典故，或者是演讲者自己的亲身经历。然而这些又必须与主题切合，或者相近，与当时的演讲氛围融合，这样才能引起听众的共鸣。

说的内容不可太过简单，但也不能完全超越了听众的理解水平，只需适当点播，说出深刻而又富有涵义的话，让听众思考过后方能明白过来，这样才算是精彩的即兴演讲。而除此之外，还需要积累知识，演讲者需要拥有丰富的知识面，腹稿打得好不好，也能看出演讲者的知识水平和阅历程度。

即兴演讲很能考验一个人的应变能力。受当时氛围的影响，很多人的即兴演讲都是仅凭一时的灵感或者当时的感悟而在台上抒发自己感想，表达自己的见解。然而大部分被情绪左右的即兴演讲却没有实质性的内容，很多人这种类型的演讲细究起来，其实条理并不清晰，只是一味地表达自己的情绪，而与主题相去甚远，甚至毫无关联。有的人会说某某名人可以随口就说出富含哲理的话，也能妙语连珠，十分精彩。殊不知这样的精彩其实是别人日积月累学习知识的结果。因为肚里没墨的人无论如何也说不出来精彩的演讲。总而言之，平常的积累对打好腹稿很重要。真正精彩的演讲其实是有准备的。即使是即兴演讲，也需要在心里打一个粗略的稿子，才能在台上以不变应万变。

四、语言要生动形象。即兴演讲的语言一定要浅显易懂，又能说明道理。因为是即兴演讲，所以时间不会太长，短至几分钟，长的也不会超过一刻钟。所以演讲者不仅要控制好时间，还要在短时间内说出精彩绝伦的话。这就必须要求演讲者的语言要凝练，而且简洁，但又富含深刻的道理。而且还要与演讲现场的氛围相融合，最好能与在场的每位听众相结合，不是具体到每个人、具体的问题，而是每个人在人生境遇中会遇到的事情、做过的艰难抉择，或者很多人都感触颇深却又困惑的阶段等等，这些都可说。语言尽量生动些，充满积极向上的乐观精神。这样很能够感染听众。

拥有了丰富的知识，良好的心态，语言又生动形象，在心里又做好了充足的准备，充满自信地走上讲台，即使是即兴演讲，也能娓娓道来，妙语连珠，令听众拍手称赞。

第六章

这样演讲，让你的声音传得更远，让你的舞台变得更大

演 讲 与 口 才

Yan Jiang Yu Kou Cai

1. 精彩的开场，抓住听众的耳朵

　　大大小小的演讲我们听过不少。可能是电视上的"百姓讲坛"，也许是网络上某个导师的演讲，又或者是现实生活里我们切身参加的某个演讲。我们不难发现，是否能够引起你的兴趣的关键点不在于这个演讲本身的议题是否吸引你，也不在于这个讲师你是不是真的认认真真听过他几场演讲，更加不谈这个讲师自身名气与否。当然，以上这些可能会引发你去听某一场演讲，但是否能引发你的兴趣以及抓住你耳朵的关键点，实际上是这场演讲的开场。一个精彩的开场，能够抓住听众的耳朵，从而听下去。

　　一个好的开场决定了听众们是否集中注意力来听你接下来的演讲。倘若开场索然无味、平平淡淡，这将直接导致听众失去兴致。即便你接下来的内容准备得很精彩，但在听众心里，他不会去想你接下来的演讲内容是否精彩，他们甚至会因为"不知道什么时候开始精彩点"或者"到底有没有精彩点"的想法而直接放弃继续听下去的打算。由此可见，好的演讲，一定得具备一个独具匠心、新颖、生动且富有吸引力的开场。

　　俄国大文学家高尔基曾说过："最难的开场是第一句话，如同音乐的开场，整个曲子的音调都是由第一个音符决定的，它起了定调的作用。"类比到演讲中来，怎样的开场决定了接下来的演讲。开场可以在听众与演讲者之间，迅速地建立起感情的桥梁。有了这桥梁，接下来的信息传递将会容易得多，想要产生共鸣也是基于这架桥梁之上。

大多数的演讲开场分为两种：

第一种，"引子"式开场。 "引子"式开场很官方也很常用，大多数开头是这样的："尊敬的各位领导、各位来宾，大家好！今天……"这类型的演讲，多半直接切入正题，没有在开头的时候大做文章。这样做的好处在于，倘若你无法判断你的开场是否精彩时，一个苍白无力、冗长无味的开场反倒让听众听觉疲乏，很难有足够的兴趣继续听下去。等你把开场说完了，人家的瞌睡也来了。"引子"式开场，让听众没有缓冲时间，一句官方式的问候即是开场，迅速地切入正题，开始你的演讲。还有的"引子"式开场，会陈述一个事实，这个事实在陈述时是带有故事性和回忆性质的，那么听众就会很自然而然地跟着你的节奏听下去了。

第二种，"楔子"式开场。 "楔子"式开场又是什么呢？用美国前总统里根在人民大会堂的演讲中的一段话示例，他是这样说的：

"我和我的夫人南希一直希望来历史上最悠久的文明古国——中国访问，同你们伟大的人民见面，一睹贵国历史宝库的风采。我们唯一遗憾的是，这次的访问时间太短暂，看来只能像唐代诗人写的那样'走马观花'了，但是在中国《汉书》里还有一句话叫作'百闻不如一见'，我和南希深有同感……"

里根在人民大会堂的演讲实际上是想表达这次访华的感受，但是一个外国人和当时的中国人民其实并没有太多的共同话题，但是里根选择用唐诗里"走马观花"的典故，以及《汉书》中的名言来建立自己和听众之间的桥梁，当产生了一定共鸣之后，方继续演讲。这叫作"楔子"式开场，简单来说就是选择一些比较容易产生共鸣的东西在开场时先陈述，这样的陈述容易与听众建立情感桥梁，有了一定的感情基础，演讲时听众的代入感会比较强。

"引子"式开场和"楔子"式开场是比较常见的两种演讲开场模式，这两类开场的异曲同工之处就是建立起感情桥梁，消除防备及隔阂。选择这类型的演讲开场白虽然算不得新颖，但至少不会出错。

人们往往愿意听到与自己熟悉的人、事物、城市，提到家乡，提到祖国，提到一切与自己熟悉的事物。这便是"楔子"式开场的妙处，这是建立在人类喜欢听到和提起一切和自己有关以及令自己感到亲切的东西的心理之上的。一旦听众不排斥了，甚至在你的演讲里觉得你说的东西都是自己认可的，那么你接下来的演讲都会以"先入为主"的印象被听众们接纳。

还有几种比较有趣的开场："悬疑式开场""正话反说式开

场"以及"连续提问式开场"。

"悬疑式开场"，在《警戒青少年自杀率》这篇演讲里，演讲者是这样开场的：

"我是一个由七个英文字母组成的单词，我让我的家庭遭受灾难，父母白发人送黑发人，我让我的亲朋好友流泪，我是当今青少年中最大的杀手！我是什么？我并非酒精，也并非毒品，我的名字叫——自杀（suicide）。"

大多数人在听到"我是一个由七个字母组成的单词"的时候，脑海里面已经开始了飞速的运转。哪七个单词？接着，当演讲者继续演讲时，像"灾难""杀手"这样带有黑暗色彩的词汇出现时，听众难免会产生好奇心理，究竟这个单词是什么？最后，演讲者一语道破那个单词"自杀"，同时点《警戒青少年自杀率》这个演讲题。换言之，如果采取平铺直述的方式开场："自杀是目前青少年中最大的杀手……"我想大多数人大概都失去了继续听下去的兴趣。所以说，悬疑式开场有助于提升听众对这场演讲的兴趣，由好奇心引发的一系列心理活动都将支撑听众跟随演讲者的指引，一点点听下去。

"正话反说式开场"，如《吸烟有害健康》的开场：

"首先，在演讲开始前，我必须得说一说吸烟的三大好处。"然后演讲者接着说，"吸烟第一好，吸烟的人狗不咬；吸烟第二好，吸烟的人偷不着；吸烟第三好，吸烟的人不会老。"

说到这里，底下的听众已经开始窃窃私语了，演讲题目不是《吸烟有害健康》吗？怎么反倒说起吸烟的好处来了？演讲者连着三个"吸烟好"扔给听众，其实是很匪夷所思的。此时此刻我想听众大概都想听听这个演讲者如何自圆其说，毕竟吸烟有害身体健康人人皆知，就连香烟盒子上都有明确的标语。

等到演说者觉得吊足了听众的胃口，接着说道："吸烟的人狗不咬是因为，吸烟吸得多的人大多驼背，狗看见了认为那个人要拿石头攻击自己，于是看见驼着背的人就会跑开。吸烟的人偷不着是因为，吸烟吸得多了会引发肺部问题，常常彻夜地咳嗽，小偷夜里经过时会认为屋子里的人还没睡着，便不会行窃；吸烟人不会老是因为，大多说吸烟吸得凶的人身体都不健康，甚至短寿，短寿也就意味着死的时候还是年纪轻轻的呀。"

这么一说，听众席都笑了，这哪里是吸烟好，分明是吸烟不好嘛。由此可见，虽然是正话反说，但是也起到了不错的效果。听众会因为有异于常理的说辞产生兴趣，对颠倒常理的说辞产生好奇。所以说，"正话反说"的开场也是十分精彩的。

"连续提问式开场"，举一个名为《投资之道》的演讲：

"你觉得打工挣钱就能满足你吗？你该如何挣更多的钱？你有没有想过投资？怕不怕投资是骗人的？小钱如何生

大钱？……"

　　这样的间断小问句，循序渐进地提问了有八九个。听众会很自然地跟随演讲者的问句去思考问题。

　　提问式的开场，很容易就能将听众牵引到一个方向。比如1942年孙中山先生在《北伐的原因》演讲中是这样开头的："各界诸君，今日诸君在这里赞助北伐大会，我们今日为什么有北伐之举？"又比如在1918年李大钊先生的《庶民的胜利》演讲中这样开头："我们这几天庆祝胜利，实在是热闹，可是胜利的，究竟是哪一个？"诸如此类的例子有很多，但集中到一点说，提问式的开场能够轻而易举地抓住听众的耳朵，让"十万个哈姆雷特"朝一个方向去凑拢，这十分有利于你接下来的演讲。

　　一个好的演讲，除了有深刻新颖的题目来吸引听众外，一个精彩的开场也是极为重要的。只有抓住了听众们的耳朵，你的演讲才能让他们产生共鸣，才能让他们继续听你说下去！

2. 讲一个故事，引发听众的好奇

一场讲座，如何在开头就取得头彩呢？答案是讲故事。"故事式"的开头是一场讲座良好的开端。因为好的故事就好比未知的探险一样生动有趣，能够在开场的瞬间就引发听众的好奇心，调动听众的积极性。

有很多精彩的演讲就是以故事开头的，在主题为《母爱，世间至纯无私的爱》的演讲中，开头就是这样的：

"这是一个真实的故事。2006年11月的一个佛晓，市郊发生了一起特大交通事故，一辆客车从数十米高的悬崖上跌下。初步勘验，全车二十余人无一幸免。突然，从尸体堆里传出了一个婴儿孱弱的哭声。扒开尸体，原来是一个不满周岁的婴儿正伏在一位已经死去的年轻妇女的怀里啼哭。这位妇女后来被证实是婴儿的母亲，她的双手呈拱拢状紧紧将婴儿护在怀里，为抱出孩子，民警和医护人员费了好大的劲才将她已经僵硬的手臂掰开。车祸发生时，绝大多数人都在沉睡。也许是谁的呼唤惊醒了这位年轻的母亲，在客车下坠的瞬间，母亲的本能使她改变了自己的求生本能，她没有双手抱头，而是用两条柔软的胳膊和温厚的胸脯为婴儿构筑了一个安全的'生命巢'……"

这样真实而不幸的交通事故在我们的日常生活中每天都在上演。这位母亲在面对车祸的瞬间紧紧护住自己的孩子，用自己的臂膀构建了一个港湾，而让自己处于危险的境地。这样的母爱深沉而又伟大。这样开讲的故事让听众感触万分，也为演讲者接下来的阐述做了很好的铺垫。

"讲故事"是演讲开头很好的一种方式。也是一种聚焦关注的有效手段。"故事"不仅可以是别人的故事，还可以是自己亲身经历的故事，自己亲身经历的故事则更加会打动人心，甚至令听众感同身受。

2012年，莫言成为首位获得诺贝尔文学奖的中国籍作家，这个振奋人心的消息直到现在都为国人所自豪。莫言的获奖感言全文8200多字，几乎全部是自己人生经历的写照。不过短短十几分钟，却令人印象深刻。演讲稿的开篇就向我们介绍了他的母亲以及莫言的故乡。他获奖那一刻最怀念的人也是自己的母亲，遗憾的是母亲早已不在。而后莫言陷入了童年的回忆之中：

"我是我母亲最小的孩子。我记忆中最早的一件事是提着家里唯一的一把热水壶去公共食堂打开水。因为饥饿无力，失手将热水瓶打碎，我吓得要命，钻进草垛里，一天没敢出来……"

莫言从自己小时候的经历讲到自己获奖以后的故事，让我们更加接近了这位真实的作家，而不仅仅是通过《蛙》或者《丰乳肥臀》等作品去了解那个高密东北乡。没有人能比生长在那里的人更加了解那个地方。

莫言对自己亲身经历的讲述，让我们更加拉近了与莫言的距离，也更加了解了莫言所处时代的文化背景。听莫言在演讲过程中讲了很多记忆里最深刻的事情，这些都是莫言真实而亲身经历过的，往往最能打动人心，让听众随着讲述者的情绪而上下起伏。而听众在听故事的过程中很容易被感染，因为听众可能有过与之类似的生活经历，这就是"感同身受"，不知不觉就会拉近演说者与听众之间的距离，也能帮助我们更好地理解其作品的深刻内涵。

而无论是亲身经历的讲述，还是媒体报道里的社会热点，还是其他形式的故事，比如历史典故、名人事迹等等，都能够吸引听众。

有一个名为《救救孩子》的演讲，演讲者周光宁是这样开头的：

"去年5月24号的《新民晚报》报道了这样一个故事：一个四年级小学生每天都要带父母亲手剥光了壳的鸡蛋到学校吃。有一次，父母忘了给鸡蛋剥壳，差点憋坏了孩子。他对着鸡蛋左瞅右看，不知道如何下口。结果只好将原蛋带回。母亲问他怎么不吃，回答很简单：'没有缝，我怎么吃！'无独有偶，据某杂志载，一个将要留学法国的地质学研究生，因为害怕出国后没有人照料自己的生活而吓得全身痉挛，有时竟然连续五个小时。神经学专家的结论是：'病人发病的根源在于社会生活能力差，出国反而造成了极大的心理压力……'这个结论，我想不应该只是针对这位患有'出国恐惧症'的研究生，所有的教师，所有的家长，是否也应该考虑下我们的学生的社会生活能力究竟怎样？今后他们能立足于社会、贡献于社会吗？"

这篇演讲稿揭露了社会上很多在父母溺爱之下成长的孩子，完全没有自我生存的能力，连最简单的基本生活能力都存在问题，更别提出国留学深造了。演讲的开头就连用了几个反问，开篇便点出了演讲的主题，以故事的方法引入，激发听众的兴趣，令听众在听后唏嘘感叹的同时也进行思考，究竟如何培养孩子的自立能力。这样的开头一开始便收到了很好的效果。

讲故事的形式有多种多样，各种各样的故事也纷杂，但只要与自己的演讲主题相关的故事，只要生动，情节动人，听众就会被吸引住。开篇讲故事，能够瞬间就抓住听众的心，让听众产生继续听下去的心理，因此演讲者最好能够绘声绘色地讲述故事，好听的故事人人都喜欢。

在演讲中，"讲故事"是引发听众好奇心的好办法，然而并不是所有的故事都能够引起大家的兴趣。有的听众会说这个故事听起来枯燥乏味，而有的听众会说这个人讲起故事来一点也不生动。故事讲得好不好，能不能吸引人，这和很多因素有关，特别是演讲者说话的方式。有的故事即使本身枯燥乏味，但经演讲者的口中说出来却妙趣横生，令人拍手称赞。

语言，是人与人之间沟通的媒介；而说话，则是人与人直接进行交流的最常用手段。心里在想什么，想向别人表达什么，都需要通过语言来实现。因此，在讲故事的过程中，我们需要使自己的语言为听众所接受。换言之，说话要使人明白易懂。

除此以外，演讲者还需要考虑听众群体的特征。听众如果是小孩，那么讲故事的语言需要浅显易懂而富有趣味性；听众如果分属于不同的社会群体，那就需要根据听众的变化来改变自己的语言风格，这样才能让自己的故事深入人心。

演说者需要根据听众群体的变化改变自己的语言风格，还需要控制自己的声音，声音是传播的媒介，很多演讲的场合都有扩音器，身为演说家，场上的声音一定要有气势，切忌音量过小，而在"讲故事"的过程中，需要根据故事的开始、发展进度声情并茂地讲述。如果演说者的声音从头到尾都是平调，声音里听不出任何波澜、情绪的起伏，那么听众听起来也会觉得索然无味。

讲故事的语气需要根据故事中的人物转变而相应作出改变，也要符合人物的性格特点，这样才能给听众营造出身临其境的氛围，听众自然而然就会被吸引。引发了听众的好奇心，剩下来的演讲也就会顺利很多。

3. 提一个问题，激发听众的思索

我们常常会发现，不论是演唱会还是舞台小品，或者是其他一对多的展现方式的活动里，有互动才能让当下的气氛活跃起来。有足够的热烈气氛，才能让这种一对多的活动在人们心里留下印象。

这也是为什么很多歌手会选择在唱歌时，把副歌部分留到和粉丝们一起唱一样。其实演讲也不例外，演讲的过程中提一个问题，能够激发听众的思索，引导听众参与到这场演讲中来。这是互动，同样也是演讲的技艺。

提问式开场除了能抓住听众的耳朵，同时也能引发听众的思索。但演讲当中的提问可不单单就是随口发问而已，技巧性的发问能够事半功倍，但是随口发问往往会让演讲陷入尴尬的局面或者令气氛愈发死气沉沉。

简单来说，演讲中的提问方式主要有封闭式问题、开放式问题、整体式问题、直接式问题、反问式问题及传递式问题等提问方式。这六类是比较典型和具有代表性的。

封闭式提问。譬如很多演讲者在演讲的过程中为了得到听众的反应，会问一句："请问大家对于我所说的内容有什么问题吗？"这种发问方式很封闭，观众往往不会有很明显的回应。这类发问就像老师在课堂上讲了一个例题之后，问道："同学们，这道题大家听懂了没有？"这类提问有好有坏，好在听众容易回答，一个简单的"有"或者"没有"，又或者点头或者摇头示意。坏在回答面太窄，不利于观众进行深度思索，往往在这类提问下的反应很可能是"条件"反应，即本身对问题无感，而是随环境的反应而反应。这类型提问引发的思索也是很浅显的。

开放式提问。这类提问往往以"为什么""是什么"或者"怎么做"等开头，譬如"为什么说'知道'不等于'做到'"。演讲者在演讲过程中提出这个问题，稍作停顿后，听众很容易有一种带入感，这种一对多的过程加上开放式提问容易让作者陷入思考。毕竟这种反应不会雷同，有一句话说"一万个人看哈姆雷特就有一万个哈姆雷特"。

开放式提问的好处就在于，不同的人会有不同的反应，演讲的过程中多采取开放式提问不会让听众出现"条件"反应，即别人鼓掌了我也鼓掌，别人点头了我也点头的现象。这类型提问方式现在经常被用于演讲当中的开头或结尾，甚至不断地穿插在演讲的过程中，一方面引导观众跟着自己的节奏走，一方面不间断地让观众思考问题，能够让演讲的深度被加深。

整体式提问。整体式提问同时也是互动式提问，在演讲过程中也可以算是"风险式提问"。听过演讲的朋友就会知道，很多演讲者会在演讲中点人起来回答问题，譬如"在演讲开始前，我先做个简单的小调查，请问各位同学，在大学时期谈过恋爱的有多少位？请举手示意一下好吗"。这样提问可增加演讲者和听众之间的互动性，只不过是主客颠倒，这跟演讲结束后的听众对演讲者提问不一样，这个问题是已知的，且是明确的。演讲者大可以在那些举手的听众里邀请一个人互动，从而引发听众的积极性和参与热情。

同时，这种提问是有风险的，很有可能不会有人举手，那么你这时候可以说道："看来大家都在思考我说的这个问题，那么我先把我的想法说出来，以供大家参考。"不过如果想尝试在演讲过程中以这样的提问来带动气氛时，就要注意观察听众的反应，如果一次两次听众都不配合，则不可再使用。

直接式提问。直接式提问比整体式提问更具风险，它是随机且不可控制的。譬如很多演讲活动中，在演讲者讲完之后，很可能随机地就说到："那个黑衣服的姑娘，对，就是你，麻烦你回答一下这个问题，如果……"这种提问不可控，很容易出现被提问者支支吾吾无法回答等等。

同时这也很考验演讲者的提问技巧，如果确实提了一个不好回答的问题那就是搬石头砸自己的脚。这类型提问的好处在于，一对一发问，由某个独立个体发表出自己的见解，引发其他听众的思索。这比演讲者传递自己的观点来引发听众思索更具有引导性。在循序渐进的演讲过程中，听众的思索和理解是一个加深的过程，很多时候这种思索是被动的。直接式提问能让思索变得更加主动和生动。

反问式提问。从字面上的意思来理解比较简单，采取反问的方式引发听众的思索。传递式提问往往是建立在提问互动上的，比如当演讲者提了一个问题之后又有一位听众发表自己的看法和理解，接着演讲者可以继续让其他听众就上一个听众的回答进行阐述，比如："这位听众朋友，您能否就他说的阐述一下自己的观点？"采取这种提问模式其实和直接提问的效果相似，这类型的提问方式激发听众的思索是主动且生动的。

但是要注意三点，不能把所有问题都拿来做传递式提问；表达的过程中不适合传递多次，否则会让听众觉得是在打太极；用传递的方式把听众的观念收集归纳，最后自己需要做一个深刻的总结。

撇开提问的类型，也需说到提问的四个原则。演讲不光是有提问就能引发听众的思索的，如何问、怎么问都极为重要。有技巧的提问，才能够激发听众的思索。**提问需要有四度，即"力度""广度""深度"和"新度"。**

如在题为《我们应该给孩子们什么》的演讲中，演讲者列举了悲剧发生后，父母只能无能为力地叹息这类现象，然后问道："难道这一切的过错全都在孩子身上吗?难道我们这些为人父母者就真的给了孩子们需要的一切了吗？"这一句提问可以说是有"力度"的提问，十分震撼人心，足以引起父母的深刻反思。

如《战刀传到我手中》的演讲，演讲者说道："亲爱的朋友们，你可曾知道在空喀拉哨所，像我的学友那样，因为去小河背水长眠在雪山之上的中国军人就有27名。如果不选择从军，他们也可以成为勤劳致富的开拓者；他们也可以成为商海搏击的弄潮儿；他们也可以在花前月下享受生活的芬芳。可是，他们就因为一桶水悄然无声地离开了人世，难道他们的价值就是一桶水吗？"这种类型的提问就是有"广度"和"深度"的提问，听众由这个发问可能会想到战士生活条艰苦，可能会想到边防哨所战士的崇高奉献精神，可能会想到千千万万的边防前线战士，可能会想到再平凡的事业也是有意义的……

人民教育家陶行知先生，于1925年在南开中学所做的演讲《学做一个人》的结尾是这么发问的："诸君还要时常想：中国有几个整个的人？我是不是一个整个的人？"这是个非常有"新度"的发问，听众很可能会想到"整个的人"是什么，难道还会有"半个的人"吗？这会让听众想要知道答案，原来陶行知先生说的"整个的人"指的是"要有健康的身体，做八十岁的青年，别做十八岁的老翁。滴自己的汗，吃自己的饭，自己的事自己干，靠人，靠天，靠祖先，都不算好汉"。

以上的例子还有很多。一个好的演讲的组成部分有很多，除了精彩的开场，除了演讲者可以拿自己开涮，还要在演讲的过程中去"提问"，去提一些有力度、有广度、有深度和有新度的问题，各种方式的提问会引发听众各种各样的思索，或主动或被动，或浅思或深思。有质量的提问将奠定演讲的质量，就如陶行知先生的《学做一个人》，这篇演讲即使在九十年后的今天，我仍然记忆犹新！

4. 拿自己开涮，拉近听众的距离

一场好的演讲除了由好的开场白、精妙简洁的语言等组成，还需要有一些技巧成分。例如，会拿自己开涮的演讲者，总会获得听众们更多的青睐。这青睐也许不是因为这演讲多么地出色，更多的我想是听众对于演讲者人格魅力的认可。

拿自己开涮，一方面可以拉近演讲者和听众们之间的感情，另一方面也能为稍显冗长和繁复的演讲增添一些趣味性。适当的幽默感绝对可以拉近两个彼此之间完全陌生的人，尤其对于那些双方第一次接触的人们。因为初次接触，无法通过其他渠道和途径来了解对方，适当的幽默感能够快速消化掉彼此间的隔阂。

演讲中，对于演讲者来说，是一个一对多的过程。然而，对于听众来说，实际上是一个一对一的过程。看似演讲者是一个人讲，一群听众在听，实际上，在这个消息传递的过程中演讲者的每一次发声，到了听众这里都是一对一的传递。这也是为什么演讲者拿自己开涮，可以让整个演讲的热度瞬间被拉升。

有很多演讲者往往为了给演讲增添一些趣味或者幽默，常常会在演讲的过程中穿插一些玩笑话。因为演讲的过程，对于演讲者来说，这个过程属于一对多的过程，所以往往有些演讲者在演讲中开的一些玩笑会涉及性别或者其他一些令部分人不适的笑话，所以这一现象就导致演讲者无法去判断这个笑话他的受众到底有多少。因为听众太多，无法知道这个笑话会不会引起哪个听众的不适，所以去说一些和自己有关的笑话是最安全的，这也是为什么演讲者宁愿拿自己开涮，也不会选择贸然讲一些其他的笑话。

曾经胡适先生在一次演讲中这样说道："大家好啊，我今天不是来向诸君做汇报的，我是来胡说的，因为我姓胡。"话音刚落，听众席即爆发了热烈的掌声。把"演讲"比喻成"胡说"是不是很妙哉？

有位容貌不算赏心悦目的演讲者，曾经在他的演讲上说过这样一句话："咱长得五官端正，美中不足就是张嘴满脸嘴（皱纹），闭嘴满脸牙（粉刺）。"当时一众听众都被他这句话引得哄堂大笑，然而神奇的是，大家开始倒还因为他的容貌指指点点、窃窃私语，反倒在他说完这句话之后，大家对他的容貌就显得不那么在意了，众人都一门心思听起演讲来。

说起拿自己容貌开涮的人，还有一人，那就是凌峰。1990年中央电视台邀请我国台湾地区的影视明星凌峰先生参加春节联欢晚会，当时的观众对于这个人其实非常陌生，但是之后因为他妙不可言的开场白后，一下子就被广大的观众朋友记住了。他说："在下凌峰，我和文章不同，虽然我们都获得过'金钟奖'和最佳男歌星称号，但我以长得难看而出名……一般来说，女观众对我的印象不太好，她们认为我是人比黄花瘦，脸比煤炭黑。"听得观众捧腹大笑，也因此记得了凌峰这个人。

不久，在"金话筒之夜"的文艺晚会上，他再次登台，他说道："很高兴又见到了你们，很不幸又见到了我。"观众因为他的这句话报以热烈掌声，凌峰的名字也因此传遍了祖国大地。凌峰的例子十分典型，这样拿自己开涮的方式除了解决自己当时不知名的尴尬，同时也在观众心里留下了印象，以至于下次再出现在大众视野时，一句巧妙的开场，就让观众记起了他。

我上大学时曾参加一场演讲，演讲者姓石，有些胖。大概是学校准备的椅子不好，事先也未检查过，石先生猛地一坐下来，那椅子硬生生散了架。在座的都是些年轻学生，自制力到底差了些，于是就哄堂大笑起来。那石先生说道：

"还好我是石先生，要是我是瓦的，还不摔成了碎片哟。"这么一说，大家更加大声地笑了起来，可是很显然，第二次的笑声却是因为石先生的幽默。紧接着学校给他换了把椅子，他还未坐下就说道："这椅子可是好的吧？别我坐下去又散了，到时候我可就得说还好自己是个胖先生，有这么一身肉给托着，否则还不把这骨头给摔折了？"

大家又是哄堂大笑，情不自禁地鼓起掌来，深深为石先生的幽默感和勇于拿自己开涮的睿智所折服。那场演讲的确是我在大学时期听过的最有趣味的演讲。石先生妙语连珠，一发连着一发幽默的言论，致使这场演讲掌声不断，以至于后来学校凡是有他的演讲，我必然都会参加。不可否认的是，因为他的趣味，我在众多演讲课题中，总是会优先选择他的。这大概就是幽默式演讲的魅力所在吧。

适当地拿自己开涮不光在演讲中能取得意想不到的效果，即便是在日常为人处世当中，适当的自嘲也会有意想不到的效果。

抗战胜利之后，张大千从上海回四川老家，朋友在他离开前为他设宴饯行，且一并邀请了梅兰芳先生。宴会开始前，众人邀请张大千坐首座，张大千说道："梅先生是君子，理应坐首座，我乃小人，坐末座就好。"众人不解，张大千随即又说道，"不是有句话说道'君子动口不动手'，我就是那动手的'小人'，梅先生可不就是那'动口'的君子嘛。"

满堂宾客听此皆不约而同地笑了起来，宴会的气氛也因此而热了起来。后来，张大千的处事风格常常为人称赞，有大丈夫之英勇，却也不拘小节，为人还风趣幽默。

幽默一直被称为只有聪明人才能驾驭的语言，而自嘲又被称为幽默的最高境界。所谓的拿自己开涮，或者说自嘲，不过是一种表达方式，也可以说是一种说话的技巧。

这种技巧的展现，通常需要把自己的姿态放低，"骂自己"，正视自己的美丑，还要以此来制造话题，拿自己开涮，然后巧妙地自圆其说，博得大家一笑。如果不是拥有一颗豁达、乐观且正面的心态，我想是无法做到面不改色地拿自己开涮的。所以说，拿自己开涮或者说自嘲是"高手"才具备的技艺，那些斤斤计较、自以为是、自负骄傲的人是绝对做不到这一点的。

演讲者善于运用"自嘲"的技巧，往往会获得更多听众的认可。这种认可倒不是哗众取宠得来的，也不是说听众就喜欢"小丑"类型的演讲，而是听众会被那些勇于"自嘲"的人的人格魅力所折服，试问谁会不喜欢一个幽默风趣的人呢？首先认可了演讲者本身，才能够近一步地去认可这个人的演讲。如果说演讲者高高在上、不苟言笑，那么即便是一个非常不错的演讲稿，也不见得能够吸引到听众。

像这样的例子还有很多，都是演讲者拿自己开涮，从而进一步获得听众认可。这种认可虽没有上升到学术层面，甚至还有那么一些无厘头，但是不可否认的是，这类演讲方法无形之中让听众和演讲者之间隔阂瞬间消失，关系更加亲密。

由此可见，一个好的演讲，或者说一个好的演讲者，拿自己开涮这一点是必不可缺的。幽默感和自嘲的存在，能让演讲增色不少，撇开学术层面的东西，光是拥有一个融洽且愉悦的演讲氛围就能让一场演讲顺利地进行下去！

5.适当吐吐槽，让听众笑一笑

一场演讲，让听众开心一笑很重要。这并不是让演讲者哗众取宠以博听众一笑，而是在紧张的演讲中适当吐吐槽，缓和下气氛，让整场讲座像是一场心领神会的交谈，而不是演讲者一个人的独角戏。这时候，适当吐槽就显得尤为重要。

生活中，我们经常会吐槽发生在身边的各种事情。工作的人会吐槽经济压力过大，而学生也会吐槽学习压力过大。更多的时候我们会吐槽身边的人，穿衣品味差，或者是效率低之类的。这样的吐槽不是讽刺，也并没有贬低别人的意思，更不是表现自己的不满，而是一种心知肚明却又不直接说穿或承认的迂回说话方式，更是一种幽默轻松的生活态度。

因为适当的吐槽可以在压力重重的工作之余给生活增添乐趣，也能让周围的人开心一笑。不仅平凡人的生活是这样，连名人也是这样，吐槽无处不在。 对自己的吐槽其实就是自嘲。何为"自嘲"？自嘲就是自我嘲笑，也就是自我调侃。

新东方创始人俞洪敏，在浙江大学演讲《在绝望中寻找希望》，其中开篇就十分幽默，随后还吐槽了自己的长相，拉近了与听众的距离。整个讲座会场的氛围显得十分轻松，其中开篇便是：

"谢谢各位朋友，大家早上好！我是喜欢站起来走来走去演讲的，但是我发现我站不起来，因为前面的摄像头对着我要把整个的过程录下来，如果我站起来走来走去它就会感到很累……今天来到这里的很多人，特别是大学生来都是看我长得是什么样的。我长得是比较难看的，但是和中国大部分的名人和企业家相比我对自己还是有自信的。"

俞洪敏吐槽自己的长相，其实也就是说自己长得不英俊。无论男女，容貌出众的人都不常见。所以，俞洪敏在吐槽自己长得并不好看的同时，潜在的意思就是说自己长得很普通。成功人士说自己其实在有些方面其实很普通，无形之中也就增加了一种亲切感。名人并不都是高高在上，一出生就不平凡的。这样恰到好处地吐槽，听众都会被逗笑，这并不是哗众取宠，而是一种友善的说话方式。吐槽并不是一种激烈、针锋相对的言语反击方式，相反，它是一种诙谐、幽默的谈吐行为。

当你站在台上演讲，而台下坐满了密密麻麻的听众，适当的吐槽是一种营造轻松氛围的方式。这里所说的吐槽并不是哗众取宠的行为，并不是为了博观众一笑而在台上故意说出不符合实际的言论，或者故意夸大。吐槽并不是讲笑话，也不是讲故事。吐槽要适当，只吐一时之快或者言辞过于激烈，反而会遭到听众的反感。

演讲往往带有十分严密的逻辑性，虽说语言上层层递进，有逻辑性，但却很容易令听众觉得单调乏味。而精彩的的演讲则是不拘小节式的，为了凸显主题可以随演讲者任意发挥。而演讲会场的氛围则几乎完全由演讲者掌控，如果演讲者的语言严肃古板，那么会场的氛围同样也会是如此。如果演讲者的语言轻松幽默，那么听众在会场上也会十分活跃，整个演讲就达到了很好的效果。在演讲过程中，适当的吐槽则可以让会场的气氛变得轻松不压抑，也能轻而易举地让听众集中精力，在笑一笑的同时跟着演讲者的节奏，去理解整个演讲主旨的涵义，从而自觉地进行思考。

那么如何才能把握好吐槽的度呢？既不能使演讲枯燥乏味，又要令演讲现场气氛融洽，最好听众能笑一笑。吐槽其实是一种更为幽默和谐的说话方式。幽默就是不直接表达意思，但听者却能够心领神会。

有人说："装傻难，吐槽更难。"吐槽的最终目的是让听众很自然而然地笑出声。尤其是在讲座这种场合，台下的人也许演讲者自己从来都不认识。所以吐槽需要有针对性。演讲者在演讲之前也需要了解自己的听众分属于什么社会群体，是学生、职场人士，或其他类别。根据社会群体的普遍特征，就能够做到适当地吐槽。

你不可能对着一群高中生去吐槽工作"亚历山大"，或者吐槽如今城市的房价有多么高，这些信息对于还在上学的高中生来说显得十分陌生，而且他们绝大多数也不会感兴趣，这样的吐槽只会带来冷场。同样地，你也不可能对着一群已经有好几年工作经验的职工去吐槽当年的高三学习有多么辛苦，因为在场的听众不一定和你有同样的经历，再者就算有，那些也已经成为过去式了，并不值得反复吐槽，也不会带来笑点。

吐槽需要有针对性，还需要技巧。适当地吐槽能够增添趣味性，带动听众的好奇心。曾经听过一位名人的讲座，就很会吐槽，但又不会让人觉得是在说人坏话。当时的讲座主题是"人际关系是宝贵的财富"，在讲到打招呼的方式时，他说道：

"一般咱们见过的大多数打招呼的方式，都是'你好啊'，对方也会回一句'你好啊'，然后就没有然后了。有一次我给朋友打招呼，我就说'你好'，结果他对我说'我不好'，我就问他咋回事，他说'因为碰到你了……'"

演讲者说到这的时候，在场的听众都发出轻笑声，然后就是饶有兴趣地听下去。整个演讲也非常成功，因为演讲者时不时地吐槽总是让听众会心一笑，言语中总有让人意想不到的惊喜。而且我发现吐槽的时候，演讲者总是声情并茂地讲述着，不得不让听众信以为真。

在演讲中适当地吐槽，吐槽自己或者吐槽身边发生的事情，都能令听众一笑，营造良好的氛围。但值得注意的一点是，演讲者切忌漫无边际地吐槽。虽然是吐槽，但吐槽的点最好能与整个演讲的主题相关，这样才能避免在吐槽中不知不觉地偏离了演讲的主题，让自己陷入尴尬的境地。适当地吐槽，吐槽过后，也要迅速把听众的心思收回来，这样才能收到事半功倍的效果。

总而言之，吐槽在演讲中是一门艺术。演讲者适当地吐槽，可以让听众笑一笑，为整个演讲打造出一种良好的氛围，从而为下一步做好铺垫。

所谓情商高，就是会说话

周维 / 编著

成功与否和
情商有关
……

北京时代华文书局

图书在版编目（CIP）数据

所谓情商高，就是会说话 / 周维编著. — 北京：北京时代华文书局，2019.10（2019.12重印）

（沟通的智慧）

ISBN 978-7-5699-3208-9

Ⅰ. ①所… Ⅱ. ①周… Ⅲ. ①语言艺术—通俗读物 Ⅳ. ①H019-49

中国版本图书馆 CIP 数据核字（2019）第 220455 号

所谓情商高，就是会说话
SUO WEI QINGSHANG GAO，JIU SHI HUI SHUOHUA

编　著｜周　维

出 版 人｜王训海
选题策划｜王　生
责任编辑｜周连杰
封面设计｜乔景香
责任印制｜刘　银

出版发行｜北京时代华文书局 http://www.bjsdsj.com.cn
　　　　　北京市东城区安定门外大街136号皇城国际大厦A座8楼
　　　　　邮编：100011　电话：010-64267955　64267677
印　　刷｜三河市京兰印务有限公司　　电话：0316-3653362
　　　　　（如发现印装质量问题，请与印刷厂联系调换）
开　　本｜889mm×1194mm　1/32　印　张｜5　字　数｜107千字
版　　次｜2019 年 10 月第 1 版　印　次｜2019 年 12 月第 2 次印刷
书　　号｜ISBN 978-7-5699-3208-9
定　　价｜168.00元（全五册）

序言 / 情商高就是会说话办事

有研究表明，成功的因素中，智商只占20%，而情商则占了80%。

马云也曾说，成功与否与情商有关系。

诚然，情商在人们生活与工作中的影响与作用越来越突出，甚至可以说，仅靠智商获得的成功只是一时的，只有以情商为后盾获得的成就才能持续。

那么，到底什么是情商呢？美国人戈尔曼在《情商：为什么情商比智商更重要》一书中说："情商即一种挖掘情感潜能、运用情感能力影响生活和人生的关键因素，是人的情绪、情感、意志等各方面的综合品质，是人在立身立业时不能忽视的特质，也是人必须具备的生存能力之一。"

具体到现实生活中，什么样的表现才算是高情商呢？

情商高的人，往往说话办事不以自己为中心，懂得把别人放在心上，也有同理心，会最大限度替别人着想。所以，他们说话办事让别人感觉很舒服，更容易被周围的人接纳和尊重。

情商高的人，善于用语言表达，并善于仔细观察，能在别人的只言片语中掌握他人的性格特点。而且情商高的人，即使面对陌生人，也能谈笑自如，同时他们还是最忠实的倾听者。

……

总而言之，情商高是指一个人为人处世会说话会办事。

遗憾的是，生活中，我们经常会遇到这样尴尬的事：本意是好心提醒，却被人误以为是刻意挖苦；本想活跃一下气氛，一张嘴却让整个话题无法继续下去……职场中，大家也都不喜欢情商低、不会说话办事的人，甚至有些时候会说话会办事，直接决定了你的职业高度。

人生在世，无论干什么都离不开说话办事，但没有人天生"会说话会办事"。

如果你感觉自己不善言辞或者在说话办事上有所欠缺，又不想多走那么多弯路，那么除了磨练嘴皮子，还需要掌握一些说话和办事的技巧和艺术。

本书是笔者多年职场拼搏和人生经验的总结。

笔者坚信，你想改变什么，就需要练习什么，就必须有所付出。无论是工作、生活、社交，还是谈判、销售，所有涉及人际交往的场合，只有会说话办事的高情商人士，才能游刃有余，成就更为精彩的人生。

有人说，高情商是能够真正让人成功的法宝。笔者更觉得，会说话会办事也许未必能带来事业或者生活上巨大的改变，但是却能让你更轻松地与人交往、相处。这样的体验应该是充满幸福感和有意义的，也会是一种与生活和谐相处的能力。

衷心希望所有读过此书的人，都能有所斩获。

‖ **上篇　所谓高情商，就是懂措辞** ‖

（上篇）

所谓高情商，就是懂措辞

01

第一章

你说话的方式，出卖了你的情商

"

1. 好话一箩筐不如一个投机的话题

现代社会，每个人都离不开人际交往，而建立良好的人际关系的前提就是有效地交流与沟通。但是有时候，尤其是初次见面，与不相熟的人完全不知道说什么，甚至聊着聊着就会陷入沉默之中的尴尬现象。这其实就是双方聊天的话题不投机，彼此不感兴趣的原因所致。

正所谓"话不投机半句多"，就好比我喜欢大口喝酒、大块吃肉，也喜欢去河边钓鱼，但是当我抛出这些话题时，不感兴趣的人听了，往往不会有任何触动，也不会多说一句话。而如果我抛出的话题是对方感兴趣的足球、健康等，对方自然会萌生想要表达和迫不及待分享的欲望。所以，如果你想让对方愿意与你交流，必须在聊天的时候寻找投机的话题。

那么，什么才是彼此都感兴趣的话题呢？通常，在彼此不熟知的情况下不要把话题缩小化，应尽量把话题放大，可以是最近发生的热点新闻、明星趣事等；如果对对方有一定的了解，可以针对对方个人职业、生活经历或者兴趣爱好展开沟通交流。

我以前考驾照的时候，遇到过一个学员叫李硕。他是一名海员。通过观察，我发现他性格比较内向，话不多。于是，我在学车的间隙主动与他交流了起来，以缓解当时的烦闷无趣。起初，我还有些担心，他会不会因为性格内向而不理我呢？可当我问起他从事的职业的时候，自己之前的顾虑完全是多余的。

"嗨，你好。听教练说，你是一位海员。"我主动问道。

他点了点头说："是的。"

"这是一份什么性质的工作呢？是不是每天在世界各地航行？"我好奇地问道。

他一下子来了兴致："可以这么说，这几年下来，世界各地几乎都去过了。"

"那你刚开始工作时会晕船吗？"我问。

他笑着说："我记得第一次登船时，站在甲板上，眺望着无尽的大海，难掩心中的喜悦和兴奋，冲着大海高声呼喊。但是当巨大的海浪开始拍打船体时，我整个人也跟着不停地摇晃，除了头晕想吐，没有别的感觉。"

"总不至于在船上一直都是这种晕船的感觉吧？"我又问道。

他解释道："我体质还算比较不错的，过了几个月就慢慢适应了。有的同事实在受不了便选择了辞职，有的同事则是坚持了一年，才逐渐适应。"

"哈哈，整天在海上飘着也挺浪漫的吧？"我笑着问。

他也笑了笑说："一开始我也这么觉得，可后来才发现，在海上的时间久了，除了无边无际的海水，也欣赏不到什么了。"

"那你们每天都干些什么呢？"我更好奇了。

他说："平时除了工作，赶上风平浪静的时候，我们也会看书、做运动、打游戏。总之就是各自找自己感兴趣的事情做，打发时间。我一般比较喜欢绕着甲板散步。"

"在甲板上散步？难道你们的船很大吗？"我又追问道。

"是啊，像一般7万吨级别的船，我们绕着甲板走一圈也有500米吧。"

接下来我又问了他好多问题。他也主动向我讲了一些出海的趣闻，甚至讲起了遇到海盗时的故事。我听得目瞪口呆，以至于教练叫我都没听见。

在一开始聊天的时候，从对方感兴趣的话题谈起，不仅能够消除对方紧张和戒备的心理，还能顺利打开对方的话匣子。

另外，投机的话题也可以是双方有"交集"的方面，比如来自同一个地方，毕业于同一所大学，共同喜欢某本书，都看过某部电视剧等。针对共同的话题展开讨论，就会拉近彼此的心灵距离。

有一次，我在动车上遇到一位男士正在打电话，本不相识，但或许是出于验证如何与陌生人顺利沟通的心理，我还是主动开口了。

他刚挂掉电话，我便搭讪道："听口音，您是锦州人？"

他愣了一下："对啊，你也是吗？"

"不不，我曾在锦州上了四年大学，所以对锦州方言比较熟悉。"我回答说。

"锦州话就是一个劲地往上挑，好多人都说听我们锦州人说话像打仗似的。"

我点了点头，学起了锦州话："噶哈？（干啥？）边儿喇气！（靠边去！）你上哪儿弃（去）了？"

他拍着腿笑道："对对，学得还真有点像，俺们就是平翘舌不分。"

我又说："锦州干豆腐皮是真好吃，还有烧烤、锦州小咸菜都很有特色。"

他接着说道："是啊，在外面这么多年，不知吃过多少地方的烧烤，还是俺们锦州烧烤最地道。尤其是干豆腐皮，薄得像纸，即便生吃，到嘴里也是满口留香，越嚼越筋道。锦州小菜，想当年可是清朝御膳里的必备开胃菜。"

一路上，我们说说笑笑，从他的家乡聊到了最近网上热议的话题。时间就这样很快过去了，我们还留下了彼此的联系方式。

很明显，在同一个城市的经历，再加上我提到了他家乡最负盛名的小吃，"锦州、锦州的特产"成为了我们聊天的交集，也是我们共同感兴趣的话题，所以我们聊得很开心。

即使是陌生的两个人，也有共同点和交集。比如幼儿园开学第一天，同时送孩子入园的几位妈妈，尽管是初次见面，但是沟通时也有"交集"可寻，比如都是女人，妈妈爱孩子，都担心孩子们入园时会哭闹等。

任何人都可以因为共同的物质追求或者精神信念，共同的习惯或者爱好，而逐渐熟络起来。只要我们能在聊天时，稍加注意就会不断发现交集、共同点，聊天就不会出现中断的现象。

　　当然，有话题可聊很重要，而能够做到适时结束聊天也是高情商的表现。比如有人插话或者你感觉到对方想要结束聊天时，及时总结对方的说话内容，让对方知道你认真听了，并告诉对方"有时间再继续聊"，更显得有涵养和情商高。

　　想要学会聊天并不难，关键就在于我们能不能找到合适的话题。

2. 插话带不来插花的效果

插花艺术，就是把植物的茎叶花果，经过修剪和艺术加工，重新配置成精美的艺术品。即使随意把一些枝叶和花草摆在一起，也有种混搭的美感。而沟通时胡乱插话，则不会产生这样的效果，反而让人生厌。

无论生活还是工作中，我们身边总有这样一群人：他们不会考虑与你熟悉不熟悉，当你谈论起某件事情时，总喜欢有意或无意打断，时不时插一句嘴，表达自己的看法。殊不知，这样的行为不仅是一种冒犯、不礼貌的做法，也暴露了自己的低情商。因为对方尚未讲完，你便急于插嘴，要么是想表现自己的小聪明——说明你已经猜出了对方接下来要说的话；要么是想暗示对方你已经不想再继续听下去了。

我的同事李磊，论工作能力，可以说是团队中无可挑剔的，但他最大的问题就是爱插话，而且从不顾及别人的感受，以至于我们都不敢当着他的面聊天。因为不管我们聊什么话题，他都能见缝插针地补进来几句，然后开始谈论自己的观点。

有一次，我在楼下的饭店和客户张姐谈事情，原本想通过夸赞张姐的穿衣打扮套套近乎，谁知我刚夸完张姐的首饰和裙子很搭配，正好经过的李磊听到我们的对话，便伺机坐了下来。我与张姐顿时有些诧异，迟疑片刻之后，便聊起了工作上的事情。没想到李磊指着张姐的裙子，插嘴说道："您这条裙子真漂亮，前几天我在网上也为我女朋友买了一条，不过我买的是仿款的，但我感觉和您这条裙子看起来质量差不多啊，花纹也一样。您这条裙子不会也是网上买的吧？"

张姐并没有回答他的问话，面部表情一下子变得生硬起来。我看情况有些不妙，赶紧打圆场："张姐这肤色和这条裙子多配啊，这料子一看就是名牌。"我们本以为他会知趣地走开，谁知他打开了话匣子便收不住，又开始继续讲起了自己对审美的看法。

我看张姐的脸色越来越难看，而且不住地看手机，心想再这样下去这单生意肯定要黄了。于是，我有点生气地对李磊说："我们还有正事要谈，要不你先回去工作吧？"

李磊这才站起身来离开。可从此之后，李磊连续好几天都不给我好脸色看，逢人便说我让他如何下不来台。

我知道李磊依然没有认识到自己乱插嘴的错误行为，但这样持续下去迟早会害人害己的。于是，我便想了一个办法，让李磊认识到自己的说话方式是有问题的。

在周末例行的工作总结会上，轮到有同事发言时，我都是竖起耳朵听，但是轮到李磊发言时，我便故作谦虚状以提问的形式打断他的发言。

就这样，他的即兴经验总结分享，被迫中断了三次。这时他有些坐不住了，生气地对我说："你怎么无缘无故总是打断我呢？是故意报复我吗？"

我说："今天我是故意在你发言时提问的，先向你道歉。但是我只是想让你体验一下被打断的滋味，让你体验一下说话时节奏被打乱的感觉。我们有时候不是不喜欢你，只是因为你在别人说话时经常插话，太没有礼貌和修养了。你根本没想过我们的感受，更不在乎我们要表达的是什么，你只沉醉于自我表达。可你随意插了句嘴，让我们听完你的表述后，我们就忘记自己想要表达什么了。你知道这种感觉有多难受吗？最为关键的是，从工作层面来说，大大降低了我们的工作效率，甚至有时候会因此失去客户。"

听完我的话，他羞愧地坐了下来，不好意思地说："真是抱歉，原来大家都不喜欢我插嘴啊。但我还是不明白，如果我真的想要表达自己的看法，要怎么打断你们的表述才算有礼貌呢？"

我给他出了个主意："你可以问一句，我可以插句嘴吗？或者等对方说完，你可以再补充。"

生活中，我们经常遇到李磊这样的人，他们总是自信地认为，和你交谈时打断你的表达，发表自己的看法，是无所谓的，甚至还觉得所有人都应该赞同他们的这种说话方式。

更为可笑的是，他们的插话有时候并不在正确的话题上，而是总有说不完的八卦和观点："你们听说没，那个谁谁谁又……"

在他们看来，插话体现了与谈话者的互动。但是实际情况是，插话让对方感觉到不尊重，感觉到你眼里只有自己，没有别人。

心理专家研究证明，爱插话的人，往往害怕别人不太关注和理解自己，所以擅自接话茬，打断别人的表达，并通过插话释放自己的焦虑。也就是说，爱插话的人，只顾着享受抢夺话语权背后的快感，并没有想过自己打断别人说话，是否会引起别人的反感。

每个人都有发言权，但是不等对方说完，我们怎么确定自己理解的意思就是对方想要表达的意思呢？尽管时代发展越来越快，我们的说话、办事效率也都越来越快，但是这样急于插话，没等对方说完就打断的方式，难道真的能够提高效率吗？难道意味着你真的已经理解了对方想要表达的意思了吗？

我有次看一个访谈类节目，男主持人很认真地问场上的小男孩："你有没有梦想呢？"

小男孩奶声奶气地说："有。"

台下一片掌声。这时主持人接着问："那你的梦想是什么呢？"

小男孩激动地说："我要像爸爸一样，当一名民航飞机驾驶员。"

主持人故意为难他说："那如果有一天飞机飞到一半，你突然发现没有油了，你会怎么办呢？"

这时孩子想了想说："我会告诉乘客们，赶紧系好安全带，然后我自己先穿戴好降落伞……"

不等孩子把话说话，主持人便露出惊奇的表情，急切地问道："你要扔下飞机上的所有乘客，然后自己带着降落伞跳下飞机了吗？"

台下观众也开始大笑，觉得这孩子在关键的时候，最在乎的还是自己的安全。

此时，小男孩嘟着嘴委屈地说："我刚才那句话还没说完呢，我想说我先跳下去取燃油，然后再马上回到飞机驾驶舱。"

孩子的话音刚落，主持人的脸一下子红了，赶快道歉说："不好意思，我打断了你的话，我应该听你说完再发问的。"

此时台下一片安静，大家都沉默了。

我们常以为自己插话时，已经用最快的速度猜出了别人的心思，所以，往往不等对方表述完毕，便会急着妄下定论。实际上，人心隔肚皮，你怎么可能仅凭对方的三言两语就猜透别人内心的真实想法呢？即使真的猜到了，打断别人的说话，也是一件很没有礼貌的事情。

正如培根所说："打断别人，乱插话的人令人生厌。"

在人际交往的过程中，学会尊重别人，认真听完别人的阐述，不打断、不插嘴，是一种高情商的表现，更是尊重别人与被人尊重的艺术。

③. 谈吐有物，前行有路

谈吐有物，即说话时有重点，不啰嗦。不是因为能言善辩，而是因为情商高，甚至借此也能为我们铺就一条更宽广的前行之路。

遗憾的是，我们身边总有这样一些人：他们说话冗长无味，没有重点，说A会扯到D，结果是没用的话说了一大堆。每次和这样的人交流，我都有种想赶快逃跑的冲动。也有这样一些人，他们说话时总是能一针见血、思路清晰，让人总有一种相见恨晚的感觉。

说话有重点，贵在说话要有逻辑思路，分得清主次。在职场中，谈吐有物尤其重要。

刚工作不久的王颖，遇到了一个棘手的问题。她的部门换了新主管，正所谓"新官上任三把火"，新主管不仅强势而且特别看重工作效率，开会时对大家说的第一句话就是："以后有什么问题，一句话能说清楚的就不要说两句话。说话都不知道找重点的人，估计工作能力也不会太强。从下周一开始，每天早晨我们都要召开例会，到时候每个人用一分钟时间，简明扼要地说出自己的工作计划即可。"

王颖听完，打了一个寒颤。自己本就嘴笨，还要在一分钟之内汇报一天的工作计划，着实让她有些手足无措。

于是，她找到我寻求帮助。

"不如你把我当成你的主管，先向我说一遍，我听完之后给你提提意见怎么样？"我试探着问道。

她点点头，站起来说："今天我主要的工作就是联系客户。首先我拜访的客户，是与我们公司有过合作的，不过因为一些原因中断了合作，这次去主要是看对方经理有没有想要恢复合作的念头。其次的话，我要拜访的客户，是咱们曾经的大客户，听说他们的合作商临时出了一些问题，我想趁机联系一下。然后，我要见的客户所在的地理位置很好，与咱们合作的时间也比较长，对方经理也希望能够经常见面沟通。最后，我打算要去见一个新客户，主要是因为临近第三家客户，就顺路做个拜访。这就是我今天的工作计划。怎么样？快点评一下。"

我认真听她说完，语重心长地说道："看来你还真得练练。听你说完，我第一感觉是毫无重点，虽然工作内容挺多，但我一点没记住。第二是整体听完后，似乎只有一个重点就是拜访，而拜访的目的是什么？最终想要达到的结果又是什么？你并没有说，而且这样的表述没有逻辑。职场上最重要的就是时间和效率的问题。你的新主管如果听你这样说完，估计既不会认可你的工作计划，还会觉得你是个工作低效的人。"

"那可怎么办啊？"她急得大声叫了出来。

"第一条，你得学会总结归纳，把要表达的重点讲清楚，比如时间、地点、客户背景、工作目标、准备是否充分等，把这些发散性的点都归纳到一起。举个列子，如果减肥不成功你一般会如何解释？通常，只需要说清楚自己之所以不成功的三点原因即可，一是我贪吃，管不住嘴；二是我坚持不下来每天锻炼身体；三是我越来越觉得减肥没什么必要。所以减肥动力不足，导致减肥失败。第二条，你需要锻炼一句话总结陈述的能力。比如你去拜访客户的原因可以用一句话表述，即是为了签单或者开发新客户等。你想一想，再梳理一下你的语言试一试。"我建议道。

过了一阵子，再见到王颖时，她已经"渐入佳境"了。她还告诉我，以前部门例会有时一开就得一个小时，而且经常是会开到一半，就会有人打哈欠，甚至开小差，开完会大家都不知道说了些什么。如今新主管只用十几分钟时间，就把每个人的工作计划、可能遇到的问题、解决方法全部了解清楚了。整个部门所有员工的办事和工作效率都提高了不少。

我们在开口说话前厘清自己的思路，才能让自己说出来的话有重点、有逻辑，否则，只会让别人觉得你说话很随意，语无伦次、废话连篇。

对于说话，我有一个原则：想好了再开口，否则宁愿不说。

所以，我们要学会把话说到关键处，说到点子上，这样对方才会感受到我们说话的分量，才会对我们所说的话有所反应和关注。

4. 沉默又何尝不是为自己留一个"出口"

有些人认为情商高，就是会说话，什么话题都能滔滔不绝，与谁交谈都能轻松自如。但是，言多必失、祸从口出也是有一定道理的，因为有些话只能对自己说，有时必须保持沉默，这不仅是人际交往的智慧，也是给自己的人生留下一个"出口"。

只顾自己嘴上痛快的人，惹人生厌，显得没教养、情商低。因此，高情商的人不仅会说话，更懂得适时沉默。

王安忆是我比较欣赏的女作家之一，她擅于利用丰富的主题意象，用隐喻和象征手法，为小说营造时空感。她的《长恨歌》，以上海女人王琦瑶的一生为主线，形象地刻画出了上海弄堂女人的风情和普通百姓的生活百态。

而她的另一部长篇小说《启蒙时代》在2003年出版时，她却在媒体公开表示，这部长篇小说不同于她的其他作品，主要描写的是60年代青年的心灵成长历程。但是这本书一面世，就受到了许多业内人士的批评，甚至有一位作家不断地发表长篇大论，对她书中的人物设计、命运走向进行深度地解读和评价，并声称读了很久也没有代入感，而且故事情节和人物不相符。

实际上，在读者心里，这部小说远没有如此不堪。《启蒙时代》放在王安忆诸多作品中，依旧是一部经典。她将从高级干部公寓和从市井里弄走出来的不同人物，聚合到了一起，他们带着青春的热情、敏感、躁动和迷茫，为自己的理想和人生寻找出口，让读者从文字中感受时代的温度。

面对质疑声和批评声，王安忆始终采取的是"不辩，不恼，不怒"的沉默态度，就好像她笔下每一个优雅美丽的女性一样，任凭世事变迁，任凭生活百态掀起无限风浪，她的心里依旧是一片宁静的大海，继续用沉默是金的态度来承载非议，脚踏实地，继续创作。

如此看来，她的沉默何尝不是一种修养和给自己留出口的方式呢？

面对批评和质疑，我们有时候不反驳、不回应，适当沉默，反而更有力量。同时，以此为镜，加倍努力地实现个人成长，才是最有力的回击。而有些时候，适当地沉默，更是智慧地反抗和自我保护的最佳方式。

我很喜欢看《三国演义》，喜欢研究里面每个人物的特点。其中，司马懿和杨修这两个顶级谋士之间的斗智斗谋的情节，让我印象深刻。

杨修聪明机敏，年纪轻轻就受到重用，做了曹操的主簿。他依仗着自己的聪明，揣度曹操可能会立曹植为世子，于是辅佐曹植。但恰恰因为他锋芒毕露，处处都要显示自己的聪明，最终招致杀身之祸。

公元219年，曹操亲自带领大军，从长安出斜谷，进军汉中，准备和刘备大战一场。谁曾想刘备却倚靠地理优势，死守不战。曹操因此处于进退两难的境地，欲攻不得进，欲守无所据，战守无策。

有一天，部下向他请示军中口令，竟答应以"鸡肋"传之。杨修听后，回到军帐就开始收拾行装。众人不知缘故，便询问其原因。杨修解释，鸡肋这东西，食之无味，弃之可惜，主公是打算回家了。

果然，曹操的意图又被杨修猜中了，可是他这样口无遮拦，势必会动摇军心。于是，不到半年工夫，曹操就以"露泄言教，交关诸侯"的罪名杀了杨修。

反观曹操的另一谋士司马懿，在官渡大战后，司马懿深知自己比不上荀彧和钟繇，于是一直称病在家，引而不发，默默无闻，直到曹操彻底灭掉袁绍势力，他才把握时机顺势出山，而在此后的十二年里，为防曹操猜忌，他仍旧默默无闻。曹丕、曹植夺嫡之争后，司马懿才逐渐得以施展抱负，对魏国进行大刀阔斧的改革，直至总揽军政大权。

古语说："丧家身亡，言语占八分。"司马懿用沉默打消了曹操的防人之心，智慧地隐藏起自己的锋芒，让曹操想要杀他都找不到借口；诸葛亮为逼他出战，特意送他一件女人的衣服，讽刺他磨唧、小家子气，他依旧沉默不语，照单全收。

可所有人都意想不到的是，这个默默无闻当了二十多年幕僚，诸葛亮出师北伐前连他的名字都不知道的无名之辈，却能成为文帝临终时指定的顾命大臣，官拜大将军，权倾朝野。

"蝉噪林逾静，鸟鸣山更幽。"面对批评和质疑时，我们要像王安忆一样适当保持沉默，积蓄力量。当我们太过锋芒毕露时，也应像司马懿这样适当保持沉默。这是一种智慧。

即使是在普通的人际交往中，适当的沉默也是必要的。

我的朋友张平曾有过一个幸福美满的家庭，温柔贤惠的妻子，可爱活泼的儿子。可是最近他却离婚了，更有人传言是他当了经理，嫌弃糟糠之妻。

而我作为他的好朋友，自然了解离婚事件背后的真相。有时我听到别人对他的非议，都忍不住替他打抱不平，同时也对他的"懦弱"感到气愤："面对别人的传言，你怎么就不知道解释呢？大家都说离婚是你的错，还指责你抛妻弃子。可事实上，明明是你前妻出轨了，并主动提出了离婚。孩子还小，你怕她们受委屈，就主动把房子留给他们，还每月支付2000元的抚养费。你无缘无故被人戳脊梁骨，不冤吗？"

他却平静地说："有什么好解释的，流言止于智者。再说任何一段婚姻的失败，错不可能都出在一个人身上。我平时工作太忙，有的时候给她的爱和关心也许真的不够多。她是个女人，也是我儿子的妈妈。如果我说是她的错，那她的后半生要怎么度过？保护好她，就是在间接保护好我儿子。毕竟夫妻一场，我只希望他们过得好一点，我不解释就是对他们的另一种保护吧。"

正所谓，君子绝交，不出恶声。朋友用沉默为前妻和儿子筑起了一道围墙。面对别人的冷言冷语，适当沉默，不仅是一个人良好德行的表现，更是一种高情商的体现。

沉默，有时是一种更高级的语言，是一种埋藏在心底的力量。

02

第二章

靠颜值走得快，凭"言值"才能走得远

"

1. 不切实际的赞美等于敷衍

赞美的话，谁都喜欢听，但不切实际的赞美和鼓励则等同于敷衍。就好比气球吹得正好，圆鼓鼓的好玩又好看，但是如果吹得太大的话，就会爆炸。

在泛滥的赞美声中，容易使对方产生盲目的优越感和自信，也会给别人留下一个只会夸夸其谈的印象。

所以，在赞美别人的过程中，一定要注意分寸，别滥用不切实际的赞美。否则，不仅不能达到夸奖的效果，甚至会适得其反。

我曾经看过这样一篇报道，讲的是美国俄亥俄州州立大学曾经做过的一个关于"过度赞美"的实验。为了确保实验的可靠性，实验小组找到了240个8～14岁的孩子参与，并且先请他们完成心理调查问卷，测试他们的自信心程度。然后，把孩子们分成三组。随后实验员让孩子们照着同一幅画进行素描。

孩子们画完之后，实验员刻意对所有孩子说，他们的画一会儿会由专业的画家进行点评（其实只是随机对孩子们的画进行点评）。评语分为三种，一种是让画家写上"你的画超乎想象的完美"之类的过度赞美的评语；另一种则是一般性称赞"你的画画得还不错"；还有一种是没有写评语，不予置评。

紧接着，实验员要求这三组孩子，自由选择绘制比较容易或者更难的画作。结果三组孩子出现了不同的表现。心理学家发现，自信的那组孩子，他们在得到过度的赞美之后，会信心百倍地接受下一幅更难绘制的画作挑战。缺乏自信的孩子，拒绝接受这些过度的赞美，会直接选择比较容易的画作。而没有收到评价的孩子，对选择较难或者容易的画作，则没有明显的差异。

这个实验结果告诉我们，过度赞美不一定会有好的效果。原因就在于，有些孩子在收到不切实际的赞美后，他们就会期望自己以后去达到这样的高标准，无形中形成了巨大的心理压力。一旦失败，他们就会产生焦虑和自我怀疑，认为自己始终达不到"过度赞美"所要达到的结果，最后变得越来越不敢挑战自我，不敢努力尝试。

在生活和工作中，我们往往出于好心，会把一些不切实际的赞美，送给我们身边的人。如果真的有这样的情况，那么我们也真的应该对他们说一声："对不起。"

我在这里也要真诚地向一位曾经的微博好友道歉。

几年前，我们通过微博成为了朋友，起初他只是向我讨教一些写作的技巧，如何创作出抓人眼球的开头、结尾等这样的问题。后来他经常与我畅谈如何写出引爆微博的文章、靠文字闯一片天地的理想等。

而且，他还会随时随地与我分享他看到的自媒体成功人士的访谈，第一时间告诉我"某某爆红的自媒体创业团队喜获巨额融资"等消息，言语中充满了羡慕和兴奋。

可在仔细看了他的文章后，我感觉即使拿业余的文学爱好者的标准衡量，他的文章也是有问题的。

他的文章中，大多观点都是网络上泛滥的陈词滥调，案例故事更是编得有点"狗血"。他就像一个没有经过专业培训的"二把刀厨师"，将自己的观点和所谓的故事，杂乱地放在一起"乱炖"。这样的文章，谈不上"色香味"，只是偶尔散发着小聪明的酸腐气。

但当时我自己在写作上也没有任何成就，所以在面对这样一个渴望通过写作，实现自己完美人生的作者时，我还是选择了不打击他的写作积极性，最终我只能用不切实际的赞美和鼓励敷衍他。

每每看到他新发的文章，我会用几近失实的留言赞美说："行文流畅，语言清新至美。"我甚至鼓励他坚持每天写作，说不定会成为下一个"唐家三少"。我用了一些不切实际的言辞，随口胡诌地给他留了一些不切实际的赞美之词。

我必须承认，尽管我的初衷是好的，尤其是有些过头的赞美，也的确刺激了他的创作欲望和热情，但是结果却是南辕北辙，我的不切实际的赞美，让一个20多岁的年轻人，陷入了对自己的写作能力评判失衡的状态之中。这样的赞美，让他沉浸在自己的文学世界里，无法专注于自己的本职工作，一心只想着成为一名知名作家，将更多的时间和精力投入到写作中。

更可怕的是，由于我的过度赞美，他可能意识不到自己距离

"唐家三少""咪蒙"这样的知名网络作家还差得很远，继续像打了鸡血一样盲目创作。

然而，尽管他一如既往地写作，但是几年下来，他的粉丝越来越少，甚至还有人留言说他的文章如同"食之无味弃之可惜"的鸡肋。而当他自己也意识到自己的文章远不符合我的赞美时，他也生气地和我断绝了往来，还埋怨我不负责任。

这就好比鲁迅先生在《骂杀与捧杀》中犀利地写下的那句话："批评的失了威力，由于'乱'，甚而至于'乱'到和事实相反，这底细一被大家看出，那效果有时也就相反了。所以现在被骂杀的少，被捧杀的却多。"

的确，现实生活中的我们，即使发现对方的缺点，也都不愿意直接指出，更不会批评别人，宁愿选择赞美，也不愿因此而伤了和气。但是这样做，只会让他们更加无视自己的问题，只会让他们距离理想和成功越来越远。

在职场中，过度赞美更像是为了讨好上司的阿谀奉承。比如夸赞年长的上司真帅气，夸赞肥胖的女上司是大美人，夸赞只会动口不会动手的上司在工作上能力超群，没有谁比得上。这样的赞美只会让人感到头皮发麻，听起来让人感觉不真实。

在生活中，过度赞美就像是慢性毒药，麻痹着我们的思维，束缚着他人前进的脚步。

不切实际的赞美，和"过犹不及"是一个道理。所以，赞美的话只有掌握分寸，才能真正赢得对方的认同和好感。

② 动听的表达往往自带亮点

现实生活中我们经常会夸奖别人，也经常听到别人的夸奖。

可以说，赞美是人际交往中的润滑剂。适当的赞美，能够加深彼此的了解，拉近心灵的距离，使得人际关系更加和谐。但是，并不是所有的赞美都是动听的，只有那些有针对性的赞美，即自带亮点的赞美，才能够说到别人的心坎里。

那么，为什么有针对性的赞美会比一般性的赞美更有效呢？

举个例子，某位喜剧明星，参演并执导了多部电影，无论是其演技还是导演的功底都毋庸置疑。

有一次，他和一位著名导演见面，导演上来就称赞道："你真是实力派啊！"

可是那位明星反而有些不悦，立刻反问道："难道我长得不够帅气吗？不是偶像派吗？"导演立刻意识到自己说错话了，赶紧改口："你是实力派导演，外加偶像派演员的合体。"

听后，男明星哈哈大笑起来。

这位男明星的演技已经得到观众的广泛认同，所以当被导演称赞其是"实力派"时，他的内心并不会有什么波澜。只是他对自己的外表还不太自信，所以打心眼里希望别人夸奖他是"偶像派"。而导演意识到自己的言语之失后，马上用一句"实力派导演外加偶像派演员"缓解了尴尬，更是有针对性地赞美到对方的心坎里，自然令对方眉开眼笑。

赞美别人，能让对方心情愉悦。但为了避免自己的赞美流于形式，我们还需要善于观察和发现对方的兴趣爱好，从而进行有针对性地称赞。这样的沟通交流，不仅更能勾起对方的兴致，也能让对方觉得你的赞美契合他对自己的肯定，更容易拉近彼此的距离，引起共鸣。

我以前上大学的时候，周末时和几个同学去一位老教授家做客。老教授一生专注于做学问和研究，因此我们到了之后，就你一言我一语地赞美老教授的学问做得好。

"您的几本著作我都拜读过，虽然有些内容我曾反复揣摩也无法理解，但是至今印象深刻啊！"我说。

同学张铎说："是啊，是啊，平时有的课我们都不注意听讲，都会睡大觉；您的课一般所有学生都会去听，而且还会边听边做笔记，真是感觉每堂课都有收获啊。"

同学李青又说："对啊，您在学术界那可是绝对的大咖，您教的学生都有好多成博导了呢。"

老教授在一旁没有说话，只是冲我们微笑着。

然后他带我们去了他的书房，书柜里摆满了他写的书，桌子上还摆着笔墨纸砚和一些卷着的书画，墙壁上也挂满了字画。这时我们班长指着墙上的一副字说："哇，这是出自您的手笔吗？一看就有柳公权的风骨，虽然只是临摹的字，但是一看就是练过的，有很深的功底，苍劲有力。"

老教授一听就来了精神，赶忙问："嗯，是我临摹的，你平时也喜欢书法啊？"

"只是比较喜欢，不太会写。听说您还经常参加书法大赛，还获了不少奖呢？"班长笑着回答。

"都是皮毛，还在不断学习中。"老教授也显得很谦虚。

"这几幅字往书房一挂，多了几分雅致的韵味，而且您本身工作就非常忙，能把这样一份爱好坚持几十年，这种坚持不懈的精神太值得我们这些年轻人学习了。"班长看着老教授起了兴致便接着称赞道。

随后，老教授就拿出一些自己收藏的书法名家的字画，还分享了自己练习书法的经验。临走时老教授叮嘱我们要好好学习，还特意送给了班长一幅字。

我们刚开始大而化之地赞美老教授的学问和研究如何高深，却没有激起老教授的兴致，反而让他觉得都是些好听的场面话。而班长在看出了老教授对书法艺术的热爱后，有针对性地赞美他的书法，一瞬间就引起了老教授的好感。因为老教授觉得班长是在认真欣赏之后做出的评价和赞美，所以，老教授更愿意主动与班长交流。

对于我们比较熟悉的人，往往可以通过细致地观察，然后针对其兴趣爱好进行有针对性地称赞。

也许你会问，那到底什么才是有针对性的赞美呢？比如，在和老年人聊天时，他们往往喜欢怀念过去，希望别人能认同和赞美自己过去的"工作和生活"，所以在和他们沟通时，想要博取好感，就应该尽量有针对性地称赞他们当年的骄人业绩与雄风；而与年轻人沟通时，则可以针对其正在开创的事业和坚持不懈的精神进行夸奖；对于那些经商的人，则可以赞美他们有经济头脑、生财有道；对于女人则可以称赞她们的相貌、品位等；对于孩子则应该具体到某件事进行夸奖。

很多时候我们对待陌生人，往往习惯于空泛地赞美。实际上抓住对方的某一项特点进行赞美，更容易打动人。让对方知道，你的这些赞美的话，只是针对他一个人的，对方更容易感受到你的肯定，更愿意听你说话。

赞美，并不是只要我们说出口，对方就一定愿意听。我们必须通过自己的观察和思考，找到对方最值得骄傲的点，进行有针对性地赞美，才能真正说到对方的心坎里。

3. 转述第三方的夸奖更悦耳

有些时候，太过直接的赞美往往适得其反，让赞美之词沦为拍马屁，给对方留下不好的印象。如果你担心这样的事情发生，不妨试试转述第三方夸奖这种间接的方式，一样能收到很好的效果。因为转述的话，即使有再多的溢美之词，也不会显得过于肉麻。

我记得自己在大学快毕业时，找了一份家具推销员的工作。有一天，公司的刘经理对我说，要带我见见世面，谈一单大生意。我紧紧地跟在刘经理后面，对他的一言一行细细观察。

我们来到某文化公司王经理的办公室。这时刘经理就感叹说："你瞧瞧，这办公室多大气。我这辈子要是有机会有这样一间豪华气派的办公室就知足了。"

王经理一听就很高兴，连忙站起来和我们握手。刘经理坐下时又摸了摸沙发的扶手说："早就听朋友说您平时对各种木材颇有研究，对装修也很有自己的见解，今日一见真是名不虚传啊。我也搞过装修，您这沙发是上好的香山红木做的吧？这么好的成色，在市面上可是不多见的啊。"

王经理一听连连点头，高兴地说："嗯，是啊，我这办公室都是请专人设计装修的，还有这些家具都是我亲自挑选的。"然后他就带着我们参观了整间办公室，还向我们详细介绍了装修的材料、色彩搭配。

刘经理没有直接夸奖王经理的品位和见识，而是通过间接转述别人对他的赞美，让对方感到一种满足感，一下子拉近了彼此的距离。因此，我们也顺利与王经理签订了该公司的办公桌椅订购合同。

为什么和陌生人之间借助间接赞美会有这么神奇的效果呢？

原因很简单，陌生人之间直接的赞美，会显得有些虚假，间接赞美是站在第三方的角度进行转述，会显得更公正和客观。所以，用第三方的转述远比我们直接赞美更容易赢得对方的好感和信任。就好比我们要直接称赞一个员工工作能力强时会说："您太能干了，简直就是劳动模范。"对方不一定会对这样的话有什么特别的感觉。但是我们如果对他说："我经常听某某某谈起你，说你在工作上孜孜不倦，是大家学习的楷模。"相信对方听了这样的话，那种愉悦感会油然而生。

在职场中，间接赞美的话，更容易促进人际关系和谐。

公司公关部的李菲和张玮由于脾气性格不合，再加上能力相当，总希望在业绩上压倒对方，因此她俩向来不睦，这是众人皆知的事。

有一次，经理为了缓和二人的关系，私下给张玮单独开了个小会。之后神奇的事情就发生了，从此张玮见到李菲，总是和颜悦色，彬彬有礼，再也没有往日的剑拔弩张。

李菲偷偷向经理打听是怎么回事。原来经理单独跟张玮开会时说："有很多人夸你对公司的贡献很大，称赞你有魄力做事有板有眼，尤其是李菲，经常在我面前夸你人漂亮，脾气又好，在公司的人缘也好，工作能力也很强。"

李菲不好意思地说："谢谢经理的用心调解，我们俩以后一定通力合作，更加努力为公司奋斗。"

借他人之口的赞美，不仅消除了矛盾，还缓和了二人的关系。这种以第三方转述的夸奖方式，不仅仅适用在工作中，在日常生活中也同样适用，它会让对方很舒服地接受你的赞美。

邻居刘哥是个很聪明的人，在他看来处理好家庭关系的关键，就是学会多借助第三方赞美。

有一次，他妈和他媳妇因为一点小事吵得不可开交，最后以"冷战"收场，几天时间过去了谁都不理谁，他夹在中间自然是最难受的。

一天晚上，他主动给老妈打洗脚水，边洗边说道："隔壁张大妈昨天还说羡慕您呢，说咱们家婆媳关系好。她还听说我媳妇知道您晚上睡眠不好，特意给您买过一个电动洗脚盆。还说她儿媳妇就不那么懂事，别说没买过什么礼物，还总喜欢跟她对着干。其实我媳妇她已经意识到自己错了，这不张不开这嘴吗？她还说您这么大岁数，照顾一大家子不容易，平时既要带孙子，又要做饭收拾家务，真的太辛苦了。"老妈没有吭声，只是微微笑了笑。

回到自己的卧室，刘哥又拿出一瓶药膏，给有关节炎的老婆按摩起膝盖来。他边按摩边说："邻居张大妈今天还说羡慕你和咱妈关系处得好呢。她说你对咱妈好的没话说，咱妈对你也是像对待亲生闺女一样。她还说妈知道你有关节炎，就四处打听有什么偏方。这瓶药膏，其实是咱妈从一个祖传中医世家那里买来的。这不天气转凉了，咱妈叮嘱我最近一定记得给你按时擦拭呢。"媳妇听了开心地笑了。

刘哥巧妙地运用间接赞美化解了家庭矛盾。而平时刘哥也喜欢把转述第三方的赞美运用到与每个家人的相处中。他只要发现老婆买了新衣服，就会说："哇，怪不得刚才隔壁小李妹子夸你漂亮，还说你眼光好，会挑衣服，还叫我问问你这件衣服哪里买的呢？"老婆一听自然喜上眉梢。

对于孩子他也是不吝间接赞美："今天家长会，班主任夸你了啊，说你上课发言很积极。还有奶奶也夸你，说你最近很懂事，知道帮她干家务了。"孩子听了也得意极了。

无论是陌生人之间，还是家庭成员、同事之间，直接赞美的话听多了，就像吃多了相同口味的糖果，听腻了、听烦了，反而没什么特别感觉。而转述第三方的赞美，则更像不同口味的糖果，既美味又新鲜，比一味空洞地直接赞美更可信。

④. 及时抓住别人的优点并大声说出来

《孔子家语》中说："与人交，推其长者，讳其短者，故能久也。"意思是说，在人际交往中，应该多赞美别人的长处，忌讳总提及别人的短处，这样的关系才能维持长久。

为什么赞美别人的长处，更有利于人际关系的维系？因为每个人在取得了一定的成绩或者进步时，都渴望得到别人的认同和赞美，这是一种心理需要。

有些时候，我们无法说出赞美的话，是因为我们没有认真观察对方，找不到可以赞美的突破口，所以，我们迟迟张不开嘴。其实只要我们用心观察，一定能及时发现别人的优点。哪怕对方只是换了一条鲜艳的丝巾或者打了一条特殊花纹的领带，或者气色很好，都值得我们称赞。

无论在生活中还是在工作中，我们都应该有一双善于发现的眼睛，还应该大声赞美别人的优点，这样做会令我们终生受益匪浅，也会让我们更自信，双方的关系也会更密切、更融洽。

我曾经听过关于大仲马的故事。他20岁时，带着仅有的90法郎只身前往巴黎。可到了大都市他才知道，想要在这样的大都市立足，并不是一件容易的事。于是，他四处游荡了一阵子之后，拜访了父亲的一位朋友，并拜托他给自己找一份工作。老伯一听他想找工作，便爽快地答应了。但老伯为了更了解大仲马，就问了他几个问题。

"你精通数学吗？"老伯问。

大仲马摇了摇头。

"那历史、地理怎么样？"老伯又问。

他把头低得更低了，还是摇了摇头。他此时羞愧万分，第一次感觉自己这么差劲。

"既然这样，或许一时半会儿，我也不能帮你找到合适的工作，不如你留下通讯地址吧，一有好的工作机会，我就会第一时间联系你。"

大仲马匆匆写下了自己的住址后，正准备转身离去，老伯欣喜地拦住了他："孩子，你的字写得很漂亮，这就是你的优点啊。"

大仲马愣了愣说："写字漂亮也算是优点吗？"

"是啊，你能把字写得漂亮，我相信妙笔生花，你也一定可以写出精彩的文章来，你不应该只满足于找一份糊口的工作，你应该有更高的人生追求。"

受到赞美的大仲马，开始学着放大自己的优势，在文学道路上前进的脚步，也越发快速起来。数年后，他创作了享誉世界的《基督山伯爵》《三个火枪手》等作品，成为了名副其实的大文豪。

从生理学的角度上看，赞美别人的长处，是一种行为的强化剂。它能不断刺激大脑皮层兴奋，进而充分调动人体各个器官和系统的积极性，最终激发潜能，放大人生。

每个人其实都有自己的优点，只是我们更需要一双善于发现的眼睛。

我看过这样一个故事。春暖花开的季节，一对父子正在登山。在行进至半山腰时，他们看见一位身着厚重棉衣的沧桑老人，正拄着拐杖朝一片桃林走去。

儿子指着那人说："爸爸，你瞧，那个奶奶多可笑，天气这么暖和了，她居然还穿得这么厚实。"

爸爸表情严肃地观察了一会儿，弯下腰对孩子说："你在德智体美劳方面，可以说是个表现都很优秀的孩子，但是我突然发现你缺少一项本领，就是不善于发现别人的优点。我不觉得老人很可笑，我倒是觉得她很美。虽然她穿得比较厚，但那可能是因为她刚刚大病初愈，身体还比较虚弱，也可能她正忍受着病痛。但是，你仔细观察她专心赏花的样子，那忧郁的眼神，一定是回忆起了年轻时某段难忘的经历，才会如此神伤。这样的眼神和丰富的人生经历，恰恰是她独特的美。"

孩子也跟着认真观察了一会儿，发现老人的脸上，挂着时而忧郁时而轻松的神情。于是他径直走到老人面前，笑着对老人说："您看花时的表情真美，让这春天都变得更加动人了。"

老人开心地笑了，摸了摸男孩儿的头说："谢谢，我只是想起了一些往事，你的赞美才是我今天见过最美的风景。"

　　也许同样一棵树，有些人看到的是树上的毛毛虫，有些人看到的是满树的枝繁叶茂。为什么同样一棵树，不同人会产生不同的看法呢？原因就在于你是否有善于发现美的眼睛。

　　很多时候我们不仅需要多赞美别人的优点，而且应该多赞美别人身上不容易被注意到的优点。第一眼能发现的优点，即使我们再卖力地赞美，也不一定能起到好的效果。因为这些赞美是对方经常听到的，已经习以为常。而如果我们能赞美别人不易被人发现的优点，则可能会收到更好的效果。

　　有一次，我应邀参加一个画家的酒会，席间大家都对画家的绘画技艺赞不绝口。他听了之后，似乎没有太放在心上。这时一位女士握着他的手，指着他的鬓须说：“大师，您今天的鬓须真的很特别，显得魅力十足。”只见这位画家哈哈大笑起来，赞许地点了点头。

　　原来，他是为了这次酒会专门留的鬓须，却没人发现和夸奖。而被这位女士发现后，不经意的赞美，就让他顿时心花怒放。

　　正如法国作家巴尔扎克所说：“第一个夸女人为花的人，是聪明人，第二个这么夸她的人，就一般了，第三个再这么说的人就是笨蛋。”人际交往中，多赞美别人不易被发现的优点，更容易获得沟通的良机。

　　婴儿时期，父母的点头、微笑、鼓掌、爱抚，对我们来说是最大的称赞。成年以后，我们会渴望从别人和社会舆论中获得赞美声，这在心理学上被称为"社会赞美动机"。

所以，没有人会拒绝别人的赞美，更不会拒绝别人对自己优点的赞美，这是一种本能的需求。

03

第三章

打人不打脸，言出又
何必伤怀

"

1. 你身边可以说话的人是不是越来越少

有些人的手机通讯录里有几百个联系人，但是手指逐一划过，却没有几个可以尽情"打扰"、随时随地想说就说的倾诉对象。而有些人只要随便发一个朋友圈，就能引来大批点赞和评论。

是什么导致人与人之间这么大的差距呢？是性格吗？不是，是情商的高低所决定的。

情商高的人会说话，每句话都充满了爱与智慧，让人感觉温暖和贴心。情商低的人总是"话不投机半句多"，最后愿意和他聊天交心的人自然越来越少。

我记得有一次初中同学聚会，有个叫李想的同学至今单身。酒过三巡，我们互相开起了玩笑。李想自我解嘲："我这是一错再错过啊，初中的时候没赶上早恋，现在奔三了，想谈场恋爱也不容易了。"

我们都笑了起来，这时一位高高瘦瘦的男同学李斌突然补了一刀："没事没事，早恋的确是来不及了，你还能黄昏恋呢。"然后骄傲地望向大家，却没人吱声。只见李想的脸涨得通红，冷冷地"哼"了一声，就自顾自地喝了一杯闷酒。

后来我们的女班长张婷婷，挨个给大家敬酒。轮到李斌的时候，他突然发问："你现在干嘛呢？"

"哦，我还博士后在读。"婷婷愣了一下。

"还在读书啊，都多大了，我觉得女孩子读这么多书没用的，电视上都说女研究生是李莫愁，女博士是灭绝师太。你这都博士后了，还不如早点嫁人生孩子来得实际呢。"

气氛再次达到冰点。

无论是生活中还是职场上，我们身边不乏这样不会说话的人，他们想到什么说什么，不分地点和场合，也不顾及别人的想法，让整个气氛变得很压抑。估计这样的人，很少有人会主动和他亲近，聚会也都不会邀请他。

情商比较高的人，观察能力也很强，总能捕捉到别人的情绪或是表情上细微的变化，第一时间了解到别人的心理需求。然后用对方容易接受的方式表达自己的观点，甚至有时候他们更善于倾听。即使对方所说的话题不是自己感兴趣的，仍然能专注地倾听，这样的人，往往更容易交到朋友。

我有一个植物学家的朋友，我们第一次见面是在一个晚宴上。他滔滔不绝地讲述着自己种植的稀有植物、讲述着大植物学家玻尔本的故事，还有他精心打造的室内花园等。因为我对植物学知识知之甚少，所以大部分时候都是静静地坐在他的身边，偶尔点点头。但是看到他一提到植物就眉飞色舞、手舞足蹈的样子，我就知道他有多么喜爱自己的那些植物了。所以，我顺势问了几个关于阳台种植植物遇到的问题，他也热情地予以解答。

当我起身向众人告辞时，这位植物学家突然站起来称赞我是"最富激励性的朋友"，还说很高兴与我进行了一次有意义的谈话。

然而，我在这次交谈中，除了问到几个养植物的问题，几乎没说什么话。但是我一直专注地聆听他的讲话，而在他看来，这就是最好的"对话"。

人际交往的过程中，我们会聊到不喜欢的人、不感兴趣的话题、不喜欢做的事，这时选择静静地聆听，就是高情商的表现。

而有一些人喜欢不停地说，频繁刷存在感，这样的人往往很难相处。我听到过很多女性讲述相亲的经历，竟然发现没有一个女孩喜欢喋喋不休的男士。尤其是那些喜欢以"我"开头的话："我妈说……""我的收入……""我喜欢……的女孩""我最近在……"

也许这样的男士的确是想尽可能地表达自己优秀的一面，但是多半女人听到这样的话，都会选择拒绝。因为女生内心的潜台词是："都是我我我，你以为你是谁啊？"

不停地讲话，绝对不是刷存在感的唯一方式，更不属于高情商地表达自我的方式。

也许你的手机通讯录里有很多朋友，你说话也从不顾忌，但是这些朋友都真心喜欢听你说话吗？不一定。时间会慢慢证明一切，没有谁愿意和不会说话的低情商的人做朋友。

无论会不会说话，说之前，请先学会聆听，请先动动脑子，说一些让人容易接受的话，这才是别人愿意与你产生交集的关键。

2. 别拿他人的痛点当笑点

没有人会喜欢不分场合乱开玩笑的人，也没有人会喜欢自以为很幽默，却句句都戳别人心窝的人，更讨厌那种拿别人的痛处当作笑点的人。

而生活中很多时候，拿别人的短处开玩笑的人不在少数，可结果往往导致彼此之间的关系越来越疏远，这又何尝不是情商低的表现。

张敏是我的大学学妹，临近婚期时，她带着准老公，请我们几个朋友一起吃饭。一见面，大家都很高兴，纷纷举杯祝她幸福。期间，我还提起了她朋友圈大秀自己小胖手戴着婚戒的照片。

这时偏偏有个女孩"不落俗套"，站起身来半开玩笑地说："还没结婚呢，就这么胖，生完孩子你得多胖啊？"

我们所有人都愣住了，一下子把目光转移到学妹身上，只见学妹已经气得涨红了脸，估计想打人的心都有了。

的确，学妹是比上学时胖了不少。原来学妹长得很清秀，身材也是比较苗条的那种。可是工作以后，应酬多了，男朋友又总是给她做各种好吃的，肚子上的"游泳圈"就越来越多，脸也变得圆圆的、鼓鼓的。尽管拍婚纱照时，她也曾试过多种减肥的方法，但是反弹速度都很快，身上的肉总是减下去多少又回来多少。她心里也是有些着急，逛街、聚会时也会因此感到一丝自卑。

这时那个女孩又接着说："你还别瞪我，不信你问问你老公，是喜欢我这样的，还是喜欢你这样的。女人变成胖子，只有死路一条，我给你讲讲最先进的减肥方法吧。"

只见这个女孩一会秀秀自己纤细的胳膊，一会又掐掐张敏的手臂。在吃饭的几个小时里，她的话题一直都围绕着张敏的身材喋喋不休。

尽管张敏碍于面子没有反驳，只是随声附和着，但是我能感觉到她一定"心潮澎湃"，快要气炸了。刚吃完饭，她就借故离开了。

被人当众戳中痛处的那种痛苦，如果不能发作，憋出内伤不说，这个人估计也会记恨那个嘴上不把门的人一辈子。

晚上学妹还专门打来电话向我吐槽："我是比较乐观的，虽然自己的确比以前胖了，但是我可以自嘲，而她当着这么多人还有我老公的面，这么说我，我就是不高兴，以后再也不想和她一起吃饭了。"

我赶紧安慰她："别放在心上，就是开玩笑有点过了。"

大家身边一定有这样的朋友，他们总喜欢拿别人的短处开玩笑，自以为幽默，却经常是一开口就能噎死人：工薪阶层好不容易买个新包，他们会说这么便宜的包，满大街都是；你看几本书学习一下，他们会说你装文艺、假清高；胖MM发个自拍，他们会说你P的不错；反应稍微慢一点，他们会说你脑子进水了，真是笨到家了。

他们似乎总能看破事情的真相，把泼人冷水当作人生己任。一般情况下，我们心情好时，自然不会和他们一般见识，也都当开玩笑一样就混过去了。可是总是这么不分时间地点地戳别人的痛处，谁心里会舒服？

犹记得2016年6月中旬，各大媒体头条不是争相报道金曲奖的归属，而是被"小S（徐熙娣）道歉"霸屏了。

原来，当时担任金曲奖颁奖嘉宾的小S，在现场和苏打绿的主唱吴青峰开起了玩笑，甚至称对方为"峰姐"。而早在之前《康熙来了》的节目中，吴青峰已经公开表示过不喜欢小S称其为"峰姐"。但是小S这次在巨星云集的金曲奖颁奖现场开他玩笑，他的歌迷很是不满，纷纷要求小S道歉。于是，就有了小S在脸书上道歉的新闻。

尽管小S和吴青峰关系不错，不排除她是为了节目效果，话里话外都是玩笑的成分。但是现实生活中，恰恰是很多这样的玩笑，会让对方感觉很受伤。因为每个人的接受能力不一样，也许你觉得这玩笑没什么，但可能是别人的痛点。

其实，任何不着边际的玩笑，都可能让对方感觉到不舒服。也许你会说："大家都是朋友，没事开开玩笑，调节一下气氛不好吗？"但这不是开玩笑的理由，因为你们之间也许没有想象中的那么"铁"，又或许正是因为你们是哥们、是闺蜜，对方才更在意你的每一句话。

每个人都有自己不如别人的地方，情商高的人往往会站在对方的角度考虑问题，不直接戳别人的痛点，即使有些问题需要说明，也会在合适的场合和时间，用恰当的方式去讲述。而情商低的人则完全无视对方的心情，说话一针见血，直接触碰别人的短处或隐私。

即使是最亲近的朋友，开玩笑也是有底线的。

比如明知道胖子比较自卑，最怕在众人面前被人嘲笑，而你却一定要哪壶不开提哪壶，让他人丢面子、不开心，那么你不得罪人还有谁会得罪人呢？

不要以为是朋友开不起玩笑，而是应该反思自己的情商是不是不够高，把对方在意的事情当成了笑话。

如果自己的朋友都不喜欢自己，那么就是时候应该反思一下，自己是不是张嘴闭嘴都在戳别人的痛处而不自知。

3. 恶语伤身，狠话伤心

《增广贤文》里说："良言一句三冬暖，恶语伤人六月寒。"可我们身边总有些朋友说话直接、难听，却不自知，甚至将他们的行为归结为"不会说话"，以求获得他人的谅解。其实，说恶语、放狠话就是情商低的一种表现。

真正高情商的人，他们身上最大的闪光点就是会说暖心、体贴的话，因此走到哪里都很受大家欢迎。而情商低的人则恰恰相反，走到哪里都让人烦。

柯蓝是我表妹，看上去比较清秀，也很爱笑，按理说大家都应该喜欢她。可偏偏很多人都不愿意和她聊天，甚至有点疏远她。

刚来上班没几天，她竟然和办公室一位大姐直接大吵了一架，甚至还把老大姐气哭了。

晚上一下班，我就被表妹叫到她家里听她吐槽。

"来吧，说说吧，刚参加工作怎么就这么抢眼啊？"我主动问她。

"别提了，气死我了，我觉得大姐就是故意针对我，总挑我毛病，我已经很努力在改正了，还是老找我麻烦。我就直接和她吵了起来，让大家都知道她是怎么对待新人的。"

表妹是新人，所以她的稿件也都先由大姐批注。可是偏偏大姐做事比较有板有眼，对稿件的质量、风格要求很高。而只求效率的表妹写出来的稿子，不是打字太快打了不少错别字，就是语句不通顺、逻辑混乱。尽管大姐批注得很详细了，可是她还是改得不彻底，所以大姐就直接把她叫到身边，然后一处一处地手把手教她怎么改。

"这不是好事吗？有人带你，给你纠错，还帮你改正，你为什么还要和人家吵架。"我看完她的稿子后，也的确觉得大姐批注的没错。

"什么嘛，她就是更年期提前了，怕我们新人写得好，故意打压我们。"她还挺生气。

"你不会是当着所有人的面也是这么说那位老大姐的吧？"我有点迟疑。

"是啊，我就是这么说的，然后她就哭了，活该，叫她再欺负我，哼。"这时她显得有些得意。

"怪不得人家哭着走了，你说话也太狠了。以后还是注意一下，有事说事，别说这么难听的话，很伤人的。你总说大家不喜欢你，很可能就是不喜欢你这样的说话方式。"

这时，姨妈端上来了刚做好的韭菜馅饼和几个家常菜。

"闻起来好香啊，姨妈。"我忍不住搓了搓手，准备开吃。

表妹也赶紧拿起了一块送到了嘴里，还没咽下去，只听她"啧"了一声，然后使劲摇了摇头："妈呀，你是不是痴呆了，怎么没放盐，什么味道都没有，难吃死了。"

姨妈却笑嘻嘻地边给她夹菜边说："你上次说多吃盐不好，我这次就少放了点，而且这韭菜是早晨刚买的，可新鲜了，你再尝尝。"

表妹离开了饭桌，拿起了遥控器打开电视："早知道我还不如和表哥在外面吃了再回来呢，我不吃了，吃不下去。"

看到表妹和自己家人说话都这么"狠"，也就不难理解为什么同事都不太喜欢她了。

只见姨妈轻轻叹了口气，一副神情落寞的样子，自己边吃边说："人老了，不中用了，做饭怎么都不如外面的好吃。"

我连吃了好几个，笑着说："姨妈，您说错了，走南闯北吃过的饭多了，要说最好吃的还是自己家做的饭，又干净又好吃，你看我都快吃完了。"

这时姨妈露出了笑容，把椅子往我这边挪了挪说："早知道你要过来，我就把冰箱里的鸡腿给你们炖一炖。下次再来提前告诉我，我给你包茴香馅的饺子。"

没有人天生就该给你做饭、洗衣，也没有哪个同事理所应当地应该对你的错误有所指点，这都是因为爱你、希望你进步，才会心甘情愿这么做。如果他们为你做了很多，而你还要恶语相向或者放狠话，不是情商低表现又会是什么呢？

有时我们自己也不清楚为什么自己没人缘，究其原因就是你说话的时候，总是站在对方的对立面去说话，或者说话很刻薄，这些都可能在无意中得罪了人。所以，说话的方式其实透露了一个人情商的高低。情商低的人，不仅不太会说话，而且言语中总是暴露自己的无知和没教养，句句如冰；情商高的人，会说话，会好好说话，句句温暖人心，如沐春风。

我记得以前也带过一些新人，当时一下班就招呼大家一起吃饭，让新人和老同事都熟络一下，借此拉近彼此的距离，也熟悉一下公司的环境和文化。每次，尤其是新人都表现得比较拘谨，全程都是正襟危坐。

但其中有一个新人让我印象深刻，他和所有人说话时都表现得轻松自如，没有丝毫紧张的表情："我们几个是新人，可能在工作上会有很多不明白的地方和不足之处，请大家多多帮忙。如果我们有做得不对的地方，请大家及时指正，我们一定尽量改正。我到时候可等着抱几位的大腿呢！几个带我们的老员工，也是很辛苦，这样吧，下周我做东，我们部门再聚聚，也请几位前辈和老板都赏光，给我个机会啊！"

不管是不是真心，这样的话我们听了心里都感觉很舒服。而且我们这份工作也是需要经常和同事、客户保持联系的，会不会沟通、交流，情商高不高是很重要的人才衡量标准。

朱自清先生曾说过："人生不外言动，除了动就只有言，所谓人情世故，一半儿是在说话里。"没有谁天生就会说话，没有谁生来就是高情商。但只要我们稍加思考，就不会让语言成为极具杀伤力的武器。如果真的是这样，不如少说或者沉默。

千万别将"我说句不好听的啊""我说话比较难听，你别介意啊"这样的话当成挡箭牌，既然明知说出来的话会惹得大家不高兴，为什么还要说出来呢?

正如老话所说："水深则流缓，语迟则人贵。"一个真正高情商的人，善于管住自己的嘴，知道什么样的话伤人，什么样的话不该说。

其实，办事说话不求能口吐莲花，但求不做"恶语伤人、狠话伤心"、招人讨厌的人。

④ 你就毁在一吐为快

喜欢一吐为快的人，性格上往往都比较直爽，有话直说，还喜欢冠以"刀子嘴豆腐心"之名。但是有话直说，真的好吗？

同事之间，一吐为快，可能造成不必要的误会和麻烦；恋人之间，一吐为快，可能会伤了对方的心；朋友之间，一吐为快，可能会疏远了这份友情。

你可以理所当然地一吐为快，而别人却来不及思考你是什么性格或者抱有什么样的居心，只是觉得当头一棒。世界上没有谁喜欢听难听的话，少些一吐为快，多留些余地给别人，也给自己留条出路，才是情商高的表现。

然而，我们身边总有几个喜欢"一吐为快"的奇葩朋友，不断用言语刺激着别人。

"哇，你是吃了化肥了吗？怎么胖了这么多？"

"你都多久没洗澡了，你看你这头发都冒油了。"

"拜托，别老在朋友圈秀恩爱了好吧，瞧你老公那秃头。"

"你都多大了，还不结婚？"

"你怎么会穿这么难看的衣服，简直丑爆了，估计也就你能穿出来。"

……

轻松地说完后，还不忘给自己加个冠冕堂皇的理由："我就是喜欢一吐而快，别介意啊""多有得罪，我就是这么个直爽的人"……

前阵子在火车上认识一个朋友，叫陈升，在一家装饰公司工作。他和我分享了自己与同事王奇之间发生的趣事。

王奇，人如其名，简直就是一朵"奇葩"。他最喜欢说的一句话就是："我这人说话比较直，你可别太在意啊"。而每当他说完这样的话，同事们都感觉手心冒汗，心想他不定又会说出什么惊天"真相"呢。

王奇算是公司的前辈，陈升刚到公司时，正赶上一个项目，客户催得比较急。于是经理有意让王奇带着陈升一起锻炼一下。

可是王奇却当着大家的面说："经理，我说话比较直接，你别往心里去啊。这个项目比较容易，我自己就能很快完成，他现在加入的话反而会耽误进度，到时候客户怪罪下来算谁的责任啊？再说绩效也不好算啊。"

陈升虽然觉得有点不满和委屈，但是初来乍到，的确没把握能做好，就忍了下来。

午休时，同事们都相约一起吃午饭。期间，一个男同事向大家宣布，自己已经求婚成功，马上就要结婚了。陈升马上羡慕地说："太幸福了，恭喜恭喜啊，我们还都单着呢。估计等我结婚的时候，你孩子都会打酱油了。"大家都笑了。

这时，王奇突然"蹦"出来一句话，指着陈升说道："不是针对你，我有什么就说什么啊，比较直接，你别介意。男人长成你这副模样，找对象还真的是困难啊，哪个女孩能这么眼瞎啊，居然找你做老公？"

瞬间，周围的空气都静止了，这时要结婚的男孩尴尬地打圆场说："别瞎说，人家陈升年纪还小呢，纯正的小鲜肉，现在只是不找，真找对象的话，姑娘肯定都排着队等着呢。"其他同事赶忙附和。

这时，一位女同事端着饮料凑了过来："说什么呢这么热闹？"

陈升也赶紧趁这个机会岔开了话题："哇，大家有没有发现她最近的皮肤很好啊！。"

女同事骄傲地说："算你有眼力，最近代购了一款进口品牌的乳液，用完后感觉皮肤水水的，还不油腻，我最近感觉自己都年轻了几岁。"

没等他人接话茬，王奇又开口了："别怪我直接啊，你们这些小姑娘就是太年轻，网上买的东西能信吗？电视上早就曝光了，都是小作坊里生产的冒牌货，别自欺欺人了，什么年轻了几岁，我看就是胖了点。"

可想而知，大家谁也不想说话了。静静地吃完了饭，各自回办公室，谁也不想再搭理王奇。

像王奇这样的一吐为快，不是所谓的心直口快，而是因为情商低，不加思考地说出自己潜意识里的想法的表现。

也许你会问，那怎么说才算情商高呢？比如王奇可以和经理这么说："这次的项目确实很着急，我有点担心自己一边带新人，一边赶进度，会有点应接不暇。而且这次我自己也能应付，下次遇上不急的项目，我保证手把手带他们，这次我先自己做吧，您看怎么样？"同样的事情，换一种说法，是不是一下子让人感觉舒服多了，想要表达的意思也都说到了。

再者，陈升只是说说场面话，王奇也没必要当着那么多人的面讽刺陈升的外貌。他如果说："小陈，你要是平时打扮一下，还是挺帅的，到时候姑娘还不任你挑啊"。如果这样说话，既间接点明了陈升应该注意平时的穿衣打扮，又缓解了他还没有女朋友的尴尬。

一吐为快，只是满足了自己一时的痛快，却换来其他人的不爽，这样的话还是少说为妙。毕竟人生在世，不是一辈子独行，更需要朋友、爱人和亲人。

我记得在某个大众歌手选秀节目上，一个女孩自我介绍时，说自己因为太紧张所以不知道应该怎么表达了。这时台下的评委突然说道："那就滚吧，不用唱了，下一个。"女孩哭着跑出了演播间。

这样的一时之快，有什么后果呢？可想而知，只能自食恶果。她的言辞一下子激起了网友们的愤怒，最终这个评委迫于压力，不得不召开发布会公开道歉。

无论如何不要做一个只顾自己一吐为快、口无遮拦的人。

即使自己是一个性子比较急的人，喜欢一吐为快，也可以从这一刻开始，学着适当婉转一点。

　　心智的成熟，不仅是年龄和阅历的增加，更应该是情商的提高，懂得对他人起码的尊重和礼貌。

04

第四章

心理强大的人都懂得
如何说"不"

" "

1. 很多人输就输在只会说"Yes"

　　不难发现，我们身边不乏这样的人，他们从来不会拒绝，是人们口中所谓的"老好人"。但是这样的老好人，往往存在感很低，而且苦了自己，还讨不到半点好处。

　　可以说，不懂得拒绝，只会说"Yes"不一定是好事。

　　我们公司以前有个老同事叫王鹏，已经年近40岁了，还是孑然一身，我们都笑称他是"钻石王老五"。

　　在同事眼里，他是全能的"大好人"。无论是复印文件，还是回复邮件，只要是同事忙不过来的工作，交给他就行。时间久了，大家看他好说话，越来越多的同事把手头上忙不过来的工作交给他。

　　然而，他帮大家做的工作越多，自己的本职工作就会拖延得越厉害，因此在开会时我也曾点名批评了他几次，可他也只是默默承受，没有做出任何辩解。

　　一次周末，我约老王一起出来打羽毛球，才知道他不仅在工作中是"老好人"，在家庭生活中更是这样。

　　打球休息的间歇，我俩聊了起来。

"王哥，你怎么还不结婚啊？难道真的是你眼光太高？"我好奇地问。

"哪里啊。别看我现在工作还算稳定，收入也还算不错，但也就只够养活自己，哪里还有闲钱娶媳妇养孩子啊。"他似乎有点无奈地说。

"这怎么可能，我看你也很节俭，怎么可能没有积蓄？"我更加不解。

"说出来你可能都不相信，我到现在每天中午都是只吃最便宜的外卖，晚上回家就吃泡面，住的房子还是几百块的合租公寓房呢。"他叹了口气说道。

"难道你家里有什么负担或者其他难言之隐？"我追问道。

"我是家里的老大，还有四个弟弟妹妹，为了供我上大学，弟弟妹妹都辍学了，早早就去地里干活。现在他们有时候盖房子或者孩子生病没钱，隔三差五就会来找我借钱。我虽然也没存款，但是又抹不开面子拒绝。借出去的钱，我只要不张口要，他们也都没说过要还，可我怎么张得开嘴啊。"说完他低下了头，又深深地叹了口气。

"你啊，需要学会拒绝，不能什么事都自己扛着。"我说。

他看了看我，陷入了沉默。

因为不懂得拒绝，无论是工作还是生活上，老王都把自己搞得很忙、很累、很狼狈：本职工作时常耽误，同事交代的工作越来越多，自己一顿饭的开支不超过15块钱，衣服没有一件超过100块钱的，没有时间谈恋爱，年近40还要蜗居在合租公寓楼……

虽然他因为不知道怎么拒绝别人，得到了"老好人"的称号，但是却苦了自己。

事实上，在职场中，做好自己的本职工作就是最大的本分，如果有多余的精力，当然可以帮助同事。但只会说"Yes"，专注于自己本职工作的时间就会越来越少，又怎么能够赢得升职加薪的机会？何况来者不拒的劳动付出，只会让同事对你的帮助毫不珍惜。所以，面对同事的求助，要不要说"Yes"一定要分清楚情况，如果是会耽误自己本职工作的事情就应该拒绝。

那么，面对亲戚朋友的求助，又该如何抉择呢？同理，也要分情况，超过了自己能力范围的一定要说："No"。

我们一定要学会坚持原则，保留底线。

我曾经听过某位歌手"拒绝替哥哥还债"的故事。

歌手小时候是哥哥用所有积蓄给他买了第一把吉他，也是这把吉他陪他成长，让他的音乐梦想不断放大。拼命工作的哥哥，也因此成为歌手的榜样，却也因此让他背上了巨大的包袱。

他成名之后，为了让哥哥也过上更好的生活，就给了哥哥一笔钱做生意。可是哥哥总是喜欢"跟风"，总是觉得什么赚钱就去投资什么，结果什么生意都是做不了多久就黄了。后来哥哥专注于房地产行业，为了做大公司的规模，哥哥背着弟弟，偷偷借了高利贷。谁知又遭遇了财务经理"卷包会"事件。

追债的人每天都堵在哥哥家门口，不是泼油漆就是拉横幅。无奈之下，哥哥只能向他求助。为了替哥哥还债，已经淡出歌坛近两年的他，不得已重新出山，接了大大小小各种商业演出和广告代言。他顶着巨大的心理压力，马不停蹄地奔波着。但是这样的努力，并没有换来好的结果。

他奔波了好几个月，东拼西凑，终于攒够了钱。当他拿着支票给哥哥时，却发现哥哥又失踪了。几经打听，他才知道哥哥为了更快地还清债务，又打着他的名义，从高利贷那里借了几十万去赌博。结果可想而知，哥哥不仅输光了所有的钱，还又欠下了几百万的高利贷。

于是，在左右为难和煎熬中，他最终选择了拒绝继续替哥哥还债。

在一次采访中，一向爱笑的他提到这件事时一脸严肃地说："我很爱我的家人，其实我应该早点拒绝，但我没有，这反而害了他。要是他知道我还不了那么多钱，也许他开公司时就不会盲目地投资。正是我的纵容，才让他一次又一次在心里有了依赖。如果他从此振作起来，安安稳稳找个工作慢慢还债，或许我会继续帮他。但是他的行为触及了我做人的底线，我实在不能忍受对一个爱投机的赌徒施以援手。况且加起来上千万的债务，我仅凭自己的努力，一时间也很难还清。为此，我情愿把钱花在请律师上，让法律来解决这件事情。"

适当、合理的拒绝并不代表心狠或者自己没有能力，相反，这其实是负责任的表现。当他人的求助超出自己的原则和能力范围时，适当、合理的拒绝，更容易受到尊重和理解。

尽管从古至今，我们的文化传承里一直讲究做人、做事要顾及面子和影响，但很多时候懂得拒绝的人生，才更轻松，也更豁然开朗。

但凡有人不厌其烦地找你帮忙时，都是因为平时你不懂得拒绝。

你总是善良地以为自己拒绝了别人，别人就会伤心、会为难。其实，当别人习惯了你的不拒绝，要你做什么你就会做什么的时候，你再去拒绝，反倒变成"不讨好"的人了。

唐代诗人李白因拒绝"折腰事权贵"，才获得自由，过着饮酒作诗的逍遥生活，终得"诗仙"的美誉。

文艺复兴时期意大利的思想家乔尔丹诺·布鲁诺，因反对"地心说"，拒绝放弃"日心说"，宁愿选择接受火刑来捍卫自己的原则和真理，这才开创了近代唯物主义和辩证法的先河；成为了世界人们心目中伟大的英雄。

学会合理地拒绝，相比没有理由的给予，更能体现人生的智慧和情商。学会拒绝是我们的权利和责任，应该把更多的时间留给自己，别让不好意思说出口的"NO"害了你。

2. 你要允许自己说"No"，大不了关系不好

真正的朋友，岂会无视你的难处或者实际情况，因为一两次拒绝就对你置之不理呢？可我们有时候偏偏会为了维持某种关系，有求必应，绝不允许自己说"No"。

你是不是也有过类似的经历：一个不太熟的朋友，找你借钱，不借吧，说不出口，借吧，又觉得没那么熟，担心还钱的问题；或者是突然收到熟悉的异性表白，接受吧，觉得太草率，拒绝吧，害怕会伤对方的心；又或者是朋友大半夜约你去酒吧喝酒，去吧，觉得打乱了自己想好好休息的生活计划，不去吧，又觉得扫了大家的兴致……

反复纠结之后，自己往往会被弄得狼狈不堪，活得又累又委屈。其实，根据自己的实际情况该说"No"的时候就要勇敢说，大不了关系不好。

我妈家隔壁搬来了一对母女，她们租了一年的房子，为了女儿高考复读。可能是我妈看着单身女人自己带大女儿不容易，也可能是她真的和我妈妈聊得比较投机，我经常听母亲感慨她们母女的身世，可最近我妈却不再主动聊起她们。

周末去看我妈，到家时那位单身母亲正站在门口准备离开。

"您好，不再多坐一会吗？"我主动打招呼。

"不了，不了，就是找你妈妈打听点事，我还得赶紧回去做饭呢。"她神情有些怪怪的。

我一边进门一边对我妈说："这是又找你诉苦来了？"

只见我妈边择菜边叹气："才不是呢，找我蹭网来了。"

"啊？！她家没有网吗？"

我妈说："她们刚搬过来的时候，就一直用着上一家租户留下的网，现在到期了她不想再续费，而且一点也不见外，直接就来问咱家的密码。"

我猜测以我妈的性格八成不会拒绝："所以您就告诉了她，对吧。"

"臭小子，倒让你猜对了。是啊，她说只是孩子学习查查资料，不会常用，也不会太占用网速的。再说又是邻居，抬头不见低头见的，我也不好意思拒绝，而且拒绝别人有点怕得罪人啊。"

我摇了摇头对我妈说："您啊，就是心太软。看等你用网卡的时候怎么办？"

结果是，我一打开电脑，只是想浏览一下网页，就卡到几分钟也打不开。

"再卡，我就找她去，让她自己办个网线吧，然后换个密码。"我妈说。

"这时候您就不怕得罪街坊邻居了。"我笑了笑说。

我妈又说："那你说咋办啊？"

过了几天，我又来看我妈，发现她已经换了无线密码，我不由得调侃道："咋舍得换密码了啊？"

我妈无奈地说："我发现对待有些人就是不能太惯着了，要不她就得寸进尺。"

"怎么了，她又找你帮忙做什么事了吗？"

"可不，后来家里的网络太卡，我就跟她说了一声，换了密码。谁知她居然还拿着手机问我知道周围谁家的wifi密码，这我哪知道啊。后来她看咱们家平时只有我和你爸两个人吃饭，总是借故来家里蹭点东西，今天借点酱油醋，隔天又蹭顿饭。我不好意思直接说她，她也不自觉。好几次我都暗示她了，可她还是像癞皮狗似的，我现在都不愿意看见她了。"妈妈有些委屈地说。

我本以为只有年轻人不会开口拒绝，谁知像我妈这把年纪的人了也不会拒绝别人。其实，别人能为了自己方便，向你开口求助，你还有什么理由因为拒绝难为情呢？

比如，邻居既然说上网只是给孩子学习查资料，可以帮她用手机连上网，但是不告诉她密码，手机也可以查，如果她还要求连上电脑，那就直接告诉她，合用网络，肯定会导致网速变慢。

而对于爱占便宜的人，更要懂得直接拒绝，让其占不到便宜，也就不会再来骚扰你了。

就好比有一年春晚郭冬临表演的小品《有事您说话》。求他买火车票的朋友，以为他是火车站有关系才能不费吹灰之力就可以买到火车票，却不知他是卷着铺盖卷通宵去排队或者用高价才买到票。

他老婆因此和他生气、吵架，并一再告诫他，再有人找他买票，千万别答应。可是他最后还是忍不住答应了，做了不会拒绝的"好先生"。

其实很多时候，别人有求于你，不是他们真的需要帮忙，只是他们觉得你很善良，而他们恰恰想利用你的善良偷懒。

人生一世，谁都有为难的时候，这时主动帮一把是好事。但是如果别人根本没有为你考虑，一味要你帮忙，这样的人一定要果断拒绝。

况且拒绝别人不等于伤害别人，也不等于伤害你们之间的关系。如果把别人的幸福，建立在自己辛酸的基础上，这不叫伟大，这叫傻。而我们之所以不敢拒绝，是因为自己在潜意识里把拒绝别人导致的后果放大了，害怕拒绝导致彼此关系受损。

拒绝别人，并不难，也没那么复杂，你只要说一句："对不起，我可能帮不上你的忙。"

遇到朋友、同事的求助，我们应该首先考虑自己，考虑自己的能力是否能承受，而不是考虑别人生不生气。

如果感觉为难或者帮不上忙，就直接告诉对方爱莫能助。真正把你当朋友的人，又岂会总是利用你的心软来寻求帮助？总是为难你？更不会因为你的拒绝而影响你们之间的关系。

拒绝别人，大不了就是关系不好。而对方则会去寻找更适合的人帮助，你的拒绝不会成为对方唯一的救命稻草。

③ 没有人可以左右你的言行

没人会强迫你，拒绝还是答应别人的要求，大部分时候都是我们自己在逼迫、吓唬自己。

著名作家毕淑敏在谈到拒绝的时候说："拒绝就是一种权利，你那么好说话，又有谁能体谅你？生活本就不容易，很多时候，你舍弃了自己宝贵的时间，却被那些利用你善良的人们压榨，于他们而言，你所做的事都不值一提。"

不想做的事就不要做，做不到的不要逞强，不该自己做的要学会沟通，适当拒绝。无论是拒绝别人，还是被别人拒绝，其实都是一件很正常的事。因为我们不是"超人"，不可能满足所有人的请求和愿望。

"有所为"就一定"有所不为"，主动掌握说"不"的权利很重要。所以，每个人都有拒绝的权利，在任何事情面前，能左右你言行的只有你自己。

公司的刘雨桐在入职之前，一直在一家地产公司的网站做编辑，主要负责一些网站的运营、简单的文案策划及现场的活动采访和媒体对接等。但是在实习期时，她还要负责在月末给所有合作的公司走账。一般情况下，就是每个月的营销费用——当各公司发来发票后，她按照固定的格式粘贴即可。然后到财务部签字、审核，就能完成工作任务了。

有一次，刘雨桐手捧着几十张粘贴好的发票刚来到财务部，财务部主任老李就说："我现在忙得分不开身，你回去把这些发票审核一遍吧，查完把截图一并以邮件的方式发给我，这样就节省了时间，我直接签字就行了。"

于是，她只好拿着所有发票往回走，恰巧遇见了她的主管，得知情况后，主管也说："虽然审核发票不是你的本职工作，但是咱们部门急需报销这笔费用，有时间的话，最好能帮忙查一查，何况多学点东西总是没错的。"

就这样，她用了几十分钟的时间，核对了一遍所有的发票。但经历了这次事件以后，只要刘雨桐去送发票，财务部主任就会让她核对好再送过来。可是有时候刘雨桐也会没时间，送过去的发票过了好多天都不能报销，主管还会因此责备刘雨桐办事不力。

然而，让我很困惑的是，这个活儿真是刘雨桐该干的吗？

就这样，刘雨桐默默地查了半年多发票，直到换了一位新主管。

一次加班，新主管发现她正在核对发票，很是不理解，刘雨桐这才向新主管说明了缘由。

新主管听完很认真地对她说："职场上我们有权选择拒绝，因为没人能左右我们的言行。你的主要工作是负责网站的运营、简单的文案策划及现场的活动采访等，即使是加班也应该做相关的工作，而不是去审核发票的真伪。你应该学会摆明态度，让对方知道自己的难处，适当地拒绝。"

刘雨桐若有所思地点了点头。

第二天，刘雨桐路过财务室时，主动找财务部主任沟通。当刘雨桐说到自己的工作最近安排得很满，问财务部主任以后可不可以自己来审核发票时，财务部主任很爽快地答应了。

在任何情况下，我们感觉力不从心或者对现状不满意时，都有权利拒绝，只有这样才能充分体验到自由的力量。一个不能正视和使用"拒绝权利"的人，很可能会沦为他人欲望的苦力。

高情商的人，则能够随时随地行使自己的"拒绝权利"，深刻地明白自己想要什么，不需要什么。

我们家楼上邻居张姐的女儿就是这样的人。尽管父母觉得学业更重要，反对她学习舞蹈，但她还是没有放弃。无论冬天多么寒冷，夏天多么炎热，她都独自骑着自行车到离家5公里外的培训学校学习舞蹈。

毕业后，她没有遵从家人的意见，而是根据自己的条件和优势，成为了一名舞蹈老师，每月收入不菲。

除此之外，在生活中，张姐的女儿也会拒绝一切无聊的聚会和聊天，把时间留给家人和最要好的朋友。

到了谈婚论嫁的年纪，张姐的女儿没有选择不停地相亲，而是选择等待和遇见。她态度明确，女人要嫁给爱情，而不是为了结婚而结婚，因此她拒绝了无数条件很好的追求者。

现在的她如愿以偿，遇见了对的"他"，并嫁给了爱情，每一天都过得充实而精彩，活成了很多女孩最羡慕的模样。

也许有些人会认为说"不"太难了，即使内心已经下定了千万次的决心，但依然说不出口。

其实拒绝别人的难点在于担心自己在面子上过不去，害怕别人说自己小气，也担心因此得罪人，失去友情。

对于爱情，拒绝的难点在于害怕拒绝之后就会成为"孤家寡人"，担心这样的爱情机会失去了就不会再来，也担心亲朋好友不断地催婚。

而拒绝欲望的难点在于，越是想要拒绝，欲望却变得更加清晰而强烈，正所谓"得不到的永远在骚动"，进而激起更大的占有欲。

当别人、爱情、欲望，所有这些我们都无法拒绝时，对他人有求必应，对爱情"来者不拒"，别人学什么自己也跟着学什么，让欲望永远占据上风时，就会感觉自己整日深陷琐事和焦虑中，搞得自己身心俱疲。

我们有权拒绝不喜欢的一切，有权拒绝我们不想要的人生。只有拒绝了多余的事情，才能有时间真正专注自己喜欢的事情，才有精力去享受内心的自由与平静。

4. 感觉有压力时，果断拒绝

无论何时何地，对待那些一开始就让你感到不舒服或者有压力的要求，就应该选择果断拒绝，而且越干脆越好，越早越好。

我有个小学妹陈晨和她的朋友小李合伙创办了一个古筝培训班。有一天，小李妈妈的朋友带着自己的孙女来小李家玩，还说自己的孙女也会弹古筝，让小李帮忙指导指导。小李见状，也不好意思回绝，就在家指点了一下。谁知隔三差五，那个孩子就在奶奶的陪伴下来小李家练习古筝。有时候碰上小李不在家，老太太就直接带着孙女找到培训班上课。

这时身为合伙人的陈晨不高兴了，直接提醒小李说："咱们事业刚刚起步，很多地方都需要钱，七拼八凑才只交了半年的房租。以后都像这个孩子一样，随便哪个亲戚朋友的孩子都来免费上课，咱们这房租、水电的钱怎么交啊？这种不好意思拒绝的事情一旦有了第一次，就会有第二次、第三次。更何况如果其他家长知道她是免费学习的，心里也许会犯嘀咕，觉得咱们的教学有问题或者不公平。如果你实在张不开口，就换我来。"

小李也觉得过意不去，只得暗示老太太说："您看，这培训班不是我一个人开办的，谁都不容易。"

老太太却说："哦哦，这我懂，我明天给她买点水果带来吧。"

结果第二天，老太太还是空着手，也没缴费就带着孙女直接来上课了。陈晨果断跟小李说："咱们这次必须和她说清楚，要么缴费，要么走人。"

小李拉不下脸来，只得让陈晨去和老太太沟通。陈晨把培训班的收费情况以及自己的难处，都向老太太一一进行了叙述。老太太觉得不好意思，之后再也没带孙女来过。

按理说以陈晨温和的性格，不太可能说出拒绝的话。因为在我印象中，她在大学时就是一个不会拒绝的"大好人"。只要同学让她带饭，即使她有一万个不愿意，也会刻意绕路帮寝室的同学带回来；自己每到月底也会山穷水尽，面对同学聚餐，为了不扫兴，只得饱一顿饿三顿节省开支，还笑称是为了减肥。

后来有一次听她吐槽，因为上课的人数实在太少，老师便换个"对号入座"，结果老师发现几个女生答"到"的声音都一样，就开始逐一核对，最后被老师发现她代替同寝室的两个女生签到。事后，老师严肃批评了她，并对两个逃课的同学作了严重警告。最终，逃课的两个同学不但没有心存感激，反而怪罪她不分情况随便签到，才导致这样的结果，甚至闹到了绝交的地步。

现在的她能在有压力时当面说出拒绝，真的是不容易。

她苦笑着说："你别笑话我了。我以前就是觉得拒绝别人，自己会很没面子。现在不一样了，只要感觉有压力或者难以完成，我就果断拒绝。因为我觉得只有学会果断拒绝，在面对别人不合理的要求时才不会不知所措。"

我们可能一直认为，果断的拒绝会令彼此感到尴尬，所以善良的我们更愿意选择委婉又含蓄的方式回应他人的请求。但是换个角度想一想，果断拒绝对方，让他有更多的时间去找适合的人或者解决办法，而不是继续在你这里浪费时间，这对你们双方来说都是好事。反过来说，如果我们不坚决、不果断，反而更容易导致一些不愉快的事情发生。

前几日公司里的小宇与同事们聊天，说到端午节要包粽子的事。她说自己工作太忙，还没来得及买粽子叶。这时同事就说："我刚才好像看见李姐拿了好多，说不定是用不完的，你问问她还有没有多余的？"

然后小宇就高兴地去问李姐，李姐爽快地答应了，从袋子里拿出了一半粽子叶。意外的是，刚走到门口，小宇就听见李姐向周围的同事抱怨："唉，我昨天刚买的，回家花了很长时间才洗干净，今天打算给我妈带点叶子过去的。这下可好，被她拿去了一大半，真是的。"

站在门口的小宇一脸委屈，怯怯地说："为什么她刚才不直接拒绝我呢。"

事实再次证明，我们不能总为难自己，一味应承别人。古人尚且明白"穷则独善其身，达则兼济天下"的道理。一个人只有自己活得自由、有骨气，把自己的生活过好，才能有多余的精力去帮助别人，否则就是逞能。

因为任何一种关系的维系，都是建立在公平合理的基础上的，更是源于你情我愿和互相尊重、理解，勉强维持的关系，都不会长久。

请记住，让你为难的人，并不一定珍惜你们之间的情谊。如果一件事，一开始就让你倍感重负，那么就选择果断拒绝吧。

（下篇）

所谓高情商，就是善处世

05

第五章

认真起来，未来才是你的

"

1. 永远没有完美的生活，只有认真地过

曾几何时，我们也开始羡慕电视剧中男女主角的完美生活。他们过着童话般的生活，事业有成，人缘又好，有车有房，有权有势，有亲密的爱人，也有生活情趣。他们可以为博美人一笑，烽火戏诸侯，或者豪掷千金。

但是现实世界中真有完美的生活吗？答案肯定是没有。在人生的每一个阶段，我们只有认真生活，才能不虚度时光，才有可能过上自己想要的"完美"生活。

然而，孩童时，我们为了考得满意的分数，拼命读书背题；青年时，我们为了追求自己的爱情，认真规划着每一个小惊喜；中年时，我们为了巩固自己的事业，拼命表现自己、提升自己；老年时，我们已是白发苍苍，没事溜溜鸟、散散步，追忆一下美好时光……这样的人生就足够认真了吗？不是的，认真是一种生活态度，在生活中事无巨细，才是真正的认真生活。

前不久，我的大学同学在群里通知：周末，在××城市××酒店，同学聚会。

这时我发现除了聚会的时间、地点，还有一个word文档需要

下载。打开一看，竟是其中一个叫韩星的女同学整理的关于聚会的一切事宜，包括酒店、住宿和出行路线等。密密麻麻的几页，有文字有图片，看完我顿时只想对她竖起大拇指，夸赞一句："太认真了！"

她先是统计群里大部分同学所在的城市，然后将每个城市与聚会地点的距离、乘车路线图和相关的乘坐交通工具时刻表都整理得很清楚。她还把当地同学的空闲时间、联系方式，以及能够提供的车辆数量都一一做了着重标识。为了方便大家提前预定好住处，她还选了几家当地住宿条件好、价格合理、口碑比较好的酒店图片和联系方式。最后，她把聚会暂定场所的平面图发了过来，并表示她会联络广告公司，制作适合久别重逢的主题与现场布置。

由于同学聚会是AA制，她还特意推荐了几个同学，分别作为"财务人员""后勤小组""食品酒水负责人""报名联络人""文艺节目统筹"等，为的是尽量做到分工明确，给久别重逢的同学们办一场热闹、温馨，而不是混乱无章的同学聚会。

韩星对待同学聚会的准备都能如此认真，那么她又是如何对待自己的人生的呢？

韩星当时已是某上市公司的高管，不仅有丰厚的年薪，还手握公司大把股票及年底分红。她的家庭也很幸福，帅气的老公是大学讲师，聪明可爱的孩子也已经上了幼儿园。尽管在我们眼里她的人生几近完美，像同学聚会这样的小事，本无需她来做，但她做了，并且认真地做了，这就是她认真的人生态度。

大学时，我和她都曾经加入过书法社团。我本想着有时间就去参加课程，并没有认真练习过书法，甚至有时是为了到课上签个名凑个数。可她则不然，从不敷衍，能参与的课程绝不偷懒，有空闲的时候就独自在宿舍泼墨练习。

当时，我还时常调侃她："专门写书法的，练了很多年，都不一定能成为书法家，何况咱们半路出家的呢？不过看你这认真的样子，以后万一成了书法家，我就给你写本书《论一个业余书法练习者是如何逆袭的》，怎么样？"

她也只是笑笑，轻声说道："既然报名参加了书法社，就应该学会认真做好这件事，反正闲着也是闲着。"

后来，她的毛笔字练得苍劲有力，雄浑大气，连我们系主任都夸赞过。再后来，听她婉转提起，公司领导对传统文化颇为推崇，对她懂得书法这事儿很有些敬意。

诚然，她能够过上现在的生活，与她认真的生活态度肯定是分不开的。即使是护理皮肤这样的小事，她都能每天坚持，而且绝不敷衍。

我也曾盛赞韩星会保养、皮肤有光泽，一点也不像30几岁的女人。她笑着摸了摸脸说："谢谢夸奖，看来每天保养还是有用的，也不枉费我每天那么认真护肤了。卸妆、洗澡、洗头发、蒸脸、清洁、提拉面部、冰镇毛孔、做手膜……跟你说了你也不懂。"

"每天都这样？"我一脸不解地问。

"对啊，以前年轻，我对皮肤护理也不是很在意。卸妆也是马马虎虎，早餐可吃可不吃，时常暴饮暴食，通宵熬夜看小说，三五天不洗一次头。结果你就会发现，时间一长，自己的脾胃虚弱，皮肤暗黄无光泽、口臭、头发像杂草一样。原来你不认真对待自己，你的皮肤，身体，能力，学习成绩，工作……都不会认真回报你。"她意味深长地说。

"每天都这么认真，不会觉得累或者烦吗？"我好奇地问。

"不会啊，当你想到自己这么认真，就一定会有回报的时候，便不会觉得难和累了。真正难的是，你是否真的不甘于现状，是否真的能为自己热爱的生活，练就一颗认真的心。"

我们不屑于做的事情，有人认真做了；我们不愿意加班、不愿意早起，有人愿意每天早起、愿意除了出色完成份内工作，还给同事提供额外帮助；我们不愿意看书学习，有人愿意自学成才，多一个技能，多一条出路；我们不愿意把休闲时光再用来学习，有人愿意利用这点时间提升自己。于是这些人过上了自己想要的"完美生活"。

当你开始认真对待生活的时候，你会发现每一分每一秒都是弥足珍贵的，甚至是不够用的。保持好认真生活的态度，你的人生就会持续走上坡路，你也会慢慢实现人生的蜕变。

② 25 岁之后，人生命运自己负责

25岁以后，我们的生活总是特别忙，忙到精疲力竭。于是，我们满足于吃饱饭、泡个澡、追个剧，一天的时光就这样度过了。但我们也会突然发现有点迷茫了。

很多人说25岁是人生一道坎，褪去了青春的躁动，没有了刚走出校园的青涩。我们也应该开始明白自己想要的是什么，喜欢什么，也该考虑自己今后的生活，学会取舍和选择了。通俗点，就是25岁之后，我们应该成熟了。而一个人成熟的标志之一就是：开始懂得为自己的人生负责。

我曾经认识一个朋友，叫付凯。他最近在朋友圈总是发一些很消极的言论。有一天我忍不住问他怎么回事。

他发了一个哭脸的表情说："我已经29岁了，却一事无成。有时候想想我连自己喜欢什么，想要什么，今后的生活怎么过都不知道。"

原来他中专毕业后，就近找了一份加油站的工作。可是他年轻气盛，无意中与同事绊了几句嘴，打伤了同事。家人为了息事宁人，就主动赔偿了医药费、误工费。家人的做法，让他觉得有些没面子，索性就辞了职。

父母担心他又出去惹事，就拿出多年积蓄，为他开了一家冷饮店。刚开始，生意不好是很正常的，可是他不但不想尽办法给店里涨点人气，反而叫来一帮朋友每天在店里打麻将喝酒。

这样的生活的确很惬意，但是客人一进店里就闻见一股酒味，谁还会愿意买东西喝。果不其然，冷饮店没多久就黄了。后来他看见有几个朋友当导游很赚钱，还能全世界到处游玩，就嚷嚷着要考导游证，还买了一整套考试书籍，父母听了当然很开心，也表示支持。但是他平时在家不是打游戏，就是约上朋友出去玩，根本没时间看书，考了好几次都无疾而终，索性办了一个假证。

可偏偏不巧的是，他刚刚应聘到一个导游的职位，就被游客发现导游证是假的，随即要求旅行社赔偿。无奈之下，旅行社不得不先把他解雇了，再安抚游客。之后我发现他又做起了微商，每天发一些不知道从哪里进购的零食、咸菜、牛板筋之类的食物，天天刷屏。过了一阵子渐渐又没了动静。

总之，这些年他换了很多工作，但没有一份工作是长久的，他的经历几乎可以写成一本书了。刚开始，他觉得什么都无所谓，不开心就不做，但最近他说自己不想再这样浑浑噩噩地生活下去了。

如果我永远长不大，我也会选择整日吃喝玩乐，过一天算一天。但是没有人会永远停留在18岁。所以我们应该尽早找到自己努力的方向，喜欢做的事，想过什么样的生活。当我们明确了这些目标，就有了努力的方向。

可能我们一时之间也不清楚自己喜欢什么，但是多尝试，就能给自己多一些选择。很多人就是在不断尝试的过程中，逐渐发现了自己想要什么，一旦找到了，就拼尽全力。

我很欣赏一个女性朋友，她叫姜峰。她是个"芭蕾控"，提到与舞蹈相关的话题，她的眼睛都会闪闪发光。

其实她小的时候很调皮，是我们附近一带有名的"女霸王"，用她的话说，她当时就想做个行侠仗义的"女侠"。但是她的父母担心她总是惹是生非，早晚会惹出大麻烦，于是在她10岁时把她送到了县城的少年宫学舞蹈。

当她第一次穿上蓬蓬裙和舞蹈鞋的一霎那，她的舞蹈梦想就此在心中生根发芽了，她说自己要做舞台上最闪亮的星。无论是夏天，我们在街上闲逛的时候，还是冬天，我们忙着堆雪人、打雪仗的时候，总能看见她独自背着书包去舞蹈班上课的身影。

尽管她开始学习舞蹈比较晚，但是她从未偷过懒，还总会比别人多练习一会儿。文化课成绩不好是她的软肋。她连续复读了两年，每次都只距离分数线差了一点点。第三年，她更是拿出了"头悬梁、锥刺股"的精神。终于，功夫不负有心人，21岁的她如愿以偿考上了北京舞蹈学院。

在学校组织的一次比赛中，她和同班同学王娜顺利进入了决赛。可是在决赛时她毫无征兆地重重地摔在了地上，然后被老师们紧急送到了医院。

当时我也在北京上大学，还曾去医院看过她。我们都不知道诊断结果，只是安慰她："好好休息，慢慢就会好起来了。"她也很坚强，甚至还在床上练习着参赛剧目。

直到有一天医生偷偷把她妈妈叫出去，她听到了母亲的哭声，才知道以后自己再也没有机会站到舞台上了。

退学时她23岁，但她没有留恋，也没有被命运击垮。

当时"舞之恋"这个专业舞蹈服饰品牌，在当地做得风生水起，经过实地考察和多方咨询，她最终下定决心，从家里拿了几千块钱，加盟了"舞之恋"。但是她想得简单，做起来却不容易。

尤其是一次卖舞鞋的经历，让她倍感受挫。一双当年最流行的舞鞋标价288元，一个家长带着孩子来试了很多次，却总犹豫不决。

"便宜点吧，老板。孩子真的很喜欢，我们也真心想买。"孩子母亲拿着舞鞋舍不得放下。

看到孩子渴望的眼神，她有些心软了，索性就按进价卖了，赔本赚吆喝吧："268，这真的是进价了，我一分钱不挣。"

"估计你这至少得对半挣吧，才给便宜20，再便宜点吧。"

她顿时感觉被戳到了痛处："我不卖了，您走吧。"

那位家长也来劲了，非要买："你怎么这样做生意啊，有钱不赚啊，便宜点就当做广告喽，是不是？"

她感觉头晕目眩，把顾客往外推，拉上卷帘门，自己蹲在地上哭了起来。

服装店第一年生意还算不错，略有盈余，但是到了第二年、第三年，却只能能勉强维持生计。到了第四个、第五个年头，网购的出现抢了很多生意，货物大量积压。而每月完不成任务量，押金就不能返还。入不敷出的生意，实在难以维持了，她就开始琢磨着寻找新的出路。

28岁的她对自己说："一生只有一次，一定要对自己的人生负责。"

她知道自己有多爱舞蹈，知道自己今后的事业一定离不开舞蹈，也知道自己的舞蹈梦，其实还可以通过另一种方式延续。正因为有了对自己的人生负责的态度，她逐渐建立起自己的人生目标和生活信念，自觉树立和承担起了对孩子、对社会的责任感和使命感。

于是，她选择了回到家乡，从一个舞蹈培训班老师做起，继续为更多的孩子编织舞蹈梦。尽管创业的路上，她曾被房东赶出来过，也曾一个人独自带着100多个孩子学习舞蹈，甚至曾为了筹措资金，滴酒不沾的她在投资人的饭局上连干了三杯白酒。她用对自己舞蹈梦负责的态度，一次次度过了难关。

我很佩服她的坚持和笃定，在接触到舞蹈以后，她就坚定了舞蹈是自己喜欢的事，知道自己想要成为什么样的人，过什么样的人生。所以，即使面对挫折、困难时，她都能全力以赴。

只有学会对自己的人生负责，才能活成我们希望的模样。

[3.] 不要让自己始终扮演受害者

任何人都有追求幸福生活的权利，也都渴望过上自己想要的生活，为什么有的人可以得偿所愿，有的人却始终求而不得呢？这是因为我们在能力和智商之外，被一种低情商的行为束缚着。这种低情商的行为表现就是爱扮演"受害者"的角色。

我们身边总有这么一群人，他们一遇到挫折就气馁，总喜欢推卸责任："这一切都是你的错，都是你的问题。"认为自己之所以遭遇挫折都是别人没有施以援手或者时机不对导致的，将自己包装成一个委屈的"受害者"。

而这种"受害者"心态，往往是破坏人际关系和毁灭幸福的罪魁祸首。所以，我们想要幸福生活、愉快工作，必须要让自己始终远离受害者的角色。

我的朋友赵廷，有一次对我说："前些日子狠狠地训斥了两个员工，还扣发了他们当月的奖金。"

"那么他们会不会记恨你？"我追问道。

"我想可能会，因为其中有一个人曾反驳我说，是公司制度有问题，自己没错，还说工资本来就很低，再扣钱就没有办法生活了。他一气之下，收拾东西走人了。"

"另一个呢？"我问他。

"另一个倒是很知趣，虽然我看得出来他被批评时也是满腹委屈，但是他懂得收拾自己的情绪，也懂得总结经验教训和自我检讨，直到现在，那些之前曾经频繁出现的小错误再也没犯过，还成了我的得力干将呢。"他骄傲地说。

"其实像那个离职的员工，哪个公司都有这样的人。他们无论在什么公司，干什么工作，都会觉得自己很受伤害，总是干不了多久就换工作，最后只落得一事无成的下场。"我语重心长地说。

总把自己摆在受害者的位置上，就会觉得"是别人的错误导致自己受到伤害"，而不去反思这种结果在多大程度上是自己造成的。有什么样的心态，就会做出什么样的事情。有什么样的行为，就会获得什么样的结果。

我记得小时候，有个发小叫郭明。我们俩岁数相仿，所以经常在一起玩。有一次过春节的时候，我们几个男孩子在一起放鞭炮。郭明由于胆子比较大，就负责手持鞭炮，令一个人拿着火柴去点燃引信，然后由郭明快速地扔掉鞭炮。

"这种小炮没什么意思，不如咱们去拿个二踢脚吧？"一个叫鹏鹏的孩子提议。

大家都面面相觑，我无奈地背着手说："爸妈都不让我玩那种大的炮竹，说不安全，所以都不知道藏哪里了。"

这时郭明站出来说："我知道我爸把那个大的炮竹藏哪里了，等我一会儿，我悄悄去拿一个过来。"

过了几分钟，只见郭明拿着一个二踢脚，兴奋地从家跑了出来。

郭明主动说："我看我爸都是自己点燃后，往上空一扔，我也要试试。"

谁知意外就在此时发生了，炮竹的引信刚刚被点燃，还没等郭明扔出去，就爆炸了。他一下子失去了右手的四根手指，那一年他10岁，读小学4年级。

当他醒来看见自己残缺的右手，大声哭了起来，无力地冲父母嘶喊着："都是你们的错，为什么要买这种不合格的鞭炮？为什么要让我发现你们藏匿鞭炮的地方？"父母听后更难过了，不知道该怎么安慰他。

我们几个虽然没有受伤，但是也都吓坏了。等我们缓过神儿来，相约去医院看望和安慰郭明时，还没等我们张口，他就把水果朝我们扔过来，愤怒地把我们都赶了出来，还大喊大叫："凭什么你们都没事，都怪你们非要玩什么二踢脚，才把我害成这样。"

我们也很难过，也深知失去手指对他有多大的伤害，但我们能做的只能是安慰他几句，今后的生活还得靠他自己。

突如其来的变化把他的生活完全打乱了，以前所有习惯用右手做的事情，也全部改成了左手，包括吃饭、写字、骑车等。他一下子变得时而沉默寡言、时而脾气暴躁。

他的父亲见他意志日渐消沉，心痛极了，不断地给他讲一些张海迪、史铁生、桑兰的励志故事，渐渐的，他的心又燃起了斗志。

有一天，我们突然发现他又能和我们一起上学、一起玩耍了，曾经爱笑爱闹的他又回来了。

有时候看他用左手不习惯，我们就想帮帮他，可他总是笑着说："让我试试，武松一只胳膊还能制服方腊呢，何况我只是少了几根手指，没问题的。"

当我们发现他不再把自己摆在受害者的位置上，而是选择勇敢面对时，一切都慢慢好了起来。他开心了，我们心里也少了一份愧疚，更愿意和他在一起玩了。各科老师看他功课落下了不少，还主动帮他补习。从小学到大学，他的学习成绩一直都不错，毕业后还找到了一份薪水很高的工作。

他经常对我说："如果我总是把自己当成受害者，那么我只能抱着'恨'生活一辈子。反之，我不把自己当受害者，就会拥有更丰富的人生。我自己都不把自己当残疾人和受害者，又有谁会把我当作另类呢？"

"是啊，都说'会哭的孩子有糖吃'，从小我们就有这样的心理，只要我们表现出自己受到了伤害，就能获得父母额外的关心和呵护。成年后我们依旧习惯这种心态和行为，以获取别人的更多的关注和理解。我们以为这样的行为表现，可以不必为自己的人生承担错误，不必背负成长的重量。其实这是对自己不负责，对自己的一种放弃。很庆幸，你选择了不让自己做受害者。"我回应说。

从他的身上，我学会了如何坦然面对，如何不让自己成为受害者，如何积极解决问题。任何事情的发生，都不是单方面的错误，就算错在别人，但是我们能做的只有管好我们自己。

停留在原地或者期待别人为自己负责，抑或是把责任全部推卸出去，都不会让我们真正幸福起来。除了我们自己，没人会对我们被伤害的行为负责。

4. 人生中唯一不需要做的就是抱怨

好的生活是靠自己创造的，而不是靠抱怨和逃避获得的。我们只要时刻记住一点，抱怨解决不了任何问题，只有控制好自己的情绪，并努力奋斗的人，才是真正的高情商，是生活中真正的强者。

我们生活中喜欢抱怨的人大致可以分为这样的两类人，一类是喜欢抱怨别人。例如，"我的男朋友一点都不懂体贴，赚钱也不多，没车没房没存款。平时就偶尔为我做点好吃的，说几句好听的，也不知道逢年过节给我准备个惊喜什么的。尤其是他玩游戏的时候，我一看见就来气，说他几句吧，他还不高兴。我怎么这么倒霉啊，找了这样一个男朋友。"

还有一类人则是喜欢抱怨环境。例如，"公司的气氛一点也不好，要福利没福利，要假期没假期，工资涨得慢，扣得快。每天干活最多的是我们几个，下班最晚的也是我们几个，评优评奖时却没我们的事。不像有些人，仗着情商高点，会对领导使小聪明，像咱们这样的老实人，活该被欺负。"

无论他们抱怨的是人还是抱怨环境，换回的只能是负面情绪爆棚，身上的负能量越来越多。可是谁又愿意和一个浑身充满负能量的人在一起生活或者工作呢？因此，每天只知道抱怨的人，生活往往并不幸福。

　　我们公司的杨姐，最近很是焦虑。她对我们说，感觉自己被全世界抛弃了，不管是家人，还是孩子，或者朋友，都特别烦她。

　　我劝她把委屈说出来，或许我们可以帮着出出主意："你老公不是自己做生意做得挺好的吗？儿子又懂事，你别胡思乱想了。"

　　但我们的话她似乎一点也听不进去，自顾自地讲起了她的烦心事："他以前什么也不做的时候呢，我觉得他窝囊，没个男人样。现在他做生意忙了，我又感觉他不关心这个家了，不关心我了，连我换了发型他都没有注意到。"

　　这时和她关系最好的小张说道："姐，你这个抱怨的毛病得改改。男人最不喜欢听到女人抱怨了。我记得上次去你家，你老公打翻了一个水杯，你都能抱怨半天。你之前嫌人家不做家务，后来人家改正了，开始做家务了，你又嫌人家打扫的不干净。这让人家怎么做才能合你的心意？似乎怎么做都不能满足你。"

　　杨姐听了若有所思，但还是气鼓鼓地抱怨着："他要是真的懂我、爱我、对我好，我为什么会抱怨啊？我儿子最近也不懂事，每当我和他爸吵架的时候，他总是帮着他爸数落我，说我总是因为鸡毛蒜皮的事抱怨半天。这孩子是不是反了天了？"

　　我有点听不下去了："你完全可以与你老公坐下来心平气和地聊一聊，告诉他你对他的哪些言行不满意，让他改正，为什么一定要选择吵架呢？"

她不屑地说："唉，说了半天你们也不懂，真是对牛弹琴。如果他可以改正，我还抱怨什么！"

"那么你可以改变自己，抱怨难道真的可以解决问题吗？"小张下意识地说。

女人因为既要兼顾工作，又要照顾好家，的确会面对很多无形的压力。但抱怨消耗的是无益的能量，每天抱怨的人，通常都是是只站在自己的立场看问题，所以会觉得全世界都对她不好。如果我们并不能改变任何人、任何事，就停止抱怨，试着改变自己。

我曾看过一个节目叫《超级演说家》，其中有一个叫崔万志的选手，让我印象深刻。他在台上经常说的一句话就是"抱怨没有用，一切靠自己"。

他小的时候得了小儿麻痹症，导致下肢行动不便。小学时，从他家到学校的路上，要过一条小河。当他看着小伙伴们轻轻松松地过了河，而自己只能每次都让父母背着过河时，心里难过极了。

有一次，他坚持要自己过河，就淌着水，爬过了小河沟。从此，他再也没让父母背过自己。面对身体的残疾，崔万志没有选择抱怨上天的不公，也没有因此意志消沉，而是比别人更加努力、勤奋。

从小学到初中，他一直名列前茅。初中毕业时更是考取了县重点中学。可当父亲陪他来到学校，正在收拾床铺的时候。恰巧校长走了进来，看到他的样子后，一把把他的被褥扔了出去，并呵斥他说："你是个残疾人，怎么能来我们这样的重点学校读书呢？"

他和父亲被校长赶了出来，但是求学心切的他不甘心就这样离开学校。于是，他和父亲在学校门口跪着央求，却无济于事。他看着父亲疲惫的脸，不止一次地拉起父亲的手，说："走吧，我不上学了，我们不受这气了。什么破学校，什么破校长。"

父亲却说："别抱怨，抱怨没有用，一切靠自己。"崔万志牢牢把父亲的话记在了心底。

后来他被迫到镇上一个普通中学上了高中，由于学习成绩优异，考大学并不是问题。但为了避免重蹈覆辙，他还是选择了离家数千里的石河子大学。最终被学校录取时，他说："我之所以填报离家这么远的学校，就是想证明自己，我一个人能行。"

大学时代，看着别的同学都忙着恋爱、考研、打游戏，他也没有抱怨任何人、任何事，而是开始武装自己的商业头脑，从倒卖磁带、书本等小物件做起。就这样，他的学费、生活费，完全由自己承担。

四年的大学时光转瞬即逝。然而，正常人毕业求职都是个大问题的环境下，像他这样的残疾人求职难度更不用说，结果可想而知，他的简历一次次石沉大海。终于，有了一次面试的机会，可他尚未自我介绍，就被面试官赶出了办公室。这时的他依旧没有抱怨，而是选择自己创业。

他从家里和亲戚那里借了几万块，开了一家网吧。由于资金有限，他便身兼网管、修理工数职。期间，虽然他经历过无数次的冷眼，但是他依然无所畏惧，也不曾抱怨过。因为他知道，也明白，抱怨没用，一切要靠自己。

几年经营下来，他的网吧已经有100多台电脑，收入可观。可是这时他发现电子商务的前景巨大，就索性卖掉了网吧，重新开始创业。

他创办网店的第一笔生意，是20块钱卖出了一个QQ号。

后来他又开始卖衣服，一年下来亏了20万。可是他依旧没有抱怨。他说："失败不可怕，调整方向再出发。"之后他学着自己设计、生产女装。现在，他的店铺已是淘宝金冠等级，淘宝全球网商三十强。

"抱怨没有用，一切靠自己"，当你对生活的状态不满意时，你需要的不是抱怨，而是集中力量改变自己，让自己越来越强大。

因此，能够正视现实生活的人，不会妄自陷入抱怨和自我感伤中，也不会幻想依靠抱怨获得所谓的公平。抱怨不仅没有用，更没有必要，只会表现出你的情商很低。

从改变自己开始，生活中少点抱怨，才会越来越好。

06

第六章

世界如此险恶，做好自己
尊重他人

" "

1. 比起默不作声地等死，不如亮起嗓门地活着

托尔斯泰曾说："当困难到来时，有人因之一飞冲天，也有人因之倒地不起。"

人生之路不可能一片坦途，处处风景明媚，途中难免会遇到种种磨难与坎坷。那么，为什么同样面对诸多困难，有的人就能"一飞冲天"，而有的人却会"倒地不起"呢？

其实，每个人遇到的困难都大同小异，关键就在于我们如何对待它们。

有的人遇到一点困难就唉声叹气、一蹶不振，整日感叹着命运的不公，放弃了一切努力，最后坐以待毙，成为一个失败者。

而有的人在困难面前积极面对，从不轻易认输，即使自己能力有限也要放手一搏，最终可能取得意想不到的结果。

我认识一个广告学专业的男孩子，叫陈晨。

大学毕业后，在许多同学焦头烂额地忙着找工作的时候，陈晨凭借自己扎实的专业知识顺利地进入了一家很有实力的广告公

司实习。

得知这一消息后，我打电话向他表示祝贺，但他却并没有我想象中的那样高兴："虽然周围的同学、朋友都替我感到庆幸，但是我却一点都高兴不起来，反而觉得压力好大！"

我问他："为什么啊？虽然现在只是实习，但只要好好表现，以你的实力，应该是不难留下来的吧。"

陈晨说："没有你说的那么容易，今年的情况有点不同。算上我，今年公司一共有六名实习生。其中四名实习生两个月前就进来了，在工作能力方面明显比我们新来的要好很多。而且，昨天部门经理和我们开会说，公司现在只有一个岗位空缺，我们六个新人当中最后谁能留下来，就看试用期间的表现了。"

我鼓励他："事在人为吧，好好干，总会有机会的！"

陈晨叹了口气说："话是这么说，我读的学校没有别人好，进公司又比别人晚。他们都跑到半路了，我还没出发呢，拿什么和别人竞争啊？"

其实，陈晨说的也不无道理。他毕业于一个不知名的二本院校，能够获得在那家广告公司实习的宝贵机会已经很不容易了，要想在另外几个名校毕业、工作能力又比自己强的人当中胜出，确实有不小的难度。

不管怎样，我还是鼓励了他几句，就放下了电话。

没想到过了两个月，陈晨主动给我打来了电话，说自己已经成功转正了，要请我吃饭，我高兴地答应了。

在饭桌上，我笑着对陈晨说："前段时间你还向我诉苦，我还以为你被那点困难吓住了呢！这不是也没你说得那么严重吗？"

陈晨笑了笑，说："那个时候确实差点就放弃了。和我一起进公司的那个实习生，天天和我说我们俩肯定没戏了，混两个月算了，甚至还拉着我一起找下一份工作，弄得我心里也七上八下的。"

我说："刚开始嘛，总有很多不懂的问题，觉得压力大也情有可原！"

陈晨说："刚开始的时候，我们俩确实和另外四个实习生存在很大的差距，他们经过两个月的锻炼，做出的文案基本上都能直接用，而我辛辛苦苦做了一天的文案，却总是被经理批得一无是处。"

我笑道："那你确实不简单啊！不仅在短短两个月的时间赶上了别人，还脱颖而出，成为最优秀的了。"

陈晨说："本来我也打算放弃了，但转念一想，这也算是我职场生涯中遇到的第一个重大考验，一定不能这么轻易就放弃了。想通了，也就不觉得气馁了，反而觉得这是一次很好的学习机会。别人6个小时就能完成的工作，我就花12个小时，而且追在同事、经理后面不停地问、不停地改，直到自己满意了为止。如果一开始我就低头认输了，恐怕就真的一点胜出的机会都没有了。所以，不如摆脱这些没用的想法，鼓起干劲拼一把，即使最后被淘汰了，起码也不会后悔。"

我点了点头赞许道："不管遇到什么困难，需要的就是你这种勇敢的精神！很多人就是在困难面前自己把自己吓住了，认定自己就是做不好，于是就颓废起来。但正如一句话说的，'努力

100

不一定成功，放弃一定失败！'与其束手被擒，不如拼搏一把，万一成功了呢！"

陈晨的实力在几个实习生当中不是最强的，甚至开始时，远落后于他人。最后却能脱颖而出，这与他面对困难时不服输的积极态度息息相关。

对于弱者来说，困难恰好是一个可以利用的借口。而对于强者来说，每一个困难都是提升自己的机会。

就像陈晨，遇到困难时，放弃了似乎也无可厚非。

但生活是自己的，陈晨即使躲过了这个障碍，那么在遇到下一个障碍时又该怎么办呢？在下一份工作当中也会不可避免地遇到困难，难道要继续逃避吗？长此以往，最后只能两手空空，一事无成。

而如果我们能够换一种心态，在遇到困难的时候，积极面对，想方设法地解决问题，最后成功了，固然可喜可贺，即使失败了，自己也能学到许多东西，比一开始就打退堂鼓要好得多。

所以，在生活和工作当中，无论遇到什么困难，采取什么样的态度去面对，往往决定了我们的人生会处于什么样的高度。正如著名文学家夏衍所说："种子不落在肥土而落在瓦砾中，有生命力的种子决不会悲观和叹气，因为有了阻力才有磨炼。"

确实如此，困难给我们带来的绝不仅仅是阻碍，更多的是孕育伟大灵魂与强大精神的力量。只要我们在困难面前不是悲观地感叹命运的不公，而是能够拿出勇气与决心来与之搏斗，定能享受克服困难后喜悦的滋味。

2. 缺乏自制力的人，跳不出"忙盲茫"的怪圈

在这个游戏规则本就复杂的社会，为什么我们明明能够学业有成、生活无忧，却在很多时候不得不忙忙碌碌、盲目无所、茫然失措？

这不是因为我们无法拒绝对更美更好的追求，而是源于自制力的匮乏与短路。

每年同学聚会时，觥筹交错之间，大家都会回忆起如梦般的大学时光，感叹岁月无情。

的确，进入大学后，我们每天的生活就是三点一线，宿舍——食堂——教室。而且大多数人日复一日地重复着动物般的轨迹，像猪一样打呼睡到自然醒，为了玩游戏或者追剧熬夜到天亮，眼睛红得像个兔子，然后到课堂上像小狗一样趴着睡大觉。

意识到这样的不妥后，也许有些人起初会有些自责，或许有些人会马上控制自己的情绪和行为，然后制订新计划，但真正能够做到不被干扰，完成计划的人却寥寥无几。

结果可想而知，绝大多数人都被"伪努力"包裹下的"忙

碌"追赶着，漫无目的地上课下课，不断任由各种杂事打乱制订好的计划和节奏，无能为力，毫无办法，最后本该完成的目标和想做的事，都不了了之。

我们不仅丧失了自制力，甚至开始怀疑人生："连自己都管不了，哪里还有资格谈未来、谈梦想？"

自制力其实还是挺重要的一件事，因为它反映了一个人的情商和修养，不仅关系着一个人是否能够学有所成，也影响着一个人的职业生涯。

我有一个铁哥们，从小一起长大。但由于理想不同，长大后，他做了销售员，我成了自由撰稿人。

然而，每次见面喝酒时，他总隐隐约约地表现出对我的羡慕："自由撰稿人，听起来就好爽，既不用每天上下班挤公交，又不需要准时准点上下班，所有时间自己支配。哪像我们干销售每天都这么辛苦，奔走于公司、客户和家庭之间，磨破了嘴跑断了腿，也挣不到什么钱。"

酒过三巡，我也十分诚恳："其实做什么职业不是关键，重要的是你要有一技之长。这样的话，就算跳槽换工作，论经验，凭技术，你都会比别人更有优势。"

他听了连连点头："我也不太懂社会趋势，你给我指条明路呗。"

作为好兄弟，我也不好推辞，想了想说："不如先学个导游吧，这年头人们的生活质量越来越好了，导游可是大热门。就算你不换职业，也可以带家人游玩时'显摆'一下，多一份乐趣。"

他也随即表示赞同："是啊，据说导游证不难考，上下班挤地铁的时间多看看书，背一背应该就能考过。到时候我就是销售里最会导游的，导游里最会销售的人了！"

本以为只是酒后的瞎扯，谁知几天后，他竟然真的报名了，还信誓旦旦地从书店买了很多备考书籍。连朋友圈的头像也换了，变成了一个飞转的齿轮，以此勉励自己要努力。周末再约他喝酒时，竟然被告知："没空，我正在学习，全力以赴准备下个月的考试！"

我本以为他真的"浪子回头"了，结果还没到第二个周末时，他就主动打电话约饭局："哥儿们，今晚××饭店，不见不散啊！"

我有些打趣地说："你不学习了啊？可别耽误了您的大事！"

"哎呀，都认真学了十天了，就算是机器也得加加油啊，何况我们是人，怎么也得放松一下不是，劳逸结合嘛！"

接下来的周末，我看到的是，他在朋友圈晒美食、秀恩爱，于是忍不住在下面评论："说好的要学一技之长，怎么学着学着就杳无音讯，开始秀恩爱了呢？"起初他还会有些负罪感，我一问起，他下班回家就翻几页书。可是，身边的"诱惑"太多了，他似乎是不得已开始得自我放纵。

等到考试前一天，他才紧张起来，专门请了一天的假，在家各种临时抱佛脚。可是要掌握的知识实在太多，结果导致他越紧张越记不住。

到了考试当天，我本打算专门打电话问问他考得怎么样，谁知他竟然连考场的门都没进，还安慰自己说："大不了再考一次。"

电话里，我并没有多说什么，只是说了说上学的时候，我是怎么学习的："你以前不是总在好奇，我为什么每次都考得那么好吗？现在我就告诉你。你只看到我上课不做笔记，下课不做作业，放学踢足球，却不知道我在家是多么认真地预习、复习，这样的学习效果，也许一个小时抵得上你们边玩边学的三四个小时……"

我的话尚未说完，另一端，啪的一声放下了电话。

就像爱美的女性，往往嚷嚷着要节食减肥，但面对美食的诱惑时，却一再放弃底线，还不忘给自己一个台阶："不吃饱了，哪有力气减肥？"

其实，很多人都会有自制力差的时候，总觉得有大把的时间，稍微放纵一下，无关大局。结果却是，直到大限将至，才发现什么叫"我生待明日，万事成蹉跎"。

而自制力强的人，往往会对自己的生活、工作进行有规律的安排。由于有目标的指引，所以做任何事情都分得清主次，升职加薪似乎也只是早晚的区别。他们的生活有条不紊，一步一步成为生活的最大赢家。

也就是说，在没有自制力的人那里，没有底线，不断寻找着完不成目标的借口；而在有自制力的人那里，底线更像是目标，支撑着他们不断前行。

当你从书店抱回一大摞书，准备兴致勃勃地逐一品读时，请不要几个月后让它们的封面落了许多灰尘，却还停在最开始的几页；

当你信心满满地办了张游泳卡，准备利用一个夏天游出好身材时，请不要等到别人的游泳卡都要续费了，而你的快过期了才想起来还没用过；

当你下载了各种考研真题，准备制订一个完美的复习计划，回炉再造时，请不要等到进入考场后，才发现本该牢记的方法公式，随着不断中断的复习计划而逐渐淡忘。

……

为什么所有的事我们都能大张旗鼓地开始，却只能草草收场呢？

为人，我们都知道要遵守一定的社会道德规则，要努力做个情商高的人。而做事，其实也需要遵循必要的行为规范，控制自己的欲望和奢求，为自己营造更好的生长与生存环境。

那么，情商高的人都会遵循哪些行事准则呢？

不论别人觉得多么重要有趣的事物，你一定要结合自身实际进行考量，自己是否真的需要，这样做是否真的有价值。否则，你唯一需要做的就是及时停止盲目追随的脚步。要知道，那些只是别人的兴趣所在。

工作中，不要一味地以金钱的多少衡量应该付出和努力的程度，因为这样做的结果，会让你越来越缺乏前行的动力。工作除了可以为一个人带来最基本的生活保障，也是磨炼一个人的心智不断趋向成熟的最好平台。我们应该控制自己的内心、眼睛和手脚，在利益面前学会淡定、辨别和节制。

有了自制力，就能够在面对各种诱惑时，不忘初心。

自制力，之所以对人生、对生活、对工作十分重要，就是因为它能够激励人们为了实现梦想而排除一切万难。

在日常生活中，一块蛋糕、一辆跑车都可能成为最美的诱惑，只有去做该做的事，才能远离碌碌无为；只有不放纵一时，才能规避盲目追求；只有不断地发现分析总结问题，才能逃脱茫然无措，找到更好的方法，拥有美好的未来。

③. 试图改变他人，是一件永远不会成功的事情

遇到别人的想法、处事方式与我们自己的观念相违背的情况时，你会怎么做？

很多人的做法是：喋喋不休地讲述自己的道理，希望别人能做出改变，来适应自己的价值观念。然而，即使我们明明知道别人是错误的，出于好心要求别人做出改变的时候，往往也会发现，对方和我们一样有着自己的道理，甚至也希望我们做出符合他们预期的改变。

很多时候，矛盾就因此产生了。

俗话说"江山易改，本性难移"。每个人都有着相对固定的世界观，有着自己认为正确的处事方式，很难因为几句劝说就轻易改变。相反，别人还可能会因为我们对他们做事方法的否定而心生不满。

渐渐地，你就会明白，试图按照我们的思想观念去改变另一个人，永远不会成功。

前几天，我二姨夫去世了。

在丧礼上，二姨哭得歇斯底里，让所有人动容。但大家也都知道，二姨和姨夫吵了一辈子，直到去年姨夫查出得了癌症，他们的争吵才变得少了起来。

二姨夫是一个急性子，做起事来果断麻利，从不拖泥带水。而二姨却正好相反，做什么事情都比别人慢，与人约好八点见面，她八点半之前从没出现过。

二姨夫总是想让二姨提高效率，二姨却总是嫌二姨夫做什么事情都火急火燎的。两个人谁也不服谁，哪个也不肯做出改变。

记得小时候去二姨家玩，就经常见到两个人吵架的场面。

一大早上，二姨夫就站在卧室外边说："你看你，七点起床，到现在都半个小时了，还穿着睡衣晃悠呢！就不能提高点效率，磨磨蹭蹭的，不知道天天想什么呢！"

二姨也不示弱："我磨蹭怎么了？你倒是不磨蹭，十几分钟就穿好衣服、洗漱完了，那你也不是照样在这儿坐着看电视？也不比我多干什么。"

二姨夫不等二姨说完，就摔门出去了。二姨依然不慌不忙地穿衣、洗漱，每次都等快到上班时间了才着急出门。

即使走出了家门，我们也能想象得到二姨夫骑着摩托车在人群中左拐右拐，着急往前赶；以及二姨骑着自行车，不紧不慢哼着歌儿去单位的样子。

晚上的时候，照样免不了一场争论。

二姨夫下班早一点，总是早早回来，麻利地做好饭，摆上桌，等二姨回来。

吃饭的时候，二姨夫仍然保持自己一贯的麻利，通常不到十分钟就能吃完饭。而二姨，经常是一个小时了还在饭桌旁边坐着，吃完了再慢悠悠地喝上半杯水。

二姨夫又开始唠叨："你吃个饭比我做饭都慢，哪有吃饭吃一个小时的，早点吃完收拾干净桌子多好，还能省出时间来休息一会儿呢！"

二姨依旧不服气地反驳："医生都说了，吃饭不能吃太快。你吃那么快干啥？又没人跟你抢，又不着急出门，天天着急成那样，活得累不累？"

……

每天因为这种事情，两个人不知道要吵多少次，但二姨的动作却从来没有变快过，二姨夫也从来没有慢下来。

直到去年，二姨夫查出了癌症，躺在了病床上，这场旷日持久的"战争"才以二姨夫"被动投降"的方式告一段落。

在医院里伺候二姨夫的那段时间，两个人开始的时候还会有一些争吵。二姨不慌不忙地打水、帮二姨夫擦脸，再不慌不忙地买回早餐，都已经是上午10点了。也许是因为生病的原因，二姨夫说了几次不管用，也就不说了。

出院后，二姨夫因为行动不便，动作也慢了下来。很多时候，竟比二姨还要磨蹭。奇怪的是，二姨夫自从和二姨的节奏保持一致后，两个人就再也没有吵过架。甚至还经常跟着邻居（一个老人）去湖边钓鱼，一坐就是一下午。如果换做以前，二姨夫肯定沉不下心，但现在却觉得优哉游哉地钓钓鱼，也是十分有意思的一件事。

二姨夫后来病重，拉着坐在病床旁边哭泣的二姨说："秋娟，我说了你一辈子，你也没改变自己拖沓的毛病，一直让我着急上火。其实自从我病了这么一年，就想通了。咱们俩就为了改变对方做了一辈子无用功，到最后谁也没改变，还白生了气。要不是这场病把我的速度降下来，我还会执迷不悟地劝你呢。"

二姨夫用了将近半生的时间，才发现自己永远无法改变一个人的事实。他有着自己的处世观念与做事原则，二姨也有着自己的想法。试图去改变对方，简直比登天还难。

既然无力改变别人，我们能做的，就只有改变自己。努力让自己的行为观念和对方靠近，或许就能多一点宽容与理解。就像二姨夫一样，虽然是不得已和二姨一样慢了下来，但也感受到了同频的乐趣，也更加能理解二姨的行为和想法，两个人的争吵就少了很多。

然而，很多时候，我们也经常会犯和他们一样的错误。

当看到孩子不按照我们制订的要求去做的时候，第一反应就是纠正他们的"错误"做法，而从来不去想"错误"存在的合理性。

当我们认为父母的做法过于保守、落伍的时候，总是不屑地加以嘲笑或指责，努力去改变父母的想法。

当朋友与我们的想法不一致的时候，我们总是以为自己是合理的，希望朋友能为我们做出改变。

到最后，我们经常会发现，孩子虽然有可能会迫于我们的"威力"暂时改变自己的做法，一旦超出我们的监视范围，仍然会我行我素；父母永远不会改变我们认为"过时"的想法，反而会说我们过于浮躁；朋友永远会有自己的道理，反过来来说服我们和他们保持一致。

我们能做的，只有忍受、理解。如果觉得难以忍受，就只能改变自己。

所以，尽早放弃改变别人的想法吧！因为那是一件永远无法成功的事情。

④ 敢于竞争，更要有欣赏对手的雅量

在这个竞争异常激烈的社会，每个人都想着如何超越自己的对手。

而且，由于坚信"适者生存，优胜劣汰"的信念，我们常常挖空心思地证明自己比竞争对手更有能力，更加优秀，以获得别人的认可与事业的成功。

然而，敢于接受竞争与挑战的人处处可见，愿意欣赏对手的人又有几个呢？

著名哲学家格拉西安曾说："一个聪明人从敌人那里得到的东西，远比一个傻瓜从朋友那里得到的东西还要多。"

确实如此，以敌对的态度看待我们的对手，也许可以暂时证明我们的优秀，但并不能让我们的实力有任何提升。况且，强中自有强中手，自有比我们更加优秀的人出现。如果我们不能及时提升自己的能力，迟早也会成为另一个对手的手下败将。

事实上，学会用欣赏的态度与我们的对手相处，会让我们更加明白自己的优势与劣势，也会让我们更加清楚自己努力的方向，变得更加强大。

前段时间，一个叫孙磊的好朋友约我吃饭。

到达约定的地点后，孙磊说："请你吃饭呢，是想和你分享一个好消息和一个坏消息。"

"哦？那好消息是什么？坏消息又是什么呢？"我感兴趣地问道。

孙磊笑着说道："好消息是公司决定提拔一名经理，我成功突围了，现在正在考察期。坏消息就是另外一个同事老陈也在上司考察之列，而且他的能力和我不相上下。"

我跟朋友开玩笑道："反正就这么一个对手，想办法不要落在他后面就行了。"

孙磊一脸严肃地答道："说起来容易做起来难啊！老陈比我进公司早，经验也比我丰富，我不一定能超过他。"

我本以为接下来要听到一场复杂的"办公室战争"故事了，但没想到孙磊不但对自己的同事没有任何不满，反而时常向我夸赞老陈。

过了几天，他对我说，老陈虽然是老员工了，但每天比新员工早到，利用这段时间给昨天的工作做一个总结，并早早地准备好当天工作要用的东西。

在发现同事这个优点后，孙磊每天也开始早早地来到办公室，并努力比老陈更加有效率地处理好所有事情。

过了一段时间，他又对我们说，老陈做事比他严谨，一个报表要检查好几遍才罢休，经常是一个标点符号也不允许出错。甚至有时候因为打印机的问题，墨水不均匀影响字迹，他都会重新打印。自己虽然工作效率比老陈高，但在严谨细致这方面却远远比不上老陈。

从那以后，孙磊在做完一份工作后，也像老陈那样仔细地检查一下，果然减少了很多不必要的失误。

就这样，孙磊非但对老陈没有任何敌对的情绪，反而能时刻发现对方的优点，并把这些比自己好的工作方式、习惯运用到自己的工作当中。所以，短短的一段时间内，孙磊的工作能力明显又上升了一个台阶。

即使在评比的前一天，孙磊仍然对自己的对手赞不绝口："老陈可真是不简单！我那一天思前想后的，生怕自己得不到经理的职位。但是老陈看起来丝毫不受影响，仍按部就班地完成自己的工作，这种沉稳的性格真让人羡慕！"

朋友的上司结合他和老陈最近的表现，经过慎重考虑，最终决定提拔他做经理。

我们得知这个消息后，都纷纷向孙磊表示祝贺。

我私下对孙磊说："我以前真是小看你了！虽然我知道你做到经理的职位靠的是实力，但没想到你能这么大度，非但不把同事当对手看，还当做自己的榜样一样时时夸赞。"

但是孙磊说道："哪有你说的这么高尚！其实我刚开始的时候也把老陈当成了自己的敌人，于是处处跟他较劲。但后来我发现老陈很多地方做得比我要好，我就尝试着用欣赏的态度，发现老陈的优点，有则加勉，无则学之。"

孙磊的做法无疑是高情商的表现。一味地为了竞争而竞争，即使获得了胜利，对我们来说也没有任何实质性的益处。甚至，我们还会因纠结于暂时的成败而造成很多不必要的情绪起伏。

而学会以欣赏的态度看待我们的对手，结果明显要好很多。

如果我们能够时刻以欣赏的态度面对自己的对手，失败后，就能够及时地反思自己的不足之处。成功了，也不会妄自尊大、洋洋得意，而是能够平心静气地总结经验。

学会欣赏对手，能让我们最大限度地提升自己。

俗话说"旁观者清"，而一个对手，更是胜过无数个"旁观者"。时刻以欣赏的态度发现对手的过人之处，便能发现自己的不足，而这正是我们获得提升的捷径之一。

但对于大多数人来说，往往存在一个误区：把对手当成自己前进的阻碍。

其实，除了我们自己，没有人能够成为我们前进的绊脚石。

如果我们发现自己在竞争当中处于下风，在比赛当中失利，一定要告诉自己，不是对手构成了我们成功的阻碍，只是我们的能力不够而已。

而对手的存在意义就在于，提醒我们反思自己的问题，并找到努力的方向。

所以，敢于竞争，更要有欣赏对手的气度。只有这样，我们才能在成功的道路上越走越远。

07

第七章

别把所有的一切都抓在手中

" "

1. 一个人成熟的最大标志就是能放下

以前我常听长辈们说一句话："什么时候学会放下了，什么时候就长大了"。

放得下，是一种对人、事、物释怀的表现，是一种高情商的人生境界。

放下浓妆艳抹，素面朝天去感受生活的美；放下身份、地位，自在地感受大自然的空气；放下所有的烦恼和忧愁，在无边无际的大海上肆意畅游……放下该放下的，剥去伪装的外壳，才能尽情享受生活带来的快乐。

人生中有很多我们需要放下的东西，就好比鱼和熊掌不可兼得，不是属于我们的，就得学会放下。

人生匆匆几十年，学会洒脱地放下，不仅是我们成熟的标志之一，也是让自己过得更充实和坦然的一种方式。

几天前，我听朋友说，一个出身农村的留学归国博士，由于自主创业受挫，跳楼自杀了。

朋友说："虽然他是海归，但是特别勤奋，也肯吃苦，从英国留学回来就开办了一家小型快递公司。赶上双十一人手不够的时候，他还会亲自送货。"

"这不是很好的开始吗？从农村到高等学府的逆袭，这要经历多少的苦和累，我们都能想到。大风大浪都挺过来了，怎么会因公司经营不下去，就选择结束自己的生命呢？"我困惑地问。

"可能就是自尊心太强了吧，受不了经营不善导致的巨额债务，害怕别人的指指点点吧。不过真的有点可惜了。"

"破产了就重新开始呗，什么身份、地位、辉煌的过去，谁又会在意。他放不下这些名和利等身外物，才会作茧自缚，最终逃不过自己给自己设定的欲望圈。"

实际上，无论是职场还是生活中，都充满了各种压力，而压力本身来自于我们的欲望。想要减轻压力，最主要的方法就是放平心态、放下欲望。

在佛教中流传着一个这样的故事。

释迦牟尼佛在世的时候，有一位婆罗门两手各拿了一大朵花前来献佛，佛陀大声地对婆罗门说："放下！"

婆罗门听从指教，将左手拿的花朵放下了。

佛陀又说："放下！"

婆罗门将右手的花朵也放下了。

佛陀又说："放下！"

这时，婆罗门无奈地回答："我已经两手空空，没有什么东西可以再放下了，为何还要我放下？"

佛陀听了他的话，对他说："我的本意并不是让你放下手中的花朵，而是让你放下六根、六尘和六识。只有当你将这些都放下时，才能从生死轮回中解脱出来。"

"六根、六尘、六识"是佛教用语，而戒除六根讲的就是放下欲望和执念，才能解脱。现实生活中，放得下是一种高情商的理性表现，学会了放下欲望，才能更清晰自己真正想要的是什么。

我认识一个大姐叫张静茹，工作能力强，曾是我们这个城市某上市公司的高管，每月拿着羡煞旁人的月薪，有着较高的知名度和社会地位。

我有幸见识过她工作时的状态，那副杀伐决断的样子，一直让我难以忘怀。我也一直觉得，真正的女性就应该活成这般精致的模样，有事业、有美满的家庭、有颜值。

可就在前不久她突然毫无征兆地在朋友圈里宣布辞职。当时大家就各种猜测，有的朋友说："她的职位已经够高了，再干下去也不会有什么提升的空间。可能是因此对工作失去了兴趣和信心，所以就辞职了。"

有的则八卦说："我可听说她虽然高职高薪，但是忙得没时间顾及家庭，所以老公有了外遇，孩子正处于青春期，跟她关系也不是很好，所以她现在想要回归家庭，只能放下自己的事业。"

有的则说："我好像在医院见过她，说不定是身体出了什么问题，只能放下事业，先养好身体再说。"

为此大姐还特意在家举办了告别聚会，她举起酒杯说："谢谢大家这段时间对我的关心，可我想说的是，我一切都很好，真的！我既没有得绝症，家庭也没有任何矛盾，我的确面临很大的工作压力，但还不至于让我辞职。如果我愿意，我可以升到更高的位置，可以赚更多的钱，可我真的不愿意这样生活下去。"

我们面面相觑，听得一头雾水，我说："那你为什么放下自己努力拼搏获得的一切呢？"

她笑着说："你们应该都知道，我每年休假时都会去山村支教，给他们上课、复习功课，这是我多年来养成的释放压力的方式。每当我看到天真的孩子们，我就觉得人生没什么好放不下的。于是我很多年前，就立下誓愿，退休以后去给他们当老师。可最近孩子们唯一的老师突然去世了，他们要失学了。我觉得自己努力赚钱就是为了有朝一日能帮到更多的孩子，现在我只是把梦想提前实现了。我要放下过去，放下地位，放下高薪，去过新的生活了，去过我最向往的生活。"

说到这里，我们都不由自主举起了酒杯。

那一刻，我终于明白什么是真正的放得下。放得下，不仅是一种自我解脱的心态，更是一种高情商的智慧。

人生之所以有那么多烦恼，就是因为我们放不下。放不下身份、放不下欲望、放不下包袱，所以我们才会感觉越来越辛苦。放得下，你就会感到顿悟后的轻松与卸下重负后的豁达。

放下多余的东西，才能释放更多的心灵空间，才能装得下更多美好的东西。学会放下，也许你将开启新的更有意义的人生。

②　所有失去的都会以另一种方式重新回归

人生在世，经历越多，越会懂得，没有凭白无故的"得"，也没有无缘无故的"失"，所有失去的都会以另一种方式回归。

正所谓"塞翁失马焉知非福"。当你失去了青春年华时，往往会得到更多的生活阅历和经验；当你失去了钱财时，往往将得到更多的情谊和赞誉；当你看淡了些许痛苦，也就多了几分快乐……

我有个远房亲戚叫徐家颖，他在某建筑公司上班，是一名淳朴的建筑工程设计师。刚刚结婚的他，为了不耽误工程的工期，没有度蜜月，就直接赶回了外地的工地。

一天，他打电话来问候，我就故意调侃他："你这刚结婚，就忙着工作了，新娘子不得有情绪吗？"

他说："真被你说中了，她也总说，感觉别人结了婚，周末无论做什么都是两个人一起，而她结了婚却还是一个人，心里难免会有落差。不过好在她比较善解人意，这不马上十一长假了，她说要过来陪我工作呢。"话里话外，我听出了他的无奈。

于是，我追问道："听起来你也有觉得失落的时候？"

　　"是啊，不只她心里不舒服，我和自己的同学、朋友一对比，我心里也有落差啊。别人在朋友圈晒的是下班后丰富多彩的业余生活，照片上处处洋溢着都市生活的繁华，而我们在工地上下了班，只能望着漆黑的夜空数星星，欣赏这空荡荡的建筑里的回音；周末别人能带着自己的老婆孩子逛街、去游乐场、公园，家人们的脸上写着大大的满足，而我们只能让老婆孩子来工地，陪他们逛项目部、数地上的蚂蚁；当孩子们大一点，懂事了，上学了，每一点小的进步，妈妈都看在眼里，而我们只能通过冰冷的电话，感受相隔万里的温情……我曾不止一次地经怀疑过这份工作和生活的意义是什么、在哪里？有时真的感觉自己仿佛脱离了社会，已然在建筑工地上独自凋零。"

　　"其实你们也真的挺不容易的，把自己的大好青春都奉献给了城市建设。"我安慰他说。

　　"我们的工作虽然平凡而枯燥，每天就是反复地做做报表、整理资料、丈量测量计算、严守现场施工，然而在整个建筑的建造过程中，我们的角色又是那么的重要而不可或缺。我们可能失去了更多和家人团聚的时间，但是为更多人回家搭好了窝，这样的生活也挺有意义的。当我们走在自己修建的建筑工地上，当平地起高楼，一座座的城市因为我们所修建的楼而变得更多姿多彩时，那种存在感尤为突出。"他一本正经地说。

　　"这倒是，估计你们最骄傲、最欣慰的时候，是在大楼落成剪彩的时候吧？"我问。

　　"是啊，我记得我第一次参与设计施工的体育馆建成那天，当时自豪的心情，就像这九月秋高气爽的天气一般。三年前那里还是一片荒地呢，平时只有我们技术部和施工队才在那儿走动。如今我们却可以看到那附近人头攒动，那时就感觉所有的辛苦、抱怨都抛到九霄云外去了，彷佛我们工作中的每一个运算符号都充满了无比高尚的意义。也许那一刻就是我们这些背井离乡、不能守候在亲人身边的人最痛快、最欣慰的时刻。"

虽然像我亲戚这样的人，相比于朝九晚五，又有周末的人来说，他们的确失去了很多很多，但是他们却创造了更多的价值。

他们失去了陪伴亲人的时间，却得到了实现梦想的机会和提升自身价值的平台。还有一种失去，得到的是信念和方向，也是值得的。

我曾经听过这样一个寓言故事。

有一位富翁，由于做生意赔光了所有的钱，还欠下了巨额债务。无奈之下，他只得卖掉了别墅、汽车，还清了债务。

孤苦伶仃的他，突然感叹自己辛苦挣钱这么多年，居然到头来连个知冷知热的人都没有，只剩下一条猎犬和几本书为伴。

在一个飘着鹅毛大雪的夜晚，他踉踉跄跄地走到了一个偏僻的村庄。他突然发现了一个没人住的茅草屋，于是他赶紧进去避一避风雪。

他发现房间里居然有一盏油灯，于是他用身上仅有的一根火柴点燃了油灯，准备把带在身上的书拿出来看两眼。谁知一阵大风突然把灯吹灭了，茅草屋又变得漆黑一片。孤独的富翁在黑暗中抽泣起来，他感到无比的绝望，甚至想就此了结自己的生命。

　　这时他身边的狗使劲往他身上蹭了蹭，紧紧地挨着他给他温暖。他感到一丝慰藉，慢慢地睡了过去。

　　第二天他一觉醒来，发现自己的猎犬被人杀死在门口。他蹲下身子，抚摸着这只曾经相依相随的猎狗，觉得这世界上再没有什么可值得留恋的了，突然又想结束自己的生命。

　　他想最后看一眼周围的世界，却惊奇地发现整个村子都死一般的寂静。他不由得快走了几步上前查看。太可怕了，周围竟然全部都是死尸，到处都是一片狼藉。估计是昨晚土匪洗劫了村子，一个活口也没留下。

　　看到这样的画面，他突然转念一想："那我岂不是这里唯一的幸存者？我必须勇敢地活下去。"此时，太阳从天边渐渐升起，他又欣慰地想到："我虽然失去了钱财、房屋和车子，甚至连最心爱的狗也死了，但是我是灾难过后唯一的幸存者，我保住了性命，这才是我最宝贵的财富。"

　　尽管他失去了所有身外之物，甚至他忠诚又心爱的狗也在土匪的洗劫中被害，但却正因为他的一无所有，让他保住了生命。

　　正如老子曾说："祸兮福之所倚，福兮祸之所伏。"任何时候有得必有失，有失必有得，得与失都是相对而言的。情商高的人，能够从失去的东西中得到经验，而情商低的人，则把得失看得很重，患得患失。

　　我们应该有正确而客观的"得失心"，不要因为一时失去而痛苦。即使我们失去了一些东西，但也许会因此获得一些"意外之喜"，这才是更重要的。

③. 面对自己的不擅长，放弃比坚持更重要

俗话说"尺有所长，寸有所短"，每个人都有自己擅长的领域和不擅长做的事。而面对自己的弱项，是应该选择及时放弃，还是应该选择硬着头皮坚持？很明显，做自己擅长的事，是明智之举，而对自己不擅长的事霸王硬上弓，则是情商低，没有自知之明的表现。

正所谓"有舍才有得"，舍弃自己不擅长做的事情，并不是停止进步，而是选择了更适合自己的方向。就好比以退为进的策略，只有让自己能有更多的精力，专注于自己擅长做的事，这样才能获得更多。

薛凯文是我一位私交很好的朋友。他大学读的专业是传媒和影视后期制作，毕业后就在北京的一家影视文化公司工作，专门负责栏目的后期剪辑和制作。

进入公司以来，他一直埋头苦干，对自己的工作兢兢业业。因此，他不仅受到了老板的赏识，而且还凭借优异的表现，被破格加薪提拔成为了部门主管。优越的公司环境和不错的收入，在其他朋友的眼里，他完全是个成功者的形象。然而做了不到两

年，他却毅然决然向公司提出了辞职。

在他的辞职信中，他恳切地写下了这样几行字："我虽然性格安稳，但是我并不喜欢如此安逸的生活方式，我想趁着年轻去外面的世界多看看，我想尝试做一些有挑战性的工作。"

尽管公司一再挽留，但他还是去意已决。终于，一个月后他走完了离职流程，和他的两位同学创办了一家小金融公司，走向了永远无法预测下一秒会发生什么的创业之路。

然而，涉足金融行业，他才发现什么叫"隔行如隔山"，才知道自己所学的传媒专业和金融领域差得有多远。尽管如此，他还是一腔热血，并宽慰自己说："刚开始转行，做自己不擅长的互联网金融，肯定会吃不消。没有人天生就会做金融，慢慢努力，一定会好起来的。"

但是三个月过去了，凯文似乎还是没能跟上互联网金融的步伐。

如今他的工作环境每天都需要"眼观六路，耳听八方"，并需要时时刻刻留心预测市场的大势所趋，这些恰恰都是他的短板。他从擅长的传统传媒行业中跳槽，再加上本身性格内向，又缺乏随机应变的能力，因此显得尤为吃力。而且他不善于自我表现，遇到问题时很难在团队讨论中说服对方，甚至遇到强势一些的队友时，他连张口表达的机会都把握不住。况且创业更重要的是资源和人际关系，所以，这条路相对于他来说，比较难走。

公司勉强维持了不到一年的时间，在第二年四月份时，由于大的资本市场环境不理想，加上经营管理不善，商业模式摇摆不定等因素，他所创办的金融公司宣告被迫解散。

我犹记得当时他发的一条朋友圈："创业大潮中，为什么别人总感觉虽败犹荣，收获满满，为何我却总是那么倒霉，只感到一身疲惫，却没有体验到一丝一毫的愉悦呢？"

而我当时的留言是："因为你在做自己不擅长的事，所以总感觉疲惫、不顺畅。而不擅长的事能早点停下来，不失一种明智之举。还好公司解散了，要不然不知道你还要多久才发现自己不适合金融业呢。"

"世界那么大，我想去看看"。很多人辞职时都有这样的冲动，但是病急乱投医，到处找出路，表面上看是勇于突破自己的短处，实际上是不明所以地投入自己不擅长的领域，恰恰是对自己人生最大的浪费。

每一个职业，都需要匹配到一个有着相关技能的人。表面上看，是我们在挑工作，实际上是工作在挑选擅长这份工作的人。

世界上没有庸才，只是你选错了方向、站错了位置。当你发现自己确实不适合做某个工作或者某件事情时，及时停下来换个方向才是最好的选择。

我的另一个朋友王婷婷，曾经供职于某杂志社，做的是文案策划的工作。最近我却在朋友圈发现她每天都在发广告卖化妆品。

有天我忍不住问起她："最近怎么样？我看你好像在做微商啊？"

她发了个笑脸回复说："是的。"

我打趣地说："堂堂重点大学毕业的外语系'女神'，不专心做自己的文案，还兼职做起了微商，真是有两把刷子啊！"

她又发了一个大笑的表情说："我不是兼职啊，我可是辞掉了文案编辑的工作，做起了专职微商啊。"

我有点吃惊地说："为什么辞掉体面的工作，选择回到家里在朋友圈刷屏呢？"

她回答说："因为这份工作让我感觉很难受、心很累，做文案策划应该不是我擅长的领域，每天都感觉像是在渡劫一样。反而做网商，让每个女人都变得更美，却是我一直最大的理想。不擅长的事情，我觉得还是早点放弃的好，要不然把精力都放在不擅长的领域，估计最后也不会有什么建树。反倒是把全部精力放在我擅长的打扮上，既让我每天感觉很充实，又感觉充满了干劲。"

我也深有感触地说："是啊，对自己不擅长的果断放弃是明智的。我高中时数理化就差到了极点，有一次满分150分的化学考了35分，于是我果断选择了文科，因此高考时我文综拿了270分；我肢体不协调，所以以谈舞色变的我，不会过多展现自己不协调的四肢……每个人都有很多无法突破的短板，而把更多精力投入到写作等自己擅长、感兴趣的领域，我才有了更大的机会与别人竞争。"

也许你会问，如果我特别想要尝试，不想拘泥于已有的工作怎么办？

我想说，如果你有强大的资本做靠山，也做好了冒险的准备，当然可以。如果你想尽可能降低各种成本，我还是建议你做任何决定之前，一定要对自己做一个全方位的优缺点评估分析。

自己擅长、感兴趣的事是什么？自己的优点和缺点有哪些？投入了时间和精力，是否一定可以有回报？自己能否接受一段没有结果的人生？会不会因此感到痛苦不堪？在对自己有了这样的了解之后，再做决定也不迟。

如果你天生就是做"文官"的材料，就不要想方设法成为"武官"。

如果你无法清晰地正确认识和评估自己，拿不定主意，我建议，还是千万别把时间和精力都放在不擅长的事情上，以免得不偿失。

4. 事情需要化繁为简，生活需要留有空白

快节奏的生活，使得许多人即使忙得头晕目眩依旧无法适应，而有些人却能够乐在其中。

毋庸置疑，物质丰富的时代，我们每天都被数不清的信息、产品、工作和娱乐等狂轰滥炸，而我们的思维也被成功、欲望、社会地位等充斥。

以至于我们的脑袋，像极了被上紧了发条的闹钟，滴滴答答一直不停。偶尔停顿下来，我们就会感到茫然不知所措，不知道该做什么好。我们只记得匆匆几十年要好好活着，却忘记了活着的意义和如何让生活更美好。

拥有那么多物质和欲望，真的都有必要吗？我们想要的东西太多，但真正需要的东西太少。这样的人生就会被生活所累，显得忙乱和复杂。

人生虽然短暂，但是也需要化繁为简，需要留白。

我和小白是在一个游泳馆偶然认识的，遇到的次数多了自然就熟识起来。

但这段时间很少见他来游泳，有时他打来电话称："最近很

讨厌现在的生活状态。"

我就顺水推舟地问："怎么了？"

他回答说："感觉自己的生活越来越粗糙。现在整天疲于工作，为了挣钱已经很久没有时间看看书，滋养一下自己的灵魂了。上一次陪老婆看电影是在去年春节，最近的一次旅行是在两年前，手机里最近的照片是半月前拍的，最近一次去游泳健身也是在几个月前。"

我听完一阵惊愕。以前的他，是单身的钻石王老五，经常喜欢讲起自己在阳台上种植的许多盆向日葵，还有养的好几条大金鱼。他总是骄傲地说："爱花之人，一定有高贵的灵魂。我的向日葵很辛苦，因为房子朝北，只有早晨和晚上才能享受一点阳光。所以，它们就选择在早上的时候拼命转向东面，傍晚的时候，就把脸甩到西面。"

如今的他，尽管工作已经稳定了，收入也越来越高，但是成家立业的他，要和老婆一起为家奋斗，他可以自由支配的时间和精力就越来越少了。

从家到他工作的地方需要一个半小时的时间，每天下班回到家只剩下疲惫，哪儿还有闲情逸致养花养鱼、甜言蜜语。由于夫妻二人都忙着工作，有时候还经常加班，家里已经半年都没有开伙做过饭了。

以前他一个人的时候，虽然没多少钱，但是可以把自己的生活点缀得五颜六色，可以自己饥一顿饱一顿，只为背上行囊来一场"说走就走的旅行"。

现在的他常说的一句话就是："虽然物质生活富裕了，但是精神贫穷了。生活过得与街上的乞丐没什么两样，都是为了求得生存，都是在讨生活，都没有顾及灵魂。"

原本怡然自得的他，把生活过得忙碌复杂，而且粗糙了。问题出在什么地方？忙碌和疲惫似乎是所有都市年轻人的常态。

生活有时候就像一颗从背后射来的子弹，总是不停地迫使我们往前跑。等我们定下神来，才发现灵魂早已经丢在了路上。真正的生活，应该为自己的灵魂留白，需要我们静下心来为自己的心灵买单。

留白，是一种艺术创作的手法。一个懂得留白的人，把生活简化的人，一定是一个情商高、智慧生活的人。

我很喜欢陈道明这位演员，觉得自己从他的身上看到了什么叫人生的留白，也明白了留白的方式，就是让生活化繁为简。

很多人曾说陈道明的生活态度有大师风范。其实也不必说得这么"玄"，实际上只是因为他把所扮演的角色，都当成了自己真正从事的医生、教师、外交官等职业。

在他看来，每个角色都需要精雕细琢，才能做到"演什么像什么"。10集的《围城》，他拍了整整100天；30集的《末代皇帝》他拍了4年；《康熙王朝》中没有他的戏份时，他就在片场看历史书或者背台词；《楚汉传奇》时，有半年的时间，他穿在身上的戏服回家也不脱下，在片场一直保持站立，保持亢奋的入戏状态……

他把和人应酬的时间和精力，全部放在对角色的扮演上。所有导演都知道陈道明对剧本很挑剔。他上戏的原则是：制片人来找他谈戏，首先得看剧本质量如何。剧本不错，制片人再和他谈合作。

不拍戏的时候他就找固定的牌友打麻将，放松一下满是台词和角色的大脑。有时他也会选择弹钢琴来缓解压力。

他曾在文章里写道："不做无为之事，何以遣有涯之生？"

他描述过一个很美的画面："有时我们夫妻俩就同坐窗下，她绣她的花草，我裁我的皮包，窗外落叶无声，屋内时光静好，很有一种让人心动的美感。"

在花园里走一走，抬头看一看明月，喝一杯咖啡，闭上眼听一曲纯音乐。栽一株小花，等它绽放；画一幅图画，装点书桌；写一张明信片寄给远方的友人，以表问候之意。做些自己喜欢做的事，感受时间的美好。

正如林语堂曾说："看到秋天的云彩，原来生命别太拥挤，得空点。"一句话道破了我们做人做事都应该有度，不是越满越好，因为太满就再难装下其他的东西，寓意我们的人生需要留白。

其实，不分浓淡地生活，总试图把人生每一分每一秒都挤占得不留余地，并不是好事。试一试，不必给自己安排满满的行程。留点空白，让自己的人生多几分享受和想象的余味，才能回味无穷。

一个高情商的人，永远不会把自己的生活填充得太满。

08

第八章

以信为长的态度，决定了
人生的高度

1. 每一次欺骗之后，都会伴随一次空虚

有时，我们经常会遇到一些不愿意接受或者承认的事实。比如，家庭状况的困窘、事业的失败、能力的低下。

每个人都想成为最优秀的那一个，但现实却往往不如人意。在这种情况下，有的人会心平气和地接受现实，但也有另一些人选择用谎言给赤裸裸的现实编织一套华美的外衣，生活在虚假的世界里麻醉自己，满足自己可笑的虚荣心。

接受现实总是需要莫大的勇气，而欺骗却似乎能让我们不费吹灰之力地虚构一个强大的自己，也可以让我们只用很小的代价就能享受到别人羡慕的目光，导演一场让自己作为主角的戏。

然而，戏总会散场，欺骗也不会长久。曲终人散，当自己构造的虚假梦想和现实形成强烈对比，给我们留下的只有空虚。

前几天，妻子跟我聊天，说起自己的一个朋友小桐得了抑郁症。

我很诧异："记得去年还见她了，看着挺活泼开朗的，怎么突然就患上抑郁症了？"

妻子叹了口气说："她就是自己认不清现实，自己给自己找

不痛快。"

我好奇地问："什么现实啊？"

妻子反过来问我："你第一次见小桐，对她是什么印象？"

"她看起来应该是挺自信的一个女孩子，穿着也很讲究，而且那次聚会的费用都是她出的，按理说应该家境不错，过着无忧无虑的生活吧！"我回忆道。

妻子缓缓地说："真实情况其实和你想象的恰好相反。小桐的母亲早就去世了，父亲靠给小区看大门挣点工资。而小桐，也因为家庭原因高中没毕业就辍学出来打工了。"

妻子看着我惊讶的表情，继续说道："这些都是事实，我们也是后来才了解到的，但是害怕伤到她的自尊心，都一直绝口不提。但小桐却一直生活在自己编织的谎言当中，从来都没想过接受现实。"

我说道："骗得了别人骗不了自己啊，说得再好，也改变不了现实啊。"

妻子说："谁说不是呢！她一直对别人说父母是做大生意的，家里有好几套房，自己出来是体验生活，但每次回家却只能跟父亲挤在不足50平的小平房里；一直对别人说自己工作既轻松又挣钱，但实际上却在一家公司打杂，每天要忙到晚上10点才能回家……"

我打断妻子的话："谎言有时候很可怕的，时间久了，连自己都信了，就走不出来了。欺骗别人的同时也在欺骗自己，但有谁能一直活在梦里呢？"

妻子说道："但是小桐却陷得太深了，一直欺骗别人，掩盖自己的真实情况。大概谎言说久了，自己也会相信，但现实却依然不堪，两者之间强大的反差，放谁身上不会感到空虚、迷茫呢？"

靠着一次次的欺骗，看似能虚构一个美好的幻象，轻易换得别人的认同与羡慕。实际上，每一次欺骗换来短暂的满足之后，留下的只有长久的空虚。

小桐就是如此。不断地靠欺骗获得虚荣心的短暂满足，同时也不断地生活在谎言之后的空虚之中。渐渐地，她便开始对自己的现实处境产生越来越多的不满，开始怀疑世界、怀疑自己的人生，给自己带来了不必要的痛苦。

其实，生活是自己的，我们没必要向别人证明什么，更没必要为了什么去欺骗。只要我们敢于认识现实、接受现实，就能给自己减少许多迷茫与空虚感，让生活变得轻松起来。

我有一个叫贾旭的初中同学。

贾旭除了脸上有一块伤疤外，看起来和我们没有什么不同，但在开学的时候贾旭的家长告诉班主任："贾旭患有癫痫，随时可能发作，希望老师注意。"

班主任知道这个消息后，及时向学校反映了。学校的主要负责人经过讨论，另外多收了他1000块钱的看护费，安排学校医务室的医生每周定时了解情况，并把他在教室的座位换成了有靠背和扶手的椅子。班主任也私下与我们几个班干部沟通，让我们多注意贾旭的情况。没过几天，班里的同学都传开了贾旭是癫痫病人的消息，一直和贾旭同桌的朱娜娜甚至还因为这事儿找到班主任哭了一场，一定要调换座位，但被班主任劝回了。

虽然在初中三年的时间里，贾旭由于按时吃药，定期检查，从没有在学校出现过异常情况，但贾旭的家人没有隐瞒他的病情，而且贾旭本人，也总是很坦然地跟我们谈起他的病。

一次，我忍不住问他："其实你完全可以骗学校说自己是正常人，你就是不说，别人也不会发现，为什么一定要告诉别人呢？"

贾旭说："欺骗别人对自己有什么好处呢？我父母以前也害怕我被同学歧视，一直向学校隐瞒病情，所以学校也从不做什么防护措施。我脸上的这块伤疤就是上次发病的时候弄的，当时同学和老师们都吓了一跳，也不知道我怎么了，不敢靠近。我一下子就摔倒了，脸正好磕在讲台上。"

我听了，不知道该说什么。

贾旭接着说："欺骗，是一件非常辛苦的事情。我以前每次告诉同学自己天天吃的都是补充营养的药，在自己的心里，也总是很难接受自己有癫痫病的事实，晚上经常偷偷躲在被子里哭，觉得自己的生活特别无助。但是，现在什么都说开了，我也不觉得有什么了。"

为了掩饰什么而选择去欺骗别人，是一出自导自演的戏。舞台上的繁华最终抵不过谢幕后的落寞。

每一次欺骗，留给我们的只有无尽的空虚。唯有坦然地面对现实，承认自己的差距，才能让自己无需用谎言包裹，也会变得越来越完美。

② 经得起谎言，却不能回击敷衍

在生活中我们经常可以遇到这种有趣的情况：满嘴谎言的人被定义为恶人，而总是在敷衍的人却很容易被人原谅。

但是，如果说谎言是一件致命武器，那么敷衍则是一剂慢性毒药，在无形之中扼杀了我们的时间与激情。

因为很多时候，"敷衍"不但不能"了事"，反而会生出许多事。在无休止的敷衍当中，我们逐渐丧失了朋友与家人的信任，逐渐丧失了生活与工作的激情。看似敷衍了所有的人，实际上却是敷衍了我们自己。

我们经常可以见到这样的人：朋友拜托他们的事情，总是满口答应，却旷日持久地拖延下去，并不会实质性地帮别人做些什么；工作中虽不出什么大差错，但也没有什么大作为。看似老实本分，实际上则抱着"做一天和尚撞一天钟"的想法混日子。他们以"老实人"自居，答应别人的事情慢慢做，自己分内的事情只求差不多就好。自以为是诚信、踏实，实际上却一直在敷衍了事。

是的，他们并没有欺骗，只是答应别人的事情没有做到十分尽心，答应上司的工作比较拖沓而已。但实际上，这种敷衍的态度却比谎言更加可怕。

上个月，同事张文来到我的办公室，向我抱怨："我觉得很不服气，我进公司的时间比汪杰要早，每天都做着同样的工作，也不比他差多少，为什么他就成了我的主管了？"

我听了张文的话，想了想，并没有回答他，而是把汪杰也叫进了办公室，拿出一个文件袋，对他们俩说："这是我今天刚拿到的一个项目，你们回去看一下，每人设计一个方案，明天交给我。"

张文虽然满是疑惑，但也没再说什么，跟着汪杰一起走出了办公室。

第二天，张文和汪杰早早地把自己做好的文案放到了我的办公桌上。

我简单地看了看，就把张文叫进了办公室，并把汪杰和他的文案都摆在了桌子上。

等他看完了汪杰的设计，我问他："你知道为什么汪杰能当主管了吗？"

张文说："我承认这次汪杰的文案确实比我做的要细致，而且也想到了一些我没想到的点。但一次文案设计能说明问题吗？论经验、资历、灵感，我并不比他差啊！"

我看了他一眼，说："其实不仅如此，汪杰对待工作的态度明显要比你端正得多。平时只要有加班，你总是推说自己有事。你知道吗？有一次，公司让你加班的时候，你告诉我要去医院探望亲戚。但你在卫生间跟朋友打电话说晚上一起吃饭的时候，我就在旁边。但是我什么都没说，因为加班本来就不是能强迫你们必须接受的，这也无关大局，你们做好自己平时的工作就好了，让我接受不了的是你的敷衍！"

张文不服气地说："我并没有敷衍啊，平时不管交给我什么工作，我都能按时完成，从未出什么差错。"

听完张文的话，我从自己的办公桌抽屉里又拿出了一份文件，并说道："其实汪杰今天交给我两份文案，我给你看的是和你的想法比较一致的一份。你也看到了，他做得要比你的好。但是他根据自己的另一个想法做了一份备选，并告诉我如果客户不满意前一份的话就拿出这一份。"

张文小声地嘟囔道："这一次任务也不能说明我就比他差吧！"

我说道："难道你还没看到你的问题出现在什么地方了吗？虽然你能按时完成任务，但完成的质量只能打70分。大多数情况下，你做的东西只是停留在'挑不出毛病'和'完成上司要求'的水平上，却从来没尝试过怎样做得更好，超出我的预期！"

张文张开嘴还想说什么，却把话咽了下去。

我接着说："张文，说白了，其实你平时工作当中如果因为不愿意加班、没有按时完成任务，找个借口或撒个谎掩饰一下，大家也还可以理解。但是很多时候，对工作敷衍的态度虽让人无法指责，却更加难以接受。"

张文沉默了很久，才说道："我懂了，汪杰比我优秀的地方就在于对工作用心和负责。很多时候，我觉得交给自己的事情顺利完成了，对得起自己那份工资，不让上司挑出毛病就好，所以经常敷衍了事。要不是这次汪杰升职给我的提醒，我还不知道要像这样混多久呢！"

看到张文终于想通了，我舒了口气，对他说："其实我们每个人都有很大的惰性，在做事情的时候图省事，敷衍塞责。但是时间长了就会明白，敷衍会让我们慢慢失去对生活、对工作的热情，对自己的要求越来越松懈，甚至让我们如行尸走肉般浑浑噩噩地度过一生。"

确实如此，敷衍不会让我们出什么大的意外，不会让我们成为千夫所指的恶人，却也让我们辜负了别人的信任、磨灭了别人的期望、蹉跎了自己的年华。

著名篮球明星乔丹曾说："我从不敷衍了事，因为我明白这样的话我就必须去接受同等敷衍的结果。"事实的确如此，没有人能在一日一日的敷衍当中成就一番事业。俗话说"用心是制胜的法宝"，唯有杜绝敷衍，事事用心，才能让我们的生活与工作按照自己的预期顺利进行。

所以，用心与负责，应当代替敷衍成为我们的人生态度。

答应别人的事情，尽心尽力地去做。背弃诺言固然可恨，但敷衍了事更让别人有苦难言，也让我们丧失了别人的信任。

属于自己的工作用心做好，不应付差事。得过且过、不出差错，虽然可以让我们活得轻松一点，但也注定一生要与平庸为伍。不仅会让别人对我们的期望值降低，更会葬送自己的前途。

拒绝敷衍，是对别人负责，更是对我们自己负责。

③. 只要以诺言为核心，可以给自己一个迁回空间

我们经常会答应别人一些事情，甚至许下一些诺言。但对于大多数人来说，提起"诺言"两个字，仿佛总有一种沉甸甸的感觉。

因为，作为一个普普通通的人，我们不可能保证所有的事情都在自己的计划之内进行，总会遇到一些出乎预料的困难，导致自己无法及时兑现自己的诺言。

其实，很多事情都是我们无法预料的，未能兑现诺言，也不必给自己过多压力。只要我们能时刻以自己的诺言为核心，就可以给自己一些迁回的空间，适时地做出一些调整。

然而，一直以来父母、老师给我们的教导，以及社会舆论的导向，都在告诫我们要恪守诺言，却很少告诉我们在无力实现自己的诺言时该怎么办。

但是在现实生活当中，总是会有很多突如其来的事情发生，让我们措手不及。很多时候，我们的计划会被这些意外打乱，导致自己很难再像之前答应别人的那样一一实现。而一旦失信，很多人便会有一种负罪感，害怕别人会对自己有不好的看法，害怕自己失去大家的信任。

其实，完全没有必要如此。

几个月前，我趁着周末约自己的好朋友老何出来吃饭。

本来周末和朋友聚餐是一件很轻松愉快的事情，但他却愁容满面。

我关心地问："老何，好不容易出来玩一次，开心点不好嘛，有什么事想不开啊？"

老何说："我正发愁明天怎么交差呢！这周上司交给我们组三个项目，当时向我交代任务的时候，我还信誓旦旦地拍着胸脯答应保证按时完成。但是没想到这次任务比以前的都要复杂，一直到今天，我和其他同事加班加点地工作也只完成了两个。我本来都答应上司了，你说明天可怎么办啊？"

我想了想说："老何，这件事其实没有你想得那么复杂。我们又不是神仙，哪里知道会发生什么事儿呢？虽然已经答应了上司，但我们尽力了，现在没按时完成也是没有办法的事情。明天跟上司主动道个歉，再说服同事一起加个班，尽快完成就好了！"

老何听了我的话，第二天找上司进行了沟通，果然得到了上司的原谅。

可是没过多长时间，他又遇到烦心事了。

我问他遇到了什么事情，他仍旧一脸愁容地说："我上个月答应妻子在国庆节的时候带她去丽江旅游，但今天领导对我们说接到了紧急任务，国庆节要安排加班，你说我怎么向妻子张口啊？"

我笑着对老何说道："和自己家人之间有什么不好意思！况且，你又不是不想带她出去玩，故意失信，而是遇到了意外情况。向妻子道个歉吧！但是既然你已经答应了要带人家出去玩，也要尽量做到，想想有什么补救措施吧？"

老何想了一会儿，说："其实她一直想去巴黎的，我是嫌麻烦一直没答应。为了弥补我这次的失信，就把国庆游改成元旦带她去巴黎吧！"

一周后再次遇到老何，他高兴地告诉我："原来真的是我给自己的压力太大了！我知道自己答应妻子的事情做不到是一件很差劲的事，所以一直在自责。听了你的话，我渐渐明白，有时候真的不是自己不想遵守诺言，而是现实情况变了，不再允许我们兑现诺言。惭愧和自责没有任何意义，倒不如及时地做出调整或想出相应的补救办法来！"

很多时候，诺言对我们来说的确是一种不可推卸的责任。答应别人的事情，及时地做到，是理所应当的。但发现自己无能为力的时候，一定要做出调整，给自己一个迂回的空间。无谓的坚守，不但会让诺言失去意义，还会给自己和别人带来伤害。

我老家有一个表哥，叫周正。

表哥在天津一家快递公司工作。他的妻子则自从结婚后就一直在家帮他照顾老人、带孩子。家里的电动车早就坏了，妻子一直舍不得买新的，只能每天骑着一辆破自行车来到距离家七八里地的学校接送孩子。

他很体谅妻子的辛苦，于是答应妻子"双十一"过后，一定用自己的奖金给她买一辆电动车。

然而，表哥在一次送快递的时候扭了脚，为了不让家人担心，他没回家，也没告诉妻子，只好每天躺在宿舍休息。

错过了"双十一"送快递的"黄金期"，表哥不仅没拿到一分钱的提成和奖金，还搭进去了一笔医药费。但是为了不让嫂子失望，他只能向同事借了两千块钱，给妻子买了一辆电动车。

接下来的几个月，本来就是快递行业生意冷清的时候，他还得拿出自己不多的工资还钱。在扣除自己的生活费后，就没有什么余钱再打给家里了。

两个月没给家里打钱让妻子起了疑心，以为他在外面沾染上了坏毛病，开始乱花钱了。于是，妻子问他到底发生了什么事情，他也不说，无奈之下，妻子跑到他工作的地方大闹了一场，让他觉得颜面尽失，有冤无处诉。

其实，表哥完全可以在发现自己无力实现诺言的时候，第一时间向嫂子坦白，并找出补救措施。但是他却一定要把自己逼到死胡同里，没给自己留下任何迂回的空间，结果并不愉快。

当然，我们所说的给自己的诺言留下迂回的空间，并不是要我们为自己的失信找借口，更不是让我们轻视诺言的重要性。

任何时候，守信都是为人之本。答应别人的事情，无论付出多大努力去完成都不为过。

但是不顾自己的现实条件，一味坚守，是莽夫的行为。任何事情都不是一成不变的，当我们在兑现自己诺言的路上遇到阻碍时，不能逃避，也无需唉声叹气。试着调整自己的路线，转变一下方向，或许就可以更加轻松地实现自己的诺言。

4. 成大事者，必须"诚"常人所不能"诚"

我们常说一句话"人无诚信不立；家无诚信不和；业无诚信不兴；国无诚信不宁。"诚信是为人之本，几乎人人都清楚诚信的重要性，但只有少数人能借此获得成功，这又是为什么呢？

究其原因，成大事的人，可以"诚"我们之所不能"诚"。

在现实生活中，多数情况下我们是"善良的大多数"，本本分分，也知道对人对事讲究诚信，但同时我们也是"平凡的大多数"，要想跳出普通人的圈子，就要做事比别人更讲诚信，做人比别人更懂真诚。

我有一个做服装生意的亲戚，叫李聪。

但李聪却似乎并不像自己的名字一样"聪明"，反而经常被人说"傻"。

十几年前，李聪在老家小县城开了一个服装店。但是服装店开业没多长时间，大家都在议论李聪看起来一点儿也不会做生意。

原来，别人卖衣服都是不停地说自己的衣服怎么怎么好，但李聪却正好相反，当顾客拿起一件衣服后，李聪首先告诉人家这件衣服不好的地方是什么。

　　一天，一个女士来到李聪的服装店，试穿了一条裙子，觉得很满意，当下就准备买下这件衣服。

　　在女士准备结账的时候，李聪接过来衣服检查了一下，说："您看！裙子的里子开了点线，但也不是什么大问题，要不你再选个别的？或者我给你便宜点，你拿着去侧对面那家裁缝店缝几针，也和新的没什么区别。"

　　那位女士凑过来看了一下说："哎呀，你要是不说我还真没发现呢！别的款式我也看不上，还是拿去补一下吧！现在像你这样诚信的生意人可真不多了。"

　　后来，那位女士成了李聪的常客，还经常拉着自己的几个朋友一起过来买衣服。

　　有一次，李聪在进购一批货的时候没仔细看，后来才发现自己购进的几十条裤子的缝线都有点歪。他本来想联系厂家退货，但是厂家却坚持说那些问题都在误差允许的范围内，赔了他几百块钱就不管了。

　　朋友们也都说："就这点小毛病，谁能看出来啊！就是穿上了，一天两天也感觉不到什么问题，凑合着卖了赚点钱，起码别让自己赔本啊！"

　　但是李聪却说："赔点钱没什么，但不能因为这点钱影响了信誉。钱还能再挣，诚信没了就难了！"

　　朋友们劝他："别死倔了，现在做生意的哪个不是这样？差不多就行了，不赚昧心钱，也不能让自己吃亏吧！"

　　李聪听了朋友的话，摇了摇头，默默地把这批裤子摆在了自己的店门口，每过来一个人来看，他就对人家说："这裤子有问题，缝线做歪了，穿时间长了可能会更明显，看起来也不好看。但质量还行，你想好了，我100多块钱进购的，70块钱卖，要是不嫌弃再买！"

很多人本来想掏钱买的，但听了他这句话就又放下了，李聪还仍然笑呵呵地像没事人一样。但毕竟价格确实不高，所以最终还是卖完了。

从此以后，李聪每次进货就格外用心，认真检查了每一处细节才放心。

时间长了，说李聪"不会做生意""没脑子"的那些人渐渐发现，虽然李聪旁边的那些店开了关，关了开，换了一个又一个店主，但李聪的店却一直稳若泰山，而且顾客越来越多。很多回头客对李聪的评价特别好，说在李聪的店里买衣服，不仅省心还放心。熟客们还经常拉着自己的家人、朋友来李聪的店里消费。

李聪的服装店规模越来越大，不久便在县城开了三家分店。后来，李聪索性把几家店合并到了一起，创办了当时县城唯一一家专卖服装的大型商场，并起名为"诚信商场"。

李聪在生意做大后，依然把诚信当做最重要的原则。要求每一个导购都要实事求是地向顾客说明衣服的一切问题，不隐瞒、不欺骗。这家商场果然更是每天人满为患，生意十分火爆。

没过几年，李聪继续扩大了自己的经营规模，又创办了县城第一家服装厂。

同样，李聪对服装厂的首要经营理念依然是"诚信"，在选料、做工上严格要求，承诺不卖出一件残次品。而且说到做到，工厂设置了严格的检查工序，一旦发现问题产品，立即销毁。所以，李聪服装厂的产品不仅供货给自己的商场，还吸引了一批信赖他的周边同行长期进货，甚至还有外省的商人慕名而来要和他洽谈合作事宜。

在竞争日益激烈的现代社会，人人都在讲"头脑""策略""创新"……却很少有人能像李聪这样把诚信做到极致。凭借一些策略和手段，可以使我们在短期内获得客观的收益。但从长远来看，唯有比常人更深谙诚信之道，并付诸实践，才能让我们取得别人更大的成就。

李聪并不比其他人聪明多少，也并没有多少生意经。他的成功，并不是靠着别人所认为的机遇、资源与灵活的生意头脑，而是来源于付出比别人更多的"诚信"。也正是因为能"诚"别人所不能"诚"，李聪最终获得了顾客的信任与同行的肯定，也顺利使得自己的事业蒸蒸日上。

诚信是传统道德中做人的基本准则，更是现代社会中难能可贵的品质。因为诚信，一个人能够更容易地获得别人的信任，也能够比别人获得更多的合作机会。

诚信虽然不能让一个人平步青云，却能够让我们走得平稳有力。而最终取得成功的人，也往往是那些能比常人更讲诚信的人。

卡耐基魅力口才与
说话技巧

周维／编著

北京时代华文书局

图书在版编目（CIP）数据

卡耐基魅力口才与说话技巧 / 周维编著. -- 北京 ： 北京时代华文书局，2019.10（2019.12重印）

（沟通的智慧）

ISBN 978-7-5699-3208-9

Ⅰ．①卡… Ⅱ．①周… Ⅲ．①口才学－通俗读物 Ⅳ．①H019-49

中国版本图书馆 CIP 数据核字（2019）第 220214 号

卡 耐 基 魅 力 口 才 与 说 话 技 巧
KANAIJI MEILI KOUCAI YU SHUOHUA JIQIAO

编　　著 ｜ 周　维

出 版 人 ｜ 王训海
选题策划 ｜ 王　生
责任编辑 ｜ 周连杰
封面设计 ｜ 乔景香
责任印制 ｜ 刘　银

出版发行 ｜ 北京时代华文书局 http://www.bjsdsj.com.cn
　　　　　北京市东城区安定门外大街136号皇城国际大厦A座8楼
　　　　　邮编：100011　电话：010-64267955　64267677
印　　刷 ｜ 三河市京兰印务有限公司　　电话：0316-3653362
　　　　　（如发现印装质量问题，请与印刷厂联系调换）
开　　本 ｜ 889mm×1194mm　1/32　印　张 ｜ 5　字　数 ｜ 116千字
版　　次 ｜ 2019 年 10 月第 1 版　　印　次 ｜ 2019 年 12 月第 2 次印刷
书　　号 ｜ ISBN 978-7-5699-3208-9
定　　价 ｜ 168.00元（全五册）

第3章 动听的社交口才 49

第4章 因人施法的说服口才 71

第5章 打动人心的销售口才 93

第*1*章　价值千万的口才

　　著名学者朱自清先生说过："人生不外言、动，除了动就只有言，所谓人情世故，一半是在说话里。"因此，一个懂得讲究说话艺术的人，一定是一个懂得如何做人做事的人。假如奥巴马没有那么激动人心的演讲能力，假如一位领导在演讲席上面红耳赤说不出话来，假如你结结巴巴地去应聘，事情的结局是不是就是另外一番景象了呢。可是，怎样说话才可以让我们的仕途更加平坦呢？

语言的魅力

在魏晋时期，被誉为"竹林七贤"之一的阮籍最擅长的就是用青白眼。所谓"青"，就是"黑"。"青眼"，就是说在人高兴的时候眼睛正视，黑色的眼珠在中间，这是相对于"白眼"（眼珠子向上或者向旁，白眼露在外面）来讲的。阮籍经常使用"青眼"表现出喜悦与赞美之情，用"白眼"表现出鄙视与厌恶之感。每一次，当他见到绅士的时候，都会作"青眼"，见到俗人的时候，就会用"白眼"相对。阮籍居丧期间，嵇喜前往吊唁，他便用白眼相对，这一幕，让嵇喜顿时羞愧不已，只能怯生生地退下。嵇喜的弟弟嵇康听到这件事情之后，就提着一大壶酒，挟着把琴前来吊丧，阮籍立刻用青眼表示欢迎。今天，我们经常使用"青睐""垂青"等词，也是得名于此。

从心理学的角度上来讲，类似于承认、爱欲、拒绝、寻衅、屈从、优越感、挑衅、谦恭、满足、欢乐、妥协、害怕、悲伤、痛苦、哀愁等情绪，一般都是通过肢体语言表达出来的，在一定程度上无声的语言比发声更具有影响力与说服力，作用更加突出。那么，无声语言究竟发挥着怎样的作用呢?

1. 替代作用

无声语言在沟通、谈判的过程中可以代替语言表达自己的意图，尤其是当语言不通或者不可以完全表达谈判者的意图的时候，或者是语言表达不适当的时候，或者是对方难以领会的时候，无声语言的使用通常可以达到明显的效果。

2. 补充作用

无声语言信息可以让所要表达的语言更加丰富，对于语言所要表达的信息，无声语言在某种程度上起着增强力量、加重语气、辅助表达的作用。譬如，对方在聆听他人说话的时候，背部向后仰，手不停地摸桌子，多表示不感兴趣，在对方说话的时候，拳头慢慢握起来，说明此时已经下定了决心。

3. 暗示作用

说话者倘若想要从一种态度转变为另外一种态度，可以通过语调的调整，表情的转换，或是肢体语言的变化来完成，这体现了无声语言的强烈暗示作用。无声语言在传递信息的时候还给人以真切、温暖的感觉。

4. 调节作用

因为说话对象、环境等的不同，并且考虑到可能出现僵局的情况，说话者会产生心理不适的感觉，此时倘若通过无声语言的动作进行协调，说话者就可以比较快地恢复到正常状态。例如，当说话主体产生无聊、紧张、厌烦等情绪时，可以通过喝水、咳嗽等小动作进行调节，以便更快地进入到正常的说话状态。无声语言在信息传递的过程中起着至关重要的作用，它可以强化、补充有声语言，让语言的表达效果更加直接、全面。无声语言的调节作用主要表现在以下几个方面：

（1）一方可以通过对方当前传达出的无声语言判断对方此时的心理状态，进而采取相应的对策。

（2）能够通过自己无声的语言技巧，作用于对方的视觉神经，让对方相信自己听到、看到与想到的一切，从而坚定对方的信心，并且让判断结果更接近一方的意图。

玫琳·凯女士是世界知名化妆品品牌玫琳·凯的创始人。她在生活中就被定义为一个在语言上充满魅力的女人，其一言一行、一举一动，都可以让他人感觉到温暖。当时依旧处于创业阶段的她，有一天，与朋友相约逛街，逛到一家成衣店的时候，正好听到身边的两个女孩子在说话。其中金发女孩试穿了一件衣服，黑发女孩称赞道："这件衣服的确十分漂亮，但是美中不足的是扣子的部分，相比之下，这一件的扣子更加好看。"金发女孩听到之后十分生气地说："那是什么破衣服，扣子简直难看死了，我才不会买呢！"黑发女孩听到之后也十分生气，心想不就是随口提个建议嘛，你至于如此生气啊！

这时，玫琳·凯走过来，笑容满面地对金发女孩说："这件衣服的领子十分漂亮，穿上之后衬得你像公主一样，如果再搭配一条项链就更好了。"金发女孩听后十分高兴，因为玫琳·凯说的正是她心里所想。然后玫琳·凯轻轻地搭在了黑发女孩的肩头说："其实，你可以试一试这件衣服，因为它可以将你的身材衬托得十分完美。"黑发女孩得到了肯定，开心地说："真的吗？我真的很喜欢这件衣服，就是不知道是不是适合我。"玫琳·凯肯定地点点头，并且对两位女孩说："当然了，如果你们再稍微护理面部的皮肤，就会更加完美了。"

之后的发展，很显然，这两个女孩子成为了玫琳·凯的忠实客户。

由此可见，会说话的人，通常是最有魅力、最受欢迎的。一般来说，魅力能够从很多方面体现出来，譬如，姣好的容颜、对礼仪的理解、内心的涵养、优雅的谈吐、得体的穿着等。其中，有一些是天生的，有一些还要经过后天的培养。言谈举止是完全可以通过后天的努力获得的。在这方面，女性的表现尤为出色。如果你是一个容颜美丽的女子，优雅的谈吐必定会为你增色不少；如果你只是一个相貌平平的女子，不要担心，文雅的言谈也会让你平添光彩。所以，女性朋友们为了这个目标努力改变自己吧！

口才的作用以及表现形式

美国成功学大师卡耐基说："一个成功的人，有15％是因为他的专业技术，剩下85％就是靠他为人处世的能力与人际关系。"而良好的人际关系和处世能力最重要的表现形式就是口才，它是社交场合中立足的最重要的法宝。

在政治活动中，口才具有不可替代的作用。"一语可以兴邦，一言可以辱国"这一句话充分体现了口才的艺术价值。口才和政治生活存在密切的联系，它直接服务于政治生活的各个领域，并且发挥着十分重要的作用。

在春秋战国时期，因为政治思想的活跃与文化的振兴繁荣，一时之间，形成了百家争鸣的局面。名士，凭借自己的三寸不烂之舌，"游说诸侯，贵为谋臣卿相，在安邦治国平天下中堪当重任"。"五四运动"时期，进步知识分子纷纷进行演说，意图在于唤醒沉睡的民众，进而推动中国革命运动的蓬勃发展。

当代社会，生活变得越发精彩，但是在外交谈判、政治演讲、法律辩护等多方面的口才艺术，更是发挥着不可替代的重要作用。多少优秀的政治家，在风云变幻的政治舞台上，凭借着自身良好的口才能力，挥洒自如，做出了不可磨灭的贡献，从而名垂千古，万世流芳。在日新月异的经济社会中，口才的作用依旧不容忽视。当前，人们都将以计算机为代表的科学技术水平、以公共关系为代表的经营管理效能、以旅游业为代表的富裕程度三者作为衡量一个国家的重要标志。在一定的社会关系的中，公关人员在演讲、论辩与谈判的过程中离不开口才艺术，它是商务谈判中的重要一环。口才艺术是谈判成功与否的重要因素，在市场营销中，口才艺术在很大程度上决定着工作成效，在旅游业的发展建设中，导游的口才为吸引游客增色不少。可以这样说，口才艺术在当今经济生活的很多领域中都发挥着至关重要的作用。

在日常生活中，我们同样感受到了口才的重要性。人们的社交离不开口才，口才在人际交往中所起的作用是不可小觑的。实际上，在日常生活中，良好的口才不但可以让你拥有好人缘，还可以成为衡量一个人学识的重要尺度，当然，更是衡量一个人实际能力的重要尺度。在西方，人们更为重视口才的作用，认为在市场经济和信息社会中，良好的口才是获得成功的重要工具。他们常常也是根据一个人的讲话水平和交际风度，来判断学识、修养与能力等。

口才和交际的学问，在美国、西欧与日本等国家早已盛起，基本上每一所学校都开设了这样一门课程。

美国著名成功学大师戴尔·卡耐基将毕生精力整理成书教给人们如何与人相处，如何取得成功。"卡耐基课程"早已成为心理、口才与交际与成人教育的一个代名词。美国的卡耐基学院已经达到了1 700余所。目前，美国已有300多所大学设立口才学系或演说学系。1976～1980年的4年间，仅获得"口才学"硕士的专门人才就达到了30 000多人。

但是，社会上的一些人认为口才学并不是真才实学，认为那只是摇唇鼓舌、哗众取宠。或者将口才与诡辩联系到一起，或者片面地认为口才仅仅是说话的技巧，也就更加谈不上将口才与交际能力当作人生的基本功了，他们甚至认为能说会道算不上什么，只不过是要要嘴皮子而已。

事实并非如此，因为口才是一个人的综合素质和综合能力的体现。它不但是衡量一个人学识的重要尺度，更是衡量一个人实际能力的首要尺度。

提问与问答技巧

在人的一生之中，都避免不了提问与被提问，殊不知，提问也需要一定的技巧。而且，应答者在接受他人提问的时候，也需要避免用锋芒毕露的方式进行回答，这样就可以避免很多麻烦。

1. 恰当提问，拉近距离

怎样进行技巧性的提问，才可以真正做到有的放矢、事半功倍呢？下面先看一个有趣的小故事：

一位领导在某地开会，有一天吃早餐的时候，发现剥开的一个鸡蛋是坏的，就对服务员说："你可以给我换一个吗，这个鸡蛋是坏的。"

不一会儿，服务员就将鸡蛋拿回来了，但是忘记了应该给谁了。于是她就高声喊了起来："刚才是谁的蛋坏掉了？"

在座的各位没有一个吱声的，于是，女服务员又喊了一句，"谁的蛋坏了？"

依旧没有人应答。

此时，餐厅的经理走过来对女服务员说："你这小姑娘真没礼貌，你应该这样问：'哪一位领导的蛋坏了？'"刚一喊出口，经理就觉得很不对劲，赶紧改口又喊了一句："哪位领导是坏蛋？"

可见，这个早餐店里的经理与服务员都不懂得提问的技巧，才会落得尴尬的境地。殊不知，在与人交流的时候，只有恰当的提问，才可以达到顺利交谈的目的，使交谈的局势和结果对自己有利。

提问同样是一门说话的艺术，对"拉近"彼此的距离起到了十分重要的作用。双方第一次见面，有的人话一出口，就可以立即打开对方的"话匣子"，让对方产生一种相见恨晚的感觉，而且迅速成为好朋友。但是有些人话一说出口，就会让人无言以对，让场面变得十分尴尬，双方只能是以"再见"结束。

一家饭店招聘服务员，同时来了两个年轻人应聘，并且按照应聘者的要求现场招揽客人。第一个应聘者是这样招呼客人的："您好，您吃鸡蛋吗？"顾客不走心地摆了摆手，似乎答不出来，对话就这样结束了。但是，第二个应聘者是这样招呼客人的："您好，请问您吃一个鸡蛋还是两个鸡蛋？"顾客微笑着回答说："我要一个鸡蛋。"

由此可见，第二个应聘者的提问是非常好的，他运用了限制性提问。限制性提问一般具有以下两个方面的特点：

（1）在提问的时候就限制了对方的回答，有意识、有目的地将对方的思路引向自己想要的答案上。

（2）限制性提问可以让对方感受到提问者的诚意，从心中感到发自肺腑的亲切，觉得盛情难却，根本不好意思拒绝，即便之前有过拒绝的念头，也会随之改变心意，顺从着问话人的意思做出相应的答复。

但是，限制性提问通常只适用于预期目的十分明确的情况下。在对情况不是十分清楚而且不明确目的的情况下，提问的范围或大或小，问话也变得相对灵活，必须为对方留下自由回答的空间。譬如，倘若你在办公室上班，别人在使用扫描仪的时候忘记了关掉，你就可以顺便问一句："请问您现在是在用扫描仪吗？"这样比直接说"扫描仪用完之后为什么不及时关掉？"好得多。

2. 模糊应答，应变自如

在交谈的过程中，特别是在一些质询性的论辩活动当中，我们会经常遇到一些不能直接回答却又不得不回答的问题，或者是一时之间没有办法回答但又必须要回答的问题，此时，论辩者可以巧妙地使用模糊论辩进行对答。

阿根廷著名足球运动员迪戈·马拉多纳，在与英格兰球队队员迪戈相遇的时候，踢进去的第一个球是"颇有争议"的"问题球"。

据说，墨西哥的一位记者拍下了马拉多纳"手球"的镜头。

当对马拉多纳进行采访的时候，记者追问那个球是手球还是头球时，马拉多纳十分机智地回答说："手球一半是迪戈的，头球有一半是马拉多纳的。"马拉多纳的回答十分巧妙，倘若他直言不讳地承认"确实如此"，那么，对于裁判的有效判定无疑是"恩将仇报"。但是如果矢口否认，又会失掉"世界最佳球员"的风度。

但是这巧妙的"一半"与"一半"，等于是既承认了手臂撞进的，很有"明人不做暗事"的大将之风，又在规则上肯定了裁判的权威，也具有君子之风。

因此，模糊回答以收缩性大、变通性强、语义不明确的方式，对不能明确回答又不得不回答的问题进行回应，通常可以化解矛盾，让自己变被动为主动。它体现了说话者具有急中生智、应变自如的能力。当然，关于"模糊应答"是否和"说话要清晰准确"的要求存在矛盾的问题，其答案是否定的。因为这里所讲的模糊应答是一种交谈中的策略，其前提条件是交谈者并非表述不清，而是为了某种需要，人为地制造模糊。

让自己拥有谈资

每一个人都不是从出生开始就具备了天才般的口才。所以，想要和人更好的交流，就需要从生活中不断积累经验，只有这样，才可能在交流的过程中游刃有余。

1. 从生活中寻找积累谈资

俗话说："巧妇难为无米之炊。"一个人的脑子里如果没有丰富的谈资，在与人交谈的时候，就会感觉词穷，几乎找不到话题。这样的交谈就会显得十分枯燥，了无生趣。可是，我们应该如何积累自己的谈资呢？

谈话通常是以生活为中心，不但要尽可能多地接触生活的方方面面，还要对外部世界保持足够的热情。"两耳不闻窗外事，一心只读圣贤书"的人说起话来一定是缺乏朝气的。不管是国家大事、自己从事的行业，还是与身边的人有关的事情，都需要我们留心观察，多多关注。只要是感觉自己感兴趣的，都可以参加讨论，进行思考与分析，当这种积累达到一定程度的时候，即便是你不太会说，也拥有了大量的本钱。那么，为了让自己的谈资更加丰富，应该采取什么措施呢？

（1）经常阅读报纸杂志。报纸杂志的实效性是比较强的，可以让你在第一时间了解到最近发生的新鲜事。新鲜而有趣的谈资可以为你招来很多的听众。

有一家美容院，生意兴隆，在当地首屈一指。有一个人问店主发达的秘诀，店主坦言道，他的秘诀就是他的美容师善于与顾客进行交谈。"要知道做到这一点是相当难的"店主说，"我每月都会买大量的报纸杂志，规定员工在每天早上上班之前一定要阅读，当作日常工作，那么，他们当然就可以获得大量的最新资讯，如此一来，他们就能够轻而易举地获得顾客的'芳心'了。"

（2）除阅读之外，还可以将自己感兴趣的内容剪下来并收藏，或者用笔在一些有意思的话下面做个记号，帮助记忆。这样做的好处是在你积累谈资的时候，可以通过对比等方法发现其他人没有发现的一些细节，进而让你在谈话的时候更加与众不同。

（3）多多与人交流也是积累谈资的一个十分重要的途径。生活中的语言通常充满智慧，比如一些谚语等。认真聆听，并且记录下来。自己讲话的时候，尝试着使用，久而久之，你的口才就变得越来越好了。

2. 深入生活，才能妙语连珠

好口才并不是天生具备的，需要有一定的文化修养与内涵做基础。所以，单纯地学习语言技巧是远远不够的，还要提高自身的文学知识与内在修养。可是，如何提高修养呢？

（1）广泛地阅读

写文章最讲究的就是"读书破万卷，下笔如有神"，其实，说话也是这样。书刊杂志看得多了，在心中牢记，自然可以融会贯通了。

（2）三思而后说

我们时常可以听到这样的评价——"那个人说话不过大脑"。这是在批评一个人说话随随便便，口出狂言，让人心生厌烦。殊不知，一个真正有涵养的人，在没有经过深思之后是不会开口说话的。三思而后说，能够很好地避免一些祸从口出的麻烦，进而体现一个人的综合素质。

（3）加强生活积累

多体验生活，有了对生活的感悟，所说出的话才可以打动旁人。俗话说：一位老人就是一本生活的大书。所以，深入生活之中，才可以练出好口才。

（4）接受他人的指教

在生活中，为何有些人总是在不断进步，而有些人却不进而退呢？毛主席说："虚心使人进步，骄傲使人落后。"我们在加强自身修养的过程中，需要学会"受教"。所谓"受教"就是将知识吸收到自己的心中，之后将其转化为自己的东西。

因此，一个人想要积累丰富的谈资，就要多多增强自己的知识、涵养、素质，只有如此，才可以得到众人的喜爱，拥有良好的交际网路。

成功人士该如何说话

想要成为一名成功的、有魅力的成功人士不能畏惧说话，只有如此才可以距离目标越来越近。此外，在说话时，还需要三思而后行，只要两者兼备，就可以成就大事。

1. 成功的第一步就是要敢说话

大多数人都希望自己有一天可以成为口若悬河的人，将自己的意见、思想向他人娓娓道来。实际上，想要做到这一点并不是没有可能，但是为什么你迟迟不肯开口说话呢？因为你有太多的顾忌，譬如，担心得到他人的嘲笑，担心别人说你太喜欢表现自己，或是认为没有人会理解你。实际上，这些担心都是没有必要的，很多时候，说话都应该是一件轻松的事情。一个人万事都十分小心的人，会时刻告诉自己要"谨言慎行"，避免和他人随意交谈，当别人指责、要求他的时候，他或许会以既不辩解也不否定的态度做出回应，毫无疑问，这是好好先生的典范。不可否认，这样的性格存在诸多缺陷，即使在他觉得委屈和愤怒的时候，也没有办法与人正常交谈，将自己内心的感受表达出来。无形之中，他与朋友之间的矛盾会越来越深，最后成为了朋友当中最沉默寡言的一个人。很显然，这种局面是十分不利的，不但会阻碍其人际关系的拓展，有时还会为友谊画上句号。所以，为什么大家不可以大方地将自己内心的感受说出来呢？

卡耐基说，克服羞怯与不安的最好办法，就是对别人产生兴趣，并且在心里想着他们，之后，胆怯就会消失了。为别人做点事情，行善行，举止友好，你就可以惊奇地看到你所期待的事情。

如果你每天早上上班的时候，可以鼓起勇气和陌生路人说"早安"，时间久了，你就会发现周围的一切都十分亲切，而且在公众面前也敢于发言了。因此，在任何场合，你都能要把握住与人交谈的机会，尝试着与人寒暄，从中了解到说话的技巧。一位成功的推销员可能在经历了很多次失败之后才可以掌握说话的技巧，而著名的演说家也是从无数次失败的演讲中才锻炼了好的口才。相信"一回生，二回熟"，只要不断尝试，你就可以成为健谈者。

2. 过一遍大脑后再说

一些话想说又不能说，如果一时冲动说出来，其后果的严重性是可想而知的。

明朝的开国皇帝朱元璋在发迹之前，为富人家放过牛，甚至沿街乞讨过，后来成就了一番霸业，建立了强大的明朝帝国。

朱元璋当上皇帝后，一次小时候的伙伴拜见他，朱元璋内心十分想念这位朋友，可是又担心他将自己以前的事情说出来，犹犹豫豫之后还是召见了他。这个人一进大殿，便高呼万岁，随后还说道："想当年，微臣随驾扫荡庐州府，打破罐州城。汤元帅在逃，拿住豆将军，红孩子当兵，多亏菜将军！"朱元璋听他用词十分恰当，于是重重赏赐了这位朋友。

这件事情传出去之后，朱元璋的另外一位老朋友也想要借此发一笔横财，于是就找上门来。他来到大殿之上就说："不知道万岁爷是不是还记得？小时候我们给别人放牛，有一次将偷来的豆子放在瓦罐里煮着吃，但是还没有煮熟我们就争抢起来，最后将罐子都打破了，豆子撒了一地。结果，你只顾着抓豆子吃，竟然将草根卡到了喉咙里，还是我帮着你才解决了问题。"

这些话刚一说出口，朱元璋就觉得在群臣面前失了面子，龙颜大怒，立即命人将此人拉出去砍了。

可见，同样的话用不同的方式说出来，会产生截然不同的效果，所以我们在说话之前要思考。

那么，在说话之前需要进行哪些思考呢？十分简单，先思考一下自己的身份，思考一下自己的场合，思考一个说出去的话是不是会让对方难堪……总而言之，要确保自己所说的每句话都是有用的、有意义的。我们需要清楚地知道，一旦说错话，对他人造成了伤害或是导致了不可弥补的局面，就没有办法挽回了。

充分调动声音的魅力

说话不仅仅是一门学问，还是赢得事业成功的资本，而声音的魅力可以为你带来好运。如果想要自己的声音更加完美，需要从以下几个方面入手。

（1）注意发音的准确性

人们所说的每一句话都是由一个单词、一个语音组成的，之后加上适当的语调与重音，恰当的发音，将会有助于你正确地表达自己的思想。反过来，不清晰的发音将会让你的形象受损，对你表达自己的思想产生阻碍作用。

（2）找准自己的音色

每一个人的音域的可塑性都非常广，或是低沉，或是高亢，或是单一，或是浑厚。聊天时，你需要控制好自己的音色，千万不可以让自己的声音听上去十分刺耳。有时，为了达到一定的目的，人们还会故意降低自己的声调。但是在多数情况之下，应该在自身的音调的上下找到一个恰当的平衡点。

（3）充满热情和活力

响亮而充满生机的声音可以激发人的热情。当你向别人传递某种信息的时候，这一点的影响力十分巨大。当你在讲话的时候，你的表情、情绪与你聊天的内容，可以带动并感染你的观众。

（4）注意自己说话的语调

语调可以反映出一个人的内心情感、态度等。不管你谈论的内容是什么，都应该保证说话的内容与主题相符合，并且恰当地表明你对于某一话题的确切态度。选择语调有时候比选择词汇更加重要。相同的句子，采用不同的语调进行处理，所表达的情感是不同的，那么收到的效果也是不一样的。相关专家经过研究表明，使用上扬语调易给听者造成悬念，让对方的兴趣增强，但是如果持续的时间太长就会引起对方的疲劳感，而降调能表现说话人的果敢决断，但是有时也会显示出他的主观武断。

（5）说话时不要使用鼻音

倘若你说话的时候经常使用鼻音，就不会很受欢迎，因为你的声音在他人的耳中听上去就像是抱怨，没有丝毫生气，十分消极。如果你希望自己的语言更加富有魅力，那么从现在开始就不要使用鼻音了。

（6）控制自己说话的音量

音量太大也会让人感觉到厌烦，让人感觉是在装腔作势，但是音量太小会让人听着费力，误认为是胆怯。通常，可以根据和听着的距离，适当地对自己的音量加以控制，最好控制在对方可以听到的范围之内。

（7）注意说话的语速

在语言交流中，语速的快慢将会对你向别人所传达信息的效果产生一定的影响。语速太快与音量过高是一样的，让人产生焦虑与紧张的感觉。而语速太快也会导致某些词汇表达不清晰，他人没有办法听懂你说的话。当然，如果语速太慢，也会让别人丧失信心，有焦躁沉闷之感。保持适当的语速，不要太快或太慢，并且在说话的时候不断调整自己。因为你要做的是与别人沟通，而不是与别人竞赛。

　　或许这就是为什么一个音色柔美动听的人，容易被别人接受的原因吧。不过，声音的魅力是可以通过后天培养练就的。那么，还等什么，我们赶快行动起来吧！

勤练口才，才有好口才

"纸上谈兵"讲的是一个人只懂得军事理论，却没有实战的经验。一个人如果没有经过血雨腥风的历练，又怎么可能真正拥有率领千军万马征战的能力呢。同样的，口才也是这样，即便再有说话的技巧，如果不在实际生活中加以运用，不在失败与成功之中总结经验，也很难成为一名真正的健谈者。

狄里斯拥有丰富的知识，思想深邃，对于分析事理很有一套，对于很多问题都有自己独到的见解，但是因为声音低沉、口齿不清，别人经常听不清楚他说的话。于是，他逼着自己走上演讲台，锻炼自己的说话技巧。第一次的结果可想而知，他以失败告终，因为观众根本不知道他讲的是什么。但是他并不灰心，反而比第一次更加努力地锻炼自己说话的能力。他每一天都跑到海边，和着浪花拍击岩石的声音进行发声练习，回到家中再对着镜子纠正自己的口型和发音。这样努力了很多年，当他再一次登上讲台演讲的时候，一下子就博得了观众的喝彩声，并且一举成名。

当然，为了练就一副好口才，并不一定要采取这样的方法。可以试着用以下几种简单、易行的训练方法。

1. 速读法

找到一篇优雅的散文，反复朗读。开始时，语速可以慢一点，然后慢慢加快，一直达到你所能达到的最快的速度，在阅读的过程中尽量保持发音准确，吐字清晰。

2. 复述法

跟着收音机或者复读机进行复述。在复述的过程中，可以将自己复述的内容记录下来，然后与原文进行对照，看自己多少次才可以将原文一字不差地复述出来。这样练习的目的不仅仅在于记忆，更重要的是锻炼语言的连贯性。

3. 描述法

将一幅画或者一个景物作为描述对象进行口才练习。例如，描绘傍晚的天空，可以先观察一下当时的天空是什么样子的，与其他时间的天空有什么差别，这一切都需要你用心观察与体会，在此基础上加以描述，尽量让自己的词语丰富起来。

总之，方法不难，贵在坚持。倘若可以这样锻炼一段时间，相信你的表达欲望与表达能力都会得到很大的提升。

口才的力量

永远都不要小看语言的力量，有时候仅有的一句话，都会关系到国家的形象。

我国古代有"一言可以兴邦，一言也可误国"的说法，由此可见，口才一直以来都具有举足轻重的作用。

在我国老一辈领导人中，涌现出众多口才出众的演讲家。周恩来便是一个典型的人物。

美国前总统尼克松说，周恩来在讲话的时候有四个方面的特点："准备充足、精力充沛、谈判技巧高超、处变不惊。"周恩来凭借好口才享誉海外，他应变机敏、气魄非凡、言辞犀利，就连敌手也对他充满了敬佩之情。

有一次，周恩来在北京举行记者招待会，在介绍我国经济建设的成就和对外方针策略的时候，一位外国的记者突然之间问道："请问，中国人民银行总共有多少资金？"不难看出，这是在讥笑我国贫穷。周恩来风趣地回答："有十八元八角八分。"这一回答，让全场震惊不已。周恩来不慌不忙地说："中国人民银行发行面额为十元、五元、二元、一元、五角、二角、一角、五分、二分、一分的10种主、辅币人民币，合计为十八元八角八分。中国人民银行是由全中国人民当家做主的金融机构，有全国人民作后盾，信用卓著、实力雄厚，它所发行的货币是世界上最有信誉的一种货币。"如此一番话，立即语惊四座，场内的听众爆发出了雷鸣一般的掌声，就连那位别有用心的记者都钦佩不已。

众所周知，楚霸王项羽向来杀人如麻，每每攻占一座城池都会屠城。魏相彭越联汉抗楚，接连攻克了楚国十七座城池，项羽气得眼冒金星，亲自率领大军攻破彭越占据的外黄城。项羽入城后，随即下了一道旨意，城里凡15岁以上的男子在城外集合，准备活埋。号令一下，全城陷入哭号之中，在哭泣声中，有一个黄口小儿前往楚营求见项羽。项羽听说有小儿求见，十分吃惊，问他："你小小年纪，怎么敢来见我？"小儿说："大王是人民的父母，小臣便是大王的赤子，儿子见父母，哪里还有不敢的？"

项羽听到这番话之后，认为合情合理，但是又威胁道："如果我坑死人民，即便是没有好处的，但也不见得有坏处。你要是能说出有害的理由，我就下令安置百姓；要是说不出来，就要连同你一起活埋。"

小儿听到这样具有威慑性的话，并没有乱了阵脚，反倒十分严肃地说："彭越守城，部兵特多，听到大王来攻城的消息，担心百姓做内应才会紧闭城门，之后，见到人心并不归附于他，才选择在夜里逃走。如果百姓心甘情愿助战，同心协力镇守城池，大王则还需要再多十天半月才可以进城。今天彭越一走，百姓便立刻开城门，由此可见，百姓是拥戴大王的。如果大王不体察民情，反倒残杀壮丁，这件事传出去，哪里还会有百姓自愿归降呢？反正降也死，不降也死，舍命抵抗或许还有一线生机。试想，彭越一定会请求援兵，到那时，大王一定会处处受阻。即便是处处取胜，也会大费周章，这难道不是有害无益吗。"

原本，项羽就想要速战速决，此时已经与预定的期限多了很多天。如果前面的十几座城池受阻，必定会耽误时间，误了大事。因此，他被这个小儿说服了，不再屠城。

古代常用"三寸不烂之舌"形容某一个人的口才好，一个小儿竟然凭借自己的三寸不烂之舌，说服了杀人如麻的楚霸王，救了万人的性命，我们不得不钦佩这个小儿的胆量，当然，我们更加钦佩的还是他合乎情理的分析。从这里，我们更可以深刻地体会到"三寸之舌胜于百万之师"的道理。

从上述的故事中，你是不是深刻地感受到了口才的力量呢。所以，不妨从现在开始增强自身口才的实践。

第2章 可行好用的说话原则

　　在与人接触、联系、交往的过程中，离不开语言。列宁说过，语言是一种十分重要的人际交往的手段。语言在很多时候可以调节人们的行为，激发内心的情绪。但是语言应用最广的是说话，俗话说："美言一句三冬暖，恶语伤人六月寒。"由此可见，让人喜欢听的话所起的作用有多大。

说话要注意的要领

清代画家郑板桥曾经作诗说："削繁去冗留清瘦，画到生时是熟时。"英国人波普也说："话犹如树叶，在树叶太茂盛的地方，很难见到智慧的果实。"当今的语言大师们说：言不在多，达意则灵。由此可见，运用最少的句子，包含最多的内容，是说话水平最好的表现。滔滔不绝，出口成章，固然难得，但是言简意赅，一语中的，更是难得。

在2000年前，马其顿国王率领军队进攻印度，当时正好是盛夏时节，将士们因为长途跋涉，口干舌燥。国王无可奈何，只好派人四处找水，结果只找到了一杯水。国王将水杯高高举起，对将士们高声呼喊道："现在已经找到一杯水，有水就有水源，为了找到水源，前进吧！"说完，便将那杯珍贵的水洒在了地上。将士们备受鼓舞，激情万分，顽强地朝着前线冲去，最终取得了战斗的胜利。

试想，如果国王自己把水喝掉，继而发布一段冗长的训示，只怕根本不会起到"群情激奋"的效果。

人们在交流思想、介绍情况、陈述观点、发表见解的时候，为了让对方更快地了解到自己的意图，领会要意，通常会使用凝练、概括性的语言，提纲挈领地将问题的本质特征表达出来，起到一语中的、以少胜多的效果。很多领袖性的人物都具有这种能力，善于高屋建瓴地把握形势，抓追问题的本质，并且用简单、恰当的语言进行概括性的总结，其产生的影响非同一般。

美国第十六任总统林肯，在一次溯江视察的过程中和船员握手的时候，有一位船员却将手缩了回去，而且十分腼腆地对总统说："总统，我的手太脏了。"林肯听到之后笑了起来，说："把手伸出来吧，你的手是为联邦加煤才弄黑的。"

虽然只有简短的一句话，听上去极其平常，但是却高度概括，深入要领，充满情感。在日常生活与工作中，有些人说话总是过于含蓄，如果对方可以领会意思还好，如果对方没有听懂，不仅达不到交流的目的，反倒会招致不必要的麻烦。自古以来，因为会错意而造成的误会太多了，甚至丢财害命的都比比皆是。

面对如今高度竞争的社会环境，想要站稳脚跟，自然是朋友多了路好走，敌人或者对手越少越好。如果说因为利益与人交恶是形势所逼、现实所需的话，那么因为言辞不当得罪他人就有些得不偿失了。我们必须承认，在人际交往的过程中，许多误会都是因为没有领会对方的意思造成的。发现问题并不是终点，解决问题才是目的。俗话说得好："扬汤止沸不如釜底抽薪。"怎样才可以避免弦外之音呢？以下方法值得一试。

1. 所说的话要精

有什么就说什么，你所说的每一句话都要围绕你的目的。如果你没话找话，很容易惹出不必要的麻烦。

2. 用词要尽量准确

不要使用歧义词或句子，即便有时候需要多说一些话，稍微啰嗦一些，也要用其他的话代替。

3. 到外地打工或与外人打交道的时候，说普通话

方言土语外地人不容易听明白，也很容易造成不必要的误会。当然，你说的普通话的水平并不一定很高，只需要能够清楚地表达自己的意思就可以了。

4. 不要因为他人的口误而追究

金无足赤，人无完人。在办事的时候，没有人可以做到百分之百的完美，如果你总是与他人计较，别人也一定会和你过不去，反之，如果你宽宏大量，别人也会给你方便。

5. 要有良好的人际关系

身边的人如果尊重你、信任你，即便有时候你说了一些带有弦外之音的话，也不会造成坏的影响，大家通常都会把它往好的地方想。

6. 不在背后批评人，说别人的坏话

如果你一直在甲面前说乙的坏话，久而久之，甲很可能认为你在乙的面前也会说他的坏话。更何况，好事不出门，坏事传千里，说话还是谨慎一些为好。

所以，今后我们在与人交流的时候，尽可能言简意赅、不要制造弦外之音，让他人会错意，招致不必要的麻烦。正所谓"朋友多了路好走"，多一些朋友，少一些敌人，必定可以让你在这个物欲横流的社会中更加顺利、平坦。

遣词造句多运用

词语是人说话的最基本的元素，用对了字眼不但可以打动他人，还可以带出行动，而行动的结果便是展现出另外一种人生。马克·吐温说："用词恰当是十分具有威力的，每当我们使用对字眼的时候，我们的精神与肉体都会有很大的转变。"

在历史上，很多人都是因为用对了字眼，而对他人起到了鼓舞的作用。当帕特里克·亨利站在13个州的代表面前慷慨陈词："我不知道其他的人要怎么做，但是对我来说，不自由还不如一死？"就是这样简简单单地一句话，激励了美国几代人的心，发誓要推翻长久以来压在他们头上的苛政，结果形成了燎原之势，成立了美利坚共和国。

美国一位伟人在演讲的时候说："当我们今天可以享受到自由的时候，不要忘记独立宣言，虽然它没有几句话，但是200年来给了我们每一个人保障。同样，当我们为了种族平等不断努力的时候，不要忘了那也是因为某些字词的组合所激发出来的热情所致，请问，有谁可以忘了美国马丁·路德·金博士那激动人心的一次演讲。他说道：'我有一个梦，期望有一天这个国家能真的站立起来，信守它立国的原则和精神……'"下面便是马丁·路德·金与这一段精彩演讲的故事。

在1963年之前的美国人民，一直处于不自由的环境下，再加上暴力运动频繁上演，终于激起了马丁·路德·金沉积在内心许久的愤怒，他决定用一次激情四射的演讲唤醒沉睡着的民众，让他们为了自由而战。

1963年8月28日，领袖马丁·路德·金在华盛顿主持了一次有25万人参加的集会，之后，他率领着群众从华盛顿纪念碑下游行到林肯纪念堂。这场集会在数百万人的瞩目下，很多人至今还是记忆犹新。同时，该演讲文章因为被选入了教科书中，进而让马丁·路德·金名声大噪。

马丁·路德·金在这次集会上进行了一场令美国人激动不已的演讲——《我有一个梦想》。他说："我的这个理想主要来源于美国的梦想。我梦想将来有一天我们这个国家挺身屹立，真正实践它的这一信条，即我们认为这些真理是不言自明的，所有的人生来平等。""梦想将来在佐治亚州，'奴隶的儿子与奴隶主的儿子'，如同手足，一道坐在餐桌上；梦想将来在密西西比州自由与正义替代压迫与剥削；梦想它的人民最终获得自由，获得自由，感谢上帝，获得自由。"

马丁·路德·金从讲坛上慢慢走下来，群众震惊，竟然一时不知如何是好。演讲结束得如此突然，简直太令人泄气。几秒钟过去了，失望的心情被喜悦冲散。马丁·路德·金在走出教堂的时候，鼓掌声一直跟随着他，教徒还探着身想触摸他。可以说，他这一次的演讲是成功的。

也正是因为有了马丁·路德·金的这次演讲，美国民众的思想被唤醒，才获得了今日的自由。

不仅如此，在第二次世界大战爆发之际，有一个人的话让英国全民抵抗纳粹的心坚定下来，结果他们用顽强的意志度过了最艰难的时刻，打破了希特勒部队所向无敌的神话，这个人便是丘吉尔。

在一定程度上，人类的历史就是在那些充满激情的言辞中不断前行的，但是却鲜有人知道那些伟人所拥有的语言的力量也可以在自己的身上找到。它可以让我们的情绪发生改变，可以让我们的意志得到振奋，让我们敢于面对一切，挑战人生。

大多数人在与他人讲话的时候往往是谨小慎微的，但是对自己惯用的字眼却不留意，殊不知，我们习惯引用的字眼会对我们的情绪和感受产生影响。所以，如果我们不能好好掌握怎样用词，如果我们不加以掩饰地继续随着自己的习惯用词，很可能会歪曲事实。一个人若是只拥有有限的词汇，那么，他就只能够体验有限的情绪；反之，若是他拥有丰富的词汇，那么，他的手中就掌握了可以调配很多种颜色的调色板，能够尽情地挥洒自己的人生经验，不仅为别人，更是为自己。

委婉地指出别人的不足

在交际的过程中，如果所用的说话方式不正确，对方就会据此误解你的意思。在出现理解上的歧义的时候，可能会产生不良后果，进而影响正常的交际，违背表述者的初衷。

讽刺、挖苦属于一种强烈刺激的表达方式。它常常是通过嘲笑的口吻将对方的不足、缺点说出来，让这个人当众出丑，难以忍受，轻则导致对方反唇相讥，重则会大打出手，造成十分恶劣的影响。

某主任这样议论他的下属："黄某某这个人这辈子算是白活了，虽然是一个大学毕业生，但是找不到媳妇，姑娘们见面就摇头。他写的那个文章，就好像是小学生的作文，前言不搭后语，字写得更是没有屎壳郎爬得好。我如果是他的话，早就找一棵歪脖子树吊死了……"

后来，黄某某听到这些议论之后，在工作的时候索性一个字都不写，利用业余时间写小说、写报告文学。

作为工作上的上司或是感情上的朋友，见到下级或朋友身上的缺点之后，应该正面指出来，帮助他、引导他，激励他不断前行，而不应该是挖苦与嘲笑。那些总是取笑别人的人通常缺乏自信心，对于前途有一定的恐惧感，担心别人会瞧不起自己，所以借由取笑别人来释放内心压抑的情绪，维护自身的形象。殊不知，如此一来不但让自己的形象受损，更会引起他人的反感。

因此，讽刺、挖苦的表达方式不可以随便使用，粗俗漫骂的说话方式也应该摒弃。说话要讲究文明礼貌，这是对一个人最起码的要求。在日常交流中，说话粗俗不雅、满口脏话等不文明谈吐，是伤害他人自尊的一种行为，是不被他人接受的。这种说话方式通常会影响他人的情绪，让交流无法进行下去。

从表达的语气语调来看，说话的方式还存在强弱软硬之分。一般，柔言谈吐、语气温和、用词恰当，就犹如和风细雨一般，让人倍感亲切，很容易被人接受，产生好感。即使双方在观点上存在异议，也不至于当场就将对方得罪。相反，刚烈之言，语气生硬、高声大嗓，犹如斥责教训一般，听上去十分刺耳，让人感到不舒服，有时即便说话的内容并没有问题，但就是因为说话的语气过于强势，会让人发火，甚至得罪人。

对于一个不同意自己观点的辩论对手，如果说："这个人简直不可理喻！"对方一定会做出强烈的反应。

当自己的意见得不到对方的认可时，就生气地说："和你说话，简直是对牛弹琴！"对方必然会感觉不被尊重，而与你对着干。

生硬话、愤怒话，多数是顺口而出，并没有经过推敲，所以有失分寸也是在所难免。这种语言又多是"言出怒出"，它就像是烈火一般，往往会将对方刺痛。

每个人都有很强的"自我意识"。在说服他人的时候，为了不伤及对方的自尊心，就应该选择尊重对方的"自我意识"。但是，我们与他人进行交流的时候，经常因为没有考虑到对方的虚荣心、自尊心而让对话以失败告终。尤其是说服自尊心、虚荣心强的人的时候，这种情况就会成为必然。所以，我们在说话的时候一定要注意不要伤害到对方的自尊心，而需要照顾到对方强烈的"自我意识"，让他逐渐接受你的建议。

就像故事中的那样，主任在背后的议论严重地伤害了黄某某的自尊心，虽然黄某某并没有与领导当面争执，但是他所表现出的行为已经表示出了严重的抗议，这就需要我们进行深刻反省。批评虽然是我们经常做的一件事，特别是扮演领导或长辈的角色时，有些人批评起来简直让他人无地自容，下不了台阶。其实，这种批评方式不但达不到让他人改正错误的目的，还会对你的人际关系造成影响。既然如此，为什么还要选择这样激烈的方式指责别人呢？在生活和工作中，我们不可能没有批评，但是我们应该学会巧妙地批评，让他人尽快认识到自己的错误并改正，与此同时，还会理解你善意的提醒，对你心存感激。或者批评之前先总结一下他人的优点，之后再慢慢引入缺点。在他人尝到"苦"味之前，先让他吃点"甜"味，之后再尝这种"苦"味的时候就会比较容易接受。

间接指出别人的错误，远比直接脱口而出来得温和，而且不会引起他人的反感。不管说话目的是什么，我们都应该采取委婉的方式，这样的效果会更好。

不要过分夸赞自己

通常，总是喜欢夸赞自己的人是交不到真朋友的，因为他骄傲、自负，不太喜欢听从他人的意见，只会吹嘘。这种人总是找奉承与听从他的群众，并非朋友，于是朋友们都唯恐避之不及。他常自以为是最有本领的人，如果他是一个生意人，那么他就会认为没有人比得过他；如果他是艺术家，他会自以为是一代大师；要是他在政治舞台上活动，他必然认为只有自己才可以拯救人类。

面子是别人给的，脸是自己丢的。如果真的有真才实学，那么赞美的话应该是从别人的嘴里说出来的，自吹自擂实际上是在丢自己的脸。只要是有修养的人一定不会随便说到自己，更不会夸耀自己。因为他十分清楚，个人的行为早已经在别人的印象中。

清雍正年间，江水被推荐到朝廷做官。皇上召见他的时候，他十分紧张，浑身哆嗦，不可以对答，所以推荐他的学生戴震。戴震口若悬河，在分析问题的时候一语中的、言简意赅。皇上听到之后龙颜大悦，问戴震说："你和老师相比，谁的能力更强？"戴震回答："我的水平低。"皇上又问："水平高却不能够作答，这是什么原因呢？"戴震说："老师年老，耳朵有些背，但是他的学问，远不是我可以达到的。"皇上赞赏他的谦让精神，赐为翰林。

请你不要再自吹自擂了，与其自夸，倒不如谦逊一些，或许你认为自己十分伟大，但是别人不一定认可。自己捧自己，绝对不可能捧得特别高。夸大自己事业的重要性，间接地为自己吹擂，听到这句话别人也不会特别高兴。世间每一件值得向人夸耀的事情都是这样的，自己不自夸的时候，别人还会来称颂自己，自己夸赞的时候，别人反而会瞧不起自己。

千万不要和别人故意持相反的意见，有些人专门喜欢表示与别人不同的意见，总是与别人的意见向左，例如，你说这是黑的，在此时他就偏偏说这是白的；后来你改变了看法说这个是白的，他反倒说这个是黑的了。

这种人和那种处处附和别人的人一样招人厌烦，最后还很有可能会让别人认为他是一个不真实的人。

好口才帮助你待人处世，没有一个人不愿意成为好口才、好交际的人。但是，如果你为了展现自己的口才，四处招摇，到处逞能，只会遭到他人的厌烦，所以口才应该灵活、正确地表现。

在谈话的过程中，很有可能会出现一些分歧，此时如果立刻提出异议，对方一定会认为不受尊重、自己的意见完全被否定了，这样的结果是令人感到不快的。

如果这种情形真的出现，就需要将情况解释清楚，要说明哪些地方是自己认可的，哪些地方是自己完全不认同的，之后就某一自己不认同的点说出来。对方在这种情况下也就很容易接受你的批评或指正，因为此时的他已经知道自己的大部分观点已经得到对方的认可。

无论怎样，都要事先将对方观点中你所认可的观点说出来，即便它是不重要的一点也要明确说明，这样的目的是为了缓和一下谈话的气氛。

　　总之，要尽量避免在陌生人面前夸耀自己的成就与势力，或者向别人说自己的儿子多有本事之类的话。当然，更不要在一般的公共场合，将朋友的缺点与失败当做谈话的内容发一些无所谓的牢骚，诉苦和发牢骚并不是获得同情的最好方法，这是做人的基本。

不要随意指责他人

就像唠叨是成功说服的礁石一样，无用而令人心碎的指责同样成为了成功说服的绊脚石。不要总是一味地指责对方，这样根本没有办法让对方改变。但是，有一些人因为仅有的家庭内部矛盾，而在熟人与朋友面前指责自己的伴侣，殊不知，这样的指责不但改变不了对方的错误，反而会让双方的感情受到影响。如果对方确实有错，那么委婉地指出，并且真诚地帮助，甚至用情感的力量感化对方，相信对方一定会为你所做的一切感动不已。

对别人批评，只会让别人竭力掩饰自己的错误。这不但伤害了被指责者的自尊，更引起被批评者的反感情绪。例如，一家商店的老板，如果他总是在批评店里的伙计怎么不好，那么，伙计一定不会诚心干活，如此，商店的也不会有所发展；一个主妇，如果总是批评自己的佣人，佣人也不会忠心地做事，如此一来主妇是得不到任何好处的。

一些人十分喜欢指责别人，只要问题出现，他们首先想到的就是将责任推卸到别人的身上。一些人似乎养成了一种不以为然的习惯，他们总是在批评别人，甚至以此为快。

还有些人，原本他们在某些方面做的不好，却非要恶语中伤别人。这种指责又如何以理服人呢？结果只会是伤害他人，或者被人反击，最终让自己受到伤害。其实，尽量去了解别人，尽可能设身处地地为别人着想，相信这比批评、责怪要有益得多，如此不但不会伤人，甚至会让人投以同情、怜悯的目光。"了解就是宽恕"，为什么不温柔一些呢？所以，当我们批评他人时，先要考虑一下自己：我做得如何？是否应该完全怪罪他人？这样你或许会完全改变自己的行为与态度，并且与别人建立一种良好的人际关系。

鲍勃·胡佛是一个著名的试飞驾驶员，常常在空中表演特技。一次，他从圣地亚哥表演完之后准备飞回洛杉矶。根据《飞机作业》杂志的描述，胡佛在距离高低100米的时候，刚好有两个引擎发生故障。幸亏他反应得当，飞机才可以安全降落。虽然无人伤亡，飞机却已经报废了。

胡佛在紧急降落之后的第一件事就是检查飞机用油。正如所料，那架螺旋桨飞机用的是喷射机用油。

回到机场，胡佛要求立刻见那一位负责保养的机械工。年轻的机械工早已经因为自己所犯的错误懊悔不已，一见到胡佛，眼泪就顺着脸颊流下来。他不但毁了一架昂贵的飞机，甚至对3个人的生命构成了威胁，你完全可以想象出胡佛当时的愤怒。但是胡佛并没有大肆指责那一位机械工，他只是伸出手臂，围住工人的肩膀说："为了证明你不会再犯错误，我让你明天帮助我修复我的F-51飞机。"

的确是这样，一些人在说话的时候，往往只顾着自己痛快，事情过后才知道自己伤害了别人；特别是当别人做错事情的时候，或者是吃亏的时候，就会倍感委屈，所以要从嘴上图个痛快，于是一些难听尖刻的话就不自觉地冒了出来，结果往往爽快了自己伤害了他人。

只要你不是毫无缘由地指责别人，那么在你开口之前，别人就处在被动的心理状态中，因为他们感到自己做错了事，自责的心理会让任由你说出伤人的话，但是绝对不是任由你的处置，随便你发泄。当你的责备已经触及他们的自尊心的时候，那么自责心理就会立即消失，并且产生不快，慢慢地，这种不快会发展成怨恨。服务行业存在忌语，这是因为这些忌语不礼貌，不尊重顾客；而教师的忌语就是那些伤害学生自尊心的话，作为老师切忌对学生说"你笨得像头猪"，否则你原本的一些好意也会被这一句话冲得荡然无存。

　　而朋友之间不可以在指责对方的时候，老账新账一起算，将之前的事情翻出来一起算，或者是将之前已经重复的话再说一遍。朋友之间永远不要重复责备第二次，甚至是指责越少越好。约翰博士说过："上帝本人是不愿意论断人的，直到末日审判的来临。"那么，我们又为什么要如此呢？所以，你要帮助对方认识并改正错误，说服对方。从现在起，请记住这样的原则：不要总是责备他人。

时刻给自己和别人留退路

对于别人的请求，你可以接受，但是不要"保证"，应代以"我尽量"或"我试试看"等话语；对于上级交代的事情，你当然要接受，但是千万不要说"保证没问题"，应该说"应该没问题，我全力以赴"等类似的话。这是为了万一你完成不了目标找退路，而这样说事实上是为了保留你的诚意，反而更显出你的谨慎，别人也会更加信任你，即便到最后事情没有做好，别人也不会责怪你。

在和人交往的过程中，如果你与对方的意见出现分歧，一定不可以口出狂言，更不要讲出"势不两立"之类的话，不管是谁的错误，最好的方法就是闭口不言，以便他日需要携手合作时还有"面子"。特别需要注意的是，对人要留面子，不要过早下定论，如"这个人一辈子没出息"之类的话最好不要说。

小黄在一家装潢公司担任主任，有一次，他们为一家广告公司制作灯箱。在安装的这一天，广告公司的一位负责人坚决让小黄的下属依照他说的意思进行安装，结果灯箱安装到一半的时候，因为操作不得当，竟然摔碎在地上，对此广告公司要求出钱赔偿。

小黄知道这件事情之后十分生气，理直气壮地找那位负责人理论："你管的也太多了，安装灯箱原本就是我们的事情，你在一旁指手画脚干什么？"负责人见小黄言辞如此犀利，虽然不情愿但还是表示了歉意："不好意思，是我多说了一句，没想到造成了这样严重的后果。"小黄还是没消气；"难道你说一句不好意思就解决了吗？这损失算谁的？"

负责人见到小黄这样得理不饶人，心里十分不悦，说道；"虽然是我说了一句，但是你们身为专业人员未免太没有主见了，我只是随口建议一下。"小黄听到这话火冒三丈，说道："难道你还想赖账吗？"负责人更不高兴了，说"你说话怎么这么难听，最关键是分清责任，我们不可能随便冤枉别人的。"

两个人越吵越激烈，最后，小黄丢下一句话，"那咱们法庭上见"就走了。第二天，小黄的上司将他狠狠地批评了一顿；"你做事情能不能动动脑子，为了一个灯箱至于闹成现在这样吗？这样一来，我们今后还如何合作呢？"训斥到最后，上司对小黄说："你把火气压一压，主动给人家认个错，争取将损失降到最低。"

小黄只能硬着头皮去找那位负责人。让小黄感到十分意外的是，负责人真诚地向他认错，两个人冰释前嫌，商定损失各负担一半。两个人可以说是不打不相识，还成为了好朋友，业务上的往来也更加频繁了。

事实上，这位负责人并非是一个斤斤计较的人，只是小黄在气头上，言辞过于激烈，让两个人的矛盾不断升级。

说话不留余地等于是不留退路，"要么成功，要么失败"的简单逻辑在这个复杂的社会中已经不复存在，而为此付出的代价有时候是你没有办法承受的。与其和自己较劲，倒不如改变一下说话的方式，多用一些模糊的词语，为自己留条退路。

用不确定的词语通常可以降低别人的期望值。假如你无法顺利完成任务，人们会因为对你期望不高而能用谅解来代替不满，有时候还会因此看到你的努力，不会将你的成绩全部抹杀；假如你可以出色地完成任务，他们常常会喜出望外，这种"增值"的喜悦会给你带来很多好处。

将话说得太满，并不可以和自信画上等号。谦虚是一种人生哲学。从一个人说话的态度，可以看出一个人是不是自信。真正有自信的人，懂得谦卑，并不会将话说得太满。

总之，说话留有余地，不要将话说得太满，是处理人际关系的一种策略。

说话要有自己的个性

每个人说话都要有自己的特点，展示出自己独有的个性。

在这个处处崇尚时尚的社会，你所说的话应该具有自己独特的风格。如果每个人说话的风格都是一样的，那么生活也就失去乐趣了。不过，在生活中，我们经常可以见到这样的人，他们便是"人云亦云"的代表，别人怎样说话他们就怎样说话。别人慷慨陈词，他们也粗声大气；别人说话声情并茂，他们也随着装腔作势。结果只能是"东施效颦"，让人忍不住发笑。鹦鹉学舌是因为它们是动物，本身就不可以说人话，但是身为人类的我们，为什么要当鹦鹉呢？不妨从这时候起，学着用自己的方式说话，形成属于自己的与众不同的说话方式，只有这样，你才会给他人留下深刻的印象，被别人记住。

锡格尼市位于美国的依阿华州，市区的凯欧库克旅馆在当地十分有名，每年都会有成千上万的游客慕名而来，原因就是这家店的老板是一个"快乐的韦勒"，不管什么时候都面带笑容，不管遇到谁都可以说出几句让人舒服的话，认识他的人还从来没有听到他说过一句难听的话。

要知道，一个人的语言风格，一个人与他人交谈的方式，能够将这个人的修养与内涵体现出来。假如你对下级讲话趾高气扬，甚至带着鄙视的语气说话，那么下级对你也是敬而远之；假如你对上级讲话太过恭谦，他们或许会认为你没有能力或是没有骨气，进而不敢将重任交付与你。

懂得向他人学习是一件好事，但是不可以盲目地向别人学习说话的风格或者说话的语气。在和别人进行交流的时候，有些人试图向别人传达友善，有的人却急功近利，就像电视台做广告一样。他们最大的失败就是所表现出来的都不是他们最真实的一面，因而别人也不会买他们的账，甚至对他们的这种行为十分讨厌。

因此，我们要时刻牢记一点：你就是你，你原本是什么样子就是什么样子，不管别人是喜欢还是讨厌，你至少应该让对方明白你是在真诚地对待他，而不是虚情假意。

第 *3* 章　动听的社交口才

　　所谓"一言定邦""一言兴邦""语惊四座""三寸不烂之舌，强于百万之师""铁齿铜牙""一语道破天机"等，无一不是在赞叹口语交际的神奇功能。如果你想人生道路走得更加顺畅，如果你想在人际交往中无往而不利，那就必须得重视动听的社交口才。熟练掌握社交口才技巧，使你在社会交往中如虎添翼、大显身手，由此创造更精彩的人生。

初次见面，寻求共同点

第一次见面，是一个人首次判断另外一个人是不是可交的原因，是两个人开始交往的开端。正所谓"万事开头难"，只要抓住了这个机会，之后的相处就会变得更加融洽；如果失去了这个机会，两个人的交往就会陷入僵局，不能再顺利发展下去。

通常，第一次见面，双方都会感觉十分尴尬和紧张，但是只要双方找到共同点，有了共同的话题，就很容易拉近彼此之间的距离。比如，两个人都是背井离乡，同一所学校，认识相同的人等，那么，在交谈的过程中就倍感亲切了。再比如，刚刚开始见面的时候，一方问对方："您是哪里的人啊？"如果对方回答说："我是杭州人。"他就会接着说："杭州啊！我以前去过。我还记得当地的土特产品有……"这样过不了多长时间，两个人就熟络起来，甚至有种相见恨晚的感觉。

所以，在与陌生人初次见面的时候，应该尽量找到双方的共同点。先查阅一些对方的资料，或者向对方了解一下背景，让自己对其有一个大概的了解。这样，当你在座谈会上进行提问的时候，对方会因为你对他有所了解，进而对你产生好感，喜欢和你交谈，如此一来，你们的关系也可以水到渠成了。不过，在这里需要记住：

即便这个话题与你们之间交往的话题没有任何关系，但是只有打开了话匣子、有了交往下去的可能、有了亲近的感觉，才可以更好地进行交谈。

当然，需要给对方留下良好印象，这是另外一个方面。此外，你还要注意运用技巧，与此同时，还要注意以下几点。

1. 初次见面时，话题不宜深

第一次见面，双方还没有建立起足够的信任，因此不要向对方询问太深入的问题，特别是关乎个人隐私的问题。如果提问的方式不正确，很可能让双方陷入尴尬的境地，以至于对交谈造成不良影响。

2. 让对方多说话

你想要与对方建立起一种无话不谈的关系，就不要随随便便打断对方的思路。

3. 避免不礼貌的姿势

通常人都懂得在与长辈讲话的时候，抱胸跷脚是十分没有礼貌的，其实在与同事和朋友进行交流时，也应该避免一些不礼貌的行为。尤其对初次见面者，不礼貌的姿势会让别人对你心生反感，甚至认为你的态度傲慢，进而产生不良的影响。

4. 不要谈及敏感话题

对于政治、宗教等敏感性的话题，除了自己的亲密朋友，最好不要与别人进行谈论，以免出现对立的情绪。另外，关于学历、家世等方面的问题也应该避免回答。

5. 要使用优雅的谈吐

优雅的谈吐就好像是整洁的外表，会令人感到身心愉悦。如果你已经习惯运用高雅的辞令与人交谈，即便有时开一开玩笑，说一些俏皮的话，对方也仍然可以感受到你的气质与内涵，并且喜欢和你交往。

所以，双方第一次见面时，给对方留下好印象是关系到此后交往是否顺利的关键。而想要为初次见面的人留下好印象，就需要动脑筋，用自己的聪明才智与绝佳的口才能力征服对方，让对方心悦诚服地与你交往。

寒暄话也要说到位

对于第一次见面的人，双方的谈话可以从寒暄开始，在这方面，很多人采取的措施是没话找话说，随便与对方聊天。其实，有效地寒暄能够迅速打开话题，让对方有兴趣与你交谈，便双方之间建立起彼此信任的关系，但是不当的寒暄会让对方一开始就对你产生厌烦，之后想要扭转局面就困难了。因此，寒暄绝对不是一个可有可无的环节。我们需要有效地掌握与对方寒暄的方式，让对方卸下防备之心。

小A与自己的新朋友这样聊天："看您的气质一定是一个从事不错行业的人，您是从事什么工作的呢？"对方客气地说："也没有什么正经事情，就是瞎忙活呗。"小A笑着说："你真的是谦虚了，从您的衣着打扮上来看，就知道您是一个很有品味的人。这身衣服剪裁合体，颜色都与您的气质十分吻合，让您整个人看上去精神、清爽。不像我，每次买衣服都非常困难，经常买一些自己很喜欢但是穿上很煞风景的衣服，不知道您都到什么地方逛街呢？"朋友笑着说："也就是一些批发市场，像动物园……好好淘一淘还是可以找到不错的衣服的，你看，我这件衣服就是……"

在此，虽然是一些寒暄的话，但是小A选择了用赞美的方式，这样做不但联络了感情，也打开了话题，可以说是一举两得。当然，并非所有的寒暄都可以采用这样的方式，你可以针对对方的冷暖也就是实际情况找到与对方寒暄的话题，并不是所有人都可以笼统地说，更加不可以张冠李戴。除了关于对方的隐私问题如经济收入等问题之外都可以讨论，只要不过分地追根究底就可以。以下是寒暄的一些技巧：

1. 确认何时与对方寒暄

寒暄是一种打开话题的方式，作用相当于文章前面的引子，需要依照交谈的实际情况进行相应的选择，并非是必须具备的。但是这个选择标准就是对方是否有时间，如果对方很忙，就需要直奔主题，言简意赅地说明来意，然后用最能够吸引对方的话题与对方聊几句，之后适时将电话挂掉，为下一次拜访打基础。如果对方时间充裕，你的介绍就可以从容一些。你可以直接询问对方："先生，您最近很忙吗？"之后，你就可以依照对方的答复进行回答。需要注意的是，千万不要问对方是不是有时间，因为这样很容易找到借口推脱，你只需要给对方两种选择，让对方选择一种。

2. 敢于找话题

第一次见面的两个人，很容易冷场，不知该与对方说些什么，又担心说了什么触犯对方，让对方对自己产生不好印象。但是如果因为这样而不敢开口，你将会彻底失去机会。所以，要和对方寒暄，首先就要勇敢地和对方进行交流，找到共同的话题。

3. 对象不同，寒暄的方式也有所不同

对于首次拜访的对象，因为不是十分熟悉，此次之间没有什么共同话题，此时，你就需要积极地找到话题。常用的寒暄方式是礼貌、简单的询问等，如"早上好，我听您的一个朋友说您最近策划

了一个项目，效果非常好，您是如何想到这个方法的？"

如果之前已经有所了解，根据每个人的性格、文化程度、年龄等因素的不同，你可以选择不同的寒暄方式。例如，与性情爽朗的人讲话就可以开放式地交谈，只要不触及对方的禁忌就可以了；和性格内向的人说话要十分小心，需要时刻顾及到对方的心理状态。在文化较高的人的面前，你可以充分表现自己的专业与优雅，而文化程度较低的人说话就不可以文绉绉的了。对于年龄较大的人，你可以体贴温柔，对于年轻人，说话要体现潮流。

4. 自然恰当

在寒暄的时候态度要十分谦和，好像是见了很多次的朋友一样和对方进行交流，而不能勉强为之，没话找话说，反而会给对方留下负面印象。此外，不管什么时候，寒暄都只是一种应酬的话语，目的在于拉近彼此之间的距离，顺利地将话题转移到自己想要问及的问题上，所以，寒暄要适可而止，不要过于冗长。

寒暄的言语固然重要，但是要掌握其中的技巧才可以运用自如哦！

说别人爱听的话

当你围绕自己喜欢的话题喋喋不休的时候，对方未必会买你的帐。可是，当你热情地谈论着他人感兴趣的话题的时候，不但会使对方产生愉快的感觉，还可以让双方建立起一种轻松、愉快的关系。

在现代社会当中，这样"会说话"的社交高手从来都不少见，只要和他人见过一两面，他们就可以知道对方喜欢什么，讨厌什么，对方喜欢的可以大谈特谈，对方不喜欢的只字不提。这样，他们不论什么时候都可以做到左右逢源，如鱼得水。对于我们来说，这同样是需要掌握的一项技巧。

有一次，陈虹接受朋友的邀请参加一个聚会。这个聚会是在朋友的一个朋友家里举行的，当时的人不是很多，而陈虹是唯一一个第一次和对方见面的人。她想要和对方进行交流，但是又不知道从何说起，坐在那里十分尴尬。

此时，陈虹发现王先生的书橱中放着很多关于《论语》方面的书，而且办公桌的案头上也放着一本《论语》。于是她顿时找到了突破口。她笑着对对方说："看来，您对于中国的古典文化十分感兴趣，特别是《论语》，在这方面您应该有很高的见解吧？"

原本有一些尴尬的对方在听到陈虹谈论《论语》之后，顿时来了精神，说："嗯，我对《论语》有着很浓厚的兴趣，对于丹讲的《论语》一些地方是十分赞同的，有些地方也存在保留意见的。"

陈虹顺势说："其实，我之前也曾经看过'百家讲坛'于丹讲的《论语》，但是因为我的研究有限，所以听不出对方有什么不对的地方！如果以后有时间的话，我们可以深入地探讨一下。"

对方立刻被吸引过来，顿时产生了兴趣，与陈虹讨论开来。在讨论的时候，两个人有一种相见恨晚的感觉。等到聚会结束的时候，两个人变成了好朋友。

每个人都有自己感兴趣的话题，男人更偏好一些能够体现男人力量感的事物，你可以有意识地选择这样的话题；在与女人交谈的时候，你可以谈一谈服饰、化妆品等。需要注意的是，不管是和男人还是和女人进行聊天的时候，都不要让对方感觉你在这个方面比对方知道得多，你只需要找准他们感兴趣的那个点，然后使劲按几下打开他们的话匣子，自己只需要做好一个倾听者，在必要的时候给予他们恰当的回应就可以了。

与比自己地位高的人进行谈话时，你可以从他的事业、工作和阅历入手，你需要做出一副向他们请教的架势。实际上，只要是比你地位高的人都喜欢扮演长者的角色，喜欢给不如自己的人提供一些建议。与这样的人说话你需要认真倾听就可以了，即便是对方希望你说话，你只要简单地回答他们就可以了。需要注意的是，与这样的人相处千万不要做一个"应声虫"，那样只会让他们瞧不起你。

和地位不如自己的人进行谈话时，可以谈谈他们的理想、家庭等。你可以和他谈论一下他在工作之中的出色表现，谈谈他们的业余生活。不过，与这类人讲话的时候需要格外小心，要有礼、和蔼、庄重，千万不要给对方留下漫不经心的印象，那样会让他们认为你高高在上而不愿意和你多谈。

和年轻人进行谈话时，可以谈谈同学、朋友、爱情、工作、爱好等。通常，如今的年轻人了解信息的途径很多，思想超前，一般有些愤世嫉俗，很容易敬佩那些比自己强大的人。与他们进行交谈的时候，你应该摆出一副见多识广且很愿意与他们进行交谈的样子。

和老年人进行谈话时，可以谈谈他们过去的经验与经历，这个定义很宽泛，但是只要是他们过去的经历，就可以让他们打开话匣子。他们经验比你丰富，而这些正是他们感兴趣的地方。你要做的就是谦虚地倾听。当然，和这类人交谈最好不要直接问及他们的年龄。很多老年人会说："人老了，不服老不行啊！"但是实际上，他们的内心是不服老的，是不希望被人问及他们的年龄的，因此，你最好不要触及这一敏感话题。

和学历较高的人进行谈话时，你可以从理论联系实际，谈一谈当前发生的事情，但是言辞一定要文雅、含蓄。

和学历较低的人进行谈话时，可以谈谈他们生活中发生的事情，例如家长里短、孩子、他们谋生的手段等，用词一定要通俗，颇有下里巴人之风。

要学会赞美对方

赞美似乎具有一种神奇的力量，就像是一支火把，可以照亮别人的心田，也可以照亮自己的生活。每个人都想得到周围人的赞美，每个人都要别人用一种欣赏的眼光看待自己，每个人都希望自己的存在得到肯定，这并不是虚荣的表现，而仅仅是渴望上进，寻找鼓励与支持的表现。喜欢听到别人的赞美，是出于自尊的需要，是一种十分正常的心理需求。所以，让赞美成为一种习惯，于人于己都会是一件好事。

1. 将赞美变成一种习惯

"美国钢铁公司"第一任总裁夏布说过："我天生就具有一种气质，可以引发人们的热忱，而且我知道促使人将自身的能力毫无保留地发挥出来的最好的办法，就是赞美和鼓励。我从来不批评别人，因为我一直坚信奖赏是让人工作的定力，因此我习惯赞美而讨厌吹毛求疵。如果问我喜欢什么，那就是真诚、慷慨地赞美他人。"

真诚、慷慨地赞美他人，这是夏布告知我们的成功的秘诀。很多人之所以可以成功，主要是因为他们深知并且实践这一秘诀。但是一般人经常忘记赞美或者根本不善于赞美，从而或多或少地降低了他们成功的几率。

除了推动我们事业的成功外，时常赞美别人是获得良好人际关系的需要。

美国的石油大王洛克菲勒有一个合伙人叫作爱德华·贝德福特。一次，贝德福特在与南美的生意中，让公司损失了100万美元。这件事情发生之后，他沮丧地来见洛克菲勒，准备接受一场严厉的批评。但是结果却恰好相反，洛克菲勒并没有指责他的过失，因为他知道贝德福特已经尽力了，更何况事情已经到了这种地步，指责并不能够挽回损失。于是洛克菲勒就对他说："这简直太好了，这不但让我们暂时收回了在南美6%的投资额，而且也为我们敲响了警钟。我们一直都在努力，并且努力取得成功，但是我们忽视了，到现在为止我们还没有尝试过失败的滋味。这样也好，我们能够更加发现自身的不足，进而争取更大的成功。你的工作完成得很棒，相信以后还会有更大的成绩。"这短短的几句话，将贝德福特夸得心里暖呼呼的，对洛克菲勒的敬佩也油然而生。

所以，让赞美成为一种习惯，不但可以满足被赞美者的需要，也可以增加更多的机会与累积更多的支持者，何乐而不为呢？

2. 赞美要讲究时机

殊不知，赞美别人也需要选择恰当的时机，有时候，时机选择正确与否，会直接影响到赞美的效果。这时的"时机"主要包含两个方面的意思，一是要及时，二是要适宜。

在日常生活当中，家人、朋友身上的优点，随时随地都可以显现。而且，人们的某一种行为或者语言，是处于某一个运动过程之中的，很快就会过去，如果我们不能及时地当面予以肯定，那么赞美的效果也会大打折扣。所以，一个人学会赞美，要懂得把握时机，予以赞美，赢得对方的好感，起到一种征服人心的效果。

俗语说，来得早不如来得巧。赞美同样如此，如果到了该出手的时候，千万不要吝啬，如果时机还没有成熟，就需要耐心等待时机的到来。这样，才可以成事。

3. 赞美也要创新

赞美也存在陈旧与新鲜的区别。新鲜的赞美可以让人过耳不忘，印象深刻。所以，创新赞美很重要。努力寻找对方身上的与众不同之处，让赞美变得与众不同。

在英国，有一位将军，在战场上攻无不克、所向披靡，一直保持着"常胜将军"的称号，立下赫赫战功。每次当他凯旋之时，就会收获大量的掌声与鲜花，称赞之词不绝于耳。比如，"您真的是一位出色的军事家。"或者，"将军，您是我们的骄傲！"但是，将军对于这些话一直无动于衷。因为在他的眼中，打胜仗是一位将军本应该做到的事情，根本不需要这样夸耀。后来有一位聪明的部下巧言说道："将军，您的胡须好漂亮，就像是一片茂密的森林。"将军听到之后哈哈大笑。

这位手下意外地赞美了将军的胡须，让他感到十分开心，从此之后，将军就将这位曾赞美过他的胡须的部下牢牢记在心里了，这就是善用独特的赞美而得到的收获。

这就是赞美散发出的一种力量。因此，我们要毫不吝啬地赞美别人，让赞美成为一种习惯。

做一个谈资达人

多数人的身上都不具备谈资能力，所以，需要在日常生活与工作中积累谈资，因为只有如此，才可以在社交中尽情地畅谈。与此同时，也可以很自然地插入，或者是参与到各种各样的话题之中。

1. 积累谈资，做一个"闲谈"之人

闲谈是你与一个人深入交往前的热身准备，也是你同陌生人拉近距离、结交新朋友、巩固友谊的最佳方法。很多时候，闲谈能够让两个毫不相干的人结成好朋友，甚至成为知己。

可是，在社交场合中，我们应该如何与别人闲谈呢？可以采用以下几种方法。

（1）聊聊天气

天气几乎是每个人经常谈论的话题。天气对于生活的影响非常大。天气很好，不妨齐声赞美；天气太热，也不妨齐声诉诉苦水；有关台风、暴雨、雪灾的消息，更加值得聊一聊，因为那是人人都十分关心的话题。

（2）谈谈家庭

关于家庭各个方面的事情，比如购物经验、亲朋好友之间的交际应酬、夫妻之间的相处之道、儿童教育、家庭布置……这些都会

成为大家十分感兴趣的话题。

（3）讲讲轰动一时的社会新闻

轰动一时的热点新闻是最吸引人的闲谈资料。如果你有一些具有独特价值的新闻或是特殊的观点与建议，就足可以将一批热心听众吸引到你的四周。

（4）说说健康与医药知识

健康几乎是所有人关心的话题，因为每个人对于健康与医药方面的话题都十分感兴趣。有名的医生、自己或亲友治病养病的经验、减肥的绝招、延年益寿的秘诀、对常见疾病的护理知识……这类话题，或许仅仅是一人之谈，但是它足以吸引众人的注意力。特别是在遇到朋友或其亲人出现健康问题时，倘若你可以提出有价值的意见，对方将会对你感激不尽，并且希望与你进行进一步的交流。

2. 善于半路插话

聪明的人善于接住他人的话茬儿，继而借题发挥，上承下转，巧妙应对，触动他人的心弦，让一些迟迟找不到答案的问题得到解决。一个人在交谈过程中应该怎样插话才可以达到较好的效果呢？一般有以下几种方法：

（1）安慰式插话

当对方和你谈论某一件事情的时候，因为担心你或许对此不感兴趣，并且显露出犹豫、为难的神情时，你就可以借此机会安慰一下。"你可以谈谈那件事情吗，我十分理解。""请你继续说。""我对于这件事情十分感兴趣。"这时，你所说的话表明了一个意思：我很愿意听你倾诉，不管你说的是什么，说的如何。这样就可以消除对方的犹豫，让他倾诉的信心更加坚定。

（2）疏导式插话

当对方因为愤怒等原因，在叙述的过程中不可以控制自己的情绪的时候，你可以用一两句话进行疏导。"你一定十分气愤吧。""你看上去有些心烦。""你心里很难受吗？"说完这些之后，让对方随意发泄一下，或哭或闹都没有关系。因为，说这些话的目的就是为了将对方内心的郁结"诱导"出来，当对方发泄一番后，会感到轻松、解脱，继而从容淡定地完成问题的叙述。

（3）推测式插话

当对方十分急切地想要你明白他叙述的问题时，你可以用一两句话来"综述"对方话里面的含义。"你是说……""你的意见是……""你想要说的是这样吧……"这样的话不但可以让对方清楚地知道你对他所叙述的问题的理解程度，加深对你的印象，还可以让对方感受到你的诚意，并且帮助你纠正理解中的偏差。

以上3种交谈中的插话技巧都存在一个共同之处，那就是不评论对方所叙述的内容，不对对方的情感作出是与否的表示，从始至终保持一种中立的态度。这是一个重要界限，如果你想要超越这个境界，就会陷入沟通误区，进而让一场谈话失去意义。

见什么人说什么话

在社交场合中，我们经常会遇到各种各样的人，大家有着不同的年龄、性别、性格爱好、教育背景、信仰等，对于语言的接受程度与敏感程度也不一样。对于这些人，我们可以学一学"见人说人话，见鬼说鬼话"的口才技巧，在轻松的场合说轻松的话，在清冷的场合说清冷的话，在热烈的场合说热烈的话，在悲哀的场合说悲哀的话，在喜庆的场合说喜庆的话，尽量迎合听众的心，切不可不管不顾地说话，等到自己得罪了人还不知道发生了什么事情。

从前，有这样一个人，他哪里都好，人也十分善良，但就是不会说话。

一天，他的邻居家办喜事，邀请他来参加婚礼。这个人回头对父母说："还是让我一个人去参加婚礼吧，反正你们的年纪大了，什么好东西也吃不动了……"

父母满脸无奈地训斥他说："你都已经这么大了，怎么说话还是这样一根筋，一会儿到了婚礼的现场要多说一些吉利话，夸夸人家饭菜好什么的，其他的就不要再说了！"

酒席办得十分丰盛，这个人一见到满桌子的美味佳肴就闷头吃起来。直到吃完要走人了，这个人才突然之间想起来还没有说吉利的话。于是，他就走到新郎官的面前说道："新郎官，祝贺你呀，你们家的饭菜真的很丰盛，我长这样大都没有吃过这样好的……"

新郎一直都知道他不会说话，所以没有放到心上，再加上这话还算是顺耳，就顺口说："你喜欢就好，以后经常来啊……"

这个人一听就来了精神，马上抢过话说："常来？估计你们下次也舍不得做这么好吃的东西了，只要你下一次结婚的时候记得请我就好了。"

新娘听到这句话之后气得脸色发绿，新郎的父亲也十分生气，但一方面碍于邻居的面子，另一方面也不想要让他再说出惊世骇俗的话，就上来劝说："吃完了你就请回去吧！"

这个人正打算回去，临出大门时又回过头来说："我今天说的话都是为你好，如果哪一天你的儿子和儿媳妇离婚了，你可不要怪我啊！"

这家人听到之后大怒，于是立刻将他赶了出去。

在适合的场合对着适合的人说出适合的话才可以收到良好的效果。要知道，两个人之间的交往并非你来我往练练嘴皮子上的功夫就可以，而是特定的环境、心境集合的结果，如果不注意这些，你一定会成为别人排挤的对象。

林亚是独生子，因此从小就受到家里人的宠爱，即便是偶然说错话、做错事，家人也觉得没有什么大惊小怪的，并不会刻意苛责他。林亚也因此变得更加随意，很少顾忌到他人的感受，不过随着年龄越来越大，他惹出的麻烦就越来越多了。有一次，林亚与自己的高中好友偶遇，他们已经三年没有见过面了，于是就聊起了彼此的近况。从聊天中，林亚得知朋友还在参加高三的补习班。林亚惊奇地问："你为什么还在读书啊？你真的是要活到老、学到老啊？"听到林亚的这些话之后，朋友的脸涨得绯红，于是找了一个借口走掉了。从此以后，这个朋友再也没有主动联系过林亚，即便是林亚主动联系他，他也是表现得淡淡的，三言两语就将林亚打发掉。

在这个案例中，林亚并没有说错什么话，可是对于一个还在复读的朋友来说，"活到老，学到老"这样的话就难免会让人产生一种负面的印象，因为在这个具体的情景中，他的话就显得很不合时宜。

可以这样说，学会察言观色、对于不同的人说不同的话是一种语言上的技巧，你要知道什么样的话该说，什么样的话不该说。正所谓："山不在高，有仙则名；水不在深，有龙则灵。"同样，说话的时候并不在于你说不说，说多少，而在于所说的每一句话都可以恰到好处，都可以说到别人的心里去。

社交中怎样克服卑怯心理

人人都知道，好口才对于一个人的重要性。它可以让你获得好朋友的帮助，获得更多人的支持，获得升职的机会，但是很多人见到你的伶牙俐齿、气场强大，不自觉地就会产生自卑的心理，认为别人的可以说得那样好，见解独到，但是自己的见解却很肤浅，万一出丑就麻烦了。

特别是在陌生人的面前，尽量不说话就不说话，即便是开口说话也是怯生生地，完全没有底气。在社交场合中，一旦出现这种情况，你就没有办法展现自己的魅力，也没有办法营造出良好的气氛。

小凌的胆子非常小。在父母面前，他有什么说什么，又蹦又跳，但是一到陌生人的面前，他就像是换了一个人，少言寡语，通常都是问一句答一句，从不多说一句话。特别是在不熟悉的人面前，他一说话就会脸红，有时，人们还可以听到他的声音在颤抖，如果想要让他在大家面前说话就像是要了他的命。他觉得别人都说得那么好，自己万一说错了话岂不是要被笑话死了？

转眼之间，到了该结婚的年龄，他又遇到了新的问题：如何与异性进行交流呢？在网络上、在电话中，他一切都很好，只是一见面，就会鸡飞蛋打，因为他看到女孩子之后脸就红成一片，说话也结结巴巴，胆怯得很。随着时间的流逝，他还是没有找到自己的另外一半，于是家人开始着急了，为他安排了一连串的相亲，结果也是见一个吹一个，询问女孩子的原因，对方一致的答案都是：他不会讲话。

小凌真的是不会讲话吗？当然不是，因为他在家人的面前说话很正常，只是在陌生人的面前才会表现出怯生生的感觉，这主要是因为谈话中的卑怯心理造成的沟通障碍。

其实，社会交往活动中，没有任何一个人是专门抱着看你出丑的心理与你进行交往的，他们同样希望得到你的心理认同，说不定，当你的心里忐忑不安的时候，对方也在担心你是不是喜欢他、是不是可以接受他、是不是担心自己会说错话呢？所以，在与他人进行交流的时候，一定要克服这种自卑的心理。让自己的心理感受重新归位，正确、客观地看待对方，同时准确、公正地评估自己，时时刻刻保持充足的自信与清醒的头脑。在这里，你需要时刻记住，不管你的谈话对象是谁，你与他在人格上是平等的，不存在尊卑、高低之分，所以，你大可不必一厢情愿地将对方神化或拔高。

其次，不要对自己的期望太高。在很多时候，我们之所以失败并不是因为我们的能力不够，主要是因为我们对于自己的期待太高，造成了巨大的心理压力，影响了我们的正常水平的发挥。例如，很多人总想着一鸣惊人，和别人一样思路清晰、出口成章，甚至希望可以压过别人。一旦自己的真实表现达不到自己的期望，就会产生失落的感觉，时间久了，人就会害怕说话，越害怕就越说不好。

但是，当我们在与他人进行交往的时候，我们开口说话并非是为了显示自己的口才比别人好，这只不过是一种与别人建立关系的手段而已。即使说不好，你也不会有所损失，但是如果因为这件事情心存芥蒂，你就必然会遭遇失败。更何况，一个人对于某件事情的看法也只是在其经过深思熟虑之后的一些看法，自然会比临时想出来的观点更深刻一些，我们只要吸取他人值得肯定的地方就可以了。如果自己有好的看法也可以说出来与大家一起分享。所以，不管做什么事情，哪怕是与人进行交流，也要抱着一颗平常心，不要刻意要求什么。

第4章　因人施法的说服口才

　　说服是一种心理战，如果你口才不好，那就要有看穿对方的本领。而在很多时候，对一个问题的关键点的把握会对这个问题的结果起到了决定性作用。比如，做好一桌美味佳肴的关键在于各种佐料的配备，参加一场歌唱比赛的关键在于对参赛歌曲的选择，化出一个精致新娘妆的关键在于皮肤本身的状况……把握事物的关键点，才可以让我们距离目标更进一步。

说服忌直来直去

许多人之所以无法说服对方，就是因为直接的语言得罪了对方，让对方感觉不快。

每个人都希望得到尊重，都不希望别人用命令的口吻对自己说话，但是心理研究也表明，人人都具有排他心理，尤其是别人在用命令的口吻对自己说话的时候。因此，在说服他人时，最好先博得对方的好感，用商量的口吻与对方进行交谈，之后再提出解决方案，让对方心平气和地听你说话，最终达到说服的目的。

查理刚刚搬到一个社区的时候，就发现邻居养了一只大狼狗，让查理感到十分诧异的是，邻居平时总是放任这只大狼狗在街上乱跑。

虽然这只大狼狗看上去十分温顺，但是查理的女儿每次见到它总是吓得大叫，十分害怕。自从知道外面有一条大狼狗之后，女儿就很少出去了，除了在自己家的院子里玩，哪都不去了。

查理认为这件事需要马上解决，于是就去拜访了狗的主人，并且向他说明了来意。

查理说："你好，我是你的新邻居查理，我来只是想要和你商量一件事情。你的大狗的确十分可爱、活泼，但是我的女儿每次见到它的时候都很恐惧，因此不敢到外面玩，不管我如何劝说，都没有用。所以，我想要请您帮一个忙，以后每天下午五点到六点之间，可以让你的狗待在家里吗，这样我的女儿就可以出来玩一会儿，希望你可以帮我这个忙……"

邻居听到查理这样说之后，十分爽快地点头答应了。邻居还略带歉意地对查理说："真的没有想到你的女儿害怕狗，真是不好意思了。"

查理之所以可以劝说成功，是因为他在表明来意之前，先称赞了对方的狗，之后说明事实，继而提出了合情合理的解决方案。

许多人之所以不能说服对方，就是因为理直气壮的说话方式激怒了对方，让对方感觉到不愉快，不但不能说服对方，还会让双方的关系恶化。在说服对方之前，你应该告诉对方已经存在的事实，让对方知道你的来意，之后再用商量的口吻表达出自己的想法，让对方放下防备之心，尊重你的意见。

说服他人的简单公式：说服=事实+雄辩。

想要让对方接受自己的想法，首先应该讲道理，做到以理服人。若是你没有任何道理就站在那里瞎说，只怕没有人愿意听从你的。

在战国时期有一个叫苏秦的人，他原本是一个被人看不起的穷书生，但是后来他却可以身佩六国相印，为当时的政局造成重大影响，创造历史的奇迹。

苏秦有一套令人称绝的理论：合纵。如果没有这套理论，即便他的口才再好，也根本无法打动那些狂傲的君主，可见以理服人的重要性。而真正想要做到以理服人，你就要做到以下两点：

1. 讲清道理

在说理的时候，你需要拿出证据，就事论事。用简单明了的语言，把道理说透就可以了。与此同时，你要做到条理清晰，哪些先讲，哪些后讲，哪些重点讲，哪些反复讲，都应该做到心中有数。

2. 用事实说话

事实的力量就像是一颗重磅炸弹。一个事实常常比一百句、一千句抽象的理论更有说服力。有时候，你只需要将事实一摆，就可以让人心服口服了。事实胜于雄辩，你如果找出大量的事实证明你的观点，那么别人想要反驳也是很难的。

明确了这一点，想要说服别人就轻而易举了。

说服他人的要领

很多人不能说服别人的原因，是因为他们对对方不够了解，不知道应该用什么样的方法与对方沟通。说服自古以来就在人们相互之间的交往中起着重要的作用，孔子周游列国说之于礼，苏秦、张仪合纵连横于七国之间，千古流传。可是，在现实生活中我们应该如何说服对方呢？

1. 说服要寻找最佳突破点

说服不仅是一门艺术，更是一个人综合素质的体现。在日常生活中想要说服某个人，就必须要掌握一些原则与技巧。许多人之所以不能说服别人，就是因为他们没有仔细地研究对方，更没有想好应该用什么样的表达方式，还以为"一眼看穿了别人"。这就如同是粗心的医生，对病人的病情不了解就开药方，病情当然不会得到缓解了。

以下几种方法可以帮助你在很短的时间内找到突破口。

（1）了解对方的性格

不同性格的人，接受他人观点的程度是不一样的。比如，对方的性格急躁还是稳重；是胸无点墨还是真才实学；是自负还是谦虚。了解了对方的性格，你就可以有针对性地说服对方了。

（2）了解对方的长处

一个人的长处就是他最能理解、最感兴趣的地方。在说服别人的时候，你要从对方的长处入手，需要注意以下三点：第一，可以和对方谈到一起；第二，你说话的方式对方可以接受；第三，可以将对方的长处作为说服对方的有利条件。比如，在分配对方做销售工作的时候你可以说："你在这方面比别人更具优势，你在这方面更具潜能。"这样说不但可以体现出你对他的信任，还可以引起他对新工作的兴趣。

（3）了解对方的兴趣

有人喜欢下棋，有人喜欢唱歌，有人喜欢绘画，人人都喜欢就自己感兴趣的事情进行谈论，从这里入手，打开他的话匣子，再说服对方，你就很容易达到说服的目的了。

（4）了解对方的想法

每个人所在意的事情都会不同，如果你能真正了解他内心的想法，就可以有针对性地展开说服。

（5）了解对方的情绪

通常，影响对方情绪的因素主要有以下几方面：一是谈话之前对方因为受到其他事情的影响而造成情绪波动；二是谈话的时候对方的注意力还没有集中起来；三是对方对说服者的看法和态度的变化。所以，在谈话之前，应该了解对方的情绪与态度，这是说服对方的一个十分重要的环节。

2. 先抬高对方，再进行说服

在说服对方的时候，要适当地抬高对方，那么不管再难的事情也会变得简单起来。因为不管是大人还是孩子，他们都喜欢被人称赞，即使他们与赞美之词还有段差距，但是也会朝着这一目标努力。

约翰·强生是一个著名的美国企业家。1960年，他决定在芝加哥为他的公司总部兴建一栋大楼。对此，他前前后后走访了无数家银行，但是一笔贷款都没有募集到。于是，他聘请了一位承包商，并用自己设法筹集的200万美元先开工建造，之后再去筹集剩下的500万美元。假如200万美元使用完了，还是没有钱，那么承包商就要停工。

当筹集的资金只够坚持一个星期的时候，约翰正好和大都会人寿保险公司的一名主管一起吃饭。他随手拿出了经常带在身上的几张蓝图，想激起这名主管对于大楼的投资兴趣。他正准备将蓝图铺在餐桌上时，主管十分严肃地对约翰说："这里我们不方便谈，明天可以到我的办公室。"

第二天，当主管告诉约翰愿意投资的时候，约翰说："真的太好了，但是唯一的条件就是我今天就要得到贷款的承诺。"

"你一定是开玩笑，我们从来就没有在投资的第一天就对贷款进行承诺的先例。"主管回答。

约翰说："你是部门的负责人，或许你应该尝试一下，因为你拥有足够的权力，我相信你可以用一天的时间将所有事情办妥。"

主管得意地笑着说："好吧，那我试一试吧！"

事情很顺利，在沟通的时候，约翰十分巧妙地抬高了对方的身份，从而一次说服成功，在自己的钱即将花光的时候募集到了贷款。

所以，在欲说服对方的时候，不妨动脑筋想一想，怎样的说服更有力度，不过，如果你掌握了文中谈及的技巧，成功说服对方的几率必定会大大提高。

把话说进对方心里

白居易曾经说："动人心者莫先于情。"就是说，要说服人、打动人，需要动之以情，言语之中透露着深情，且发自内心、富有人情味，让听者认为你是在为他着想，并不是为了对付他。相反，冰冷的态度、程式化的言辞都会让对方产生逆反心理，降低说服的力度。说服对方的核心在于征服对方的心，让对方产生情感上的共鸣。

文学家李密，曾经在蜀汉朝担任尚书郎的官职，蜀汉灭亡之后，就归隐山林。晋武帝深知他的才干，就召他回京担任太子洗马，但是李密拒绝了。为此，晋武帝大怒。在如此危急的情况下，李密写了一封信给晋武帝。

"……我想圣明的晋朝是以孝来治理天下的，凡是年老之人，都得到了朝廷的怜恤和照顾，何况我祖孙孤零困苦的情况特别严重。"

"我年轻的时候在蜀汉朝做官，任职郎中，本来就希望仕途显达，并不矜持名声节操。现在我是败亡之国的低贱俘虏，身份卑微的人，受到过分的提拔，宠幸的委命，已经非常优厚，哪里还敢迟疑徘徊，有更高的渴求呢？

"只是因为我祖母刘氏如西山落日，已经是气息短促，生命不长。我如没有祖母的抚育，就难以有今日。祖母如失去了我的奉养，也就无法多度余日。祖孙二人相依为命，因此我实在不能抛开祖母离家远行。

　　"微臣李密今年44岁，祖母刘氏今年96岁。这样，我为陛下尽忠效力的日子还长，而报答祖母的养育之恩的日子短呀！故此我以这种乌鸦反哺的私衷，乞求陛下准允我为祖母养老送终。

　　"恳请陛下怜悯我的一片愚诚，慨允我微小的志愿，使祖母刘氏可以侥幸保其晚年，我活着也将以生命奉献陛下，死后也要结草图报。臣内心怀着难以承受的惶恐，特作此书，奏闻圣上。"

　　这便是流传万世的《陈情表》。将心比心，以情说理，李密用充满深情的语言陈述事实。晋武帝十分感动，心中的怒火也平息了，他还赐给李密奴婢二人，并且让郡县供养他的祖母。

　　杰克·凯维是加利福尼亚州某家电气公司的科长，此人一向知人善用，而且每推行一个计划，都会做好表率，将最困难的工作揽到自己的身上，等到一切都走上正轨之后，才会将工作交给下属，自己退身于幕后。虽然他这种处理事情的方法很好，但是因为他总是喜欢做表率，所以，人们经常认为他太骄傲了。

　　不知为何，一直神采飞扬的凯维最近却显得无精打采。原来是因为公司经济不景气，资金的周转不灵，外加预算又被削减，让公司的运转差点停顿。如果这种情况再继续下去，后果将会不堪设想。于是他实施了一套新方案，而且鼓励职工说："大家好好干吧！成功之后我一定不会亏待你们的。"只可惜，眼看目标就要达成，还是功亏一篑，也难怪他会意志消沉了。

　　平日对凯维就十分照顾的经理见到这一幕之后，就对他说：

"你最近总是无精打采，失败所造成的失落情绪我可以理解，但是你之所以失败，就是因为你只是一味地注意该如何实现目标，却将人际关系忽略，如果你可以多考虑一下，多为他人着想，这种问题一定会迎刃而解的。"经理停顿了一下，又接着说，"大丈夫要做到能屈能伸，才是一个好的管理者。你太喜欢充当表率，急功近利，将他们的立场忽视，认为他们一定可以如你所愿完成工作，结果反倒会给员工施加压力。大概也就是因为这个缘故，所以即使大家都承认你能干，但是你的部署却很难实行。每个人都应该知道工作的重要性，所以，你实在不需要给他们太大的压力。你好好休息几天，让精神恢复过来，至于工作方面，我会帮助你的。"

杰克·凯维的这段亲身经历让我们知道，我们需要时刻站在别人的立场上考虑问题，将心比心才可以达到说服别人的目的，否则，再多的自信和能力也没有办法取得别人的信服。会打棒球的人都知道，当我们需要接球的时候，应该顺着球势逐渐向后退，这样的话球劲便会减弱。同理，我们在说服别人的时候，如果可以将接棒球的那一套理论运用起来，相信说服别人也变得更容易了。

软硬兼施，效果更好

暴力与怀柔，两者分开使用，人人都可以应用自如，但是所产生的效果并不是很好。如果将两者结合起来，双管齐下，就可以获得良好的效果。

在说服他人的过程中，采用刚柔并济之术，一方面可以让对方体面地"退"，另一方面还可以坚持自己的原则，让别人接受自己的意见，这种方法的使用可以让很多事情变得顺理成章。

太史公司马迁在《史记·滑稽传》中记载：战国时期，齐威王荒淫无度，不理国政，好为长夜之饮。上行下效，僚属们也全不干正事了，眼看国家就要灭亡。可是就在这种节骨眼上却没有谁敢去进谏，最后只好由"长不满四尺"的淳于髡出面了。但是淳于髡并没有气势汹汹、单刀直入地向齐威王提出规谏，而是先和他搭讪聊天。

他对齐威王说："咱们齐国有一只大鸟，落在大王的屋顶上已经5年了，可是它既不飞，又不叫，大王您知道是什么原因吗？"

齐威王虽然荒淫好酒，但他本人却和夏桀、商纣一样坏进骨子里去的人物有着巨大的不同，所以当听到淳于髡的隐语之后，他就被刺痛并醒悟了，于是很快回答说："我知道。这只大鸟它不鸣则已，一鸣就要惊人；不飞则已，一飞即将冲天。你就等着看吧！"

说毕齐威王立即停歌罢舞，戒酒上朝，切实清理政务，严肃吏治，接见县令共72人，赏有功者一人，杀有罪者一人。随后他领兵出征，打退要来侵犯齐国的各路诸侯，夺回被别国侵占去的所有国土，齐国很快又强盛起来。

淳于髡并没有采用十分尖锐的词语进行劝谏，而是避开话锋，柔语细说之中还带着一些强势与责备之意，如此就可以让对方接受自己的意见了。

软硬兼施的方法还可以由两个人合作完成。

一位深受青年人喜欢的作家的很多作品都被拍成了电影，很多人都曾经花钱到影院观看由他的原著改编的电影，影院的观众席都挤满了，观众们时不时地为电影中的精彩片段鼓掌，就像20世纪30年代的美国人为了卓别林的表演忍俊不禁一样。影片是侦探片，最吸引人的地方就是警察审讯犯人的精彩片段：警员声色俱厉地威胁、恐吓犯人，将犯人逼到绝路；这时又一位陪审的警员出场，他用一种温和的态度表示对犯人的理解与同情。

首先罪犯由带有攻击性的警官进行讯问，以凌厉的攻势将对方的意志摧毁，并且向他说明证据确凿、同伙已经招供等，将犯人逼到两难的境地。在接受了这样残酷的审讯之后，有的人会主动屈服，但是顽固的犯人依然不肯就范。

这种情况下，就会再派一位性格温和的警官登场。警员完全站到罪犯的立场上，发自内心地安慰他、同情他、理解他，"你的妻儿都希望你可以得到宽大处理，希望你可以为他们考虑一下"等。对这种软招，罪犯通常会招架不住，将罪行讲出来。

不管是在影片中还是现实生活中，只要采用这样的方法，罪犯十有八九会坦白认罪的。

　　这种手法称为"缓解交代法"，是一种奇特的心理暗示法。由攻击型与温和型合作完成，一方先将对方逼到绝路，让他失去信心；此时，另外一个人出现为他指出一条逃避的暗道。这种情况下，对方当然会选择逃脱之路了。

　　不管是罪犯还是正常人，在遭遇这种软硬兼施的心理暗示时，大部分都会选择妥协。因为大部分人都无法承受这种心理施压，在巨大的心理压力面前选择实话实说。这就是其精妙之处。

旁敲侧击让人心悦诚服

在说服他人做什么事情的时候可以根本不用当面提出自己的意见，也不用说得明白无误，采用一种旁敲侧击的方法或许更有效果。

公元前636年，在外流浪十九年的晋公子重耳，在秦穆公的帮助下，回到晋国成为了王。

渡河之际，壶叔将他们在流亡时候的旧席破帷依旧当成宝贝似的，一件都舍不得丢掉。重耳一看，哈哈大笑，说自己就要成为王了，还在意这些东西做什么？他命令将这些东西全部丢掉。狐偃对重耳这种未得富贵先忘贫贱的言行非常反感，但是又担心他会像丢弃这些破铜烂铁一样，将这些跟随他多年的老臣也抛弃。

于是，他立刻对重耳说，他想要继续呆在秦国，因为已经在外面漂泊了这么多年，已经心力交瘁，身体已经像刚才重耳丢弃的旧席破帷一般没有办法再用，再回去也就没有任何价值了。

重耳很快明白了狐偃的意思，马上做了自我批评，并且让壶叔将东西都捡了回来，表示返回晋国后，一定不会忘记他的大恩大德，并且要他尽心辅佐，共治天下。

在对别人进行劝说的时候，有些事情不好意思直接直截了当地说明，更不能一语点出对方的意见和观点是错误的，遇到这种情况，不妨以事物启发人，往往更容易被人接受。

对存在抵触情绪的人进行正面说服虽然能够表达说服者的诚心，却不可以达到消除对方抵触心理的作用，但是如果在劝说形式上稍微改变一下，就可以达到重点说服所不能达到的效果。

在古代，人们习惯采用一种"隐语"的手法将自己内心的想法表达出来。这种方法更加含蓄，给人一种曲折的感觉。通常是借别的词语或者手势做出种种的暗示，让对方琢磨、揣测。巧妙地使用隐语不但可以让语言变得通俗，而且容易引起对方的注意和兴趣。

周武王消灭殷之后，进入了纣都朝歌。听说殷有一位德高望重的人，于是周武王前去面见，询问殷朝之所以会灭亡的原因。

殷长者对周武王诚心说道："您想要知道这个答案，请以某一天的时分为期，到那个时候再行商谈。"约定的时间到了，但是老者并没有赴约。周武王顿时感到奇怪。周公说："我已经知道了。这个人是一个君子，遵从礼仪的要求他不会非难自己的君主，所以不能明言直说。至于他言而无信，其实是暗示了殷灭亡的原因。他是在暗示我们啊。"

齐景公伐鲁，在接近许城的时候，找到了一位名叫东门无泽的人。齐景公问他："鲁国的年成怎么样？"东门无泽回答说："背阴的地方冰凝到底，朝阳的地方冰厚五寸。"齐景公思考很久，依然不明白其意思，于是将这件事告诉了晏子。晏子说："这是一位知识渊博的人，您询问的是年成，但是他回答的是冰，这是合乎情理的。背阴地方的冰凝固，朝阳地方冰结五寸，这说明气象正常，政治平稳，上下和气团结。说明您所要攻打是一个粮食充足、群众团结的国家，只怕会让齐国的百姓受苦，让战士伤亡，结果不会如您所愿。所以，请大王对鲁国以礼相待，换一种方式平息他们对我们的仇恨，遣返他们的俘虏，表明我们的诚意。"齐景公立即说："好的！"于是决定不伐鲁了。

隐语需要对方具有一定的领悟能力，不然也不会达到预期的效果。因此，我们在对对方进行旁敲侧击的时候，需要将对方的立场与态度考虑进去。

对固执之人，宜采用迂回策略

想要说服别人，特别是那些固执己见的人，直截了当地劝说或许收效甚微，此时，倒不如采取迂回战术进行劝说。

说服是一门十分重要的语言艺术。只有说服了对方，才可以与之交流，达到自己的目的。但是想要说服别人，特别是那些倔强的人，并不是一件简单的事情，还需要有高超的口才技巧。首先，你应该思考这样一个问题，如果这个问题得不到解决，想要说服别人是不可能的。这个问题是：你为什么可以说服别人？或者说，别人为什么就一定要听从于你？读了下面的故事，你就可以找到答案。

齐景公十分喜欢打猎，为此，他还特意喂养了老鹰来追击野兔，这些老鹰由烛邹负责看管。有一次，烛邹看管不慎竟然让老鹰飞走了。齐景公得知这件事情之后，十分恼怒，下令将烛邹拉出去斩首。站在一旁的晏子对齐景公说："烛邹罪不可赦，不能就这么轻易地杀了他，让我先来宣布他的三条罪状，之后再处死他吧。"齐景公答应了。于是晏子指着烛邹数落道："烛邹，你替大王养鹰，却让其中的一只老鹰飞走了，这是罪状一；你让大王为了老鹰的事情下令杀人，此为罪状二；将你杀死，让天下之人认为大王是一个重鹰轻士之人，此为罪状三。大王，现在请您下令杀死他吧。"聪明的齐景公清楚晏子的话外之音，只好勉强说："算了，饶了他吧。"

世界上的每个人都存在逆反心理，不会轻易被别人说服，假如你是晏子，在这样的情况下，不妨先套用之前的问题：你为什么可以说服齐景公呢？

让我们回到事发之初，依照晏子的思路寻找答案。

当时的齐景公正值盛怒，晏子一定会想：我该怎样劝阻他呢？是应该直接指出他的错误吗？当然是不可以的，齐景公是一国之王，是一个很爱面子的人，现在又在气头上，如果当面顶撞他，不但不能达到劝阻的目的，说不定还会迁怒于我，到时候，人没救成，反倒将自己置于危险之中。究竟应该怎么办呢？当务之急是要浇灭齐景公的怒火。不妨先顺着齐景公的意思说，然后随机应变。不过，晏子的心中十分清楚，表面上是顺着齐景公的，并非真的支持他犯错误，仅仅是一种迂回手段。

就这样，晏子虽然在表面上是指责烛邹，但是实际上是在批评齐景公，声东击西，终于让齐景公改变了杀烛邹的决定。

晏子的方法的确十分高超，如果你也能够学会采用迂回策略去跟人说理，那么，成功说服他人的概率就大大提高了。

隐藏劝说动机

将劝说的动机巧妙地隐藏起来，让被劝说者感到"意外"地收获到了劝说的信息，可以让信息的可信度大大增加。

在古希腊有一个神话：宙斯给潘多拉一个盒子，在盒子里面装满了世界上的磨难与痛苦。宙斯真诚地告诉她不可以打开。潘多拉很好奇，越是不让打开，她就越是想要打开，看看里面究竟装的是什么。结果她打开了盒子，将世界上所有的磨难与痛苦都放出来了。

其实，人们都存在好奇心，越是不允许的事情，越要做；越难得到的东西，就越显得珍贵。心理学家认为：人类有一种探究真相的本性，不管什么事情都想要一探究竟，以揭示其奥秘。就是这个本能让人们产生了好奇心，驱使着我们去找出真相。

利用这种本能，在劝说别人的时候，为了增加信息的可信度，可以引起人们对于这一信息的重视，你可以将劝说的动机巧妙地藏起来，让被劝说的人感觉是自己无意之中获得了这样的意外的信息，如此就可以达到事半功倍的效果。

说"，而不是"说什么"。换句话说就是，嘴巴上的功夫一定要修炼到家。相同的话，用不同的方式表达出来，效果会全然不同。

一个雨天，一个教授到教堂里面去做祷告，他的伞却不小心被别人拿走了，这把伞是朋友送给他的礼物，他十分珍惜，无奈之下，他只好登报寻找，但也没有找到。

有一天，这位教授对一个商人说了这件事情。

"您的广告内容是怎样写的呢？"商人真诚地问道。

"广告就在这里，您可以看一下。"教授一边说着一边从口袋里面拿出了从报纸上剪下来的纸片。

商人接过来念道："本人于上星期日在教堂不慎将一把雨伞丢失，如果是哪位好心人拾到了，烦请送到布罗德街10号，本人以5英镑作为酬谢。"

商人说："刊登广告是一门学问，你这样写可不行，这样是没有办法找到雨伞的。我给您再写一则广告，如果还是找不到伞，我就买一把新伞给您。"

商人写的广告很快就登报了。第二天一早，教授打开屋门的时候大吃一惊，在他的院子里面躺着六七把雨伞。这些雨伞的颜色各异，布的绸的、新的旧的、大的小的都有，全都是从院子外面丢进来的。

当然，这位教授丢失的那一把黑色的雨伞也在里面。其中有好几把伞上还拴着布条，上面写着"不小心拿错，请不要声张"。教授马上将这些情况告诉了商人，商人说："这些人还是比较诚实的。"

这位教授感觉十分奇怪，就问商人："您的广告里写的是什么内容啊？"

商人说："上星期日傍晚，有人曾看到有个人从教堂的门口拿走了一把伞，取伞者如果不愿意惹祸上身，就请速速将伞送回布罗德街10号。否则此人是谁，人尽皆知。"

商人的广告之所以可以起到如此明显的效果，主要是因为他抓住了偷伞人的心理弱点。要想说服他人，你就必须要找到被说服人的心理弱点。如果不相信，不妨可以尝试一下。

第5章 打动人心的销售口才

销售就是介绍商品提供的利益，以满足客户特定的需求。好的口才在很大程度上决定了销售的成败。实际上，巧妙的说话方式并非天生，通过一定的学习和实践，我们也是可以做到的。

销售员口才素质必备

良好的口才是销售员的必备硬件。但口才并不是天生的，它要求推销者具有一些知识储备和积累。比如商品推销者，不仅仅需要有对于产品的透彻认识，还需要一些外交策略，以及友好的服务态度。下面列出的一些必备的素质，都是作为销售人员所必须具备的。

1. 知识

销售人员对于自己的商品和顾客都应非常熟悉。如果在顾客询问产品的有关情况时回答不上来，就会令顾客产生不信任感。相反，如果销售人员的学识比较广博，并对商品十分熟悉，能够清楚地说出产品的尺寸、分量等，就能够赢得顾客的信任，并刺激顾客的购买欲。

2. 礼貌

和蔼的态度是销售业必不可少的。在销售员向顾客推销产品的时候，应采取比较友善恭敬的态度。为了能够自然地表现出谦和、有礼的语气，作为销售员必须心怀诚意。有些销售员缺乏基本的业务精神，认为向顾客介绍商品是一种枯燥乏味的事情，并对顾客爱答不理。其实对于顾客来讲，往往是真的不了解商品，对于顾客的这些要求，作为销售人员是应该满足的。

3. 热忱

销售行业应该是一项充满热忱的行业，销售员应当用自己的销售热忱去感染顾客。只有你的推销足够"热忱"，才能轻易克服来自顾客的偏见和抗拒，如果一个推销员丧失了热忱，那么他的销售活力也就几近于零，而消极的销售状态是很难有所成就的。

4. 服务意识

面对有购买欲的顾客，作为销售人员应当考虑，顾客究竟需要哪些服务。通常情况下，你越是愿意为顾客服务，顾客也就能够更加诚挚地回报你。

5. 创见性

具有想象力的语言，才更加能够打动人。因为顾客的购买标准是多种多样的，通过你的想象力，可从不同角度对产品的价值进行介绍，从而符合顾客的标准。比如对于商品的颜色的阐释，就有着较大的自由度。如果商品是黑色的，可以说黑色显得高雅；如果商品是红色的，可以说红色更有活力。具体如何发挥，你的想象力是很重要的。

6. 建设性意见

在推销谈判不能继续进行而陷入僵局时，建设性意见的提出就很有必要了。这种意见往往能使谈判峰回路转，发挥得好的话，会使你赢得对方的尊敬和信任。

7. 友情

如果能在推销中加入友情元素，自然是最好不过了，这会使你的销售更加顺利。在推销的过程中，顾客提出的任何要求，只要是能做到的，作为销售人员都应当尽量办到，不能出现浮躁不耐烦的现象，并且要给予坦率、诚恳的态度。

8. 外交手腕

一位有经验的推销员，应该是相当有智慧的，并在销售的过程中能够运用一些外交手段。在顾客不满意的情况下，既做到不与顾客争吵，又能够巧妙化解矛盾。例如，顾客对你拿给他看的商品不满意，做些让步是必须的，这比辩解更容易使问题得到解决。比如，推销员可以这样说："对不起，可能您的意思被我理解错了。"这样，矛盾就比较容易缓和了。

9. 耐性

作为推销员，足够的耐性是很有必要的。因为只有这样才能打消顾客的抗拒心理，应当锲而不舍，不让任何一个机会白白溜走。如果你觉得对方是你的商品的潜在客户，就应该对这位顾客不断地游说，如果因难为情而放弃就功亏一篑了。

10. 适应性

随机应变是推销员的必备素质之一。由于工作状况经常是不稳定的，因此无论处于什么情况，推销员都应该有迅速而敏捷的反应能力。另外在推销员推荐商品的时候，一开始不要将该商品的优点全部说出来，而应当有所保留。因为在推销谈判的过程中，顾客的疑虑和动摇随时都有可能产生。在这种情况下，推销员就能够逐步将商品优点讲解出来，作为新的补充和解释，从而重新打动顾客，坚定顾客购买的决心。

所以，作为推销员是需要多方面素质的。对业务知识的清晰，对市场行情的准确判断，对顾客心理的兼顾，都是交易成功的重要筹码。当然，最重要的还是要有一个好的口才，把这些因素充分地表达出来。

销售口才的原则

　　能说会道、口若悬河并不算是好的销售口才，一味地只说好话，阿谀奉承也不是游说的上策。一个成熟的销售员在销售的过程中，他的言语首先要能够表达自己的意图。如果一个销售员不能够清晰地表达自己的意思，也没有自己的主见，无论多么能说会道，也是不能够打动消费者的。因此，为了促成交易，并达到成功销售的目的，销售员必须有一个好的口才。那么，好的口才又有着怎样的定义呢？一般情况下，具备以下条件的说话方式才是好的销售口才。

1. 措辞要得当

　　充分尊重客户的人格和习惯，是销售员与客户顺利沟通的前提条件。在交流的过程中，一定不能出言不逊，伤害客户的自尊。委婉含蓄的说话方式，永远是放之四海而皆准的，它能帮助你顺利地表达自己的意思。我们一时对客户提出的意见难以给予准确的评价，就可以采取拖延的办法，告诉顾客他的意见应当考虑一下，而不是马上说"行"，或者"不行"。

2. 语速要适中

　　在面对客户时，聪明的销售员绝对不会口若悬河，一说起来就没完没了。他们会审时度势，根据谈话的进度而放慢讲话速度。在他们看来，话不在多，有效地"牵"住客户的思维才是最重要的。其实谈话的目的就在于让顾客认识产品、了解产品，并且对产品产生兴趣，从而促成交易。

3. 有理、有据、有节

要讲真话，说出自己的真实想法就是"有理"。在推销的过程中，由于一些利益分歧，难免会与顾客出现一些不一致的地方，甚至完全一致的情况是很少见的。比如讲价钱的时候，顾客所开的价码是你不能接受的，这时你就要既有礼貌又能够大胆地说出自己的立场与观点。当然，你必须做到有根有据，这样你的观点才能更使人心服口服，也更容易得到顾客的理解。

此外，自我控制能力也是销售员所必须的，即所谓"有节"。由于每个人的看法不同，在沟通过程中难免会出现分歧，这时一定要有冷静而理智的态度，以达到互相理解。如果有顾客故意挑衅，你就更应保持冷静，并且迅速思考反击之策，不然，你就落入顾客的陷阱之中了。

总之，一个有阅历的推销员，一般情况下不会直接和顾客争吵，这永远是下策。温和而有理有节的交谈才是正道。

4. 说话要条理清楚

注意因果关系、前后联系和善于归类的谈话方式可以称得上条理清楚。如果想表达不同的意见，应当注意转折手法的运用。如果多个观点、见解需要在一次谈话中完成，要适当在句子中加入"另外……"等句式。这样，你的谈话会显得思维更加清晰，也更便于顾客理解。

5. 语言要生动

语言的变化方式是无穷无尽的。为了形象地把产品的优点展示给客户，生动而幽默的语言是不可或缺的。这样也更便于客户的理解。总之，生动的语言既便于沟通，也能够给顾客留下一个好印象。

6. 耐心细致

销售员要善于观察客户的反应，在与客户进行交流的时候，察言观色是必不可少的。一般来说，客户的面部表情，语调的快慢、轻重，手势等行为举止都是其心境的表达。只有设身处地的为客户着想，才能为他们所接受。

7. 满怀激情

充满激情、开朗、面带微笑的销售员更加容易受到客户的信赖。因为在这样的服务下，顾客才享受到轻松的氛围和周到的服务。充满热情的销售员既能让客户感到心情舒畅，又可以度过一段愉快的时光。

8. 好口才不等于一定要说服顾客

在现实中我们发现，一些销售员总是喜欢去说服别人，这其实是人际交往的一个大忌。

因为，推销的目的不在于说服客户，而在于成交。你的说服欲望，反而会使客户产生很大的压力，并不利于交易的进行。

实际上，现实生活中销售员面临的情况会十分复杂，对于以上的几条原则应当灵活运用，还需要充分发挥主观能动性，并且具体问题具体分析，才能够促进交易的顺利进行，并获得一定的成绩。

销售口才中的忌语

如果销售人员在销售过程中，一味地介绍产品，往往会让沟通变得比较无趣。因此为了给营销增添色彩，销售员在与客户聊天的时候，常常会聊一些其他的话题。如果话题是合适的，那么这种做法当然是可取的。但要注意的是，在交谈的过程中一定要注意一些销售忌语，不能"哪壶不开提哪壶"，否则就会影响销售业绩和销售员的形象。

以下几个话题是在和客户沟通时应当尽量避免的。

（1）不谈隐私话题

客户的婚姻、财产等个人隐私问题是绝对不能触及的。作为销售员这些都不能主动询问，这是不礼貌的。这个答案对销售来说根本就没有任何作用，而且即使知道这个答案，对你来说也毫无用处。所以作为销售人员，顾客的隐私问题是不能问的，这点必须多加注意。

（2）不谈不雅话题

此外，在销售的过程中，语言的优雅也是应当讲究一下的。在交谈过程中一定不能用不雅的词。比如销售员不能和客户互称"哥们"，因为客户和销售员的关系并没有亲密到那种程度，这样叫法，显然过了头。而且"哥们"这个词隐约带有强制销售的意味，必然会招致客户的反感，甚至使客户对销售员避而不见。

（3）尽量避开敏感话题

交易行为是否发生是销售成败的标准。你往往需要费很多口舌，才能够使交易行为顺利进行，因此找到大家都感兴趣的话题是很重要的。但在寻找话题的时候一定要注意，在商言商，最好别谈论和销售无关的话题，特别应当注意避开一些敏感话题。

因为敏感话题的谈论，往往会引发激烈争执。很多销售员在销售的过程中不能将工作和个人分开，把个人的意见加入了自己的销售语言，最终不能使交易顺利进行。

（4）尽量少用专业术语

销售人员在提高自身的素养时，掌握专业术语是一项基本功。但在实际的销售过程中，专业术语则应当少用或不用。因为谈话中过多出现专业术语，会影响顾客对产品的了解，进而影响到交易的顺利进行。有些销售员在销售过程中，滥用专业术语，实际上这样的销售方式并不能使顾客很好地理解和接受，这样说话对于双方的沟通几乎没有正面作用。

简单、通俗的话才是销售的行话，能够将产品的优点一一说明就行，不必采用过于深奥的专业术语。说服客户购买才是销售最为重要的目的。如果客户对你所介绍的东西根本就听不明白，他往往是不会接受你的产品的。

（5）不要对客户进行质疑

销售仅仅是对产品进行推广，而不是试图去改变客户的想法。往往客户会对你的指教很反感，他会觉得你在干涉他自由选择的权利。像"你懂了吗？""你明白我的意思了吗？"之类的话，是不应该出现在销售话语中的，因为这些话往往会招致客户的反感。

作为销售员，要把客户当成天才，而不能把他们当成傻瓜。怀疑客户的理解力永远是销售的大忌。相反，谦虚才是销售人员应有的态度，而且也往往能大获成功。

（6）永远不要批评客户

作为销售人员，批评自己的客户是相当愚蠢的举动。如果你为了推销一件衣服，而批评客户身上的衣服老土，就会招致客户的反感。

批评是每个人都不愿意接受的，陌生人的批评就更让人难以接受。所有人都希望得到肯定，或是听到赞美的话语。这种赞美往往能产生激励的作用，能促使人们更加积极向上，并且对待生活和工作更有热情。当然赞美也应当讲究方式，发自内心的赞美才能够达到赞美的效果，如果夸大其词，就会让人感觉你缺乏真诚的态度。比如一位体型很胖的女士，你非要夸她身材好，那么她会认为你是说反话，是在讽刺和挖苦她。

因此，作为销售员，恰当的说话方式往往是交易得以顺利进行的关键。在销售过程中，一定要分清哪些话可以说，哪些话不能说。说出去的话往往是覆水难收，因此不仅仅在销售中，即使在日常生活中也应当注意说话的分寸，以免造成不必要的误会和麻烦。

如何与客户交流

作为销售员与客户沟通的主线，交流是销售得以顺利进行的前提条件。如果销售员能够与客户顺利地交流，那么离成功也就不远了。因此，在执行自己的销售使命时，销售员一定要以认真的态度来和客户进行交流和沟通。这样才能保证交易的顺利进行。

1. 寒暄是沟通的第一步

一般来讲，寒暄并不仅仅是几句简单的客套话，而是推销员与客户拉近距离建立关系的第一步。得当的寒暄，往往能够开启销售的第一道大门。

小王是一个推销新人，就职于一家生产多功能食品搅拌机的公司。在一次推销过程中，他在鼓足勇气敲开住户的门后，问道："请问您家里是否需要食品搅拌机？""对不起，我不需要！"这位态度冷淡的住户立马就关上了门。

可是如果小王换一种说话方式，从另一个角度发问："先生您好，请问您家里经常使用多功能食品搅拌机吗？"这样，主人听完最起码不会直接回绝，而可能会回答："我们家的确经常使用食品搅拌机，不过我家的搅拌机不是多功能的。"话题在这个时候就可以展开了，销售员就可以借此机会向顾客展示自己的产品，不管生意成功与否，都不会吃闭门羹了，至少也会获得一个与客户联系的机会。

所以，几句寒暄或问候语是推销活动所不可或缺的。它与此次产品的推销在表面上虽然没有关系，但却能拉近销售人员和客户的距离，并促使交易的成功。即便是不熟悉的人，简单的寒暄也使气氛变得活跃，使人们之间的关系更加亲密起来。

2. 不要反对客户的异议

在沟通中过于强调自我，而忽视了客户的建议，是销售员比较容易犯的一个毛病。尤其当客户对产品抱有疑问的时候，更容易引起双方的分歧。但有时候客户只是表达他们的不解和想要了解的问题，如果此时你一味地强调自己的观点，并反对他们的意见，既不会消除他们的疑虑，反而会使你们之间的矛盾更加激化。所以，恰如其分地给客户留一点空间是相当必要的。作为销售人员，对于顾客们的反对意见，应当表示理解，并竭力为顾客解决疑惑。只有这样，交易才能顺利进行。

3. 要有恰当的说话方式

古人说，"一言以兴邦，一言以丧邦"，对销售而言尤为如此。在销售过程中，"祸从口出"是最应当避免的。那么，为了防止不当的说话方式，杜绝主观性的议题、少用专业性术语、不说夸大不实之词、禁用攻击性话语、避谈隐私问题这几个方面是作为销售人员必须注意的。

4. 找到与顾客的共鸣

陌生人第一次见面时，由于感到拘谨，说话都会不自然。其实这种情况在许多推销员身上也是常见的，这是因为心理上的不自信，只要进行适当的调整，这些情况是可以避免的。

留心对方的言谈是和陌生人交谈的第一步，因为此时你对他还并不了解，无法找到共同话题。只有多留意对方说话的方式和声调，才能决定下一步应该说点什么。

如果遇到比较不爱说话的人，谈些无关紧要的事会让交流的氛围轻松下来，这样才能让他安心地和你交谈。此外，话题的选择也是很重要的，要尽量避免一些容易引起争议的问题，除了口头语言，谈话的过程中的肢体语言也是很重要的。如果对方的眼神中流露出厌倦、冷淡的情绪，就应当换一个话题，以便交流继续进行。

总而言之，销售员一定要具备打开顾客话匣子的能力，让顾客敞开心扉，这样才能使你的推销找到着眼点，也会使你更加容易打动顾客。俗语说，知己知彼方能百战不殆，只有对顾客有所了解才能够保证交易的顺利进行。

巧妙用语先入为主

"便宜卖啦！精品女裤30块啦。机会错过不再来啦！瞧一瞧看一看哎……"商家常用这样的方式招徕和吸引顾客，这种以促销为目的的语言被称为长"钩儿"语言。为了千方百计地"钩"住消费者，说话艺术和技巧是销售人员所必须了解的，也是获得较好业绩的有效方法和手段。长"钩"的语言究竟有哪些特点呢？

有一位顾客想买橘子，就来到一家水果店。因为橘子的季节还有点早，他就问店员橘子甜不甜，店员解释道："橘子总不能像糖那样甜吧，因为毕竟是橘子嘛。"结果顾客一听，转身就准备离开。而这时店主赶紧补救说："要不你先尝尝，看满意不满意，不买也没关系的。"顾客听后尝了尝橘子，觉得还是很对胃口的，一下子买了很多，店员的一笔生意也就"反败为胜"了。

说话，本来是件容易的事情，但要想说得巧妙，就应当加入自己的思考。经商者想要留住顾客，做好生意，在说话时不仅要有文明礼貌，还要善于巧妙用语，能够抓住顾客的心。在经商活动中，巧妙的说话方式是能够为产品增值的，因为商业本来就是一种流通行业，而巧妙的语言在商品的流通中发挥着重要的作用。所谓"货卖一张嘴"，就强调了营销方式在整个销售环节中的作用。

有一天，李明到一家早餐店吃早餐，进门便说："我要一碗豆浆。""要加一个鸡蛋还是两个鸡蛋？"老板在端来豆浆的同时这样问道。李明当时正在看报纸，就随口答道："一个就行。"老板在把鸡蛋加进豆浆之后，他才意识到，自己的本意只是要喝豆浆，怎么竟然又多了一个鸡蛋呢？

第二天，李明到另一家早餐店就餐，一位青年侍应生在端来豆浆的同时问道："先生需不需要加鸡蛋？"李明在不经意间就回答道："不要！"同样是加不加鸡蛋的问题，前一家店老板之所以生意好，就是因为掌握了营销中说话"先入为主"的原则。

其实在国内的促销活动中，先入为主这一心理学原理也有着广泛的应用。例如有一些服装店老板就不会问顾客"买不买"的问题，而是直接就问顾客"要什么颜色的"，这就大大提高了营销成功的几率。

另外，作为商家，在回答顾客的问价方面，其实也有着极大的学问。一般而言，商家在回答问价时的表现可以归结为两种。一种是对顾客询问价钱的行为表示反感。因为有一些顾客只问价不购买，有时候对于生意人来说，价格也是一种不希望被同行知道的信息。所以现在一有顾客询问价钱，不少生意人就会问："你买不买？"这样一下子把人噎住了。一种是能够和善地回答顾客的询问。在他们看来，顾客问价就是交易成功的机会，他们希望以真诚的态度想方设法把顾客拉住，而不是将顾客送给别的商家。

顾客问价一般是为了作比较，所谓"货比三家不吃亏"，当然也存在不为购买只为了解的问价。然而不论哪一种情况，都说明他对你的商品产生了某种兴趣。如果你以不耐烦的态度面对顾客，实在不是明智的行为。因为如果这样长此以往，你失去的不只是一两次交易，还将是你做生意的口碑。

　　因此，说话技巧在营销过程中也是很重要的，当然货真价实的商品是成功营销的基础，如果在此基础之上，又能够讲究营销之道，那么你的销售业绩必然能够更上一层楼。

用独特的音色把你的销售做得淋漓尽致

在营销过程中，除了说话要言之有物，说话的语气和语调也是相当重要的。如果在谈话的过程中，你能够发挥音色的美学，并能够感染在座的大多数听众，那么作为销售人员，你已经掌握相当大的优势了。

为了创造独特的音色，介绍以下几种方法：

1. 抑扬顿挫的语气

摩契斯卡夫人是波兰的大明星。在一次到美国演出中，有位美国观众希望她用母语讲台词。摩契斯卡夫人爽快地站了起来，说出了一大串流利的波兰语。

虽然不了解其意义，但是她流畅的发音使得观众非常愉快，随着演讲的进行，她的语调渐渐由热情转化为慷慨激昂，紧接着在悲怆万分时忽然停了下来，台下的观众都被她的语调所感染，也都沉浸在一片悲伤之中。这时突然台下的摩契斯卡夫人的丈夫发出爆笑声。

原来夫人刚刚满含深情朗诵的是九九乘法表。

因此，说话的语气是具有不可思议的魅力的。即使语意不明，其声调也一样可以使人感动。语言的声音美学在商品营销中一样适用。推销员同样可以用动人的语调打动顾客，进而促使交易的成功。

然而，语言的语气语调目前并没有引起太大的注意。甚至有营销员认为只有在反对和拒绝的场合，才有使用说话术的必要。然而事实上，营销的关键，就在于语言本身的使用方法，只是有些营销员并没有觉察到这一点。因此在向顾客进行游说的时候，应当以缓慢有力的口气说出重要的部分。你的语气若是抑扬不分，就不能给客户留下深刻的印象，也就不能够感染别人了。

2. 使你的声音有说服力

只有能够渗进听众心中的声音，才能达到说服的目的。因此，营销员说话的声音一定要有音乐感。

一个一流的营销员的声音，至少要有七八个音阶，这样才能使你的声音抑扬顿挫，才是能够打动顾客的声音，如果你对自己的工作倾注了大量的热情和动力，自然你工作的声音，也必定饱含感情，可以产生抑扬顿挫的声调。经过训练，相信你的声音完全可以达到想象中的效果，这将是你达到成功的重要条件。

3. 尊重买主的语言习惯

作为营销员，在交易的过程中，应当尽量使用买主能够接受的语言进行交易，这一点似乎是常识，然而，能够坚持做到的营销人员却是少之又少。

一位负责公司采购的工作人员就曾经碰到了一个不会用客户语言讲话的年轻营销员，发生了一段幽默的故事。

我在为办公大楼负责采购办公用品的时候，遇到了一个营销信件分报箱的营销员。这位营销员对专业术语的死板坚持真是令我大开眼界。在了解到我们的收件量和其他一些要求之后，这个小伙子马上显示出行家里手的神情，没过一会儿，便认定他们的CSI是我们需要的机器。

这串字母马上把我搞晕了，我不禁问道："什么是CSI？"

"这就是你们所需要的信箱啊。"他认为全世界的人都知道他们的这种办公用品。

"它是怎样的材质呢？是金属吗？还是其他材料做的？"我探问。

"噢，如果你们单位需要金属材质的，可以尝试一下我们的FDX，两个NCO也是不可缺少的。"

"我们有些信封相当长的打印件。"我补充说道。

"那样的话，你们便需要用配有RIP的PLI转发打印件，另外还需要配有两个NCO的FDX转发普通信件……"

这时我已经听得不耐烦了，但仍然压制了一下怒火，说道："小伙子，我们需要弄清楚的是你们产品的材料、规格、使用方法、容量、颜色和价格，而不是字母。请你用更明白的语言描述一下你们的产品。"

从他嘴里搞明白各种信箱的相关信息，我真是费尽了力气。

总而言之，作为一个营销员，如果要有出色的业绩，应当时刻注意自己的说话方式，包括语音语调方面，都应当能够吸引到顾客的注意力。只有做到语言表达方式几近完美，你才会有更大的成绩。

销售要会说巧妙话

只有真诚的动机，才能催生高尚的语言。

而要想使话语显得真诚，就需要一定的说话技巧，就是一些十分巧妙的语言，这种语言在表达技巧上有一定的巧妙性，同时，还应当有情感和神态动作等方面的帮助，是一种包含着真诚动机的商品销售形式。当然，这些巧妙话一定不是虚伪的，而应该做到以情动人。实际上，巧妙话是对顾客的某种心理需要的满足。

销售中的巧妙话需要一定的技巧与经验，并不是每个销售员都能够掌握的。从整体上看，巧妙话主要包括以下几方面的内容：

1. 诚恳与亲切的态度

传递思想，表达感情是说话的目的所在。因此，除了说话内容，语言的神态、表情也是至关重要的。例如：当自己需要别人帮助的时候，对自己的请求的提出应当显得诚恳有礼，在得到别人的帮助之后，应当适时表示感谢之情。即使没有得到帮助，也不能对别人流露出不满意的表情，而是仍然应向对方表达谢意。如果自己的要求得不到满足，就马上冷若冰霜，对方一定会认为你不懂礼貌。另外，与年长的人说话时，要多用敬语，而谈论自己的时候则多用谦语。

2. 平和而适中的声音语调

在与人说话的时候，声音不必过高，不管在室内还是室外，只要能够准确地传达给对方就行，而在语言的声调上要平和沉稳。与别人对话时，尽量不要加大嗓门，也不要在语言中加一些无意义的语气词，像"啊""嗯"之类都是应当尽力避免的。在说话时如果能够克服这些毛病，就会给对方一种自然、亲切的感觉，就算是有一个良好的开端了。

3. 举止端庄，措辞讲究

在与人说话时，不要"皮笑肉不笑"，也不要刻意做作，这样会让人感觉很虚伪。说话时的动作要适度、端庄，让对方感到自己是值得信任和可靠的。此外，在必要时可以加入一些手势，当然要看上去显得端庄。不能在说话的时候乱跷腿、乱晃等，这会显得不雅观。

4. 既要自信，又要谨慎

为了增加可信度，并使得对方感觉到来自你内心的力量，在说话的时候语气一定要自信。而在说话之前，要让自己所说的话先在脑子里过一遍。所谓"三思而后行"，这里所说的思考，主要有两层意思：一是知己知彼，对对方的脾气、心境有个大概的估计，用以准备谈论的话题；二是对表达方式有所准备，像言说方式、声调等都是需要考虑的。

5. 根据谈话对象确定谈话主题

任何交际都是一种双向互动，都有着特定的对象。因此在与人说话的时候，谈话对象的实际情况是必须考虑到的，必须根据对方的年龄、身份以及彼此间的关系等灵活运用，并恰当地表达出来。人们常说的"对牛弹琴"，就是对说话不看对象的形容与描述。

具体地说，根据谈话对象的差异，以下几个方面在交谈过程中是必须考虑到的。

首先由于性别的差异，对男性而言，简洁直白的语言是必要的；而对于女性，温和委婉的语气则较为恰当。而针对年龄的差别，对年轻人可以使用富于激情的语言；对中老年人，则应以商量的口气，使他们觉得自己受到尊重。此外性格的差异，兴趣爱好的不同，等等，都需要不同的言说方式。总之，销售员的说话方式应当是"到什么山头唱什么歌"，只有这样才能够提升业务成功的几率。

6. 礼貌的态度，虚心的精神

首先，不要忽视日常生活中的一些礼貌用语。其次对年长的人用敬语、对自己则使用谦词。第三，在语气上多使用商量语气，对命令语气则尽量少用或不用。因为商量的语气会显得文雅、谦逊，也更容易让人接受。在交流中最为重要的一点就是，说话的时候要考虑语言环境。在不同的场合中，谈话的语气、语调都是各有不同的。因为即使语言相同，不同的语调和语气也会产生不同的效果。

在销售的过程中，如果能够对上述技巧灵活运用，不仅仅局限于销售领域，甚至在整个人际交往中，你都能够获益颇多。当然还要经过不断地实践练习，你的推销技巧才能真正有所提高。

第6章　颇有学问的聚会口才

人们在日常生活中，最常见的人际交往就是在一起聚会了。比如：同学聚会、生日聚会、新年聚会等。那么在各种聚会中，如何运用自己的口才进行人际交往，从而达到和谐交往的目的呢？

劝酒说话有技巧

在酒席上，经常会遇到这样的劝酒高手，他们说话非常有技巧，往往几句话就使得别人高兴地端起酒杯一饮而尽。可是也有许多人去劝人喝酒却发现根本没那么容易。的确，劝酒说话也是一门艺术。高超的劝酒技巧不仅对于营造欢乐的聚会氛围具有促进作用，而且对促进人际关系也很有帮助作用。那么如何说话才能在聚会中技术高超地劝酒呢？以下几点可供参考。

1. 以真诚交际为目的的劝酒

在各种聚会的酒桌上，互相碰杯就意味着多喝一杯，人们由于担心喝醉失态而有所保留，不愿意多喝。所以劝酒者应该要知道，过量饮酒有害，喝到什么时候就不可再劝人饮酒；还要知道饮酒也是一种文化，酒宴应当成为文明、礼貌的交际场所。大家叙叙旧、谈谈生活、切磋技艺、交流思想，这才是聚会的宗旨。因此，以真诚交际为目的的劝酒最容易为人们所接受。

2. 赞美拉近彼此距离

在各类聚会的酒桌上，举起杯真诚地赞美对方，使他感受到友好欢乐的气氛，自然会放松戒备，举杯畅饮。

当你在酒桌上赞美对方的学业或者工作成绩后，对方感受到你的真诚而畅饮，也会对聚会的氛围产生良好的促进作用，于是产生出一种欢乐热闹的欢聚氛围，拉近了人与人之间的距离。这种欢乐聚会使得人们举杯互相祝福，彼此不再疏离陌生。因此劝酒的言辞以真诚的赞美为关键，真诚的赞美最能打动人心。

3. 指出聚会的特殊意义

有些人不喝酒或者喝不多，但对于有特殊意义的聚会就乐于多喝两杯。那么在劝酒时就不妨多强调一下此聚会的重要性、特殊性，指出它对于对方的价值与意义，这样既能激发对方的喜悦感、幸福感、荣誉感，又能使其碍于特定的场合而不得不愉快地再饮一杯。这样一方面自己作为劝酒者感到快乐，另一方面使聚会的所有人都明白欢乐聚集的意义所在。

4. 强调众人欢聚的意义

对于聚会的意义，重点强调大家共同欢聚的理由。对于聚会酒宴，大家都认同它是联络感情和增进感情的一种形式，那么劝酒就围绕着大家聚会的意义展开，使对方无法拒绝。

5. 语言适度

不同语言的劝酒，都是为了创造众欢同乐的氛围。高超的劝酒，不仅要有高超的说话技巧，而且要善于把握好度。如果都是严词劝酒，那么就无法形成欢乐的氛围了。因此需要以适度的方式劝酒，对于同事、上级、下级，朋友、家人的劝酒方式要合适，这样更容易达到交流感情，促进交往的目的。对上级要多用敬语，对同事要多用和气之辞，对家人要用和睦之语，对下级要用尊重之话。

6. 察言观色，了解人心

对于那些非常喜欢饮酒的人，劝酒很容易。但对于确实想喝却无量的人，就不能劝其多喝。察言观色，做到劝酒适度，人人开心。对于一些酒量确实有限的人，比如女士和老人，施展口才去劝酒，显然是不合适的。

酒桌上说话的技巧是一个既古老而又让人津津乐道的话题，现代人在交际过程中，已越来越多地注重发挥酒文化的作用了。的确，酒在人们的交往中可以起到沟通感情、促进友谊的作用。如何在酒桌上说话，就成为一种需要研究的技巧。参加酒宴，是你在交际应酬中展现自己、诚挚待人的最好时机。学会在酒桌上说话，可以令你交到更多朋友、获得更多友谊。

喜宴上的说话艺术

你的好朋友要结婚了，你准备在婚宴上说些什么呢？人们常常对于各类喜宴，有着心意满满的祝福，可是一旦到了众人聚集的喜宴场合，需要自己张口说出祝福之辞时，却匆匆地说一句"祝愿新人白头偕老"，就别无他语了。

在婚宴等喜庆的场合，用合适的语言当众表达出你诚挚的祝福，似乎是个难题。且不说一对新人的盛装、华服，就是参加喜宴的男女老幼，也都是个个穿戴齐整，郑重其事、面带喜色地进入喜宴现场。

你打算临场发挥吗？即使是林肯那样的口才，在重大场合的发言也是要写一份发言提纲的。所以如果受邀去参加婚礼，就有必要准备好你的贺词。身份不同，贺词也就有所不同。

1. 作为长辈

作为长辈，新人既是你的晚辈，也是你的亲人，因此你的贺词是婚礼仪式上的一项很重要的内容。你的祝福将鼓励新人开启新的生活。所以赞美新人、肯定他们的结合、提出美好期望、祝福他们的未来都是你的贺词里必须有的内容。

2. 作为领导

作为领导，又是在下属婚礼的喜庆场合，你就应该多说些鼓励、赞扬的话。你贺词的提纲是：对新娘或新郎过去工作成绩的肯定、对他们结婚的祝福和对他们共同开创美好未来的鼓励。

3. 作为好友或同事

作为新人的好友或同事，祝福的语言自然不能是虚伪的客套话。新郎或新娘最感到高兴的是友人的祝福，因为大家同是年轻人且彼此又相知相交，那么你的贺词应当是体会最深的了。

比如："今天是安妮大喜的日子，也是我和安妮'分手'的日子。我和安妮从小是同学，初中住同宿，大学还是同宿。毕业工作后租房也住在一起。今天，她结婚了，我深深地感受到她和新郎在一起的幸福。我还记得我和安妮还有新郎三人一起去旅游，安妮的快乐和幸福，我都亲眼见证了。我祝福他们永远幸福美满！"简洁有力、快乐真诚的祝福一定会给人留下永远的记忆的。

4. 关系一般

可能是你的影响力或者是你曾经帮助过新娘或者新郎，你被邀请参加婚宴。在这样的喜宴上，如果新郎或者是新娘邀请你发言，这时你准备好了吗？

可能你和两位新人关系一般，但由于你的社会地位或影响力，在亲朋好友的牵线下，你帮过他们的忙，他们出于对你的感激或因你的知名度，礼貌上会请你说几句。

这样的场合盛情难却，你的贺词不免一时难以出口成章。因为你和新人的关系一般，又不便以亲人、长者、领导的身份说些鼓励、亲切的话语。你说祝愿新人白头偕老，似乎在重复别人说过的话，意义不大。因此你可以换个角度说，从"今天是个好日子"展

卡耐基魅力口才与说话技巧

开致辞，既可以表达出你的重视和真诚祝愿，又能展示你的博学多才。

　　综上所述，喜宴上的美好祝愿，需要符合喜宴场合、说话者身份去拟定。喜宴上的说话艺术，不仅为你的人际交往扩展人脉，而且能够温暖人心，使人感受到对美好生活的鼓舞。

借美酒良言加深感情

借聚会加深交往，更深一层就是借美酒运用良言加深情感交流。喝酒是一种形式，实质内容是在欢饮的气氛中的语言交流。在推杯换盏之际，要得到更多朋友的认可，着实需要发挥你的口才。

在欢乐的畅饮中，人们的关系自然会随着酒杯碰酒杯而越来越亲近，话语交流也多起来。正所谓"酒逢知己千杯少"，于是越喝越亲密，越说越欢乐。但是如何在这种场合把话说得很得体，需要你把握以下几个小要点：

1. 不私语，人人参与

在酒宴上，不要只和一位宾客窃窃私语，尤其忌讳两个人贴耳私语。这样会影响酒宴气氛，让其他宾客产生好奇心理——"想知道你俩说什么"，或者嫉妒心理——"就你俩好"。

应该尽量寻找大家都能够参与的话题。人们的兴趣、爱好、知识面各个不同别，因此话题如果太偏就会忽略了众人，只有个别知道的人听得津津有味。

2. 语言幽默而得体

在酒桌上，大家欢乐畅饮，不免相互熟悉了，开些无伤大雅的玩笑，这时候就显示出个人的品味、素养及交际风范了。一句幽默而得体的玩笑，会给他人留下很深的印象，并获得他人的好感。

反之，如果幽默但不得体，玩笑开过头，就会造成尴尬的局面。这就要求你把握好度，对于那些属于他人缺陷的玩笑不能开，但可以拿自己适度"开涮"，还可以拿公众人物的形象开玩笑。

3. 适度劝酒

在一起喝酒聊天，聊到兴头上不免就会产生"酒逢知己千杯少"的感觉，于是自己多喝还劝别人也多喝，这样固然可以增进感情，但应该注意适度劝酒。对于那些确实因为酒量小而喝不下的人，不可过度劝酒，勉强他人多喝。因为过度劝酒不仅不能增进友情，有时候还会伤害友情。

4. 注意遵从礼节

中国的酒文化历史悠久。遵从礼节就是在酒桌上，要按照年龄大小、职位高低、宾主身份的顺序敬酒。如果和不熟悉的人一起喝酒，应该先了解清楚情况，或者先观察别人是怎么敬酒的，避免产生各种不合礼节的举动。

如果席间有帮助过你的一位领导，你自然应该毕恭毕敬地向他敬酒，但是，你还必须留心，如果席间还有比他身份更高或更年长者，那你应该先敬身份更高或更年长者，然后依序敬酒，避免你不依序造成大家尴尬的场面。

5. 低调喝酒、中庸语言

酒桌上，如果你的酒量很大，就会很"显摆"。这样做，即使你的酒量大也会招致不满的。在酒宴上分清场合，恰当评估自己的实力，然后分清主次，依序敬酒。

尽量保留一些酒量，时刻注意自己语言的分寸。恰当的语言可

为你赢得好感，而适度地与人碰杯需要你的酒量。当你应该一饮而
尽的时候，你推辞喝不下了，当你不该多喝的时候，你却多喝了，
这些都不合适。

寒暄要讲究方式与要点

日常人际交往中，虽然我们都离不开寒暄，可是是否人人都运用得自然得体呢？寒暄是日常人际交往的基础。怎样的寒暄能够使他人感到亲切，并能够很快赢得他人的好感呢？

这就要求你在寒暄的时候不仅要讲究寒暄的方式，还要讲究寒暄的内容。我们常常见到熟人的寒暄内容就是"早上好！""吃饭了吗？""近来好吗？"等，实际上这种寒暄内容太公式化了。其实，我们可以采用更合适的寒暄方式和寒暄内容。

首先，要注意身体语言，用微笑的笑脸寒暄，配以适当的身体语言。比如好友重逢，那就是握手或拥抱，眼睛的视线和对方接触，行礼要挺直上身。以优美自然的姿势进行寒暄可以为你赢得好感。

其次，根据不同寒暄对象、不同寒暄场合，所采取的寒暄方式也是不同的。对于非常熟识的亲朋好友，就大大方方地问候近况：学业、工作、身体等。这样不仅可以加深彼此的了解，而且可以加深互相的情谊。

再次必须采取主动积极的态度与人寒暄。因为你主动、积极、爽朗地和对方寒暄，而且最好附之以和善的微笑，这样会立刻赢得别人的好感并很快得到回礼或回应。并且你应该做到不论对任何人，都主动、积极、爽朗地去寒暄。

寒暄应该注意把握的几个要点。

1. 赞美之词

当我们遇到许久不见的熟人时，自然而然地赞美他或者她的优点时，能立刻获得好感，但是要注意，赞美需要是发自内心的真诚的赞美。

2. 微笑、点头代替寒暄之语

如果我们在路上匆忙之时遇到认识的领导、同事、同学、朋友，那么以微笑的方式点点头就可以了。因为双方都行色匆匆，不宜停下来多寒暄，所以叫一下他或她，简单地微笑着点点头，然后挥挥手就可以了。

3. 关切之言

节假日在逛商场或者溜冰、游泳等休闲场合巧遇熟人，应该抱着关切的态度询问一下："最近怎么样？"根据他（她）当时的神态、着装、情绪状态，注意不该问的就别提及。

4. 巧妙之辞

当我们需要和某位重要的人物寒暄时，比如，异性初次约会后第二次"偶遇"，在酒宴上遇到我们正与之商讨商业的人士。这种一面之识、不熟悉的感觉，要求我们的寒暄不宜太过热情，但也不宜太过含蓄而加深陌生感。

寒暄时我们可以先谈谈彼此熟知的话题，比如谈谈明星、社会风气等，然后渐渐转入正题。这种巧妙之辞需要找到双方的共同兴趣点，然后在深入过程中把握好度，最后巧妙转入正题。

寒暄是日常人际关系中的重要组成部分。这种日常的人际交往语言看似简单，但要真正恰到好处地说出去，充分发挥其作用，却着实不易。对于每位进入社会生活的人来说，仍然需要具体依据不同的情境，使用适合自己表达的寒暄方式，口齿清楚地表达出寒暄的语言，达到融洽关系的人际交往的目的。

不打断别人的话

在聚会中，人们互相见面、互相寒暄完了之后，就开始交谈。这种众人交谈，当然人人都有发表自己见解的权利。而且在人数众多的宾客的交谈中，人们往往会提出适合大家参与的话题进行交谈。

于是，个别人发表自己的见解，大多数人都在做听众。发表的见解可能会受到听众的赞同或反驳，这个时候注意不要打断别人的话，即使你有很好的见解，也不能打断别人的讲话。因为这不仅是不礼貌的行为，还会引起不必要的误会。

在聚会中，有些人过于相信自己的理解和判断力，等不及别人说完，就急着插嘴发表自己的看法、意见。这种急躁的态度，很容易引起误会，给交流带来麻烦。这样做不仅容易产生断章取义的错误，还常常给他人留下不礼貌的印象。

当然，聚会中插话有时是不可避免的，但一定要注意插话的分寸，先仔细倾听，不能乱插一通，否则会影响聚会的氛围，给自己和他人造成不必要的麻烦。

学会倾听，要注意听别人发言，务必有始有终。许多人都没耐心去听完别人的话，就急于插话，或者因为觉得他人的见解不对，而急于发表自己的见解。有人脱口而出："我不赞同你的观点我认为……"或在说话人稍做停顿时，抢着插话："你的意思其实是这样的……"

随意的插话，或许打断了发言人的思路，或许引起误会。有涵养的人与他人交谈时，绝不会插嘴。因为打断他人的言谈，不仅是一种不礼貌的行为，而且还会破坏谈话氛围。

在朋友聚会中，我们可能会碰到自己熟识的一位朋友正和一个不认识的人聊得正酣，虽然我们想立即加入他们的交谈中去，但却不可以打断他们的谈话。因为这时我们根本不知道他们谈论的话题是什么，如果贸然地加入，也许会破坏他们的兴致，使他们觉得我们没礼貌，还可能因为我们的插入而使他们迅速地结束谈话。

假如我们遇到熟识的好朋友正与别人兴致勃勃地交谈，我们正好又有事情要和他说，那么，我们最好是别打断他们的谈话，而是等他们说完再找朋友说事情。如果确实有急事，我们只需要给熟识的朋友一点小小的暗示，他自然会找机会和我们说的。

有一点还必须要考虑到，当别人在说话，恰好我们经过并且想加入，不能够静悄悄地走过去，像偷听一样，而应当找时机礼貌地说："稍稍打扰一下，我可以加入吗？"也可以和朋友点点头，大方地打个招呼，自然地加入谈话。

总之，在各类聚会中，切记不可随意打断别人的谈话，造成尴尬的气氛，带来不必要的麻烦。

在联欢会上怎样发言效果最佳

举办联欢会的目的是庆祝或者增进友谊，联欢的人是同事或者朋友，联欢会是一种轻松娱乐的场合。因此我们的发言要做到以下几点：

1. 愉快轻松地发言

在联欢会上的发言要尽量轻松愉快，不仅神态上轻松愉快，语言上也要用一些风趣有味的话去表达，避免拘谨且呆板的语言。

2. 自然真诚地发言

在欢聚一堂的联欢会上，发言不可矫揉造作，或者刻意模仿某位明星，或者哗众取宠等，要自然、真诚地发言，体现自己的优雅大方的气质。

3. 说话要条理清楚、中心明确、简明扼要。

联欢会上的发言不可太冗长啰嗦，引起听众的厌烦，但也不可为了简短，没把中心意思表达出来。因此就要求说话条理清楚、中心明确，还要简明扼要。

总之，在各种宴席、联欢会上的说话，通常是在和谐愉快的气氛中进行的，因此一般是多为美好的祝福语言、赞美所取得的成绩、成就，预祝未来取得成功、表达希望和信念、展望美好前景，等等。

第7章 机敏的谈判口才

谈判是一场没有硝烟的战争，虽然看不到炮火，但谈判桌上十足的"火药味"仍能让人感觉到潜在的危险。谈判无外乎两个结果，成功或者失败。成功预示着目标利益的获得，无疑会好处多多，而失败则意味着利益的丧失，随之而来的便是巨大的损失。想要取得成功，就要有机敏的谈判口才。

关心对方利益

很多时候谈判双方的利益通常都是冲突的，假如某一方所得的利益多，那么另一方所得利益必然就会少。在这样的情况下想要保证双方实现共赢，我们就要在使自身所获利益最大化的同时，多为对方考虑，关心对方所得的利益，并由此促成双方的合作。

任何一个经验丰富、眼光长远的谈判者都明白，在谈判的时候坚决不能过于贪心，不能想着将谈判桌上所有的钱都收到自己的口袋里。即便在谈判的时候你取得了胜利，也千万不要被这胜利冲昏了头脑，因为一旦对方感觉到自己被打败，便会很容易产生排斥心理，这对以后的长远发展和合作起不到任何积极的推动作用。

由此看来，谈判桌上留下的最后一分钱往往是最为昂贵的，想要得到它就很有可能付出或者做出巨大的牺牲。所以，不要去贪图那最后的一分钱，反过来要主动对对方的利益表示出适当的关心，让对方感觉到他也是赢家之一，这样谈判才有可能达到双赢。

美国著名人际关系学导师戴尔·卡耐基常常在某家饭店的大礼堂开设讲座，为来自四面八方的学子们讲授社交方面的知识。

有一次，他开讲没多久便忽然收到这家饭店的通知，告诉他现在大礼堂的租金是原来的两倍，并催他尽快将租金如数交到饭店负责人手里。要是平时卡耐基肯定会改变上课的地点，但是这次不行，因为讲座的票已经全部发出去了。

考虑到租金实在太高，卡耐基最后决定去跟饭店负责人交涉。于是，两天以后，卡耐基找到饭店经理，说："两天前我收到了你们提高礼堂租金的通知，对此我感到万分震惊，但同时，对你们的这一决定我也深表理解，因为让饭店最大程度地盈利是你们的最终目的。如果你们坚持要提高租金的话，我们就来拿出纸笔，将这样做的好处和坏处全部写下来。

"先来说一说好处，即便饭店不将礼堂租给我来开讲座而租给需要的人来办舞会或者晚会，也同样是有很多好处的，因为收入会高出很多。

"然后再来说一说坏处。表面上看，你们将租金提高似乎是有利的，但是这样一来会把我还有其他像我一样的客人给赶走了，我们可以去别的饭店重新租地方，使别的地方挣钱，所以你们的收入会因此而降低。

"另外，还有一件事情对你们不利。来听我讲座的人中有相当一部分是企业中的管理层人员，换个角度想这相当于为你们饭店做免费的广告。你可以想一想，即便你们饭店出高价在报纸上刊登大量的广告，也很难邀请到这样一批高素质的人前来饭店参观，你们花钱都办不到的事情我却做到了，这对于你们来说，难道还不够划算吗？"

将利弊讲完之后卡耐基便告辞了，第二天一早，饭店经理亲自拜访卡耐基，答应礼堂的租金由原来的提高2倍变为提高1倍。

上述例子中，卡耐基从头到尾一直都在为对方的利益着想，讨论的内容都是如何让对方获利，最后不但将降低租金的目的实现，还让对方感觉到自己的确获得了不少利益，并且心甘情愿同他达成协议。

卡耐基最终同意饭店将租金提高一倍，而不是坚决不肯让步，这样做与在谈判桌上留一些东西给对方的道理是一样的。可见，在谈判过程中只有充分为对方的利益着想，使对方有利可图，才能给自己创造获得利益的机会，谈判才能获得成功。

因此，谈判中如果有矛盾出现的时候，要试着先把自己如何获利的想法暂时放下，站在对方的角度多为对方想一想，这时你就会发现，其实很多事情沟通起来并没有想象得那么困难。善意的提醒谁都不会拒绝，一旦对方开始按照你的思路来重新考虑问题，那你离成功也就不远了。

与不同性格的对手谈判

谈判成功与否有好多种影响因素，从整个谈判的过程以及个人的主观角度分析来看，最关键的因素是对手的性格。想要做到有针对性地、灵活机动地变换谈判策略，就必须要对对手的谈判个性和谈判习惯有一个详细的了解。

由于所处的社会环境不同，所受的教育程度不同，当地的文化风俗也不同，所以人在谈判个性以及谈判习惯方面也有很大的不同，很难进行准确的把握和识别。由此，在谈判中对以下几种类型的谈判对手要加以注意。

1. 能言善辩型

一般在谈判中这类型的对手是最常见的，他们的主要特点是：

（1）爱说话。在谈判开始的时候，这类型的人通常会先讲几句客气的话，然后再将自己的意见滔滔不绝地提出来，给谈判中一些需要讨论的问题加上某些限制。

（2）善于表达。他们思路极为开阔，有很强的表达能力和严密的逻辑，让人听起来觉得很有道理。

（3）乐于交际。他们善于交往，喜欢参加各种聚会，并且总会有方法接近目标人物。

如果在谈判中遇到了这类型的对手，应该采取这样几个对策：

（1）热情地同他交往，为谈判创造出一个和谐的氛围，充分利用这类人在感情方面的弱点，争取使他在关键的时候能够做出让步。

（2）不要被对方的口才吓到，要针锋相对地将自己的观点大胆提出来，并旁征博引地加以分析。

（3）尽可能多地同他一起参加活动，并想方设法让他的话多起来，借此抽取话中的有用信息。

2. 深藏不露型

在谈判桌上最危险的对手莫过于深藏不露类型的人了，他们往往在别人发表观点的时候不动声色，使人无法揣测到他们内心的真实想法，也就不知道该如何应对。

因此在面对这类型对手的时候一定不能掉以轻心，应该采取以下几个对策：

（1）在对方保持沉默的时候你也要按兵不动，不要轻易过多地透露自己的观点，以免被对方抓住小辫子。因此在发表观点的时候要注意措辞，尽量让意思变得模糊，扰乱他们的判断。

（2）对方说的每一句话都要留心听，并进行细致的分析，争取在这些言辞中总结或者推测出他的真实意图。

（3）对方发表的某些观点不要全信，要看清楚哪些是他打出的幌子，不要被他的招数所蒙骗。

总之，在谈判场上会遇见各种性格的人，对他们了解越深，越有利于有针对性地做出防范或者主动出击，促使谈判能朝着对自己有利的方向进行，逐渐掌握主动权，为最后的谈判成功打下基础。

轻松幽默让对方放松警惕

德国著名作家汤玛斯·曼说过这样的话："当内心对某种事物产生强烈的欲望时，人就会很快进入备战的状态。"在谈判当中可以说所有人的心都是万分紧张的，在这种紧张到快要窒息的状态下，你所提出的每一条建议、要求或者条件，在对方那里都很难突围成功。如果不能尽快将这种紧张的气氛消除的话，双方想要达成共识，取得突破就会异常困难。

对于谈判，犹太人有这样一个观点——谈判是一场没有硝烟火药味却很浓的战争。如果说得好，寥寥几句就能赢得胜利，取得合作和支持；如果说得不好，就算口若悬河也会功亏一篑。所以，在谈判的时候一定要将自己的嘴巴管好，切勿信口开河。一定要注意尽量将谈判气氛营造的轻松愉悦一些，以此来化解对方之前的防备意识，让他们放松警惕。

基辛格参加完美苏在战略武器方面的谈判并同苏联签署协议之后，马上在下榻的饭店内举行了针对这次谈判的记者招待会。会上，基辛格向记者透露说："苏联生产导弹的能力很强，每年几乎能生产250枚左右。"

一个对武器问题一向很敏感的记者立即举手提问："那我们美

国的情况如何呢？我们国家的导弹生产处于怎样的水平，能力又怎样？另外，核潜艇的具体数量又是多少？"

基辛格回答说："很抱歉！我不清楚美国每年能生产多少枚导弹，但是，对于核潜艇的具体数目我还是相当清楚的，但我不清楚这个是否要求保密，能不能向你们透露。"

那名记者马上说道："这是不需要保密的，您可以放心地透露给我们！"

基辛格听完微笑着说："是吗？不需要保密吗？那好，请你告诉我核潜艇的具体数目吧。"

这段对话虽然很简短，却将话题转移技巧的精髓淋漓尽致地体现了出来。面对记者抛出的极为敏感的武器话题，基辛格巧妙地用开玩笑的方式重新将问题抛给了对方。虽没有直接说，却用另一种方式暗示对方这是一个不该涉及的话题，这样做既不会让人觉得他在逃避问题，同时问题还被他这样幽默的方式轻松地化解了。

这种利用幽默来让对方放松警惕的方法不但在谈判过程中屡试不爽，而且还能在谈判之前营造出一种轻松愉悦的氛围，使双方能够在这样一个氛围下轻松地展开谈判。

1943年底，由于戴高乐将军提出的"战斗法兰西"的提议得到了美英两国在武器装备方面的支持，他所统领的军队也从10万人扩张到了40万人，战线从非洲一直延伸到意大利。但是戴高乐与丘吉尔却在叙利亚问题上的观点发生了不小的分歧，发生分歧的直接原因便是法兰西民族解放委员会对外宣布已经将布瓦松总督逮捕，而这个人正好深得丘吉尔的赏识。想要妥善解决这个令双方都感觉十分棘手的问题，唯一的办法就是进行谈判。

丘吉尔的法语水平实在令人不敢恭维，戴高乐将军却能讲一口流利的英语，这一点戴高乐和丘吉尔的副手都很清楚。

谈判到了正式开始的时候，在场的人都认为丘吉尔会言辞激烈地针对那件令双方都很关心的事情提问，没想到他一开口便提到了自己与戴高乐在语言表达方面的问题。出乎所有人的意料，他用生硬的法语说道："下面请女士们先去市场上逛一逛，戴高乐将军以及其他先生们请随我到花园聊天。"之后，他又声音洪亮地用英语对助手达夫·库柏说："我讲的法语听起来还不错吧，对不对？戴高乐将军的英语水平那么高，我想他一定会明白我刚才讲的法语的意思的。"

话音还没落，戴高乐以及在场的其他人就已经哈哈大笑起来。就这样，之前在谈判桌上一向很敏感的戴高乐现在也被丘吉尔这种轻松幽默的自嘲方式所打动，警惕性也跟着逐渐降低，友好又极有耐心地听丘吉尔用磕磕绊绊的法语讲话。

由此，你要时刻记住，在利益攸关的情况下，矛盾、僵局和争执都是在所难免的。为了不让对方从谈判的初期就对你严加防范，你可以采用这种轻松幽默的方式缓解紧张的谈判气氛，使对方的警惕性慢慢降低，从而为之后谈判取得成功打下坚实的基础。

投其所好的让利谈判术

一个人心里想要什么最后都会通过行为表现出来，这就是"钓鱼效应"。美国著名口才大师卡耐基曾说："虽然你很喜欢吃香蕉和三明治，但你却不能用它们去钓鱼，因为它们并不是鱼所喜欢的。想要钓到鱼，就必须要下鱼饵。"可见，想要达到既定目的，就要投其所好给对方想要的。要明白，人都有所图，有舍才有得，想要取得自己想要的，就必然要放弃之前拥有或者坚持的某些东西。

有这样一个笑话。

一艘游轮在航行过程中出现了意外故障，随时都有沉船的可能，虽然已经在第一时间发出了呼救信号，但救援船只赶过来还需要一段时间。事故的发生地离海岸还有一段距离，如果借助救生衣的话，还是有可能游到岸边的。考虑到这一点之后，船长立即让大副通知乘客穿上救生衣跳水逃生。

不久，大副告诉船长说，乘客们因为害怕危险所以谁都没跳。船长急匆匆地跑去乘客聚集的甲板，没一会儿就回来说，现在所有的乘客都跳水了。大副很吃惊地问是怎样做到的。船长说："我告诉英国人跳水是一项对身体有益的运动；告诉德国人这是上级下达的命令；告诉法国人现在很流行跳水；告诉日本人我们在进行一场逃生演习；告诉美国人在他们上船时我们已经帮他们买好了保险……"

虽然这只是个笑话，却蕴含着深刻的道理：想要从对方那里得到你想要的，你就必须给对方想要的。在谈判中也一样，双方都有想要维护的立场，谈判的目的就是要得到想要的利益，总会有一方要做出一些让步。如果双方都死守"阵地"寸步不让的话，除非某一方的优势是压倒性的，否则谈判就无法顺畅地进行，双方也就无法达到共赢。

但如果某一方愿意做出让步，并有意满足对方在某些小利益上的需求的话，就算以后他提出了一些看似有些过分的要求，对方也会尽量去满足，如果实在不能满足而拒绝的话，也会经过慎重考虑。

为了取得某项新技术的专利，杰夫教授作为公司代表同另一家公司进行谈判。谈判刚刚开始，对方就列出了很多条苛刻的条件："你方除了要支付500万美元转让费之外，每年还要给我方总产值的3%；产品在销售时不能使用你方公司的品牌；另外产品的生产、销售的全程都要由我方来监督。"

这些条件让杰夫教授觉得过于苛刻，他想让对方适当做出一些让步。于是，他率先在某些细节问题上采取了让步措施，例如将比例由3%提高到5%、同意销售时不使用公司的品牌、生产及销售过程由他们公司监督、同意双方合办工厂生产产品并共同打造一个全新的品牌，等等。

对于杰夫教授的让步，对方感到十分高兴。于是杰夫教授抓住时机提出了对自己公司有利的条件："由我方负责建立工厂，所花的费用从转让费中扣除；允许对方以技术换取30%的新厂股份；工厂所得利润按照股份的比例来分配。"对方公司听完立刻表示同意，最后双方愉快地签订了合作合同。

表面上来看，杰夫教授投其所好给了对方想要的好处，将自己的利益放到了一边，但其实并不是这样。如果他按照对方提出的要求如数支付转让费，同时还将产值的3%拱手让给对方的话，最后他的公司得到的只是一项技术，而这项技术创造出来的利润和他们没有一点儿关系。他所做出的让步虽然在产值方面有所提高，但却有了建厂的资金，这样一来既取得了技术又得到了一家新工厂，另外还能得到技术创造的大部分利润。这次谈判从实质是来说就是舍小得大，而后者恰恰是谈判的最终目的。

可见，在谈判时，我们在坚持自身利益的时候并不是必须要一毛不拔，这样很可能会引来对方的效仿，双方都不肯退让，谈判就会陷入困境。相反，如果投其所好适当给对方点好处的话，对方会更容易做出让步。但要注意，让给对方的只能是小利，根本利益一定要坚持，万万不能"丢了西瓜捡芝麻"。

巧布迷阵，引君入瓮

在谈判这场看似没有硝烟实则异常残酷的战争中，要想达到最终的目的就要运用最恰当的谈判策略。必要的时候，还要巧布迷阵，按照计划将对方引入到事先设定好的情境当中，由此一来谈判的主动权自然而然就到了自己手中。需要注意的是，在整个过程中都要时刻保持头脑清醒，牢记想要达到的最终目的，以防被对方用同样的策略所迷惑。

巧布迷阵的途径都有哪些呢？可以借鉴一下下面两种方法。

1. 用假信息让对方产生错觉

为了方便水上航运，美国政府决定开凿巴拿马运河将大西洋与太平洋相连接。当时，法国一家公司也在开凿这条运河，但最终失败于是要转让运河的开发权。这家公司凭借着丰厚的资产，开出了1.4亿美元的高价，但美国政府的报价却只有2 000万美元。由于价格相差过大，双方一时间难以达成共识，所以只能通过谈判来做进一步的沟通。

经过长时间的谈判之后，法国公司决定将价格下调到1亿美元，美国方面也做出了让步，将报价改为3 000万美元，但即便这样双方仍不满意，谈判再次陷入困境。美国方面开始着急，巴拿马运河对他们来说至关重要。之前，美国政府在开凿运河方面定出两套方案，一个是尼加拉瓜运河，另一个便是巴拿马运河。这时，美国政府传出消息称，要放弃巴拿马运河转而要对尼加拉瓜运河进行开凿。事实上，美国方面的确有考虑过，但并没有确定下来。法国公司对此事几乎是一清二楚，于是他们也对外公布说，自己正在考虑同英、俄两国谈判，只要得到两国的贷款便可以继续对运河进行开凿。

在拉锯战持续的过程中，法国公司获得了一份重要的、由美国相关部门写给总统的报告，这让法国公司极为不安。报告称巴拿马运河虽然有优势但花费的金额过高，相比之下还是开凿尼加拉瓜运河比较好。这时公司股东之间又出现了分歧，内忧外患之下，法国公司不得已将将报价降到了4 000万美元，这个价钱虽然比美国政府的预期高了一点，但考虑到巴拿马运河的实际值，4 000万美元也不算高，于是，双方最终达成共识签订了协议。

可以说，这个例子已经将巧布迷阵的方法运用到了极致。双方不断利用虚假信息给对方制造一个又一个假象，相比之下美国采取的手段要略胜一筹，起到了扰乱对方视听的效果，加上对方的突发状况，致使美国自然而然地达到了最终目的。

需要引起注意的是，运用这种方法时一定要讲究技巧，千万不能用假数据、假商标等来迷惑对方，因为那样就不单单是布迷魂阵的问题了，还涉及到了商业欺诈。

2. 故意出错

通常情况下出错会带来很严重的后果，但若是故意出错结果就不一样了。在谈判中，为了能使对方做出让步达到自己最终的目的，好多谈判者都会采取故意出错的方法来试探对方，然后借题发挥引诱对方接受某些条件。

在某家服装店里，一位顾客看中了一件衣服，便开始同店主讨价还价。

店主开价360元，顾客觉得有些贵说："价钱太高了，便宜一些！"店主说："平时这件衣服我都是卖500元，但现在只剩这一件了，所以给你优惠价，280元，怎么样？"顾客觉得还是有些贵，便说："220元！"店主说："我是觉得这衣服合适你才给你优惠的，要是每个人都这样我岂不是天天赔钱。好啦，我300元卖给你，千万别告诉别人。"顾客听完很不满意地说："你刚才明明说280元，怎么又变了。"

店主看似糊涂地说："有吗？不会吧，进价都290元呢，我怎么可能说280元给你，算了，做生意得讲信用，那我就赔一点280元给你好了！"虽然最后的成交价高于顾客的理想价格，但顾客仍旧很开心地买了那件衣服。

这个例子里，店主在与客户谈判时采用的便是故意报错价格的方法，前后价格对比之下，客户不自觉地便进入了店主的圈套，接受了较高的价格。

不论是利用虚假信息来制造"烟雾弹"，还是故意出错引诱对方中计，都需要很好的谈判口才，注意话要说得滴水不漏，不能让对方看出破绽，如此一来才能在谈判中取得胜利，达到最终目的。

投石问路，摸清底牌

在谈判中，最常用的战术便是隐藏自己真实的内心。有人用绝不让步的强硬态度给对方施加压力，有人虽然内心很着急但表面看起来却无关痛痒，摆出一副死磕到底的架势。可以说，在保住基础利益的前提下争取更多利益时，所有人的状态都是紧张的，将自己真实的内心隐藏起来，不断对对方进行试探和压制，尽量将局势转向有利于自己的方面。在这个时候，要想不被对方牵制，就要用尽一切方法了解对方，然后再用投石问路的方法，旁敲侧击地弄清对方表面态度下的真实意图。

约翰·柯威尔是惠普公司的一名销售员，虽然在销售过程中经常遇到被客户拒绝的情况，但是他每次都能化解这个难题，最终使客户高兴地接受他所推销的产品。

有一次，他到某家公司上门推销产品，但很不幸的是，在他刚刚表明自己身份之后就遭到了对方态度极为强硬的拒绝："你不要再浪费时间试图说服我了，我只相信IBM公司的产品，而且我们跟IBM公司之间一直保持着良好的合作，并且合作会一直持续下去，所以你请回吧。"

约翰没有生气也没有沮丧，反而微笑着用听起来十分舒适的语气说："先生，从您的言语中我能感觉到您是十分信任IBM公司的，对吗？"

对方用生硬的语气回答说："那当然了，这还用你专门强调吗？"

约翰继续说道："那么请问先生，IBM公司的产品最吸引您的是哪几个方面呢？"

对方一边思考一边回答说："他们的产品有很多地方都特别吸引我，比如说质量有保障，这一点是毋庸置疑的，而且他们公司有较高的技术作为产品研发的支撑，这一点比其他公司都要有优势。最重要的是他们公司多年来一直有非常好的信誉，在这个行业里IBM几乎占据着龙头企业的位置，是行业里权威的标志。单凭这几点他们就值得让我们放心与他们长时间的合作。"

约翰马上追问道："我想，除了这几点以外您的理想产品肯定还具有其他特征吧，在您看来IBM公司还要在哪些方面做出改变才能让您更加满意呢？"

对方想了想说："假如他们再完善一些必要的细节问题的话就更好了。我们公司很多员工都反映说他们产品中的某些操作过于复杂，很难熟练掌握，就是不清楚他们能不能将这个问题解决掉。我们公司对这个产品的需求量非常大，每年用在设备更新上的开支数额都很大，所以，他们公司在价格方面能在现在的基础上再稍微降低一点就更加完美了。"

听到这里，约翰就了然于心了，他知道自己接下来该怎么做，话该怎么说。于是他开口说道："先生，我这里有一个好消息，相信您对它肯定会非常感兴趣的。您刚刚所说的两个愿望我们公司都可以满足，技术方面我们公司绝对是世界级的，所以在技术以及产品的质量上绝对有保证。我们公司的技术部门还能针对贵公司的需要打造最合适、最好用的产品。另外，在价格方面，为了将市场打开，目前我们公司正在实行低价策略，所以您拿到的产品绝对都是质优价廉的。"

对方一看自己对产品的所有要求都能在约翰所在的惠普公司得到满足，稍微考虑之后，最终还是同意了与惠普公司合作的请求，并表示一周后就要进购一批货。

上面的例子中，约翰灵活地运用了谈判中很有效果的投石问路策略，通过层层递进的提问，引导对方将自己对产品的期望以及要求主动透露出来，了解对方的真实意图，之后再对症下药，最终达到了预期的效果和最终目的。

兵书云："知己知彼百战不殆。"谈判也一样，想要取得成功，就要投石问路，灵活运用谈判口才引导对方自己说出需求以及期望，为谈判的最终成功扫除障碍、开辟通道。

卡耐基魅力口才与说话技巧

谈判中要学会拒绝

谈判就是以协商作为手段，以双方互利作为目标，通过拒绝和承诺而最终达成某种共识的交涉过程。一名经验丰富的谈判者，不仅敢于在不能给对方承诺的时候说"不"，而且还应善于在不伤害对方心理与感情的基础上恰当地做出拒绝，这就对谈判者的口才提出了更高的要求。

该如何做到既能拒绝又不伤害对方感情呢？这方面的口才技巧都有哪些呢？下面就简单介绍几种谈判中常用的婉言拒绝的技巧。

1. 先承后转法

人们提出的某些要求遭到对方拒绝的时候，自尊心会或多或少的受到一定程度的伤害，因此为了将这种伤害降到最低，也为了避免对方产生强烈的对抗心理，拒绝的一方要注意尽量少用或者不用直接否定或者全盘否决的语气来表达拒绝的意思。

我们应该从人们最基本的心理需求，例如渴望得到别人尊重与理解等方面出发，先从对方所提的意见中找出都比较赞同的某些非实质的内容，并寻找恰当的角度与时机对此表示肯定与认可，之后摆出当中双方的共同点，对对方表示理解与尊重，这就是所谓的"先承"。之后再针对双方看法有分歧的地方心平气和地进行客观阐述，借此来启发并且说服对方。

如此一来，由于对方之前已经获得尊重与理解，在这方面的心理需求已经得到满足，双方在心理上的距离便会缩短很多，就算后来遭到拒绝也会觉得我方是通情达理的，因此由被拒绝而引起的心理上的不平衡感就会大大降低。

2. 局限障碍法

在谈判过程中，假如对方所提的要求远远超过了我方所能接受的限度，在运用其他方法之后仍然没有起到良好效果时，为了使对方意识到自己这样做没有任何意义，就可以在对方面前做出无法逾越某些客观障碍的假象，表现出自己心有余而力不足的状态，从而使对方能够在放弃纠缠之时也能谅解自己的拒绝。

这里所说的"局限"以及"障碍"可以通过两方面来进行强调：一是对方所提出的某些要求自己没有办法满足，例如技术以及资金等；二是来自社会的局限，例如法律、制度、惯例以及形势等。两者既能够单独使用，也可以相互协调综合使用。

3. 围魏救赵法

当对方提出的要求或者意见是我方无法接受的时候，我方不被对方所牵制，不直接拒绝或者进行反击，而是针对在之前的谈判中对方在某些意见上对我方表示拒绝的一些要害问题进行探讨，以攻为守，给对方施加压力迫使对方让步，将对方放在被要求表示理解的位置上使其忙于招架。由此，如果对方仍然坚持不让步的话，就得主动放弃对我方提出的让步要求。

4. 补偿安慰法

在谈判过程中，很多时候我们都会对某些交易抱有很大的希望，志在必得，可是对方在某些条款上的要求却超出了我们的承受范围，这是我们无法接受的，但如果直截了当地拒绝对方的话，很有可能会对谈判气氛带来不好的影响，甚至还可能激怒对方从而导致谈判的最终破裂，使我们之前所有的希望都落空。

为了避免类似的情况发生，我们就可以运用补偿安慰法，即在拒绝对方的同时可以在心理需求以及物质利益方面，在我们所能接受的范围之内，给予对方适当的补偿，以此来缓解对方因为遭到拒绝而产生的不平衡感。

5. 引诱自否法

所谓引诱自否法，指的就是对于对方提出的问题或者指责不会立即给予答复，而是通过一些旁敲侧击的话提出一些事先设计好的问题，引诱对方在回答问题的过程无意识地否定自己之前提出的要求或者观点。

在谈判中，经常遇见对方提出不合理要求或者凭空指责的情况，面对这些情况要沉稳，不要不假思索地出口反驳，更不要按捺不住拍案而起，这时候最恰当的策略就是采用这种方法来使对方自我否定，不用花费过多的心思就能达到最终目的。

在谈判中，虽然说达成共识取得双赢是最好的结果，但是必要的时候也要学会拒绝那些无法接受的要求。其实不论运用哪种方法，只要能用让对方觉得舒服的方式，用恰当的语言来拒绝他们的要求就算成功。

多用"客套"方式谈判

每个人都有自己的自尊心，对对方进行适当的赞美可以使你赢得好感；每个人都有责任心，对对方进行适当的督促可以使你得到承诺。同样，将这两种方法结合到一起来使用，会发挥出巨大的作用，使你收到意想不到的效果。

海南某公司同某家工厂签订了购物合同，约定一个月之内交货。但是两个星期之后物价暴涨，工厂见有利可图便想单方面撕毁合同，倒手将原本为公司生产的货物卖给其他公司。公司得到消息后，立刻派了一名经验丰富的经销人员代表公司前往工厂进行谈判，力争使对方打消这个想法转而继续履行合同。

本来已经做好充分准备展开"舌战"的工厂方面，却在听了公司代表的一番话之后改变了原来的想法。

公司代表是这样说的："通过这次与贵厂合作，我公司领导都一致认为你们的确很会做生意，头脑非常灵活，特别是工厂领导有很强的管理和经营能力，这一点实在令人钦佩，很值得我们效仿学习。这一次我公司在贵厂这里订购的这批货物是与另一家公司合作进购经营的，如果规定时间内我们无法交货的话就很有可能出现麻烦，或许到时候也需要请贵工厂的负责人出面针对不能按时交货的问题做解释。我们所面对的困难，想必贵厂是能够理解的。另外，我们之间已经合作过多次，虽然现在出了一点小问题，但将来还是会有合作的可能。如果贵厂因为一些小事而让我公司遭受损失，不仅我们之间的合作会中断，而且其他想要和贵工厂合作的公司也会由此而重新考虑是否合作的问题。再说，现在贵厂有众多客户，业务量猛增前途一片大好，一旦他们知道了贵厂贪图眼前利益而单方面撕毁合约的事，就会觉得贵厂不讲信用，难以信赖，合作也具有一定的风险，这样一来就很有可能减少或者中断与贵厂间合作的业务，如果真的是这样，贵厂岂不是得不偿失……"

在这个例子中，公司代表将"客套"与"敦促"的方法相结合，交替使用，自然而不俗套，巧妙又让人感觉不到诡辩，深得谈判的真谛，在动之以情晓之以理之下，对方终于有所动摇并流露出恢复合作的意图。这就启发我们：将某些单一的方法策略有机结合起来，就会产生1+1大于2的惊人效果。

但需要注意的是，这个方法一定要在熟练之后再运用，运用过程中要和灵活的谈判口才相结合，虽然是客套话但也要表达得当，不能让对方觉得你是在奉承而不是真诚的夸赞表扬，否则对方会产生不信任或者排斥心理。但如果运用恰当则会促进谈判朝着预想的轨道前进，主动权也会自然转到自己手里，并最终达到目的取得成功。

别输在
不会表达上

周维 / 编著

TALK

北京时代华文书局

图书在版编目（CIP）数据

别输在不会表达上 / 周维编著. -- 北京 ： 北京时代华文书局，2019.10
（2019.12重印）
（沟通的智慧）
ISBN 978-7-5699-3208-9

Ⅰ．①别… Ⅱ．①周… Ⅲ．①语言艺术－通俗读物 Ⅳ．①H019-49

中国版本图书馆 CIP 数据核字（2019）第 220210 号

别 输 在 不 会 表 达 上
BIE SHU ZAI BUHUI BIAODA SHANG

编　　著｜周　维

出 版 人｜王训海
选题策划｜王　生
责任编辑｜周连杰
封面设计｜乔景香
责任印制｜刘　银

出版发行｜北京时代华文书局 http://www.bjsdsj.com.cn
　　　　　北京市东城区安定门外大街136号皇城国际大厦A座8楼
　　　　　邮编：100011　电话：010-64267955　64267677
印　　刷｜三河市京兰印务有限公司　电话：0316-3653362
　　　　　（如发现印装质量问题，请与印刷厂联系调换）
开　　本｜889mm×1194mm　1/32　印　张｜5　字　数｜103千字
版　　次｜2019年10月第1版　印　次｜2019年12月第2次印刷
书　　号｜ISBN 978-7-5699-3208-9
定　　价｜168.00元（全五册）

第六章 ■ 酒席宴前，话要说得到位

第七章 ■ 面试不难，要说到考官心坎儿里

第八章 谈判中主动就是先机，快人一步胜券在握

第九章 谈情说爱，会谈才有爱

第一章
好口才是受用一生的资本

人们天天在说话，却不一定能把话说好，什么叫会说话？就是要把话说得活，说得精，说得巧。并且要明白什么时候该说什么话，要把话说到对方心坎上，这样才能达到说话的目的。会说话是一种高深的智慧，需要我们在平日不断进行学习和积累。

口才关系到成败得失

在现在这个人龙混杂的社会里，你要想达到自己的目的，最好先掌握说话的技巧，然后用温和的态度与人交谈。只有善于交流才能更好地生存下去，因此口才已成为决定一个人生活及事业成败的重要因素。是否拥有好的口才已经成为衡量人才的基本标准之一，也是一个人走向成功的基础。拥有优秀的口才能力，可以帮助你轻松达到目的。

拥有好口才，有利于我们身心愉悦、工作顺利，甚至在事业上更上一层楼！正如有人所说：好的口才是人生一大资本，它可使经商者顾客盈门，财通三江；可以使我们合家欢乐，其乐融融。好口才如战鼓催征，雄兵开拔；如江水直下，一泻千里；如绵绵春雨，滋润心田。

成功学者们常说："事业的成功与失败，往往取决于某一次谈话。"这话一点也不夸张。美国人类行为科学研究者汤姆士指出："说话的能力是成名的快捷方式，它能使人显赫，令人有鹤立鸡群之感。能言善辩的人，往往被人尊敬、受人爱戴、得人拥护。它能使一个人的才学充分拓展、熠熠生辉，达到事半功倍的效果，让人业绩卓著。"

　　1940年是美、英、苏等国家联合抗击纳粹德国的关键时刻，由于英国处在欧洲反法西斯的最前线，人力、物力都消耗巨大，此时英国国内的黄金已经濒临枯竭，根本没有经济能力按照"现购自运"的原则从美国获取必须的军事装备。而作为美国总统的罗斯福深知唇齿相依的道理，在反法西斯战争旷日持久的情况下，自己的重要盟友英国一旦被纳粹击溃，希特勒便会获得重大优势，这势必会严重威胁到美国的切身利益。因此，美国必须全力支持英国，为他们提供必要的装备。但是，在美国国内，有一些目光短浅的国会议员，他们只盯着眼前利益，丝毫不关心反法西斯盟友和欧洲糟糕的战局，他们只想在英国人身上赚取更多的军火钱。罗斯福深知，必须先说服他们，才能使《租借法》得以顺利通过，只有这样才能全力支持英国。为此，他在12月17日特别举行了一个意义重大的记者招待会，目的是为《租借法》拉"选票"，以赢得大众的支持。

　　一开始，罗斯福简要介绍了《租借法》，紧接着他用浅显的比喻陈述了自己的设想："假如我的邻居家不幸失火，而恰巧在不远处的我家有一根浇花的水管，此时要是赶紧借给邻居拿去接上水龙头，就可以帮他灭火，也可以避免火势蔓延到我家，造成我家的重大损失。但问题是，在借出水管前，要不要跟这位邻居商讨一下水管的价格呢？'喂，朋友，这根管子是花20美元买的，你得先照价付钱才能使用。'而此时十万火急，邻居去哪里找钱？我想可以这样，只要他灭火之后原物奉还，还是不要他的20美元为好。如果灭火后水管还好好的，并没有损坏，他会连声道谢；如果他把东西弄坏了，他会照价赔偿，而我也不会吃亏。你们认为呢？"

　　这个比喻可谓是举一反三，浅显易懂，大家都赞成罗斯福的想法。后来经新闻媒体报道，很快传遍全球。此番妙语不仅成功说服了议员们无条件支持《租借法》能顺利通过，而且还赢得了丘吉尔和斯大林等反法西斯国家首脑的高度评价，并被后人传为佳话。

　　从罗斯福的故事中我们可以领悟出这样一个道理：一次有效的谈话真的可以决定一项事业或一个计划成败。如果我们出言不逊，无理与人争吵，我们将不可能获得别人的同情、理解、合作与帮助。无数成功者的事实证明，善于说话是事业成功的催化剂，它直接影响着我们的成败。

　　口才是一个人智慧的反映，它影响着我们人生中每一个关键时刻，它也是一种可以随身携带且永远丢弃不了的能力。

会说话胜过说好话

每一天，人们都不可避免地要说话或听别人说话。我们会发现，和有的人聊天时，总是觉得心情非常愉悦，原本忧郁的心情也会变得豁然开朗；而和有的人说话时，则会让人精神紧张，听到的每一句话都会让人感觉如坐针毡；同时，也有一些人，他们刚刚开口说第一句话，就会有人离席，不愿意再听下去了。

把话说好不是一件容易的事。虽然我们天天都在说话，但并不见得人人都会说话。话说得好，小则可以使人欢乐，大则可以兴国；话说得不好，小则可以招怨，大则可以丧身。所以，话既要说好，也要说巧。

清朝大太监李莲英，是慈禧太后的总管太监，被人们称为"九千岁"，是清末最有权势的宦官。李莲英便是一个深谙语言艺术的人，他才思敏捷，不管应对什么样的场合和人物，都能表现得轻松自如。甚至在很多时候，连慈禧太后都需要由他出面帮助摆脱尴尬局面。也正因为如此，他深得慈禧的赏识。

慈禧有一个爱好，那就是看京剧，所以她经常召唤一些戏班子进宫演出。可是她喜怒无常的个性经常让演戏的戏子们提心吊胆。若戏唱得让慈禧开心，固然是好事，也能得到一些赏赐。可如果哪天慈禧不高兴了，他们可就是提着脑袋唱了。

这一天，当时的京剧名角杨小楼接到了诏书，命他带领戏班进宫给慈禧演出。因为杨小楼的戏班精心准备，又恰逢慈禧心情不错，故整场戏唱得还算顺利。等结束的时候，慈禧将杨小楼叫过来，意欲赏赐一些东西给他。只见她随手一指桌上的糕点说："这些赏赐给你！"

杨小楼一看慈禧的赏赐，心里不由暗暗发愁，只因慈禧吃饭的排场太大，虽然是看戏吃的糕点，却也有好几百样，让杨小楼带回去他都没法拿。杨小楼看慈禧心情不错，便大着胆子叩头说："老佛爷享用的东西，奴才不敢领，请老佛爷另外恩赐吧！"

此言一出，四周的人都倒吸了一口冷气。只因这些侍奉慈禧的人都太知道她的脾气了，但凡赏赐的东西，无论好坏都要谢恩领赏她才高兴。而杨小楼胆敢公然拒绝，无异于抗旨，这可是杀头之罪。可是令大家感到意外的是，慈禧的心情居然没有因为杨小楼的拒领而变坏，反而问杨小楼："那你想要什么？"杨小楼想了想，便说："老佛爷能否赐一个字给奴才？"

这个要求并不过分，慈禧听了也很高兴，便让人准备笔墨，当场写了一个"福"字。可是，当她刚刚写完，一个多嘴的宫女便在旁边说："老佛爷，福字旁边是'示'字，不是'衣'字呀！"大家一看，原来慈禧居然多写了一点，将字写错了。被人当众指出错字令慈禧大为难堪，脸色顿时沉了下来。

原本喜乐的气氛因为这一个错字陷入了僵局。慈禧发现自己写错，也不想将错字给别人，但她已经答应要赐给杨小楼，不给又是失信。而杨小楼也不敢领字，将错字领回去无异于抓住了慈禧的把柄，万一慈禧被人嘲笑，自己肯定脱不了干系。而如果他又一次拒领赏赐，也一定会让慈禧没面子，势必引来她的怒火。进退两难的局面让杨小楼直冒冷汗，不知道该怎么办。

正当大家为难之际，一旁的李莲英走上前说："老佛爷洪福齐天，她老人家的'福'自然要比世人的多一'点'了。要不怎么显示出她老人家的高贵呢？"

慈禧一听，脸上露出了笑容，众人这才长舒了一口气。杨小楼也立刻说："老佛爷的福小人不敢领。"慈禧也便顺水推舟，另行赏赐，一场危机瞬间消散于无形。

不过是一句话，就令众人进退两难；同样也是一句话，却让大家皆大欢喜。李莲英的睿智令慈禧的尴尬顿解，这也正是他深得宠信的原因。利用语言化解危机的例子举不胜举。

在联合国的某一次峰会上，菲律宾前外长罗慕洛和前苏联代表团团长维辛斯基发生了激烈的争论。只因罗慕洛不赞成维辛斯基的提议，便遭到了维辛斯基无情的嘲讽，他出言不逊地说："我们大国怎么会和你们这些小国一般见识！"

此言一出，原本嘈杂的会场顿时安静下来，大家都看着受到挑衅的罗慕洛。只见他彬彬有礼地站起来，对其他参加联合国大会的代表说："维辛斯基先生说得没错，我只是一个小国家的小人物。但无论何时何地，将真理之石投向狂妄巨人的眉心，从而使他们的言行有些检点和收敛，正是我们这些矮子的责任。"

罗慕洛这番话立刻博得了代表们的热烈掌声，也得到了广泛的支持。而维辛斯基只好在一旁干瞪眼，脸上一阵红一阵白，什么话也说不出来。

如果你不想让自己做一个井底之蛙，就应静下心来努力学习，拓展自己的视野。若想自己的话语不空洞无物，就应下决心积累大批的、丰富的、扎实的词语，武装自己的头脑，丰富自己的说话内容，因为好口才就是一种资本。

说不出是因为没话题

俗话说得好，一回生，二回熟。如何衡量同陌生人第一次谈话的成败，首先要审视交谈的话题，因为话题的好坏，直接影响交谈的结果，是交谈的第一要素，不容轻视，更不能忽视。

我们在和朋友、家人聊天的时候，话题总是源源不断。但是为什么一遇到陌生人，就变得头脑空白，说不出话来呢？

在交际中，我们对每一次交谈的话题都应该精心选择，不要想到什么就说什么，不应随心所欲地张口就来，否则，在还未进入交谈内容时，就已经危机四伏了。但在选择话题时，必须要顾及谈话对象的感受。一个话题，只有让对方感兴趣，谈话才有维持和继续的可能。比如，自己是球迷，就切莫以为别人都是球迷。逢人就谈球赛，很可能会让对方感到索然无味。

现代年轻人的话题总是局限于流行服饰、时代潮流等，有的人除了流行以外，对其他的话题都不感兴趣，这种做法本身已限制了话题的范围。那么怎样才能让自己成为说话的高手，又成为受欢迎的人呢？

美国知名记者芭芭拉·华特小姐在刚刚参加工作时，曾经被授命去采访航空业巨头亚里士多德·欧纳西斯先生，这是她做记者以来接到的最大任务。当她怀着激动而忐忑的心情见到欧纳西斯时，他正在与专家们紧张地探讨业界面临的重大问题。

对于欧纳西斯所谈论的货运价格、航线以及对未来的设想等问题，由于太过专业导致芭芭拉根本插不上嘴。眼看时间一分一秒地过去，欧纳西斯已经到了该离开的时候，芭芭拉就要错过采访空手而回了，她心想：我必须找到一个可以引发他兴趣的话题，让他与我交谈。趁着欧纳西斯喝水的间隙，芭芭拉立刻提问："先生，我想请问您一个问题，您在海运和空运方面都取得了举世瞩目的成就，这非常令人钦佩和震惊。请问您最初的职业是什么？是怎样开始发展这项事业的？"

这个话题成功地吸引了欧纳西斯的注意力，他很愿意与别人分享自己的经历，而整个谈话也立刻朝着芭芭拉所希望的方向开始发展，她以一个精妙的问题作为开始，获得了一次成功的采访。

在与人交谈的时候，需要特别关注对方的特点，避开谈话双方的禁忌，以避免进入"谈话雷区"。善于说话的人总是能找到"安全值"最大的话题，引起大家的谈论兴趣，当然在"雷区"之外会导致对方不悦的敏感话题也需要时刻注意避开。与遭逢不幸的人聊天，应避免聊起不幸的往事；与失恋的人聊天，应该避免聊起爱情与婚姻等问题；而如果对方身体有残疾，则应该尽量避免过分关注身体的问题。因为这都是谈话的雷区，而与专业人士交谈的时候，在工作之外的时间要少谈工作，在工作时间则应少谈家务；与具备一定社会地位的人聊天时，应该尽量少谈宗教、政治和性等敏感话题，以免引起对方不悦，让谈话陷入僵局。

有一位编辑想邀请一名脾气古怪的作家为自己撰稿，在见面之前，他就听说这位作家让很多编辑都吃了闭门羹，因此心里非常忐忑。当他与作家会面时，发现他果然是一个很难捉摸的人，两个人连话都说不到一起，而编辑因为紧张导致说话更加语无伦次。最后自然被作家拒绝，空手而回。

无奈的编辑被深深的挫败感所困扰，回到办公室后他思前想后，思考自己做得不对的地方。通过深刻地自省之后，编辑认为自己对作家的了解不够，所以才导致了会面时遭遇尴尬。于是，他用心收集了杂志和刊物中关于这位作家的所有资讯，仔细研读了他的所有作品，在自己对作家有了进一步的了解之后，又预约了第二次见面。第二次的会面气氛开始时与前一次一样沉闷，但是编辑很快就热情地说："最近您的作品要被翻译成英文在美国出版了，恭喜您！不过您觉得自己作品的风格能否用英文表达出来呢？"这个话题立刻引起了作家的兴趣，因为这是他最近正在做的一件大事，并正为这个问题所困扰。于是他马上回答："我也很担心啊，所以一直在寻找好办法，你有什么建议吗？"

在和谐融洽的气氛中，编辑和作家进行了愉快的谈话，编辑获得了作家的认可，作家答应为他写稿；而作家也认为编辑给自己提供了一些有用的建议，与他成了朋友。

从上面这个故事中我们可以看出，在交谈中，地位处于劣势的一方有义务寻找话题，引起另一方的谈话兴趣。求人办事时，有所求的人要寻找可以让对方愉悦的话题；在谈生意的时候，乙方要选择有利于合作的话题。最常见的便是处于恋爱中的情侣，往往是男人在寻找话题来引发女性的交谈兴趣，以便让气氛变得热烈融洽。否则，如果话题引起对方不悦，就会增加处于劣势一方的谈话难度。

要寻找话题其实并不是一件很困难的事。因为在你的生活环境中，凡是能看到的东西，都可以拿来当作话题。

打造自己从谈吐开始

一滴蜜糖比一斤苦汁能吸引更多的蚂蚁，良好的谈吐，会令人心花怒放，满面春风。

一个人的能力要想获得别人的认可，必须通过一定的途径进行展示。一个表达能力不足的人在展示自己的过程中，必然会遭遇困难。就算是他拥有卓越的想法，没有语言的相助，这些想法也不能被别人所了解。谈话和作文一样，要有主题，有腹稿，有层次，有头尾，切不可语无伦次。良好的语言能力不仅可以充分展示自己，更能够为我们获得比别人更多的成功机会，更快地达成自己的目标。

美国前总统里根在访问加拿大的时候，曾经遭遇过一次突如其来的混乱。当时，里根正在讲台上演讲，忽然看到下面一阵骚动，有人还举出了反美的标语。这种行为很快就被维持秩序的警察制止了。但是作为主人的加拿大总理皮埃尔·特鲁多还是感到非常尴尬。

看到皮埃尔·特鲁多脸上挂着不安的笑容，里根总统在讲台上笑着说："这样的情况在美国是时常发生的，我的演讲总是可以遇到这些老朋友。我想今天的这些人或许是特意从美国赶来，为我的演讲助兴的。"

这一番幽默的自嘲让现场本来紧张的气氛顿时变得轻松起来，皮埃尔·特鲁多的尴尬也立刻被化解。在大家雷鸣般的掌声中，里根的演讲得以继续下去。

可见，拥有良好的语言能力能够帮助我们跳出困境，轻松化解难题。但是在我们的日常生活中，当人们遭遇类似的尴尬时，却不能做到这般游刃有余。更多的是期期艾艾和欲言又止。如何让自己的语言表达变得隽永动听，让每一名听众都可以愉悦地接受，并有效地帮助我们取得成功呢，这就是语言艺术的奥秘所在。

周总理是一个非常精通外交辞令的人，他总是能用轻松的语言化解尴尬，达到举重若轻的效果。至今还流传着一个他与美国前国务卿基辛格之间的对话故事。在联合国的一次会晤中，基辛格对周总理说："中国人走路总是喜欢低着头，而美国人走路却总是昂着头。"

这句话猛一听好像是一种随意的调侃，并不带有任何意味，或许它带着一丝不友善，却没有明显的恶意，因此也让听者无法找出基辛格的失误。如果针锋相对地回答，则会显得有失风度，而如果闭口不言，又会让自己白白令人嘲笑。

周总理听基辛格说完，便也笑着用调侃的语气说："因为中国人在走上坡路，自然要低着头走；而美国人在走下坡路，所以昂着头也不奇怪。"听了总理这一番巧妙的回答，连基辛格在内的各国代表都哈哈大笑起来。

这个回答之中不仅有敏捷的思维，更有恰当的分寸，虽然带着开玩笑的意思，仔细回味却也能体会到反唇相讥的意味。整个谈话的气氛并没有受到任何影响，但周总理已经很好地维护了自己的尊严。

要想在谈话中有得体的表现，就必须要对自己所说的话有提前的认知和考虑。针对自己的谈话对象以及要讲的内容，每一个谈话者都应该在说话前打好腹稿，在脑海中构想好自己要怎么讲，同时观察周围的环境，关注对自己的谈话有所影响的各种因素，这正是所谓的"凡事预则立"。

在我们的身边，随处都可以看到因为不得体的谈话而带来的不良影响，不管是个人生活还是事业都会因为未经思考的谈话而陷入窘境。就算是父子、夫妻这样亲密的关系，也会因为不恰当的话而让感情受到伤害；就算是大型企业，也会因为不得体的发言而失去支持。小说家亚诺·本奈曾经说过："日常生活中大部分的摩擦冲突都起因于恼人的声音、语调以及不良的谈吐习惯。"一个小小的语言习惯会给我们的生活带来这么大的影响，我们又怎能不对它投以更多的重视呢！

宰相刘罗锅是一个家喻户晓的人物，他本名刘墉，生活在清朝乾隆时期，出任宰相，深得皇帝的信任，乾隆帝不管大事小情都非常乐于与他商议。闲来无事，乾隆帝还喜欢和他聊天，只因刘墉才思敏捷，对答得体，总是能说出让乾隆帝会心一笑的话。

有一回，在议完政事之后，乾隆帝又和刘墉闲聊起来。他感慨地说："我们转眼之间都要变成老人家了！"

看到乾隆帝一脸的伤感，情绪低落，刘墉便笑着说："皇上，您还很年轻呢，正是做大事的时候。"乾隆帝听他这么安慰自己，只是摇摇头说："我属马，已经五十了，怎么还年轻呢？你既然这么说，你今年多大了？"刘墉毕恭毕敬地回答说："皇上，我今年五十，是属驴的！"

听到这个奇怪的答案，乾隆帝立刻来了兴致，问他："你我都是五十，我属马，你怎么属驴呢？"

刘墉看到乾隆帝一脸疑惑，便笑着说："皇上是天子，您属了马，为臣怎么还敢属马呢？所以就只好属驴了。"

这一番对答不仅出乎意料，而且还表达出刘墉对乾隆帝的无限恭敬，不禁让乾隆帝笑逐颜开，刚才伤感的情绪也就一扫而光了。

能够获得乾隆帝的认同，刘墉凭借的不仅是自己的才智，更发挥了语言的无穷魅力。从他的身上，我们可以看到：要想在谈话中获得别人的认同，就要学会使用对方熟悉的语言，谈论对方关心的话题，还要根据谈话的环境进行灵活的变通，只有这样才能契合对方的心情，从而达成目的。

在今天的社会，虽然没有了生杀予夺的皇帝，但在工作和生活中灵活地应用语言艺术，以自己良好的谈吐来赢得别人的认可，依旧是获得成功的法门之一。

话总是说给别人听的，至于说得好不好、是否说到别人心坎上，不仅要看话语是否恰当地表达了自己的思想和情感，也要看别人能否理解并且乐于接受。

雄辩胜于千军万马

哪里有声音，哪里就有力量；哪里有口才，哪里就有了战斗的号角，就有了胜利的曙光。一场争论可能就是两个心灵之间沟通的捷径。

在古代，苏秦曾经凭借三寸不烂之舌游说战国诸侯，成为一代谋略大家。而在近代，孙中山先生通过激情澎湃的演讲鼓舞士气，带领中华儿女推翻了清朝统治。到了现代社会，语言更无时无刻发挥着它无穷的魅力，它不仅鼓舞士气，而且凝聚人文，甚至可以起到扭转乾坤的作用。雄辩之人在历史上层出不穷，他们不仅实现了个人价值，更推动了历史的进步。口才，不仅是一项巨大的开拓进取能力，也是一种生存之道！

在清朝乾隆帝时期，还有一位才子因其学识丰富、机智敏捷而闻名于世，他便是纪晓岚。

有一次，乾隆帝突发奇想，想要试一下纪晓岚的机智究竟达到什么地步，便故意问他："何为忠孝？"纪晓岚不知道乾隆帝为什么突然会问起这个，但他不敢怠慢，连忙一本正经地回答："君叫臣死，臣不得不死，是为忠；父叫子亡，子不得不亡，是为孝。两者合起来，即为忠孝。"

话音未落，乾隆帝便说："既然这样，那朕就给你一个机会尽忠，赐你一死吧！"

此言一出，四座皆惊，纪晓岚更是摸不着头脑，想不通皇上怎么会突然就对自己赐死。但"君叫臣死，臣不得不死"是他刚刚说过的话，乾隆帝的旨意又不能违抗，他只好谢恩退朝而去。

看到纪晓岚退下，乾隆帝在心里暗暗发笑，他等着看纪晓岚到底有什么办法来化解这个难题。可是一个时辰不到，只见纪晓岚气喘吁吁地跑回来，跪倒在乾隆帝的面前。乾隆帝故意装出一副很生气的样子说："朕已经将你赐死，你怎么还活着？难道你想抗旨吗？"

只见纪晓岚一边喘气，一边急切地说："回皇上，臣领旨之后便到河边去寻死，却遇到了屈原，他问我为什么投河，我将皇上的旨意告诉了他，结果他说：'我当初投河是因为楚怀王是一个昏君，而如今的皇上却非常圣明，你怎么能说死就死，让他背上一个昏君的骂名呢？你应该先回去问问皇上是不是一个昏君，如果是，你再死也不迟。'所以，臣就回来了。"

听了纪晓岚的解释，乾隆帝也陷入了两难之中：让纪晓岚去死，则说明自己昏庸得像楚怀王一样。他只好笑一笑说："既然这样，那你就先活着吧！"

在这个故事中，纪晓岚所采用的办法是"以其人之道还治其人之身"，让双方的面子都得到了维护，而自己也不用去承受乾隆帝的无理要求所带来的伤害。在乾隆帝首先发难时，他的依据正是纪晓岚自己所说的"君要臣死，臣不得不死，是为忠"，他由此对纪晓岚提出了"去死"的要求，显得顺理成章。而话是从皇上嘴里说出来的，纪晓岚又不得不服从这一要求，因此他骑虎难下。为了重新掌握主动权，纪晓岚又想出了办法，利用因君主昏庸而投河的前人屈原之口说出了自己不去死的依据，将难题重新抛给了乾隆帝——去死的前提必须是皇上是昏君，而乾隆帝断然不会在众人面前承认自己是昏君，因此他的旨意也就不用去执行了。

纪晓岚用机敏和雄辩能力救了自己一命。假如换另一个人去将会怎样呢？或许他已经跳河自杀了！因此，口才的价值，口才的重要性，我们不可低估。

明哲保身，不是人人都能做到的。只有那些口才良好、善于雄辩的人才能做到临危不惧，从而进行更好的反击。

口才关系到"全才"

会说话是一种综合能力，这种能力包括表达、聆听、应变等多项。

良言一句三冬暖，正说明说话得体、恰当所产生的巨大效果。在每个人前进的道路上，都不可避免要与别人交际，而交际的重要手段就是语言。如果自己的话能给别人带来"三冬暖阳"一样的感受，又何愁不能获得成功呢？有语言学专家认为，口才有初级口才和高级口才之分。只要没有生理疾患、能张嘴说话的人，就可以拥有初级口才。而高级口才则是指不仅要会说话，还要说好话。

善表达，会聆听，能判断，巧应对，是衡量口才好与坏的重要标准。但是，在现实生活中，并不是每个人都能将话说好，或将本来就储存在自己脑海中的东西淋漓尽致地表达出来。

美国有一位叫寇蒂斯的保健医生，同时他也是一位热心的棒球迷，经常去看球员们练球。时间长了，他就和球员们成为了好朋友，并被邀请参加一次为球队举行的宴会。在侍者送上咖啡与糖果之后，有几位著名的宾客被请上台"说几句话"。没有想到的是，在事先没有通知的情况下，他听到主持人宣布："今晚有一位医学专家在座，我们有请寇蒂斯大夫上台跟我们的队员们谈谈日常保健及健康问题。"

那么，寇蒂斯能否回答这个问题呢？当然能，而且他对这个问题认识非常充分，因为他是研究卫生保健的，并且已有三十余年的行医经验。他可以坐在椅子里向坐在两旁的人就这个问题侃侃而谈一整个晚上，但是，现在，要他站起来当众讲这些问题，却得另当别论了。

此时此刻他不知所措，心跳速度似乎加快了许多倍，脑中一片空白，因为他一生中从未做过演讲，该怎么办呢？宴会上的人全在鼓掌，大家都望着他。最终他还是摇了摇头，表示谢绝。但他这样做反而引来了更热烈的掌声，众人纷纷要求他上台演讲。"寇蒂斯大夫！请上台演讲！"呼声愈来愈高。他知道，此时如果自己站起来走上讲台，他将无法讲出一句完整的话，演讲一定会失败。因此，他站起身来，一句话也没说，转身背对着他的球员朋友，默默地走了出去，深感难堪。

寇蒂斯的经历是失败的，败在他不善言谈。由此可见，只有具备了高超的说话水平，才能掌握获得社会认同的最快捷、最有效的手段。但是，大多数人可能都会像案例中的寇蒂斯医生那样，在演讲时紧张、害怕。因为有这样一个调查结果："当人们站起来讲话时，会觉得很不自在、很害怕，不能清晰地思考，不能集中精力，不知道自己要说的是什么。"相信每一个人都想获得自信，能够泰然自若地站在众人面前，并能随心所欲地思考，逻辑清晰地归纳自己的思想，在公共场所或社交人士面前侃侃而谈，语言富有哲理，又让人信服。

其实，口才并非天生，它是可以通过勤学苦练而后天取得的。人在婴幼儿时期，并不会说话，但可以通过培养而逐渐获得这种能力；成年之后，也可以通过培养、训练，让自己获得卓越的口才。古今中外历史上不乏一些通过刻苦训练而获得这一卓越才能的人。

美国前总统林肯的演讲总是能让人群情激奋，但谁能想到他在年轻的时候，并不是一个能言善辩的人呢？林肯在认识到自己语言能力不足的情况下，并没有气馁，为了提高演讲水平，他努力学习、训练自己。不管是法庭上辩护的律师，还是传教的教士，都成为林肯学习语言能力的榜样。他一边学习他们的表达方式，一边模仿着他们的手势，不管是走路还是睡觉，都在训练自己讲话，甚至会对着树桩与玉米田发表演讲。而最终，他不仅成为了美国总统，更成为了美国历史上优秀的辩论家。

我国著名的数学家华罗庚，相信大家并不陌生，都知道他有超群的数学才华，但很多人却不知道他也是一位不可多得的"辩才"。他从小就注意培养自己的口才，学习普通话，还背了四五百首唐诗，以此来锻炼自己，因此，他在国内外一些公众场合的发言总能赢得掌声。

为了达到谈话的预期效果，谈话时我们可以从以下几个方面做起：善于聆听，捕捉反应，敏捷回应，力争主动权；陈述自己的话时要有实在的内容、清晰的观点、严密的逻辑、中肯的分析；谈话中要有很强的概括能力，简明扼要地把自己的思想完整地表达出来。唯有掌握了这些要点，我们的口才与交际能力才能得以提高。

　　"口才"即表达主体在人际交往的过程中，运用准确、得体、生动、巧妙、有效的口语表达策略，达到特定的交际目的，取得理想效果的一种语言表达艺术和技巧。同时，口才更是一种综合能力。

如何让自己的口才无懈可击

将自己的热忱与经验融入谈话中，是打动人的最简方法，也是必然条件。如果你对自己的话都不感兴趣，怎能期望他人感动呢。

朴实无华的语言是真挚心灵的表达，是美好情感的展现。因而，语言的朴素美来自相互的处世态度，话如其人，言为心声，平时为人处世质朴真诚，说话也就自然不会扭捏做作。

说话是人的一种基本能力，这是因为，在人的大脑里早就贮存了"语言学习的机制"，但这并不代表人人都是天生的演讲家。虽然同样具备了良好的口才基础，但有些人能言善辩，而有些人依旧木讷。

人们讲话的目的是沟通、表达，而要想取得良好的沟通的效果，就必须有恰当的表达方式。一个人要想获得好的口才并非一朝一夕就可以做到，它需要进行长期的摸索和实践，在生活中体会别人的反应，寻找正确的表达技巧，让别人能够更容易地理解自己。如果一个人的表达不能让周围的人明白，那便是失败、错误的表达，将会产生更深的隔阂，影响我们的生活。所以，具备良好的表达技巧是每个人都必须学习的。

在抗战胜利的前夕，画家张大千要返回四川，他的学生们在一家酒店举办宴会为他饯行，梅兰芳等众多社会名流也到场作陪。席间，张大千端着酒杯对梅兰芳说："梅先生，你是君子，我是小人。"大家听到这话都不知道张大千想说什么，连梅兰芳也有些摸不着头脑，只好疑惑地问："为什么这么说？"张大千说："因为君子动口，小人动手！我端酒是动手，您喝酒是动口啊！"一句话引来满堂喝彩，宴会的气氛也被张大千幽默的语言推向了高潮。

"君子动口不动手"本是一句俗语，在生活中被广泛应用，但张大千却让它有了新意，从而起到了烘托宴会气氛的良好效果。这种方式最重要的便是出其不意，只有这样才能让听者恍然大悟，进而会心一笑。很多在口才上取得成就的人，他们大多认为自己从小并不善于言辞。那么他们为什么能取得成功呢？很简单，正因为他们自认为口才不佳，才会加倍努力去提升自己的表达能力。

据说，有"历史性的雄辩家"之称的狄里斯，原本表达能力很差，他天生声音低沉，且呼吸短促，跟人说话时，时常口齿不清，旁人经常听不清他在说些什么。当时，狄里斯的祖国政治纠纷严重，因此，能言善辩的人备受重视，格外引人注目。尽管年轻时的狄里斯知识渊博、思想深邃，而且十分擅长分析事理，并能预见时代潮流和历史发展趋势。但是，让他头疼的是，自己缺乏说话的能力和表达技巧。他认为这是自己致命的弱点，甚至可能会因此而被时代所淘汰。于是，他在进行了一番周密细致的思考之后，准备好了精彩的演讲稿，第一次走上了演讲台。不幸的是，他遭遇了惨重的失败，原因就在于他声音低沉、肺活量不足、口齿不清，以至于听众无法听清楚他所言何事。深受打击的狄里斯并没有灰心，反而比过去更努力地训练自己的说话能力。他每天跑到海边，对着浪花拍击的岩石放声呐喊；回到家中，又对着镜子观察自己说话的口型，练习发声，坚持不懈。狄里斯如此努力了好几年。功夫不负有心人，狄里斯再度上台演说时，博得了众人的喝彩与热烈的掌声，并一举成名。

并不是一定要将黑的说成白的，才算是好口才，只要能为我们的生活增添乐趣，让讲话的人更受关注和欢迎，都可以称之为口才好。除此之外，好的口才还要注意讲话的场合，不同的场合说出不同的话，让表达符合情境要求，同样也是好口才的标准。在朋友聚会中，可以通过幽默、逗趣的话来让大家开心，让气氛更融洽；而在会议、谈判等场合中则要谨慎讲话，用严谨的语言表达自己的态度和认识，这才有助于达到讲话的目的，才能真正发挥口才的效力。

要想练就一副过硬的口才，就必须一丝不苟，刻苦训练，正如华罗庚先生在总结练"口才"的体会时所说："勤能补拙是良训，一分辛苦一分才。"

第二章
表达，当今最重要的社交能力

别 输 在 不 会 表 达 上

人在社会中，是否拥有一张巧嘴十分重要。在关键时刻，话说得是否到位，能不能说到点子上，都会产生无法预估的影响。不论在工作上，还是在生活中，我们都能看到铁齿铜牙之人，凭借一张嘴，使许多事情有了转机。在别人训练嘴皮子上的功夫时，我们也不禁跃跃欲试。其实，想练就一张厉害的嘴巴，不是不可能的事情。

说话容易，把话说好难

对一般人而言，说话并非难事。说话不难，但是，难的是如何说好话。好口才并不是与生俱来的，也非一日之功，而是经过后天的培养和积累养成的。即使先天存在不足，后天也是可以补救的。

要在实践中磨炼口才，说好话，就要有坚强的意志力，学习说话的技巧，不仅能说话，还要会说话，说好话，而这需要日积月累，天长日久的训练。

一个说话有点大舌头的男孩，为了不让别人嘲笑自己，他日以继夜地勤奋练习，甚至在嘴里含着小石子练习发音，忘我地朗诵诗句。功夫不负有心人，他终于成为了一名卓越的演说家。

有的人其实很想练习口才，可是苦于没有机会。其实，到处都有练习口才的机会。我们每天都要和人打交道，免不了要说话。有些人认为平时说话根本不需要什么口才，能够沟通交流就行，却不知道这正是锻炼口才的大好时机。

面对陌生的人和事物，我们多多少少会有些顾虑，不知道该不该开口。在犹豫之间，意思更不能顺利地表达出来。因此，在这种情况下，最好的方法就是让自己习惯先说话，试着先打破僵局。如果我们真的无法自在地与陌生人交谈，则可以尝试鼓起勇气试着向不太熟识的邻居说声"你好"，或是在找不到路的时候向陌生人问寻，一声招呼、简单的问询，会使你发觉同陌生人交谈其实并不难。

不管在什么场合，你都要积极和别人交谈，尝试着与他人闲聊、寒暄，这种机会来之不易，要敢开口说话，这样才有机会学习说话的技巧，建立自信，找到方法。

如果有机会主持会议或在会议上发言，也要牢牢把握，因为这些都是练习口才的绝好机会。

有的人才思敏捷，聪明过人，可是一开口，就全是不中听的话。只要你能用心抓住说话的机会，你就可以融入到商业、社交、政治，甚至邻里间的活动中等！只要肯积极主动地开口说话，抓住一切机会不停地练习，口才就会有所进步，语言表达能力和思维逻辑能力都会逐渐提高。

现代社会，互联网日益走入人们的生活。QQ、微信等成为人们沟通的新宠。可是，这些并不能完全替代说话。说话这种大众的交流方式，依然是我们避免不了的。即使没有出众的口才，也不必担心，因为只要肯下功夫，不断练习，说话到位、说到点子上、说漂亮话的本领便可早日练成。

与对方同步，交谈者之间要有共鸣

在合唱时，如果都是高音，听起来会比较和谐；如果一个高音，一个低音，则会让人感觉奇怪，与别人谈话也是这样。只有找到了对方喜好的话题，融入其中，才会令对方对你以及你的说话内容产生兴趣，一旦双方产生共鸣，沟通和交流自然会变得流畅起来。

要想言谈和对方在同一个声调上，首要一点就是要和对方保持"同步"，找到和对方的共同点或者相通处。让对方意识到你的话语和他存在着某种利害关系，或是让对方也能畅所欲言。这样的谈话才能使对方乐意听，愿意交流，从而引起"共鸣"。否则，你的言语就无法起到预想的作用。

在很多同行都在为拿下这个大单而发愁不已的时候，老王却用自己的三寸不烂之舌轻轻松松解决了问题。

老王像其他拜访者一样来到了某公司销售经理的办公室，他早就听同行说了这个销售经理是如何廉政、古板、不好搞定。许多来找他的人都不知道如何开口，碰了一鼻子灰。于是，老王赤手上阵，打算换个策略。

刚走进经理办公室，眼尖的老王便发现，在办公室最显眼的位置上挂着一张巨大的照片。照片上是销售经理和著名导演××的合影，经理一脸笑容。显然，这张照片对销售经理意义非凡。于是，老王便试探性地对销售经理说："经理，我是学编剧出身的，一直都很崇拜××导演。没想到您跟他有这么好的交情。"一听这话，销售经理仿佛找到了知音，脸上立刻绽开了笑容，也打开了话匣子："我特别喜欢他拍的电影，××还没有出名的时候，我们就已经是朋友了……"

接着，二人就影视作品愉快地聊了起来。几个小时之后，老王离开公司时，单子已经轻松在手了。之后，两人便成了好朋友，经常在一起饮茶聊天，看话剧，业务方面更是不在话下。

说出别人关心在意的事情，话家常拉客套，从而博取对方的好感，让对方认为你是其"同盟"，进而达到自己的目的，这并非不可能。

会说的不如会听的

倾听也是一门学问。有些人的"不会说"，也同"不会听"有关系。

在美国，会听被认为是一种能力，是一种古已有之的生存能力。做一个耐心的听众并不是一件简单的事。不论在何种情况下，耐心倾听从而掌握谈话主动权的例子都不在少数。

玫琳凯·艾施是著名化妆品牌玫琳凯的创始人，她就是一个很注重倾听员工意见的人，并总能从中获益。她说："从员工的意见中，我们研制出了顾客真正需要的产品。因此，我们的产品才能有别于其他没有此种回馈的化妆品。我正是由于经常听取她们告诉我的意见，才有了今天的玫琳凯。"

无独有偶。

美国西南航空公司聘用员工的方法非常特别，一般的公司都是单独进行面试，而西南航空公司则是一批一批地选拔。当一个人坐在前面接受面试官提问的时候，其他的应试人员都坐在后面等候。其实，真正的被试者是在后面等候的那些人。

面试官在"面试"前边的人的同时，会仔细观察后边的那些等候者们的反应，看他们是否在认真倾听，还是四处张望、若有所思……

这是因为西南航空是一个服务性机构，"日常对话，深度倾听"是公司要求每一个员工的必备素质。只有能够认真倾听的人才可以参加复试。

积极地倾听并不是在做无用功。要想让自己在交谈中掌握更多的主动权，获得更多的机会，就要会听。交谈中需要互动，需要相互交换意见，从而使交流顺利进行下去。可是如果你置别人的意见于不顾，那么你的损失将无法估计。

倾听不只是保持沉默，听听罢了。当你在认真聆听时，并不是单纯地接收信息，而是会立即调动自己已有的知识和经验，做出积极的态度反应：理解、疑惑、赞同、反对、喜悦、忧虑等。这些反馈，又使你不断地调整自己的理解，与说话人处于同步思维之中。这不仅使你融入到谈话之中，并且可以直接受益。而且，在坦诚交谈并认真倾听后，再陈述自己的意见，也会避免造成各说各话的情形，防止出现话不投机半句多的情形，对人际关系形成不利影响。

倾听最重要的目的是收集正确的信息，因为信息正确与否，关系到你做出的反应、询问的问题和肢体语言等，更关系到你倾听的效果和质量。

但是，我们常因热衷于谈话而忽略了收集正确信息。因此，先会听，自然更会说。要集中精力听别人所说的内容，不要有错误的分析。倾听能够了解他人，而倾诉则可以被人了解，当双方有了共同点，沟通便悄悄展开了。

手势很重要

手势，顾名思义就是在交往中表达自己想法时用手所做的各种的姿势，这也被称为"体态语言"。不要小看了手势，因为在现实社会中，不同的手势被赋予了不同而又特定的含义。所以才说手势是具有丰富表现力的一种"语言"，也因此成为我们沟通、交流中，除了语言以外最有力的手段，在肢体语言中占有最重要的地位。

手势的应用场合有很多，日常生活中的挥手、鼓掌等都属于手势的范围，我们在运用时应根据不同地域场合和目的恰当运用，不然就有可能会引起误会，甚至影响个人的形象，导致工作、交友的失败。

一位美国企业家到法国去做酒的生意，在法国人热情而又浪漫的欢迎会上，他兴高采烈地品尝了法国香槟，这种名酒的醇美香甜也使他称赞连连，两名企业家交谈甚欢。但就在这个时候，他做了一个"OK"的手势，本来是想夸这个酒好喝，但没想到主人立刻显得不高兴起来。原来，在美国本土这个手势是"好"的意思，而在法国的部分地区，这个手势则表示商品劣质、不满意的意思。幸好，机灵的助手及时提醒了他，经过解释和表示歉意后双方才消除了误会。

在这里需要强调一下，"OK"的手势不仅在法国的部分地区代表的意思不好，在墨西哥也是特殊手势，就像美国人伸出中指一样。所以，如果身在异乡，不了解当地手势的含义，可不要胡乱模仿，或者按照自己的习惯做手势，这样很容易引起误会。

无独有偶，一位巴西商人到俄罗斯去做生意，在经历了千辛万苦的谈判后，双方终于达成了共识。然而就在即将签合同的时候，这位巴西商人做了一个交好运的手势——他把右手攥成拳头，并将大拇指放在食指和中指中间。俄罗斯人的脸色立马就从晴转阴。在一旁的翻译赶快告诉那位巴西商人，这个手势虽然在巴西表示交好运，但在俄罗斯却是侮辱人的动作。巴西人听后连忙道歉，才不至于使这一笔本应愉快双赢的生意因一个不起眼的手势而告吹。

由此可见，不同的手势代表不同的意义，同一手势在不同地区意思也很有可能大大相反，所以我们在运用时一定要加倍小心。但如果我们能合适地运用手势来表达情意，就能起到很好的沟通作用，事半功倍。

此外，我们也可以创造自己的招牌手势，使自己更有个性，让别人对你的印象更加深刻。但是需要注意的是，不要轻易模仿别人的手势语言，这样做很容易适得其反，起到东施效颦的效果。在使用手势语言的时候，也应该大方得体，不要扭扭捏捏，或者过于夸张。这样容易给人留下不好的印象。

总之，手势在沟通中的作用丝毫不亚于语言，只要我们运用

得得当，就能为我们增色不少，让我们的言谈更吸引人，使沟通
更完美。

肢体语言帮你愉快交谈

"在一条信息的所有影响中，大约有一半以上来自人们的肢体语言。"这是研究肢体语言的代表人物阿尔伯特·麦拉宾曾说过的话。

喜剧大师卓别林塑造的形象十分滑稽，深入人心，他深受人们的敬仰。可是，他出演的影片大都是无声电影。在这样的情况下，他依旧能够令人捧腹大笑，传递快乐，原因就在于他充分运用了肢体语言。

艾伯特教授也认为，肢体语言常常使得人们在第一时间里感觉到一个人是否友好、可靠或者诚实。当我们主动运用肢体语言时，与其他人的沟通会更加容易，迅速拉近彼此的距离。能否给别人留下良好的第一印象，肢体语言的恰当运用很重要。通常，在社交时，自然地放开双手、昂首挺胸、目光坚定、颔部放松，都是可以运用的肢体语言。它们的好处是可以将你的状态和心理反应直观地传达给对方，用肢体语言来迅速地拉近彼此的距离。

微笑是最简单也是最重要的肢体语言，一个发自内心的微笑会使人感到放松，能够改善你在别人心中的印象。

当初次见到陌生人或是遇到许久没有见面的熟人时，可以握手，这种肢体上的接触会显得诚挚而友好，迅速拉近双方的距离。

还有很多在交流的过程中可以使用的肢体语言，如目光、坐立等。其实，双方若想有一个愉悦而顺畅的交流过程，就要彼此接纳。你的肢体语言能够从侧面告诉对方，你到底在乎他多少。

所以，在交谈时，如果你想表示你很重视对方所讲的内容，那么，在全神贯注之外，还要注意你的姿势。倾听时最佳的姿势是面向说话者摆正身体，可微微前倾，这样的姿势"告诉"对方，你重视他的信息，并且支持他的表达。

我们也可以运用肢体语言来做出决断，进行提问，甚至可以用肢体语言制止正在进行的交流。在一定程度上，若你的肢体语言运用得好，你交流的能力就越强。

称呼不容小觑

在生活中，有许多常见的称呼，每天都要用到，我们很容易就忽略了它们的差别。也许有人说：“像‘爸’‘妈’等称呼这么常见，会有什么学问呢？”其实称呼语中蕴藏着很深的学问，每个称呼语都有特定的语境和范围。

对双方来讲，称呼语的理智运用很重要。比如爱人之间，从相恋到结婚，越来越不注重对彼此的称呼，最后只随便用一个“哎”或“喂”来称呼爱人，不仅没有浪漫，也显得很生分。在外人面前，这样“呼来喝去”，也非常不礼貌。学生本应该称呼教师为“老师”，若是直呼其名，就会让别人觉得你不懂得尊师重道；经理本来称呼秘书李霞为“小李”，若称呼为“霞”，就可能会有流言产生了。一群老朋友聚会，直接叫名字或是叫昵称、绰号都是合乎情理的。但如果是一般关系却称呼得分外亲密，就可能会产生尴尬。所以，在选择称呼语的时候，一定不要随随便便，要慎重一些。特别是在一些初次交往者之间和等级观念比较严苛的企业中，称呼合适与否可能直接决定着彼此的交涉能否顺利进行。正确、得体的称呼是掌握说话艺术的第一要点，在日常工作生活中，常常会因为称呼上的不得体而造成尴尬的局面，而人们往往却在事后才认识到。

秘书小蔡新到公司不久，她的直接领导是单位的副总郑建。小蔡每天都要去向郑建汇报请示，小蔡很自然地称呼他为"郑总"，郑总自然乐不可支。但是，很快，小蔡就因为称呼吃了亏。

一天，正牌领导王总到公司视察工作，在向两位老总汇报工作的过程中，小蔡依旧称呼郑建为"郑总"。王总的脸色立刻变得很难看，他讽刺郑建说："郑总，这个称谓挺好的嘛！"

听出了王总的言外之意，郑建也是一脸通红，小蔡这才意识到自己说错话了。一个称呼，却让自己在两位老总心里的印象大打折扣。所以，称呼的得体、正确，在一些场合是至关重要的。

你可以选用比听话人真实身份高的称呼语，让听话人觉得更有身份，更受尊敬，更喜欢自己的称呼。可是一定要分清场合，以免搬起石头砸自己的脚。即使是再尊重，也要有个限度，不能张冠李戴。我们事先要有充分的准备，比如在开始互相介绍之前，先对会见对象的姓名、单位、职务进行初次摸底，最好做到心中有数。事先了解是必要的，若没有则可根据对方的自我介绍来称呼对方，也不至于会犯下太大的错误。

在不同的环境下，由于地域不同、文化差异及习俗，称呼也会有所不同。比如，在我国北方，习惯上称呼陌生的男子为"大哥"，陌生女子为"大姐"，这听起来很亲切，而到了南方，则称呼他们为"先生""女士"。

要使自己的语言得当，给别人留下亲切友好的印象，就要先掌握好称呼的方式方法，避免造成不必要的误会和麻烦。

第三章
语言是一门艺术，表达是一种技术

别 输 在 不 会 表 达 上

上帝在造人时，给我们两只耳朵、一张嘴巴，这样安排不是没有道理的。许多人都喜欢多说、少听或是根本不听，结果变成了说得越多，却不见效果，说了还不如不说。仔细地多听一听，让收到的信息在大脑中过一遍，当你再通过嘴巴传递出信息时，你会发现更有意义，也更有价值。所以在动嘴巴之前，一定要先过过耳朵。

没有诚意的道歉不能接受

道歉并非只有"对不起"简单的三个字。有的人颇不以为意："我已经说了'对不起'了，还想让我怎么样呢？"其实，问题是出在道歉的态度上。缺乏诚心实意的道歉，会让人很难接受。

一位中国访问学者在美国曾遇到这么一件事：

有一天，她正在埋头赶路，因为一边走一边考虑问题，不知不觉走了神，没留意到马路上走来的一位男士，结果一时收不住脚，一脚踩在男士的鞋上。当然，她马上说了声："I'm sorry!"但令她十分奇怪的是在她道歉的同时，那位男士也说了一声："I'm sorry!"这位女学者很好奇地问："是我踩了你，你为什么要向我道歉呢？"

那位男士满脸真诚地说："夫人，我想，是因为我挡了您的路，您才踩到我的脚的，所以是我妨碍了您，我应该向您道歉！"

从这番话里我们就可以看出，这位勇于道歉的男士非常绅士，而且他是一个善于体谅别人，善于设身处地为他人着想的真诚的人。

　　而对待言语上的失误，道歉时的态度是否诚恳很重要。即使说话不得当，若是内心真诚地道歉，就能得到别人的谅解。

　　道歉并不是一种耻辱，有人觉得道歉很伤自尊，其实换种想法，道歉是为人真挚和诚恳的表现。即使是地位很高的伟人，也会为做错事而道歉。英国首相丘吉尔曾对杜鲁门的印象很糟糕，但后来他告诉杜鲁门说以前自己低估了他。既有赞誉，又有道歉。而有的人虽然嘴上道歉了，但实际上很不情愿，总想为自己的过失寻找各种借口，仅仅是为了保住自己的面子。这样做，只能让人觉得你没有诚意，道歉只是个形式，自然不会获得他人真正的谅解。

　　与人交往难免会说错话、做错事，得罪人也是在所难免的。我们还有可能因为自己的过失给别人造成沉重的精神痛苦和巨大的经济损失。一句"对不起"或许并不会起到实质的作用，但是却能先稳住人心，然后再慢慢解决问题。因此，我们需要及时认识到自己的错误，并放下身段，诚恳道歉，总能得到别人的原谅的。

"你错了"不好说

在工作中，我们遇到同事的错误，好心提醒后，可是对方并不领情，反而觉得是我们多事，自讨没趣；在生活中，我们遇到长辈、同龄人或是晚辈的错误，若是出言提醒，未必能得好，别人未必会觉得问题有多严重。一句"你错了"换来的并不一定是感激，却很可能是"你才错了呢！吃饱了撑的"。

常言道："人非圣贤，孰能无过？"犯错是在所难免的，而人们在犯错误之初，通常都很难及时醒悟，甚至不愿承认自己有错。所以，对他人的错误及时给予纠正确实很有必要，可是，纠正他人的错误又确实是一件费力不讨好的事。

小王到公司上班不久，就赶上部门聚会，老板请大家去唱卡拉OK，同事都欣然前往。进了包房之后，小王马上就找了离自己最近的一个沙发坐下，其他的同事也都坐在了沙发上。最后进来的老板发现沙发已经被坐满了，就顺势坐在小王身边的一个椅子上。

过了不一会儿，老板就说有事，结了账先离开了。老板一走，本来都很高兴的众人瞬间大变，室内的温度仿佛突然下降了十几度。小王怎么都没想到，这居然是因为自己。一个男同事气急败坏地指责小王说："你这人也太不懂事了，一点儿都没眼色？老板就坐在你旁边，怎么不知道给老板让个座呢？"

小王又羞又气，觉得很委屈，自己长这么大，还从来没被人这样当众说过。自己毕竟是新人，只能把不满放在心里。她不明白，自己刚入社会，不懂人情世故也是很正常的呀，可是为什么开始就没有人提醒，现在弄马后炮管什么用？这位男同事的初衷并不是想教训小王，他可能只是想教小王在职场上如何做人做事，但是粗暴的说话方式十分不当，不仅让小王尴尬，下不来台，也破坏了当时的气氛。他一心想着小王没给老板让座不对，却不曾想，如果早先他能主动给老板让个座，既避免了小王的疏忽，又适时表现了自己，岂不两全其美。

没有人喜欢被别人批评，更不喜欢接受直接的批评，因为这些都代表自己犯了错误。有的人更是寻找种种借口和理由，让自己的错误变得理所应当，不惜错上加错。其实，因为人们都不能接受"你错了！"三个字。纠正错误的方法有很多种，只要肯讲究一些策略，纠正别人的错误是不难做到的。

拒绝时要给自己留脸面

在生活中我们经常会遇到别人提出的不合理要求，面对这种情况时我们要学会"拒绝"，并且要合理地拒绝，既不会伤和气，也不会破坏你留给别人的好印象。

拒绝是一门学问，因为在拒绝别人的时候，还要体现出个人品德和修养，让别人在你的拒绝中，同样能感觉到你是真诚的、善意的、可信的。在拒绝的过程中，要想不伤和气，依然与对方保持良好的人际关系，那么就要设身处地的站在他人的角度进行换位思考，在不能提供帮助的情况下用同情的语调来婉言回绝。

在婉言拒绝的时候，一定要先让对方觉察到你的态度，不要绕了半天连自己都不清楚要表达的是什么意思。在单独的场合说"不"，对方往往更加容易接受。同时拒绝对方时，要给对方留个退路。所以，首先你要把对方的话从始至终地认真听一遍，而后再决定如何去拒绝对方——最好能使用"引用对方的话来'不肯定'他的要求"，从而给对方留下比较充足的面子；如果对方是聪明人，那么你的"不肯定"，他自然心领神会。

20世纪三四十年代富兰克林·罗斯福在就任美国总统之前，曾经在海军担任部长助理这一要职。有一次，他的好友向他打听美国海军在加勒比海某岛建潜艇基地的计划。

当时来讲，这是不能公开的军事秘密。面对好友的提问，罗斯福如何拒绝才比较好呢？罗斯福想了想，故意靠近好友，神秘地朝周围看了看，压低嗓音问道："你能对不宜外传的事情保密吗？"

好友以为罗斯福准备"泄密"了，马上点头保证说："当然能。"

罗斯福坐正了身子笑道："我也一样！"

好友这才发现自己上了罗斯福的"当"，但他随即也明白了罗斯福的用意，开怀大笑起来，不再打听了。

罗斯福之所以能忠于自己的职责，严守国家机密——因为他知道，人都有一个共性，喜欢打听隐秘的事情；打听到了之后，又不能守口如瓶，总是想方设法地告诉别人，以展示自己的能耐。罗斯福深谙其中之奥妙，所以，他对任何人都保密。罗斯福使用的是委婉含蓄的拒绝方法，其语言也具有轻松幽默的情趣，表现了罗斯福的高超语言艺术：在朋友面前既坚持了不能泄密的原则立场，又没有令朋友陷入难堪，取得了非常好的交际效果。

下面是一个现实中的例子。

两个打工的老乡，找到在某市工作的李某，倾诉了一番打工的艰辛，一再说住不起客店，想租房又没有找到合适的，言外之意就是要借宿。

李某听后马上暗示说："是啊，城里比不了咱们乡下，住房太紧了。就拿我来说吧，这么两间耳朵眼大的房子，住着三代人。我那上高中的儿子，没办法晚上只能睡沙发上。你们大老远地来看我，应该让你们留在家里好好地住上几天，可惜做不到啊！"

两位老乡听后，应和几句，知趣地离开了。

两个老乡没有直接向李某提出借宿请求，而只是一味地埋怨在城里找房子住如何困难；李某也假装没听出弦外之音，立刻附和他们的观点，并说自己家住房如何紧张，为不能留他们住宿而表示遗憾。老乡听了这番话，既明白了李某的难处，也知道他在拒绝自己，只好离开了。

习惯于中庸之道的中国人，在拒绝别人时比较容易产生一些心理障碍，这是受传统观念的影响，同时，也与当今社会某些人从众的心理有关。其实，做到"拒要求，留脸面"并不太难，可以尝试下面这些说法(做法)：

"哦，是这样，可是我还没有想好，考虑一下再说吧。"

"哦，我明白了，可是你最好找对这件事更感兴趣的人吧，好吗？"

"啊！对不起，今天我还有事，只好当逃兵了。"

"哦，我再和朋友商量一下——你也再想想，过几天再决定好吗？"

"今天咱们先不谈这个，还是说说你关心的另一件事吧……"

"真对不起，这件事我实在是爱莫能助了——不过，我可以帮你做另一件事！"

"你问问他，他可以作证，我从来不干这种事！"

"你为我想想，我怎么能去做没把握的事？你想让我出洋相啊。"

也可以使用摆手、摇头、耸肩、皱眉、转身等身体语言和否定的表情来表示自己的拒绝态度。

将"上谕"暂时放到一边

人们在和地位较高的人交往时，难免会有紧张、小心的心态。由于地位的悬殊，心理上会产生两难的局面，有时即使你夹着尾巴做人，也有可能出现闪失。要知道，领导地位比你高，有决定你饭碗和命运的权力。下面的一则寓言就生动地说明了这一点。

狮王想吃掉他的三个大臣，于是想出了个骗局好吃掉他们。它张开大口，叫熊来闻闻它的嘴里有什么味道。

"大王，您嘴里的气味很难闻，又腥又臭的。"熊老实巴交的，自然实话实说。

狮王大怒，说熊侮辱了身为百兽之王的它，罪该万死！于是就猛地扑了过去，把熊给吃掉了。

接着，狮王又叫狐狸来闻。

狐狸看到熊的下场，便极力讨好狮子，它说："啊！大王，您嘴里的气味非常好闻——既像甘醇的酒香，又似高级的香水。"

狮王又是大怒，它说狐狸太不厚道，是个马屁精，肯定是国家的祸害。于是又扑上去，把狐狸也吃了。

最后，狮子问兔子闻到了什么味道。

兔子答道："大王，非常抱歉！我最近伤风，鼻子不通气——现在什么味道也闻不到了；大王您如果能让我回家休息几天，等我的伤风好了，一定会为您效劳。"

狮子找不到理由，只好放兔子回家了；兔子趁机逃之夭夭，保住了性命。

这则寓言的寓意是：上司地位较高，又有权力，一直习惯了高高在上、指手画脚；有时候还会反复无常，即使下属完全按其想法做事，也会招致他的不满——因为他顾虑的东西，是下属难以想象的。

在与领导相处时，如果接到领导不冷静、不理智的命令，下属不能一味地听从，必要时，可以"顾左右而言他"，不去理会领导的无理要求。即便是下属在工作关系上隶属于领导，但下属也有自己独立的人格，不可能什么事都不分善恶是非地去绝对服从。

齐景公有一次大宴群臣。酒酣之际，齐景公便有些忘形，他对大臣们说："各位今天可以痛快地饮酒，不必受君臣之礼的拘束！"

群臣纷纷谢恩，可偏偏晏子却"不知好歹"，他严肃地对齐景公说："大王的话不妥！禽兽都是以雄健有力者为首，弱肉强食，所以每天都在更换首领。大臣们若抛弃礼节，就可能有更换国君的危险，敢问您将怎么处理呢？"

齐景公听了很不高兴，背过身子，不理会晏子。

过了一会儿，齐景公出去方便。回来后，晏子就坐着不动，也不起身；君臣碰杯，晏子也不谦让，只自顾自地先饮。

齐景公怒容满面，瞪着晏子说："刚才你不是还教训我不能没有君臣礼节吗？你讲的礼节都哪儿去了？"

晏子当即离开坐席，向齐景公拜了再拜，恭敬地说："我哪里敢这样做呢？之所以这么做，是想让大王了解没有礼节的实际情景啊。"

齐景公听了恍然大悟："原来是我的错啊！先生请入座，我按你说的办就是了。"

此后，齐景公完善礼法，整顿制度，从此官员守礼，百姓肃然。

以子之矛，攻子之盾。当下属暂时没有能力改变上司的错误观点时，最好的办法就是以上司的观点说话行事，借此给他本人以"响亮的耳光"。

唐太宗时，大将尉迟恭就能够巧妙地处理好与唐太宗的关系。有一次，唐太宗与吏部尚书唐俭下棋。不料，这吏部尚书唐俭不懂奉迎，又爱逞强，使尽解数，将唐太宗逼得步步弃子，杀得唐太宗落花流水。唐太宗一时觉得很没面子，又因为平日唐俭言语直露，甚是不恭，就想治罪于他。于是派尉迟恭去搜罗唐俭的罪状。尉迟恭没有直接反抗，而是采取"和"的办法。回来后劝谏唐太宗三思而后行，闭口不提唐俭的短处。唐太宗火气消后，冷静下来，自知无理，便作罢了。

假使尉迟恭一味地附和唐太宗，真的将唐俭所谓的"罪名"

搜罗出来，导致唐俭被杀，等以后唐太宗冷静下来，又肯定会治罪于尉迟恭，那可真是害人害己，自讨苦吃。尉迟恭巧妙地不去搜罗唐俭的"罪过"，使得唐太宗不至于情急出错，同时也保全了自己，并落得好名声，可谓是一石三鸟。

　　对于上级的不合理要求，要学会搁置，既不得罪上司，也不为难自己。

讲人情，留后路

众所周知，我国自古是文明之国、礼仪之邦。在人际交往中，向来是很讲人情礼仪的。但是，当前社会上有的"人情"却远远超出了这个范围。

"重人情，讲面子"是中国人维持关系的一条准则，每一个在社会上"行走"的人，几乎必然会受到这一准则的影响——这种影响很可能使人变得说话瞻前顾后，凡事先考虑人情，失去了自我，更有甚者为人情所奴役，做出违法犯罪的事来。

其实大可不必如此！每一个手中有点权力的人都应该清楚：对于不必要的人情，隐藏在人情背后的"不情之请"，正确的做法是张口拒绝——拒人情，留自在。

《史记·循吏列传》记载：春秋时期，鲁国有一位名叫公仪休的人，因其德才兼备而被任命为鲁国相国。公仪休爱吃鱼，有一天有人送鱼给他，他却拒而不受。

送鱼的人就说："相国，你喜欢吃鱼，为什么不接受我送的鱼呢？"

公仪休说："正是因为我喜欢吃鱼，才不能收你的鱼。我现在任相国，有足够的薪俸自己买鱼吃；如果我收了你的鱼，而因此被免了官，断了俸禄，到那时谁还来给我送鱼，那样的话岂不是没鱼吃了吗？"

一席话说得来人哑然失笑，只好乖乖地把鱼提走了。

公仪休拒鱼，找的就是一个很好的借口——不因小失大。这是一个非常实在的道理：不受贿，可以用自己的薪俸买鱼吃；受贿，很有可能会丢官。丢官以后，人们就不再送"鱼"给你，而自己由于失去俸禄，便什么爱好都不能实现了。

在建国初期，毛泽东主席为提醒全党同志要警惕敌人用裹着糖衣的炮弹来攻击，将建国第一案的"主角"刘青山、张子善"明正典刑"。

在经济发展飞速前进、社会生活日益丰富的今天，掌握着一定权力的党政干部更要提高警惕，应该像公仪休拒鱼那样，拒绝伴随新式"糖衣炮弹"而来的人情，留得"自己买鱼吃"的自在。

东汉安帝时，杨震被委任为东莱郡太守，赴任途中经过昌邑县，县令王密迎接。王是杨原先推荐的，对杨感恩戴德，念念不忘，总想报答他，心想这回总算是有机会了。

夜里，王密怀揣十斤黄金，悄悄来到杨震住处，双手奉上。

杨震不看金子，笑问王密道："咱俩也算得上老朋友了，我很了解你，可你却不了解我，这是为什么呢？"

王密急忙声称金子是自家之物，绝非贪贿所得，敬奉老先生也只是略表寸心，并说："现在深更半夜，这事根本无人知道。"

杨震不怒自威,一字一句地说:"天知、地知、我知、你知,怎能说是无人知道!"

王密仿佛遭到了迎头棒喝,顿时清醒过来,羞愧难当、无地自容,连声感谢杨震的教诲,收起黄金离开了。

杨震从此有了"四知太守"的美名。

好一个"四知太守",面对朋友的"寸心",置身于深夜中的私人住处,杨震依然说出"天知、地知、我知、你知"的警示名言——在这样一身正气的上司面前,下属还能有何非分之想!

外国人当中也不乏"拒人情,留自在"的知名人物。林肯就任美国总统以后,亲朋好友都想沾他的光,为谋得一官半职,人们接踵而来。跑官客踏破了门槛,这使林肯在为国事操劳之余,遭受了无穷无尽的烦恼,大伤脑筋。

有个代表团劝说林肯任命他们推荐的人来担任桑德威奇岛的专员。他们说,这个人不但有能力,而且身体虚弱,那个地方的气候对他也会有好处。

"先生们,"林肯叹息道,"十分遗憾,另外还有八个人已经申请了这个职位,他们都比你们说的这个人病重。"

一个女人迫切地要求林肯授予她的儿子上校军衔。

"夫人,"林肯说,"我想,你一家已经为国家做够了贡献,现在该给别人一个机会了。"

即使在林肯生病时,前来求职的人依然是络绎不绝。

一天,又有一个人来到林肯这里。他一坐下就摆出一副要长谈的架势。正好总统的医生进来,林肯便伸出双手对医生说:

"医生，你看我的这些疙瘩到底是怎么一回事？"

"这是假天花，也可能是轻度天花。"医生认真地回答。

"我全身都长满了——我想，这种病是会传染的吧？"

"传染性确实特别强。"医生肯定地说。

就在林肯和医生的一问一答中，那个跑官客早已经站起身来了，他大声地对林肯说："林肯先生，我该走了，我只是来看望你一下。"

"啊，你可以再坐一会儿，别这么急嘛！"林肯开心地说道。

"谢谢你！林肯先生，我以后会再来拜访你的。"那个人说着，急忙向门口走去。

一人得道，鸡犬升天，这是一般人得势后对朋友的做法，也是一般人对得势朋友的期望甚至是要求。

林肯拒绝跑官客，用得最多的是"耍滑"，用"另外还有八个人已经申请了这个职位"的说法，巧妙地回绝了某代表团提出的委任他们推荐的人担任桑德威奇岛的专员的请求；以"你一家已经为国家做够了贡献，现在该给别人一个机会了"的说法，巧妙拒绝了某女人提出的授予她的儿子上校军衔的要求；以全身长满传染性极强的天花的自我曝光，巧妙地吓走了去医院找他的跑官客。

人生在世，谁没有儿女之情、朋友之谊，问题就在于这情该因何而发、因何而用。

新中国建立初期，毛泽东同志不断地接到亲朋故友的来信，有求他安排工作的，有找他为子孙入学说话的，也有托他做入党介绍人的……

毛泽东严格坚持原则，对于至亲好友，也一概不开后门；毛岸英也写信帮助父亲做工作，他在写给表舅的信中说："反动派常骂共产党没有人情，不讲人情，如果他们所指的是这种帮助亲戚朋友、同乡同事做官发财的人情的话，那么我们共产党正是没有这种人情，不讲这种人情。共产党有的是另一种人情，那便是对人民的无限热爱，对劳苦大众的无限热爱，其中也包括自己的父母子女亲戚在内……"

所以，关键是要辨清人情之味，看看究竟是哪种人情，再决定采取哪种态度。

委婉说话尊重他人

在语言沟通的过程中，委婉是一种很有奇效的黏合剂。委婉是一种以真诚开放的沟通方式来对待对方，同时，也尊重他人的感受，不随便伤害别人的语言表达方式。所以，会说曲话者也是一个说话高手。

委婉含蓄的表达是一门语言的艺术。因为它比口无遮拦、直截了当地说话更能展现个人的语言修养。直言不讳、开门见山虽然简单明了，但给人的刺激太大，非常容易伤害对方的自尊心，比如一个服务员在向顾客介绍衣服的时候，经常会说："你的脸比较大，适合穿××的领子；你的臀部长得不完美，适合穿××的下装。"其实，她应该说："你是不是觉得你穿上这种领型的衬衫会更漂亮？""这种强调颈部和夸张肩部的设计对平衡上下身的围度比例将会起到更好的调节作用，使整体匀称而又不失成熟之美"此类建议的话。虽然前后意思相同，但后者委婉而有礼貌，比较得体，使人听起来轻松自在，心情舒畅，也更容易让人接受。

委婉含蓄的语言，是劝说他人的法宝，同时它也能满足人们心理上的自尊感，容易产生赞同。换句话来说，委婉含蓄的语言就是成熟、稳重的表现。中国人讲究曲径通幽的含蓄美，虽然它和条条大路通罗马是相同的意思，但一比较就有明显的差别，而智者说话往往是委婉含蓄的。

要怎么说话才能体现出一种艺术性呢？

也许有的人会反对，因为他们认为直言不讳地批评你的人才是真心对你好的人。

"真心"有真实、真诚的意思。对别人说话时我们需要真诚，但不一定非要真实。比如你看到一个长相欠佳的人，你一见面就如实地对他(她)说："你长得真难看！"你说人家听了之后会喜欢吗？会不攻击你吗？你可能会委屈地说你只是实事求是。不错，你确实是实话实说了，可你也伤人了。人常说恶语如刀，所以，我们说话时要尽可能的含蓄、委婉些，这样才能使周围的人愿意接近你、亲近你，对你满意。

孩子说了真话，人们会说童言无忌，天真可爱，他们的真话可能会博得大家一笑。若成人也那样讲话的话，人家肯定会鄙夷其愚蠢，骄傲自大。这也就是蠢者说话口无遮拦、直截了当所造成的后果。

因此，不管什么时候，说话都要注意方式，多用委婉的语言来表达。其实，有很多问题都能用婉言表达，它能促进互相尊重，让人与人之间充满友好和谐的气氛。

丘吉尔说："要让一个人有某种优点，你就要说得好像他已经具备了这个优点一般。"如果有人碰到困难而畏首畏尾，或者办起事来优柔寡断，那么你不妨适时而委婉地说："这样前怕狼后怕虎的不是你以前的表现呀"，"你是个很有决断力的人"。
先给他戴上他应该具备的优点的高帽子，给予鼓励。由于给他一
个良好形象的定位，所以他也会为此而努力，从而改变目前的
不当做法。而不应直说："你这个人真是笨，什么事情都办不
好。"这样一锤子就把对方打死了，反而会使其丧失了勇气。

批评是万不得已的下策

批评是危险的，因为它常常伤害一个人宝贵的自尊，并激起他人的反抗。英国有句民谚：要记住，批评是用来解决问题而不是侮辱人的。所以不要轻易地去批评谁。

Z先生是纽约市的一个年轻律师。有一次，他在联邦最高法院审理一宗涉及巨款和违法的重大案件时出庭辩护。当时一名法官对他讲："根据军舰制造厂限制条款，你的当事人应判6年刑，难道量刑不当吗？"Z先生看了法官一眼，然后开门见山地说："尊敬的法官，这种条款是不存在的。"

事后Z先生说："当时法庭内鸦雀无声，室内温度好似突然降到了零下。我是对的，法官是错误的。于是我就向法官直言陈述了自己的观点。可你想他能同意我的观点吗？不会的。但我仍然相信自己的观点是符合法律规定的。我觉得这次辩护发言比以往任何一次都成功，但就是没能说服法官。其实当我指出这名法官的说法不对时，我已经犯了一个大错。"

真正有智慧的人，决不会简单地批评对方，以让对方接受自己的意见。

我们不要去责怪别人，而是要试着去了解他们，弄清他们为什么会那么做。这会比批评更加有效，而且这样做还能产生同情、容忍以及仁慈的效果。了解了一切，就会宽容一切。

已经去世的"百货大王"约翰·华纳梅克曾经承认："我在30年前就已经明白，批评别人是愚蠢的行为。我并不埋怨上帝对智慧的分配不均，因为要克服自己的缺陷都已经非常困难了，当然更没有时间去埋怨上帝了。"

我们要切记，与我们交往的不是纯粹按道理或逻辑生活的人，而是充满了感情的，带有偏见、傲慢和虚伪情绪的人。批评是一根导火线，它足以使人的自尊爆炸，这种爆炸有时会酿成大祸。

一个人处在一定的社会环境中，总会遇到一些复杂或者令自己气愤的事情，或许这件事情是别人的错，或许是自己的错。但是，由于面子问题或者其他什么原因，我们总能找出批评别人的理由。于是我们就会用比较强烈的语言来批评别人，其实这样做的结果往往会适得其反。

中国有句老话"树活一张皮，人为一张脸"。有的时候，对方虽然知道自己做错了，但你批评他，他心里也会不太舒服，有的甚至会对你怀恨在心。所以，使用批评要特别地谨慎小心。

美国南北战争时，林肯总统一次又一次地任命新的将军带兵打仗。而每一个将军——麦巴里兰、波普、伯恩基、胡克尔、格兰特都相继惨败，使得林肯只能失望地踱步。全国有一半以上的人，都在痛骂那些差劲的将军们，但林肯信守"不对别人批评，只对大家祝福"的准则，一声也不吭。他喜欢引用的语句之一是

"不要评议别人，别人才不会评议你"。

当林肯太太和其他人对南方人士有所非议的时候，林肯回答说，"不要批评他们，如果我们在同样情况之下，也会跟他们一样。"因为林肯知道，这些批评不会起到任何作用，只会使事情向更坏的方向发展。

坦率给人提意见的人，即使不因此招人怨恨，至少也不会受到欢迎。这是因为人类都有强烈的自尊，都有面子的需要，都希望受到表扬而拒绝批评。虽然明知道别人有过失而不及时批评纠正是不对的，无异于怂恿其继续犯错误，但在提意见的时候如果施行"无麻醉手术"，言辞激烈可能会使对方坚持错误，产生抵触情绪。所以说批评是一门艺术，只要运用得好，它还是能解决问题的。

我们在万不得已需要批评别人的时候，首先必须对被批评者寄予同情。这里的同情，当然不是指去同情他的错误，而是要谅解他犯错误的原因和体谅他已经犯了错误时的难过心情。只有这样，我们在批评他时，才不至于把话说得太难听。只有当被批评者认识到你是同他站在一起而不是同他敌对时，他才可能接受你的批评。

第四章
谈吐是人的脸面，也代表了你的身价

为什么一些穿着体面、打扮时尚的人仍然没有自信？原因有很多，但是最重要的其实是一个人的谈吐。如果你的言谈举止没有自信，那么一切都是枉然，你会显得很肤浅，很难给别人留下深刻的印象。你可以贫穷、长相平庸、穿着普通，但是你可以说话掷地有声，用谈吐来提高你的身价，让你变得与众不同。

少一点啰唆，多一些实际

当我们面对那些说话唠唠叨叨、拖泥带水、言语空乏而没有重点的人，心里多多少少会有些厌烦。

关于啰唆，有这样一个笑话：

有一位"啰唆先生"在写给家人的信中说：

"……吾于下月即将返里。不在初一即在初二，不在初二即在初三，不在初三即在初四，不在初四即在初五，不在初五即在初六，不在初六即在初七，不在初七即在初八，不在初八即在初九……不在二十八即在二十九。其所以不写三十，因月小之故也……"

"啰唆先生"的这封信，主要就是一个意思"吾下月将返里"，可是他却写了一大篇，说来说去都是一个意思。虽然这仅是一则笑话，但它说明了：说话要简洁明快，言简意赅，不要太啰唆，否则就会失去魅力。

语言简洁而明快，能够表示出说话者高超的认识能力和思维能力，体现出说话人的性格果敢决断，有自信，能够快速而深刻地分析问题。快节奏的现代社会，人们的时间观念越来越强，如果能够办事果敢，说话干脆果断，不拖泥带水，会给人留下精明能干的良好印象。

　　但怎样能做到言简意赅，不啰唆呢？

　　其实，想要使说话简洁明了，并不是很难。在叙述一件事情时，尽量用最简明的方式向他人说明。就像有人虽然说了很多，但还是没有说出事情真正的意思，白白占用别人的时间和精力。要避免啰唆的最好办法是，在说话之前，先在脑海里制订一个初步的计划，然后再简单讲出来。

　　有时为了吸引别人的注意，讲话时需要使用叠句或加强语。叠句不是不可以用，但不能滥用，否则就会显得拖沓。比如，小孩子为了要求得到满足，常会问父母："行不行，行不行？"一个劲儿地重复着，父母大多会不耐烦地回答："不行！"

　　语言博大精深，丰富多彩。我们尽量在允许的范围内使表达更加多样，因此要注意避免频繁地使用一个名词。即使是新词汇，如果被反复地说，就会失去新奇感，甚至会引起别人的厌倦。

　　人们在平时接触得比较多的问题，实践中一些隐晦的问题，需要自己去揣摩并克服。如果在说话时能保证措辞简洁而生动、恰如其分，就可能做到在交际中游刃有余。

原来言语也可以"瘦身"

为了希望自己的演讲能够获得掌声，深入人心，许多人常常把演讲稿写得繁冗不堪。其实，演讲并不是一个"大胖子"，多多益善。避免使用赘词，"玲珑有致"的演讲稿，才是成功的。

一位主人在用餐之前，向所有客人致辞时。他就犯了"啰唆"的毛病。

"各位来宾、女士们、先生们：

首先让我说声大家好，平常我承蒙各位照顾，一直希望能有机会报答在座的各位，希望能表示我的一点谢意。今天特地邀请各位来参加这个宴会。各位能在百忙中大驾光临，真使我觉得三生有幸，蓬荜生辉，特地在此表示谢意。

其实，利用今天这个机会来讲公事是一件不礼貌的事情，但是我也是身不由己，请大家先接受我的道歉。公司数年来一直苦心研究的新产品终于研制成功了，并且在大量地投入生产，今后开辟市场和销售方面，还须仰仗各位，因此特地摆席设宴，聊表心意。

过去几年不少新产品的销售都仰赖各位，并且接到不少订单，为公司带来不少效益。敝公司对于成品的销售能有十足的信心和把握，都是托大家的福，对于这一点，敝公司非常感激。现在再度重托各位，但愿各位能再为新产品推广销路。总之，请容我再度向各位表示感谢。

这次的新产品，和同类的产品相比，有诸多优点……说句发自肺腑的话，凭借着这些优点，新产品理所当然获得好评。今天麻烦各位专程来参加宴会，但因准备不周，未能尽心招待，草草备有酒菜，还请各位慢慢饮用，并且开怀畅谈。

不知不觉讲了这么一大堆话，深表歉意，请各位宽恕我的无礼。最后再一次谢谢各位对我们产品的关怀和照顾。现在谨以拙辞聊表十二万分谢意，并且预祝各位事业如意，精神愉快。"

本来几句就可以介绍完的事情，这位主人却洋洋洒洒说了一大篇。等他说完，酒菜早已经变得冰冷。

莱特兄弟在成功发明飞机之后，声名远播。在庆祝大会上，他们的演说却非常简短。"各位先生，各位女士，鸟类中最善于讲话的鹦鹉是飞不高的，而我则不善于讲话。谢谢各位！"几句话，却引来无数的掌声。

其实，讲话要取得成功，无需长篇大论，能做到用最少的字句，包含尽可能多的内容，并打动听众，就已经成功了一大半。所以我们讲话时，言语该"瘦"的地方要"瘦"，该"胖"的地方要"胖"，做到有重点，有曲线，饱满而有力。

说话要合情合景

当我们参加一些比较温馨的宴会时，一定要注意自己说出来的话要符合当时的场合，要让自己的话语融入到氛围之中，即便你内心悲伤，也不要在这样的场合中完全暴露，否则就会因为你一个人而破坏了宴会的整体氛围，这样你不仅不会赢得别人的同情，反而会让人觉得你不懂事，故意捣乱，就像下面这个小案例：

两位早年毕业于某高等院校中文系的老教师退休了，为此，该学校为二人举行了一个欢送会。在会上领导自然会对他们的工作和为人进行一番热情洋溢而又得体的肯定和赞扬。人多了总是有比较的，所以对那位曾经获得过先进表彰的老同志的美誉自然会多一些，这就让另一位老同志心里有点难过。所以当轮到两位受欢迎的退休老同志致答谢词的时候，他们自然会对大家的欢送表达深深的感谢。一时间，会场里充满了令人动情的温馨气氛。作为欢送会，答谢的话本应该点到为止；然而，那位老教师却并没有就此打住，而是将自己心里的悲伤说了出来，他在主席台上大发感慨，说自己很遗憾，从来也没有得过一次先进……

话还没说完，坐在他对面的那位青年教师就开了口，告诉他

不用这样难过，他没有当上先进，不是因为他不配，而是怪大家
没有给他提名。一时间大家都感觉到了青年教师话语中带着刺，
老教师被这句话说得面红耳赤，眼角眉梢也被"刺"出了一股忧
伤的表情，一时间会场中所有的人都处于一种尴尬的状态。

　　领导见势头不对，赶紧接过话茬，想缓和一下会场的气氛。
照理说，他应避开"先进"这个敏感的话题，引导着众人谈论其
他的事情。然而，他却反复就先进这件事情劝慰那位退休老教
师。如此一来把本应该避而不谈的话题做了重复和引申，使会场
本就尴尬的局面变得更为紧张而尴尬。

　　这个小案例中没得过先进的老同志和他的领导都没有注意说
话应该符合场合需要的特点，这就不可避免地引起了众人的尴
尬。所以要想得到大家的认可和尊重，一定要懂得说话的艺术，
在恰当的时机说出最得体的话语。

动嘴之前先动眼

俗话说"见人说人话，见鬼说鬼话"，虽然话糙，但理不糙。这不仅说明一个人要巧言令色，还要懂得见到不同的人要说不同的话。但是，要说出漂亮的人话和鬼话，要人和鬼都喜欢听，都能听进去，还是比较困难的。谁知道别人爱听什么、不爱听什么呢？这就要"看"，不但要懂得人言和鬼话，还要看清是对谁说话,更要学会察言观色。

徐坤就是一个懂得察言观色的人，他一直是老板跟前的红人。他总结自己能得宠的原因，主要是会看领导的脸色、动作和听老板说话的变化行事，在这之后，他才说出自己的看法。

如果老板满脸红光，时不时地哼着歌，说明此时老板的心情很好。如果在汇报工作时，老板表情严肃，半天都没有表态，就要做好心理准备，老板有可能会就工作发问，或是不太赞成，一定要弄清楚老板的想法，并按照老板的意思来施行。

他每次都仔细观察老板的脸，因为从老板的脸上也能看到阴晴。如果老板嘴里已经答应了，但是眉头却紧皱着，抑或是他的嘴唇突然紧闭，嘴角向下。这表示他内心并不愉快。老板的话其实是言不由衷，或者是碍于面子，不得已才这样说。

的确，每一种体态、每一种动作都可以被认作是一种特殊语言，都在展现一个人的内心。问题是我们能不能看懂这些体态表情，领会体态语的内在含义。比如，你发现谈话的对象双脚并立，双臂交叉在胸前，这表明他对你怀有某种敌意，这是一种自我防卫状态；当他双臂交叉，双拳紧握时，说明他不止在自卫，还会攻击你。如果谈话的对象常常向你摊开双手，这表明他对你真诚坦率，没有任何防备心理。

与人交谈时不仅要看他说了什么话，而且还要注意对方说话声音的高低、强弱、快慢、腔调等变化，从而得知其言外之意，听出弦外之音。说话声音有多种变化，能够表现一个人的性格。说话节奏快、声音响亮的人多是急性子，说话节奏缓慢、声音低沉多半是慢性子，而语速也能表明一个人的情绪与心境。例如，人在忧伤时，语速较慢、声音低沉、节奏比较平缓，而兴高采烈时则恰恰相反，语速很快、声音较高、节奏感强烈。从这些表情变化中，我们便可随时猜度对方的心理态势，揣摩对方的心思。随时调整自己谈话的内容与方式，向对方的思想逐渐靠近。

喜庆场合中的妙语解围

正所谓说话有"术"，其实"能说会道"也是一种本领。古语有云"一语千金""妙语退敌兵"的事情更是屡见不鲜。可见，会说、巧说是一种非常重要的技巧。因此我们应重视"说话"的作用，讲究"说话"的艺术。尤其是在不同的场合，一定要选用最得体、最恰当的语言来表达自己的情意，力争取得最佳的效果。

比如在喜庆的场合，人们的言行就应该体现欢乐色彩，这样才能让听众在情感上达到共鸣。尤其是作为婚礼的司仪人员，你的语言是调动气氛最关键的因素，所以一定要合理运用语言。看下面这个司仪人员所用的演讲稿：

各位来宾，各位亲友，欢迎大家来参加许立群和冯莉同志的婚礼，可以说此时此刻我们心情激动，个个笑逐颜开。我们认为许立群同志能够找到冯莉同志这样的妻子真是我们天山深处大兵的骄傲，冯莉同志能够寻觅到许立群同志作为自己的丈夫也可以说是边疆遇知己，慧眼识英才啊！所以说他们的结合真是郎才女貌，今天的婚礼更是珠联璧合。在此，我们为许立群和冯莉同志献上我们最真挚、最衷心、最美好的祝福：祝二位新婚快乐、生活幸福！祝你们在以后的生活中能够琴瑟永调，白头偕老！

这位司仪就是一位懂得运用说话艺术的人。他清楚地知道，在这种喜庆场合说话最重要的目的不是传递信息，更不是说服听众，而是为喜庆的氛围增加更多的笑料，让大家感受到欢乐，达到讲者喜气洋洋，听者笑声不断的效果。

当然在喜庆的场合中谁也避免不了犯错，有时会突然地出现一点意外事故，往往会使在座的人感到很扫兴。这时，懂得说话的人，只要一句得体的话便能够妙语解围。

比如在一次婚礼上，正当大家纷纷举杯向新郎、新娘祝福时，一位客人不小心打碎了桌子上放置的一只精致的茶杯。一时间，全场都愣住了，气氛顿时变得尴尬。这时，一位思维敏捷的人灵机一动，马上举着杯子高声喊道："岁岁平安，真是吉兆！"一句话立即引得大家哄堂大笑，婚礼气氛又变得热烈起来。

第五章
语气轻松，用幽默化解尴尬

　　尴尬总会不经意地出现在谈话中。想要化解却无计可施，只有抓耳挠腮的份儿。其实，想要化解尴尬的话题，可以试试幽默这剂良药。在朗朗的笑声中，一切尴尬和不快都将抛到脑后，随声而逝。不要认为幽默深不可测，可望而不可及。其实，只要肯做些功课，幽默就不难掌握。

若幽默是水，那沟通就是井

如果将沟通比喻成井，那么幽默就是井中的水。没有了幽默，沟通也变成了一口枯井。幽默风趣的言谈，使沟通变得更加畅通简单。无论是在日常生活中，还是在重大的社交场合，幽默的人总是能够吸引别人的目光，给人带来快乐。

美国著名幽默大师马克·吐温有一次要去一个小城里。在临行之前，别人好心地告诉他，那里的蚊子特别多，一定要小心。到了那个小城之后，他找到了一家旅店，就在登记房间时，一只蚊子大张旗鼓地在马克·吐温的面前盘旋。旅店的职员特别尴尬，赶紧驱赶蚊子。

马克·吐温温和地看着职员，满不在乎地说："贵地的蚊子真是聪明至极！它懂得预先看好我的房间号码，以便夜晚光顾，美餐一顿。"

旅店的职员和其他旅客都被马克·吐温的话逗得哈哈大笑。结果这一夜马克·吐温睡得十分安稳。原来，旅馆的职员知道这就是大名鼎鼎的马克·吐温，为了不让这位大作家被蚊子叮咬，全体职工一齐出动，守护了一夜。

在现代社会里，人际关系是非常重要的一堂课，会在个人发展中起到重要的作用。人与人之间的沟通的确因为互联网等通讯手段而变得更为便捷、多样化，但是也变得更加公式化、格式化，交流的手段多了，"味道"却变淡了，语言沟通更是变得很困难。因为直白的、生硬的语言并不能起到良好的沟通作用，所以如果我们在谈话中加入幽默成分，充分利用语言的优势，表现得诙谐而风趣，那沟通效果肯定会不一样。幽默的谈话可以吸引听者的注意力，拉近双方的关系，进而变得更加亲密。如果你的话能使听者情不自禁地笑了起来，那就表明他已完全进入了与你的思想交流之中。你也就成为了交谈的主导。

沟通中的幽默，就如同在做菜时放入的调味品。英国作家哈兹里特曾恰当地将幽默在沟通中的作用，进行生动地比喻，"沟通中绝不可缺少幽默。尽管你说的话里包含着许多实在的内容，但是假如没有幽默的话，就会毫无味道，也缺少魅力。"虽然幽默能令听者对你说的内容更感兴趣，但它很少能从根本上改变听者的观点。所以，我们要客观看待幽默的作用，既不要小看，也不宜估计过高。

会沟通、善于幽默的人，常常能面面俱到。他们能将幽默变成源源不断的水，在沟通这口井中取之不尽，用之不竭，这便是一种智慧。

幽默不容小看

幽默是让语言变得更为生动的表现手法，尤其是在与人相处的过程中，幽默是一种不可或缺的调剂方式。幽默的谈话方式能够让人更加愉快，当双方发生争执的时候，如果每个人都坚持自己的意见，毫不妥协，不但让大家不欢而散，还有可能会因此伤害双方的感情。如果这时候你懂得利用幽默的语言，很可能就能够巧妙地化解这场危机，让争执双方会心一笑。

有这样一个小故事。某大学的心理系有位男老师，吸烟多年，烟瘾特别大。有一次，他和自己的学生打篮球，有一名男同学从衣袋里掉出了一盒香烟。出于老师的本职工作，该心理老师将这名同学叫到了办公室，耐心地为他讲解吸烟的害处，想说服他戒烟。可是有意思的是这名老师说着话，烟瘾上来了，习惯性地掏出了一根烟，不由自主地吸了起来。那个同学简直不敢相信，最后开玩笑地说道："老师，您现在可是劝我戒烟呢，怎么您自己也吸了起来？"

这名老师一愣，看看自己手里的香烟，感觉一阵尴尬，那名调皮的同学也觉得自己不应该说这句话。两个人一时间囧得不知道该说什么好，这时候心理老师哈哈一笑，说道："我确实是深受其害啊，我老婆天天骂我是个老烟鬼，你们一定也不喜欢老烟鬼吧？"说完就掐掉了手中的烟，继续说道，"从今天起，我也不要做老烟鬼了，你回去跟同学们说，请大家监督我。而且我也不希望你们将来与老烟鬼交友，这可是我三十年来的经验啊。"这位同学一听，就乐开了。

从那以后，这名心理老师和他班上几个爱吸烟的同学都开始戒烟。可见，幽默风趣的语言不仅能够让双方摆脱尴尬的困境，而且还是一种十分有效的教育手段。

的确，幽默就像是生活中的调味品一样，如果你能够在说话的同时运用一些恰当的比喻、夸张或诙谐有趣的语言，那么很快就能使谈话的氛围变得轻松而愉快，让你在笑声中获得更多的信赖和更好的人缘。

幽默是智慧的结晶

幽默是一种智慧的表现。许多成功人士都用幽默展现他们独到的大智慧。幽默的人之所以能够妙语生花，不仅仅是因为才思敏捷，更因为他们拥有着常人所不能及的智慧。

有一位漂亮而风流的女演员，大着胆子写信向英国的剧作家萧伯纳求婚。在信中，她表示自己不嫌萧伯纳年迈丑陋，还深情地写道："咱们的孩子如果像你一样具有智慧，像我一样漂亮，那该有多好！"

萧伯纳给她回了一封信，信中说："可是，假如我们生下来的孩子外貌像我这样丑陋，而头脑又像你这样愚蠢，那该有多糟糕啊！"

萧伯纳这位大师一语中的。他在极为简单的语言中融入了深邃的哲理，可以说是幽默的最高境界。幽默最高超的地方就是在说话中将人的智慧和语言技巧巧妙地结合了起来，从而揭示出事物的深刻含义，使人在大笑中评判是非，领悟哲理，并且能够增长智慧。

德国著名的画家阿道夫·门采尔有许多仰慕者。一位年轻的画家慕名而来，他向门采尔诉苦说："我真是不明白，为什么我画一幅画只用一会儿的工夫，可是卖出去却要整整一年的时间。"

"请你倒过来试试吧，亲爱的。"门采尔很认真地说，"要是你花一年的工夫去画它，那么只用一天，就准能卖掉它。"

门采尔并不是在开玩笑，而是用幽默的话语，告诉对方最朴实的道理：付出和得到是成比例的，你付出得少，得到的收获便有限；若你肯花费时间和精力，付出了很多，那么你一定会收获颇丰。

在生活中，谁都不喜欢公式化的交谈方式，那种作报告式的谈话很难持续很久，因为太枯燥无味，人们都喜欢跟那些谈吐幽默、机智风趣的人交谈。这种交谈也是对自己的一种提升，你的思维会因为幽默而被调动起来，你的口才也会因为幽默而有所锻炼、提高。所以，一次富含智慧的、幽默的谈话，无疑会让人受益匪浅。

幽默是乐观者的印章

幽默不是我们生活中的必需品，它并不是万能的。可是，生活中如果有幽默做为调剂品，那么会收获许多意想不到的欢乐。幽默确实能改变你的生活方式，乐观的人都用微笑作为自己的名片，用幽默作为印章。因为他们深知，幽默能让人用崭新的眼光看待周围的环境，重新审视个人的生活，重估那些困扰已久的难题，把不可能变为可能。

成功的人大多比较乐观。他们能够获得工作上的成就和事业上的成功固然需要很多条件，但幽默也是促使其成功的因素，这是一个不争的事实。

美国福特汽车公司曾经一度陷入了低谷。当时，年轻有为的总裁亨利，通过一系列地变革和创新，使每月亏损900万美元的福特汽车公司成功扭转了不利的局面。有人针对他在改革过程中做过的一些错误决定而问他，"如果让你从头做起的话，你会避免那些错误吗？"亨利爽朗地答道："我依然会犯错。人们常常都是在错误和失败中逐渐学到成功的，如果要我从头再来的话，我想我可能犯一些不同的错误。"

亨利幽默地道出了他之所以能够获得事业成功、力挽狂澜的一个重要原因。幽默，让他能用乐观的心态，去面对最不利的事情，闯过大风大雨。

在现代生活中压力巨大，每个人都如同一根紧绷的弦。而幽默，则能帮助我们解除工作中的紧张状态，乐观的人甚至用幽默来解决生活中的难题。

一个规模较大的化工厂建在了一个大城市的市郊地区。因为这个厂主要是生产一种化学产品，会排出大量的烟和灰尘，使附近的几个企业都深受烟雾和灰尘之苦。一次，化工厂正在加班生产的时候，隔壁一家工厂的厂长和该厂的厂长不期而遇，便半开玩笑地说出了心中积累已久的不满："你们生产这么忙，应该想个好办法处理掉这些烟和灰尘吧。"化工厂的厂长很认真地回答说："我们打算将烟筒加高，我还准备找包装厂定制一个特大的塑料袋，租直升机把袋子罩在烟囱上。"他的一席话立刻化解了对方的不快，两人都哈哈大笑起来，紧张的心情便渐渐地舒展开来了。

人生不如意事十之八九，人们难免会有痛苦和烦恼。如果想不开，钻进了死胡同，只会痛上加痛。乐观的人懂得如何将痛苦变成幽默，用幽默作为自己的印章。微笑是一个人的名片，而幽默则为别人带去了欢乐，不仅给人留下了深刻的印象，更为自己人际关系的圆融创造了良好的润滑剂。

中国人的幽默

中华民族的幽默，历史悠久。

早在春秋时期，各国贵族们就拥有一些善于"滑稽调笑"的艺人。在《史记·滑稽列传》中载"优孟谏楚庄王贱人而贵马"，便是用戏谑之言，使楚王最终意识到了是"寡人之过"。优孟用诙谐可笑的语言，成功进谏。

在我国第一部诗歌总集《诗经》中，不少讽刺诗和情诗中都能见到幽默的身影。

例如《邶风·新台》一诗，写的是卫宣公的一桩丑闻。卫宣公本来打算让他的儿子娶齐国女子宣姜为妻。可是后来，卫宣公听说那个女子非常漂亮之后，便派人把宣姜从中途拦截了下来，做自己的女人。因此，卫国人民将这件丑事写成了诗。用齐女的视角和口吻，进行揭露和讽刺。意思是说撒网本来是为了捕鱼，却遇到一个癞蛤蟆；本想嫁给如意郎君，却竟然嫁给了一个又丑又老的老头子。用形象生动的比喻，嬉笑怒骂，讽刺了统治者卫宣公的好色虚伪。

到了三国时，魏人邯郸淳所撰的《笑林》是我国第一本笑话专集。"汉世有人，年老无子，家富，性俭啬。恶衣蔬食，侵晨而起，侵夜而息，营理产业，聚敛无厌，而不敢自用。或人从之求丐者，不得已而入内，取钱十，自堂而出，随步辄减，比至于外，才余半在。闭目以授乞者。寻复嘱云：'我倾家赡君，慎勿他说，复相效而来。'老人饿死，田宅没官，货财充于内帑矣。"

这一短小的笑话，讲述了一个富人的遭遇，他抠门吝啬，最后却家财全部充公，嘲笑了剥削阶级的吝啬，颇具民间笑话机智辛辣的风格。这些笑话堪称开诙谐文字之先河，具有一定的社会意义。

至明代，幽默逐渐突破了"礼"制的牢笼和"理"学的束缚，迅速而茂盛地生长，迎来了中国幽默史上又一个黄金时期。王利器先生辑录的《历代笑话集》，其内容是颇为丰富的，由魏至清，共1850则，可以佐证时代兴趣之浓厚。而四大名著中的《西游记》《三国演义》和《水浒传》，都有令人捧腹的桥段。

到了清代，创造幽默和欣赏幽默的能力已得到了很大的发展。

清代古典文学名著《红楼梦》，本是一部悲剧，其中却也闪耀出幽默光彩的故事，如第四十回"史太君两宴大观园，金鸳鸯三宣牙牌令"中，由刘姥姥的幽默，引出了一副"群笑图"，堪称是"千古之笑"。由此可见，曹雪芹是工于幽默的。

贾家是名门望族，但是刘姥姥的到来，却让他们"开了眼"。刘姥姥的语言风格，举止言谈，完全超出了大观园内的"规范"，在大观园的姐妹们看来是极其谐趣的、滑稽的，所以会引起众人的兴趣，并博得所有人"捧腹大笑"。

辛亥革命后，"五四运动"对封建意识形态进行了彻底的清扫。这一时期，各种艺术样式都多多少少受到了西方的"渗透"和影响。散文中派生出幽默讽刺的体式"杂文"；曲艺中"笑的艺术"——相声已趋成熟；戏剧中的"喜剧"也终于成型。思想文化界也曾几次掀起了对"幽默"与"笑"的大讨论。以鲁迅、老舍、钱钟书为首的艺术大师们，使幽默艺术发展到了一个崭新的阶段。

近年来，各种幽默形式如雨后春笋般成长，幽默艺术达到了一个新的高峰。

幽默的十大技巧

想成为幽默的人其实并不难，有几个技巧可以供大家学习参考。

1. 大词小用

"大词小用"常能达到出其不意的效果，因为这种方法将一些语义范围较大、程度更深的词语来表达某些细小的、次要的事情，词本来和所述事物的内涵之间相差甚远，放到一块却能引出令人发笑的幽默来。

2. 嬉笑怒骂

嬉笑怒骂是一种比较戏谑的幽默，表面上看似是攻击，实际上却没有攻击力。开的玩笑适度，并且机智，富含哲理，可以拉近同谈话者的距离。

3. 歪曲解释

歪曲、荒诞的解释也可以成为幽默，歪理也能成为笑话。这种幽默法就是用轻松而带有调侃性质的态度，对问题做出随意的解释，把本来两个并没有关联的东西放在一起，塑造成一种不和谐、不合情理、出人意料的效果，在这种因果关系的错位和情感与逻辑的矛盾之中，产生幽默的技巧。

4. 借语作桥

"借语作桥"是指在交谈中，从对方的话语中紧紧抓住一个对自己观点有利的词语，以此为桥，用它变成打击对方的关键词。作为过渡桥梁的话语要有一个特点，那就是两头既要相通，又契合得自然，一头接本来的话头，另一头要与引出的意思相通。想要掌握"借语作桥"的技巧，可以在接过话头以后，展开丰富的联想，天马行空，脱离现实，甚至是胡说八道都可以。

5. 推理幽默

这种方法是借用片面的、偶然的因素，构成歪曲的推理。它主要是利用对方不成熟的前提或自己假定的前提，推理引申出某种似是而非的结论和判断。这种方式不按常理出牌，会出现偶然的、意外的结果。

6. 反语幽默法

反语幽默就是用相反的词语来表达本意，故意说反语，或正话反说，或反话正说，以此形成含蓄和耐人寻味的幽默意境。

7. 指鹿为马法

"指鹿为马"是指在幽默中，将双方已经心知肚明的问题，说成相反的结果，从而产生反差，表示另外一层真正的意思，达到幽默交流的目的。

秦始皇死后，赵高独揽大权。为了验证群臣是否会听令于自己，赵高想出了一个计谋，他献给二世一头鹿，并说："这是一匹马。"二世笑着说："丞相，这明明是鹿。你怎么把鹿当作马呢？"赵高说："不信，您可以问问大臣们。"有的大臣为了讨好赵高，也说是马；有的大臣则刚正不阿，直言是鹿。赵高就把说是鹿的大臣都暗暗记了下来，找个机会将他们治罪。从此，大臣们都畏惧赵高。

赵高的"指鹿为马"，是一种卑劣的手段，但若从交际的角度来说，"指鹿为马"能把白的说成黑的，颠三倒四，倒是一种高明的幽默艺术。

8. 位移真义法

正所谓"醉翁之意不在酒"。有时候，人们说的话，字面是一个意义，而心里真正想的也许还有别的意思，我们暂且称它们为表义和真义。位移真义是指抛却说话人语言的真义，只取其表义，是一种巧妙的钻空子的幽默技巧。人们总希望自己能言善辩，能够妙语连珠、幽默诙谐地和周围的同事、朋友们交谈，却又不知如何开口，不妨利用这种方法，用对方的话来为自己所用。

9. 望文生义法

"望文生义"法的运用十分巧妙。运用它，一是"望文"，单从字面意思来解释；二是"生义"，这个"义"虽从"望文"而来，但与"文"通常的意义已经大相径庭，造成一种强烈的不协调，从而形成幽默感。

10. 灵活套用法

灵活套用是指熟练运用工作和生活中的幽默范例，将它们灵活套用，根据自己所处的环境特点即兴加以发挥的幽默技巧。

在得到一些幽默的语言、轶事、故事之后，要将它们做为素材，灵活自由地套用它来说明自己的观点，解决自己面临的困境。这时，不妨大加发挥，切忌拘谨。发挥时就不再是套用，而是创造幽默了。

幽默其实并不难，下点功夫，用心积累，生活当中便可以处处幽默。十分幽默的你，也会慢慢发现周围的人变得和以前不一样了，相处时和顺活络，幽默就是有惠己悦人的神奇功效。

名人的幽默

纵观古今中外，善于幽默的名人不在话下。他们中有的用幽默化解了尴尬，有的则利用幽默摆脱了窘境，有的更是用幽默维护了自己的利益。

我国作家冯骥才在访问美国期间，有夫妇带着孩子前来拜访，双方交谈甚欢，冯骥才突然发现夫妇带过来的孩子居然穿着皮鞋在床上跳来跳去。如果直接说那个孩子，会令那对夫妇很不愉快。可如果不说，孩子的父母却浑然不觉。如何能化解这种尴尬，让孩子下床呢？

冯骥才轻轻松松就将问题解决了，他凭着阅历和应变的能力，幽默地对孩子的母亲说："请让您的孩子回到地球上来吧！"主客双方会心一笑，事情得到圆满解决。

冯骥才将"地板"夸张地称为"地球"，整个意义变得大不一样。一句颇为幽默的话，便轻而易举地化解了不快。

英国作家理查德·萨维奇差点就死于一场大病，幸好遇到了一位医术高明的医生，才使他转危为安。但穷困的他却无法付清欠下的医疗费，医生只能一次又一次地登门催讨。

医生说："你应该知道，你欠我一条命，我希望得到报偿。"

"我明白。"萨维奇说，"我会用我的生命来报答您的。"
然后，他给医生两卷本《理查德·萨维奇的一生》，以此作为报
偿。可怜的作家并没有表示拒绝或恳求缓期付款，而是用一种诙
谐的方法告诉对方，自己确实无法现在偿还。

幽默还是一种看不见的武器，可以以此来保护自己。在保护
自己的同时，又可以不伤害对方，或是给对方重重一击。

我国现代著名的画家张大千就是一个很幽默的人，他的颏下
留着长须，特别引人注意。一次，他与友人共饮，座中人们谈的
笑话，都是关于长胡子的。张大千一直默默不语，等大家讲完
后，他态度安详地也说了一个关于胡子的故事：

三国时，关羽的儿子关兴和张飞的儿子张苞都想要跟随刘备
去讨伐吴国，为父报仇。他们俩都争着当先锋，却使刘备一下子
犯了难。为了公平起见，他为两人出了一道题，说："不如你们
各自说出自己父亲生前的功绩，谁的父亲功劳大，谁就来当先
锋吧。"

张苞一听，立刻说道："我父亲当年三战吕布，喝断坝桥，
夜战马超，鞭打督邮，义释严颜。"

而关兴，由于心急，再加上口吃，说了一句："我父五缕长
髯……"就再也没有下文了。

这时，显圣的关羽立在云端上，本想听儿子说出自己生前的
功绩，结果一听儿子只说了这句话，气得凤眼圆睁，大声骂道：
"你这个不孝子，老子生前过五关斩六将之事你只字不提，却在

老子的胡子上做文章！"

　　从此，再也没有人敢嘲笑张大千的胡子了。张大千巧妙地套用了关于胡子的幽默故事，不仅使自己摆脱了困境，还反击了友人善意的嘲弄。

　　名人的幽默故事还有很多，幽默的名人更是数不胜数。人们不仅记住了他们的名字、功绩，还有深入人心、令人捧腹的幽默故事。

第六章
酒席宴前，话要说得到位

有很多的人擅于在饭桌上口若悬河，并且还以此作为自己的骄傲。在很多时候，这种人思想敏捷，语言丰富，有时候确实能烘托饭桌上的氛围，但是，对于他们而言，这样只会带给他们朋友，而不是重要的信息。

情感也是投资渠道

一般人们参加宴会都是有自己目的的，而对方也总是有一定的需求，所以，你一定要想尽一切办法来满足对方的需求，因为只有这样，对方才能提供更多的源头来帮助你的事业。"源头"一多，"活水"自然就多了，以后你需要别人帮忙时就会简单得多了。

当别人有困难时，你要帮助他鼓起勇气战胜一切困难；当别人没有信心时，你要鼓励他重新燃起信心的火焰；当他感到苦恼时，你要用体贴的心来关怀他。

在宴会上，我们要时时刻刻保持一颗帮助别人的心，让别人都感觉到自己对他们的关怀，从而让别人对你产生好感与信任。像这样的感情上的投资，通常是一本万利的。

老子说："尽力照顾别人，我自己也就更加充实；尽力给予别人，我自己反而更加丰富。"孔子也说："以富贵而天下，何人不尊；以富贵而爱人，何人不亲。"意思是说：即使牺牲自己的富来实现他人富的人，就算想贫穷也是不可能的啊；即使牺牲自己的贵去实现他人贵的人，想贱也是不可能的事。

通常人们都会这样认为，求助于人是一种简短、平常、快捷的交易，有什么必要花那么多的心思去搞漫长的感情投资呢？这是十足的鼠目寸光。俗话说得好："平时多烧香，急时有人帮。"你只有在平时的时候多与人结交，做到未雨绸缪，这样到了关键时候才会有人帮你。

通常人们还有这种毛病，一旦感觉关系可以了，就觉得没有必要再去维护它了，往往会不在乎双方关系中的一些细节。比如该通报的信息没有通报，本该解释的情况不想去解释，总是觉得"反正我们这么铁的关系，不解释也无所谓"，结果长年累月的，就形成难以化解的大问题了。而更糟糕的情况是人们关系变得亲近之后，总是对对方提出越来越高要求，总认为别人对自己好是自己应得的。如果对方稍微有点做得不好，就会埋怨对方。像这样不尊重朋友的行为一定会破坏双方的关系。

所以，情感投资应该是马拉松式的，在人们的平常交往中不可或缺，应该从小处、细处着手，事事落在实处。

让你的话题成为主角

在饭桌上，有一些人总是把自己想说的意思一遍又一遍地强调，详尽得让人讨厌。每当这种情况发生的时候，你是任由对方无止境地说呢，还是立刻打断他的话，显然这两种方式都不太合适，而是应当诱导他进入你的话题。

我们来看下面的事例吧。

业务员："请问你需要的卡车大概是多大吨位的？"

顾客："这个不好说，大致两吨吧！"

业务员："依据具体情况需求，对吗？"

顾客："嗯，对，是这样。"

业务员："究竟要买哪种型号的卡车，一方面要看你运货量的多少，一方面要看行驶的路况怎么样，你说对吗？"

顾客："是的，不过……"

业务员："如果你是在丘陵地区行驶，而且那里冬季比较长，这时候汽车所承受的压力肯定比正常情况要大些，是吧？"

顾客："没错。"

业务员："你们冬天出车比夏天多？"

顾客："那可多多了，夏天是淡季。"

业务员："有时候货装得太多，又是冬天，又是丘陵地区，汽车是不是经常超负荷呢？"

顾客："对的。"

业务员："从长远的眼光看，买什么样的车型是取决于什么原因呢？"

顾客："你的意思是什么……"

业务员："买一辆车值得不值得是取决于什么呢？"

顾客："当然得看车的使用寿命了。"

业务员："一辆车总是超负荷，另一辆车从来不超载，你觉得寿命更长的是哪个啊？"

顾客："肯定是马力大，装货较多的啊！"

业务员："所以，我认为你买一辆吨位为4吨的卡车可能更好。"

顾客表示同意。

这位业务员就是在很平淡的语言中，想尽办法来诱导顾客的思维跟着他的思维走，从而成功推销出自己的产品。

可以说，诱导是一种有意识的交谈，如果会话双方意见背离，肯定没有办法达到心意的相互交流。所以，当其他的说话者过于啰唆的时候，你就要积极地参与交谈，诱导说话者的思维进入你的思维，从而主导谈话的过程。

激将法帮你成事

激将法是用语言来刺激对方，激起对方按照自己的意向来说话做事。在生意上，与对方交谈的时候，可适当运用这种方法，来刺激对方从而让对方做出有利于自己的决策。

激将法主要有反语式激将、及彼式激将、贬低式激将三种方法。

1. 反语式激将

它主要是运用正话反讲，故意扭曲词意来阐述自己的观点，以激发对方发言表态，达到自己预想效果的方法。

一家中外合资企业总裁与一家乡镇企业厂长在饭桌上谈判：

厂长："总裁先生的魄力，和我们这些乡下佬相比，简直是一个天上，一个地上啊，这么大的魄力，尽管我们都很敬佩，但我们却不敢沾这个光啊，只能收回我们的土地，并停止合作。"

总裁："既然这样，我再让利一成"

厂长："不行，按照投资的比例，应当是两成。"

总裁："好吧，原则上可以……"

上面的例子中，厂长不说对方"贪图利益"，而说反语"魄力大"，又以"不敢沾光"的"哀兵"战术以退为进，激将对方并达到自己的目的。

2. 及彼式激将

及彼式激将法是以一种将心比心的手法，激发对方作换位思考，并且设身处地地为自己着想。

一位总裁想要设席来款待合作公司的部门女经理。在会议结束之后，总裁就开始询问那位女经理："小张经理，你饿吗？"

女经理很客气地摇摇头。总裁知道对方是出于不好意思，于是他就换一种方式：

"小张经理，早上出门我没来得及吃早餐，就急急忙忙赶来见您了。现在我饿急了，不知您是否能赏脸和我一起吃个饭，一个人吃饭太无聊了啊。"

女经理听了，满意地点了点头……

3. 贬低式激将

这是通过贬低别人从而达到对方发话的目的的方法。

联谊舞会上，一位女嘉宾邀请一位中年男经理与她跳舞，对方却用"我不会跳"或"跳不好"来婉拒。于是女嘉宾就说："哪里是不会跳，您肯定是'妻管严'吧？怕被太太知道后要你跪搓衣板吧？"对方受到激将，于是仰头大笑，最后迈出舞步。

总之，适当的激将，能让对方进入你的思维中，从而顺利的达到自己预期的目的。

话得绕三圈

在饭桌上，很多人都有这么个不好的习惯，就是爱说别人的是非。其实每个人都应该知道，不能议论关于公司领导和公司的坏话，因为很有可能最后会传到领导的耳中。

其实，在职场上，每个人想问题和做事的风格都会有所不同，有时，我们难免会对领导的某些事不满，满腹牢骚。但是，千万不要对别人宣泄你心中的不满。

同时涉及公司商业秘密的事就更不能对别人说。万一被别人传出去之后，同样会给自己带来很多麻烦。所以，我们一定要管好自己的嘴巴。小尹就发生了这样尴尬的事：

小尹和小高一同进了一家公司，在工作业绩上不相上下。后来，公司因经济危机就决定裁掉一些员工，为此，公司上下人心惶惶。

小尹和小高感情要好，在一次吃饭中，小尹对小高说："哎，我现在没有工作的积极性了，因此，我只好靠打游戏来打发工作时间。"

后来，小高为了保住自己的工作，向领导告发了小尹，一天，小尹正在边工作边玩游戏，被领导抓了个正着。最后小尹就被开除了。

小林在一家外资企业上班，领导很相信他，总是将一些难度较大的事交付于他。小林感到很骄傲，而同事们也喜欢向他问这问那的。

后来，小林慢慢发现，同事们找她聊天都只是想知道关于公司的秘密。为了能与同事们和谐相处，小林就把公司的事告诉了大家。然而，小林这样的"牺牲"并没有得到他想要的结果。

一次，小林竟然听到同事在议论自己："哼，一个连领导都背叛的人，以后，我们谁还敢接近他呢！"小林听了以后，欲哭无泪。

更糟糕的是，竟然有人将小林外传秘密的事告诉了领导。领导知道后十分生气，立即开除了小林。

所谓"祸从口出"，特别是在职场中，一定得学会管好自己的嘴，不跟别人说不该说的话。

从诸多实例中，我们都能从中有所领悟，尤其是在饭桌上，对于那些已经到了嘴边的话，一定得让它再绕上"三圈"，不然的话一旦说错了话，就会让整个宴会陷入冷场，令所有的人都尴尬不已。

出口成脏，让你遭殃

不管是在生活还是工作中，人们难免会受到社会中不良习惯的影响，从而"出口成脏"。例如，会经常性地说一些脏话和粗话。或许，有很多的人会说："我一般不说粗话，但是碰上要好的朋友就会说，都是朋友嘛，不会在意这些的。"但是，真的是这样吗？

方岩从美国留学回来，想和以前的老朋友聚聚。

方岩请客吃饭那天，突然间下了雨，这时，一男一女进了饭店，男的就开始说："方岩这小子真是的，居然选了个大雨天聚会，让我们跑这么远，他傻吧？"他旁边的那个女同学就说："好了，不要说了吧。他请我们吃饭也是一番善意啊！"但是对方还是骂骂咧咧不断。

不久，方岩也到了这家饭店，但是那位说脏话的男同学还是闭不上自己的嘴，看到方岩也没有一句客套话，直接责怪道："方岩，你这臭小子，去外面混得蛮好啦，你……"总之，这个人就一老脏话不断，这让方岩很不舒服。

但是，方岩因为礼貌，还是不停地道歉："真的很对不起啊，我也不知道会下雨啊，给大家添麻烦了。"那些老同学一个个都说没事，而那位男同学又开始脏话不断了："方岩，你这样说话就太见外了吧！我呢，就是这么个粗人，你千万别往心里去啊，我没有别的意思。"方岩忙说："没事的。"

但是一直到最后那个男生始终脏不离口，所以餐桌上大家都很尴尬。也许，会有很多人觉得，朋友之间关系都很铁，说话就可以随随便便，就算是说了脏话、粗话也没有关系，但是，朋友之间也要互相尊重啊！如果像上面事例里的那个男生那样，总是脏话不断，那么总有一天，你会发现你的朋友已经寥寥无几了。

和其他的社交宴会比起来，朋友聚会会更加轻松愉快，但是，并不是说这种场合你就可以脏话连篇了，如果这样，就会让朋友们感到很尴尬。

所以，我们要在日常生活中养成比较好的语言习惯，不乱说脏话，注意礼貌用语。特别是在参加宴会的时候就要更加注意了，不能给别人留下你出口成脏的坏印象。如果不能改掉坏习惯，就会导致你社交失败。

少说多听有利于收集重要信息

有很多人擅于在饭桌上口若悬河，并且还以此作为自己的骄傲。这种人思想敏捷，语言丰富，有时候确实能烘托饭桌上的氛围，但是，这样只会带给他们朋友，而不是重要的信息。

其实，对于每个人来说，能力都是有限的，有的东西一定是在你能力之外的，只有学会倾听别人的谈话，才能更简单地掌握关键的信息。

1951年的一天，威尔逊带着家人驾车去华盛顿旅行。一路上，他们都住汽车旅馆，矮小、破烂、脏乱。几天后，威尔逊的母亲就很不满了："这样的旅馆糟透了。"善于思考的威尔逊听了，受到了启发，想："我为什么不建立一些旅馆呢？专门为那些旅行者提供服务。"威尔逊把将来的汽车旅馆定名为"假日酒店"。

虽然威尔逊的想法非常好，但是他资金不够。于是，他打算筹集股份，但是别人根本没弄清楚"假日酒店"的具体方案，因此也都不敢贸然入股。当威尔逊面对这种情况时并没有退缩，而是先建造一家"假日酒店"以便让那些入股的人看到清楚的模式，进而放心地入股。

就这样，卓有远见的威尔逊，面对可能失败的巨大风险，毫不犹豫地抵押了住房，而且贷款了30万美元。第二年，第一座"假日酒店"便出现在孟菲斯市夏日大街上。五年过去了，威尔逊将"假日酒店"发展到了全球。

因此我们可以得出结论：如果想要成功，光靠胆量和勇气是不够的，还要善于倾听对方说话，这时要注意六大原则。

（1）称赞说话的人，创造出良好的氛围，进而想办法对说话的人赞扬一番。

（2）全身心倾听对方说话，注意在倾听的时候，用柔和的目光注视对方，同时坐势和手势也要符合规矩。

（3）用实际行动作为说话者问题的回答。

（4）不能躲避交谈责任，不管在哪种情况下，你困惑对方说话的意义时，可以让对方知道。

（5）不光要去理解对方的语言，还要理解其寄予的情感。

（6）仔细观察说话者脸上的表情。

总之，如果想获取更多有用的信息，必须要多听少说。

成为饭桌上的开心果

不知道你会不会想起在餐桌上的那些趣事，它们给我们带来快乐，同时也为餐桌增添了趣味，因为幽默是沟通的法宝。

幽默是人生的智慧，体现着积极的处世方法和旷达的态度。幽默是社会活动的必要，擅长说话的人都知道怎样使用幽默的语言。同时幽默的人往往能获得别人的好感，获得更多人的认同。

一位绅士在餐馆吃饭，却看到菜汤里有苍蝇。他喊来侍者，讥讽道："请问，它在我的汤里干嘛？"侍者看了半天，答道："先生，它在游泳！"顾客被逗得哈哈大笑。不管侍者怎样解释，都要受到批评，甚至会使顾客很生气。但是，幽默帮了他，让他脱离困境，并使气氛缓和。

一次，一个顾客进入一家有名的餐厅，点了一只油焖龙虾。他注意到龙虾的一只虾螯没有了。他便叫来侍者，侍者叫来老板。老板说："不好意思，龙虾是残忍的动物。你的龙虾有可能是在打架的时候打输了，那个螯被打掉了。"顾客也巧妙地说："那请换一下，将那只打赢的给我。"

顾客不仅没有批评他人，伤到他人自尊，维护了餐馆的名誉，也保障了自己的利益。

　　韩露有一次负责公司的接待工作，一进餐馆，发现都是不认识的人。聊了会，才知道这桌以前都是老朋友，有的是教授，有的是工程师等。饭桌上经常传出一阵阵笑声，大家都放下身份，快乐地聊着。一个工程师，说到感触颇多的地方，打了个很有趣的的手势，示意安静，说起刚参加工作时，分配到坑口生产班当班长，接电话，做井下作业，有时还得去现场，上来时就全湿透了，换套工作服就吃保健餐，工友很有礼貌，见面都会打招呼"辛苦了！"一天，休息室门口突然挂了个鸟笼，里面是只受伤的鹦鹉，还会说些日常话，班长刚好下井上到地面，听见的声音就是："老韩，辛苦了，保健餐已打好，吃吧！"班长也没注意是谁，应了一声："好，就去！"话还没说完，一群人捂着嘴咯咯地笑，事后，他才知道，其实那句话是鹦鹉发出来的，这事一直让工友们当作茶前饭后的笑话。

　　大伙聊得开心，韩露虽是第一次与大家见面，但是却被那些幽默的话逗乐，气氛很快就变得融洽了。

第七章
面试不难，要说到考官心坎儿里

　　面试这一关，大多数人迟早都要面对。与其躲避，不如用心面对。要在面试当中脱颖而出，你可以依靠很多办法，而最能打动面试官的，就是你的口才，你的表现。想打一场漂亮的胜仗，就不能不做准备。多花些心思，多进行准备，你会发现，想征服面试官并不是难事。

莫让自我介绍失了身份

若想成为职场中的佼佼者，拥有良好的交际口才，是不可缺少的。

几乎任何求职者走进职场之前都必须要经历一个重要环节，那就是面试。面试的开始，基本上都是开场白，这决定了主考人对你的初步印象。面试的基调就取决开场白说得好不好。

首先，进门应该面带微笑，不需要噼里啪啦讲一堆话，但是一定要有礼貌地打招呼，问候一声"您好"就足够了，要有底气，声音洪亮，不需要察言观色，见风使舵，但是要尽可能显得笃定从容，落落大方，不要过分随意，侃侃而谈，也不要有紧张情绪，拘谨不自然。

接下来就是自我介绍的时间了，千万不要小瞧这个自我介绍环节，这是面试中很关键的一步，它将在很大程度上决定你在考官心里的印象。一次得体的自我介绍，将使你在接下来的面试中如顺水推舟般无往不利，从而赢得最终的工作机会。

例如，在一次激烈的求职竞争中，李芳以一段精彩的自我介绍为开场白，最终赢得职位。当面试官"请介绍一下你自己！"刚说出口，李芳便娓娓道来：

"尊敬的各位考官，你们好，很荣幸能够通过选拔参加贵公司的面试。我叫李芳，今年24岁。于2011年6月毕业于××大学。

半个月前，本着对写作的爱好和为梦想的驱动，我深深地被这座充满了文化气息的城市所吸引，正巧看到了贵公司正在招聘记者，便满怀希望地投递了简历，希望可以得到这份梦寐以求的工作。

我自幼爱好文学，文笔也相当不错。自中学开始，就曾经在一些期刊上发表了一些散文。大学时，出版了第一本长篇小说，并且得到了读者们的认可。今天，我带来了部分作品，各位领导可以直观地了解我的写作能力。

在经验方面，我和竞争对手们比，可能不占优势，但是我相信，当一个人能够将自己的职业当成一种爱好时，才能够全力以赴满怀激情地努力工作。而我正是怀着这样的希望来应聘贵公司的记者职位的。假如我有幸和大家成为同事，我将更加努力提高自己的水平，绝不辜负领导的信任。"

结果，李芳毫无疑问地成为了该公司的员工。由于之前彼此之间并不熟悉，自我介绍就是第一次与领导见面，因此，它是最好的表现自己和展示才能的机会。

勇敢把话说出口

害怕当众讲话，没有谁会是例外。在卡耐基的成人演讲训练班里，经调查发现80%～90%的学员在上课之初会对上台感到恐惧。许多职业演讲者承认，他们从来没有完全消除登台的紧张情绪。害怕会从演讲发言之前一直持续着。

不管是性格内向、不爱说话的人，还是天生健谈、能言善辩的人，在当众说话前后或说话过程中都会或大或小产生紧张、惧怕的心理，这样说，一点也不夸张。虽然我们看到电视机和收音机里的主持人和播音员潇洒大方、口若悬河地讲话时，我们无不佩服得五体投地，但是你是否能想象，他们那应付自如的外表下面，也常常会有怯场的心理。

谁能想到，古今中外有许多政治家和演说家，都曾有过怯场的经历。就拿英国首相丘吉尔来说，他就曾在演讲台上紧张不已，甚至连一句话都说不出来，直到被台下的人轰了下去。但是他并没有因为这次不愉快的经历就变得消沉，而是勇敢地面对现实，为克服恐惧心理，他勤学多练，每一次讲话机会都不放过，演讲的水平日益提高。后来，他的就职演讲被誉为最精彩的就职演讲之一。

在生活中，每个人都会误认为说话怯场只有在自己身上才有可能发生，人们总会想，如果我能像别人一样口若悬河该多好。其实，怯场是一件很普遍的事，在任何人身上都有可能发生。人们需要做的只是清醒一下自己的头脑，使自己镇定下来，正确看待自己胆怯的心理。

当我们怯场的时候，不妨仔细想想，自己的语言是否真的值得被人取笑，还是因为自己缺乏自信呢？你甚至可以这样想，当你的一句话被一个人取笑时，并不代表你的所有话被所有人取笑，即使是被人取笑了，那也只是一件小事而已，在任何人身上都有可能发生，纵观古今中外，多少政治家、演说家都有过紧张的情况，何况是自己呢？

如果当你真正地把这些问题梳理清楚了，那你就不会因为担心丢脸而怯场，也不用再羡慕那些表达自如的人了。

敏感问题中方显大智慧

企业在招聘时，为了找到更适合招聘职位的人，有时会提出一些敏感刁钻的问题，考验面试者如何处理突发问题。遇到这样的情况，面试者多少会感到紧张或担忧，其实大可不必这样，只要你学会了回答这些问题的方法，那么这些问题都会不攻而破了。

很多用人单位在招聘时都希望录用有经验的人才，这非常不利于打算转行或者刚刚走出校门的人。如何解决没有工作经验的问题，就成了最常见的"敏感问题"之一。

小蔡大学学的专业是计算机，然而，活泼开朗的小蔡，一想到以后一直要和电脑打交道，就觉得很无聊。比起电脑，她更喜欢跟人打交道，所以在大学时就是班里各种文体活动的积极分子。于是，毕业后，她决心要找一份其他行业的工作。

在一次招聘会上，小蔡看到有家公司在招市场部人员，主要负责公关事务，虽然招聘启事上写明要"至少一年以上的相关经验"，但小蔡还是决定去试试。

招聘人员看过小蔡的简历后，直接回绝她说："不好意思，蔡小姐，你的专业与我们招聘的岗位不是很相符，而且你一点经验都没有，并不符合我们招聘的要求。"

"虽然我没有工作经验，但是，我相信自己在这个职位上有独特的优势。"小蔡急忙替自己争取机会。

"那你说说自己的优势在哪里吧？也许我们可以考虑考虑。"招聘人员好奇地问道。

小蔡想了一下回答说："老实说，我之前对这个职业并没有深入的了解。但是我对这个工作很有兴趣，我认为自己的个性也很适合，因为我很喜欢唱歌、跳舞、与人打交道。还有，最重要的是我愿意学习，有愿意踏实地从头学起的心态。我觉得这个对于干好一份工作来讲很重要，只要给我机会，我相信自己会做好。"

最后，招聘人员留下了她的简历，并让她进入了三个月的试用期。在试用期期间，小蔡把全部心思都用在提升业务技能上，向同事请教，利用休息时间看有关工作的书籍，抓紧时间充电。三个月后，她成了公司的正式员工。

和大多数应届毕业生一样，小蔡也没有工作经验，但她却最终说服招聘者，成功赢得职位。可以说，正是应聘时的坦诚、勇气以及恰当的自我评价帮了她的忙。

巧妙应对面试官的迷惑性问题

当你在面试时，常常会遇到面试官向你提出的很多模棱两可的问题，往往让人不知道该如何作答。事实上，很多时候面试官提出的这些问题都并非出自他们的本意，只是想试探你在面对突发情况时会做出什么样的反应，所以假如你遇到了这样的问题，一定不要掉以轻心啊！

张雷去一家很不错的公司面试，他凭借着自己的实力通过了笔试和第一次面试，今天是最后一次面试，他与面试官礼貌地打了招呼，坐在了面试官的对面，等待着提问。没想到面试官突然问道："经过了这两次的面试，我们认为你并不适合在我们单位工作，所以决定不录用你，你认为自己的哪些不足让你失去了这个工作机会呢？"张雷听完了虽然也有点吃惊，但表现得很镇定，他回答道："我认为面试向来都是5分靠实力，5分靠运气。我们不能仅仅凭借一次或者两次的会面和谈话就对一个人的才能、品格做到充分了解和认识。所以失去了这次的工作机会我并不会悲伤或者难过，因为我通过这次的面试，学到了很多东西，同时还让我发现了自己更多的不足之处，比如临场经验不足，当然知识储备也有欠缺。希望以后我还能有机会向各位面试官讨教。我一定好好地总结经验和教训，加强学习，弥补自身的不足，避免在今后的工作中出现类似的问题。另外，即便我失去了这次工作机会，也非常感谢各位考官对我的不足做出指正，让我能够有机会重新认识自己，我一定会更加努力，提升自己的能力，以适应不同岗位的要求。"

面试官对张雷的回答很满意，最终通过了张雷的工作申请。

其实，面试官在问这个问题的时候并不是真的对你不满意，而是想对你的应急反应做出考察。如果他们真的认为你不合适的话，早就通知你不用来了，根本不可能继续问你问题。因此，当你遇到这种情况的时候，一定不要惊慌，要沉着应对，不要中了对方的圈套而暴露自己的弱点。回答时要注意将重点放在弥补自己的弱点上，这样就会让对方感觉到你积极进取的品质。另外，如果你能够诚恳地向考官进行讨教，或许更能博得他们的好感。

把自己推出两难境地

我们在面试的过程中，常常会遇到很多面试官提出一些莫名其妙的问题，让你答是也不行，答不是也不好，这就让自己陷入了两难的境地。假如你只是强调一方面的话，很难保证自己能够顺利通过面试，这时如果你能想到一种折中的回答方式最好，在两者兼顾的基础上强调偏重的一方，这样就避免了自己的片面性。

在一次公司招聘面试中，一名面试官对应聘者提出了一个奇怪的问题："请问，假如公司要是需要你做一些琐碎的工作，那你是喜欢还是讨厌呢？为什么会有这样的感觉呢？"这就是个两难的问题，假如你回答喜欢，面试官就会认为你虚假做作，因为每一个有志青年，都向往着有机会成就一番事业，不喜欢做这些琐碎的工作。所以你要是回答是的话，自然说出的就是假话。没有哪一个老板喜欢虚伪的人，所以很显然，回答喜欢是一个不明智的选择。若说讨厌，似乎每份工作都有琐碎之处。因此，这就足以说明你缺乏耐心，而一个没有耐心的人，怎么可能把工作做好呢。所以，讨厌更是一个禁忌答案。

面试者小梁也没有想到面试官会提出这种让人进退两难的问

题，于是他在思考过后说："绝大多数工作岗位的工作都有琐碎的地方，所以无论做什么工作，都要具备足够的耐心。假如我的工作中需要我去做一些琐碎的事情，那么我会认真、耐心、细致地把它做好。而且，我刚到一个新单位，对单位的情况还不十分了解，通过做这些琐碎的小事，可以尽快熟悉工作环境和工作流程，帮助我尽快进入角色。这样才能得到领导和同事的信任，才有机会做大事啊。"

　　面试者小梁的回答就很得体，他并没有正面回答是或者否，而是从大的方向综合考虑，既表现了自己耐心、细致的工作态度，又讲明了自己想要做大事的愿望，这样的员工有哪一个老板不喜欢呢。所以当我们面对这样的问题时，也要学会避实就虚的方法，从多角度分析回答。

第八章
谈判中主动就是先机，快人一步胜券在握

在谈判中，若想不落入被动挨打的局面，就要取得先机，争取主动权。俗话说："先下手为强，后下手遭殃。"如果你能先开口，狠狠咬住对方的弱点，那对方肯定会被你制服，再多的反抗也是无用的。只要你掌握了先机，快人一步抢得话语权，还怕对方不肯乖乖就范吗？

退的目的就是进

在生活中，我们不可避免会因为一些小事而与别人意见不合，在这种时候，在好胜心的驱使下，我们往往会头脑发热，不顾一切地想要对方与自己达成统一。

相传，宰相张英老家的邻居在盖房子时，占了张英家三尺地基。张家人当然不干，自家的老爷可是在京城里当大官的人，怎么能平白无故吃这个亏呢？便马上修书一封到京城，请求宰相张英来主持公道，张英看完书信后，只回了一首诗：千里家书只为墙，让他三尺又何妨；万里长城今犹在，不见当年秦始皇。家人收到书信后，本来还想去找邻居算账，结果全都羞愧不已，他们按照相爷的意思，主动退让了三尺，邻居见相爷家人有这样宽广的胸怀，也退让了三尺。此事不仅有了圆满结局，也被传为佳话。

张英早已经作古，但是他的做法，真可谓是一箭双雕。既彰显了自己容人的大度，又使自己因此而得名。如果他非要计较，和邻居一较高下，恐怕也不会有这样的佳话了。

喜欢在口舌上争上风者，多数是以自我为中心的人。在人际交往中，以自我为中心的人最大的特点是：我是太阳，世间万物都要以我为焦点。这类人的典型表现为：我的意志高于一切，别人都要听从于我。他们总是自以为是，为所欲为，对别人却不管不顾，强人所难，忽视他人的内心感受。

而聪明的人不会和别人硬碰硬，不玩无益处的争辩游戏，而是善于运用理智的说服。假如在任何场合中，都只感觉到自己的存在，忽略别人，或者根本就视而不见，那不可能与他人建立一种良好的社会关系。

不争，是一种处世哲学。在闲谈中，难免会有人问："你如何看待？"每个人都会各抒己见，这时没有必要非要讨论个脸红脖子粗。特别是对于一些无关利益的小事，何必让自己为了口舌之利而得不偿失呢？对此，有三种回答适用于任何话题，而且不会引起异议："那完全要看情况而定。""不能一概而论。""在某些地方，情况会受环境因素影响。"

为了逞一时的口舌之快，说话不委婉，甚至出言相逼则会带来很糟糕的后果。不但会影响别人对我们的看法，而且会令人感到非常气愤，不仅不会佩服我们的交际水平，反而会想着要如何去反击、报复。所以，当与别人产生争执时，不要直接冲撞，不必非要赢得争论，做到待人接物都要圆熟。林语堂先生曾把中国人性格的最高境界归结为圆熟，换句话说，只有圆熟的人才能活得如鱼得水、左右逢源。

拒绝不是简单的说不

做生意的过程中，往往需要谈判。这个阶段，可以说是一个谈判双方斗智斗勇的过程，这个过程中充满了拒绝和让步。此时，一定要顾全大局，话要说得巧妙，不然可能使谈判陷入无法挽回的僵局中。

高明的谈判者懂得审时度势，采用委婉的拒绝方法，给谈判双方都留有退路。

小苏被公司外派，同一家知名的大公司谈判合作的相关事宜。对方以小苏公司的产品知名度不够为由，要求降低价格，小苏说："正如您说的，我们的品牌不是很知名，这是因为我们将大部分经费都用在产品的研发上，而不是打广告上。所以，我们能够生产出式样新颖时尚、优质的产品，面市以来产品一直销售得很好，在有些地方还出现了脱销的现象，对于市场前景如此理想的产品，您还怕销售有问题吗？"

鉴于对方担心小苏公司产品的质量，小苏幽默地说："曾经有个笑话，讲的是为了保证美国军方所购买的降落伞不出现质量问题，降落伞厂家让生产者以身试伞，最终伞再也没有出现过问题。如果我们的产品质量不过硬，到头来损失得最严重的也必将是我们。"小苏用一个幽默的方式转移了对方的注意力，又可以表明自己的诚意。

小苏所说的内容，表面上看都是围绕产品的质量，实际上却在暗示对方："我们的产品是以质量取胜，不可能再降低价格了。"他这样一说，对方的谈判代表松了口，表示再考虑考虑。如果小苏坚决地回答对方说："不行，我们绝对不可能降价，你们看着办。"估计谈判就到此为止了。

在谈判中，当对方提出无理的要求，而自身很难满足对方要求时，可以说："我们将尽快给你们答复。""我们再考虑一下。"这样的语言极具灵活性，可使自己避免盲目做出反应而陷入被动局面，也给了对方一个心理的缓冲，让接下来的拒绝显得不那么突兀。

要明白，谈判的目的，是获得利益，拒绝只是一种手段，拒绝的语言千万不可太过生硬，以免陷入僵局。此外，还有许多拒绝的技巧，但无论使用哪种拒绝方式都要明白，拒绝本身是一种手段而不是目的。记住了这一点，拒绝的语言就不会太过生硬了。

亮出优势占先机

有过谈判经历的人都知道，如果你能够在条件或者地位等方面首先占得优势，那么这对谈判的结果往往能起到决定性作用。但是，谈判是一个动态系统，各项条件都会发生变化。当我们处于不利的情况时，如何做才能改变自己的立场，把不利的形势转化成优势呢？

假如谈判的双方确实在客观条件上存在差距，那我们能够改变的就是自己在谈判时的表达方式。只有这样你才能保证自己能够在某些方面战胜对方，取得谈判的优势。其实，在很多时候，谈判者的心里素质和说话技巧要比客观条件更具影响力和说服力。

如果一个人的谈判仅仅停留在客观条件上，那我们就不需要研究什么技巧了。作为谈判人员，应该在心理上给对方造成压力，同时改变对方的立场，尤其是在商业谈判中，只要你说出的话能让对方在心理上认同你的观点，那么这笔交易就做成了，所以无论你是买方还是卖方，在具备了一定的优势条件下，多加入一些谈判的技巧，或许就能占得先机了。

在谈判桌上，往往都是虚实相交、真假难辨的，你掌握的信息时刻都在产生变化，对方会用尽各种办法让你相信他们比你更有优势。最常使用并且效果最佳的方法就是拿竞争对手来压你，他们会在事前对竞争者进行充分的调查，谈判时突然拿出数十张数据资料，并在言语上时刻提醒你，这样的谈判方式往往会让很多缺乏经验的谈判者立刻感到手足无措，顷刻间就将自己原本的优势丢掉，陷入对方为其设置的圈套之中，这一招在谈判桌上可谓是屡试不爽。

　　只要你记住，既然有谈判的必要，就说明双方有达成合作的意向，能够做到各取所需。只不过在细节上需要协商，这时候你就要坚定自己的立场，在客观条件的基础上运用一定的语言技巧占得优势，以达成目的。

有的放矢的谈判技巧

有的放矢是谈判语言中表达针对性原则的一种实际应用。但需要注意的是面对不同的谈判对象，谈判者要学会变通，灵活地运用这一谈判技巧，这样才不会给人纸上谈兵的感觉。要知道谈判语言的表达方法与技巧更需要人们在谈判实践中进一步去总结、思考、提高。

就像话剧《陈毅市长》中陈毅与国民党的上海代理市长、化学家齐仰之的谈判片段一样。在剧中齐仰之因被国民党搞得心灰意冷，闭门谢客，同时还对外规定了"闲谈不得超过三分钟"的禁令。但我们都知道，齐仰之在化学方面颇有见解，是一个不可多得的人才，所以陈毅为了动员他参加新中国建设，亲自登门拜访。

陈毅："齐仰之先生，您虽是海内外闻名的化学家，可是对有一门化学，齐先生也许一窍不通！"这一句话就引起了齐仰之的兴趣，对于他来说，化学再熟悉不过，因此自己首先解除了禁令，要对陈毅所说的"化学"一探究竟。

当陈毅向他说明了共产党的"化学"之后，齐仰之则表现出了无所谓的态度。陈毅并没有灰心，而是以民族大义动之以情、晓之以理，陈毅知道齐仰之先生的爱国热情绝不比任何一个人少，造成如今局面只不过是不满国民党的政策而已。于是紧接着便从社会的腐败谈起，引起齐仰之的共鸣，再向其介绍共产党是从民族的利益出发，要振兴中国的医药工业。而这一事业每一个中国人都有义务参加，齐仰之也不例外。这一点正好符合了齐仰之的爱国热情，自然就能在心理上引起共鸣，最终同意了陈毅的请求。

　　这场谈判之所以能够取得成功，一是在于陈毅针对齐仰之的职业特点，以"化学"为话题作为突破口，让齐先生首先自行取消"禁令"；二是陈毅针对齐先生作为传统文人的身份和一生中一再碰壁的经历，在谈论的用词上小心谨慎。这种有的放矢的语言表达技巧，终于使原本拒不见客、心灰意冷的老化学家重新燃起已冷却多年的事业心，投身到新中国建设事业的行列中来。

不可不打破的僵局

谈判中当谈判双方各执己见、互不让步的时候，有时会出现尴尬的僵局。谈判者代表着一个公司，一个组织，甚至是一个国家，这决定了他们为了所代表的利益坚决不能动摇自己的立场，否则如果经常变化立场，改变态度，往往会给另一方以软弱、没有实力的感觉。所以，谈判者即使需要让步，也要在不失面子的前提下进行。

甲乙两家公司就合作而进行了谈判，可是因为产品的进货费用等问题而僵持不下，谈判一下子陷入了僵局。

双方代表都声称，对方的报价已经超过了自己的底线。谁都不肯让步，可是又都明白，机会难得，如果谈判决裂，自己根本没办法向上级交差。

在这种情况下，甲公司的业务代表余辉果断请示上级领导，允许给予对方一些适当的补偿做为让步，向对方提供信息或质量保障等服务。他在晚上用完晚餐后，拉着乙公司的代表来到了一家环境优雅而安静的咖啡厅里。听着舒缓的音乐，他对乙公司的代表说道："兄弟，这几天咱们都弄得脸红脖子粗的，其实大家何必鱼死网破呢？我们的价位确实比同类的产品低很多，实在是不能再降了。不过我们可以将维修期延长半年，这样也是对产品质量的保障。你也再和你们老板谈谈吧。促成合作，对咱们都很有利。"对方说道："其实这样真挺折磨人的。谁不希望签个大单子。可是你们要是不松口，我真就交不了差。"余辉想了想说："我们不是不能降价，换种材料我们就能把价格减低20%，你问问你们领导，这样的话他还敢不敢做？肯定没戏，出了事，谁能负责？"对方想了想，说；"好吧，我再请示一下。"

第二天，对方答应了余辉公司的报价。

如果谈判实在无法继续下去，不妨将正式谈判转换为非正式谈判，改变一下谈判的环境和气氛，如打打保龄球、高尔夫球，举行一下宴会、酒会，在这样的场合下再进行谈判，成功率会提高很多。

当双方在某一问题上僵持住时，可以将问题暂且放下，先解决其他容易谈成的问题。当一些方面得到解决后，双方在信心、态度等方面都得到了缓解，谈判也就变得简单多了。例如，双方在价格条款上僵持住了，可以把这个问题暂时放下，转而就双方易于沟通的其他问题交换意见。当对方在付款方式、技术等方面得到了优惠，再回到价格条款上来讨论时，由于双方已经从态度、方法上都发生了根本性的转变，谈判中商量的气氛也就浓厚起来，僵局自然能够化解。

第九章

谈情说爱，会谈才有爱

别 输 在 不 会 表 达 上

恋爱要谈、要相处。没有沟通交流，就会显得生硬艰涩。不管是疾风骤雨般的爱情，还是和风细雨般的爱情，都需要加一些如糖似蜜的情话。这样的恋爱才更有甜蜜的味道，令人回味无穷。

留下好印象的关键在于第一次谈话

人们相处的第一印象是至关重要的，在生活中会遇到不同的人，更要注意，第一次说话时，分寸要拿捏得当。

有人说："这是个一两秒钟的世界。"这句话深刻揭示了第一印象的重要性。别人对他的感觉和决定要不要跟他交往，很多时候就在于初次见面的那一两秒钟的印象。男女初次约会时，对第一印象就更要加倍重视。

首先，要注意自己的仪表。我们通常短时间对一个人产生好感是来自于他的外在美。因为热爱美追求美是人类的天性。

年轻男女初次约会，都会刻意装饰仪容。然而，许多人都不知道，就仪态美而言，男女是有别的，装饰的重点应各有不同。装饰得好，可以充分显示青春的魅力，否则就会给人以别别扭扭的感觉。当你同你的恋人第一次约会的时候，对方的容貌、仪表、举止言谈、服饰打扮，在双方的心中都会留下深深的印象。"这个人整洁清秀，举止大方"，你对他产生了好感；"这个人邋邋遢遢，蓬头垢面"，你对他印象不佳。也许你们彼此一言未发，可内心深处的好恶都在无声中和盘托出了。

据说有一位颇有才华的年轻作家与一位漂亮的姑娘初识，尽管作家的长相无可挑剔，但是，他不得体的着装、一头蓬乱不堪的头发以及不拘小节地翘二郎腿的"风度"，使他们的相会只持续了难堪的5分钟。姑娘对介绍人说："看他那邋邋遢遢的样子，很难想象他会对生活有什么情趣。所以，我对他的信心就失去了。"这话虽有点偏颇，但也不无道理。

有些女性尽管没有倾国倾城之姿色，也未必令人"一见钟情"，但她们的仪态美和人情味却能深深打动男子的心。女性在第一次约会时，仪态方面请注意以下各点：

(1)衣饰不宜过于豪华。男人虽然喜欢女人打扮得漂亮，但如果你打扮得像富翁的女儿，反而会把男人吓跑。他们会考虑能否负担得起对衣饰如此讲究的妻子。

(2)不可多搽化妆品。唇膏的色泽要淡一些；化妆要讲究技巧，不要打扮得过于妖艳；白天不宜浓妆，否则使人感到俗气。

(3)举止要端庄文雅。尤其在公共场所，不应有过于热情的举动。因为这不但显得你太随便、失去矜持，而且在别人看来也很不顺眼，觉得你不够庄重。

当然，在现代生活中，人们的穿衣打扮已经远远超出了御寒遮羞的狭义范围，而被看成是体现社会文明程度、生活条件和人的精神面貌的反映。穿衣打扮要注意时代特点、个人的性格特点和自己的形体特点。

其次，要学会开口说话。不少青年男女第一次约会时不知如何开口或说些什么话，由于紧张、畏惧或别的什么原因，原本健谈、幽默和风趣的人也会变得木讷、寡言，甚至手足无措。

其实你大可不必那么紧张，也不要封闭住自己的感情和心灵，如果初次见面你觉得对方还不错，就大胆地向他表示自己的真心和热情，就算你有什么具体的实际要求，也不妨诚恳地说出来；而不要遮遮掩掩，想问不敢问、想说不敢说，把约会变成一个别扭、难堪的聚会，那样就没什么意思了。遇到让自己称心如意的人，就请拿出真心和勇气，放开胆子，大方地去追求吧！

在任何场合，男性主动同女性打招呼、问好都是一种礼貌；在恋爱时，男性更要主动开口，并尽量展开话题，不要出现冷场现象。

张明经人介绍与李晴姑娘认识，他们在一个星光灿烂的夜晚会面。

张明首先开口说"你好！我已经等了你很长时间了，真怕你突然改变主意不来了，那我就惨了。你觉得我怎么样？首先外观上你能通过吗？我这个人最大的缺点是不会装扮自己，所以迫切想找个贤内助帮我料理收拾。如果能那样子的话，你一定会发现，一经打扮，我还挺不错的呢！不要笑，我这个人就好开玩笑，虽然工资不高，但生性乐观、爱好广泛，如听音乐、打篮球、游泳、看书等，又好动又好静，你呢？"

如此这般，张明很自然地展开话题，并诱发姑娘说话，从中探测她的兴趣爱好，可谓一举两得。

大多数女孩子表达感情的方式比较含蓄，内心爱情如潮涌，表面上却很平静，看不出丝毫痕迹，甚至还略显冷漠地来掩饰自己的真情实感。她们在第一次见面时，往往不大愿意多说话，但又不能不说，所以言语较为谨慎，带点探询、含糊其词等特征，或假装天真、糊涂，让对方多说，以便观察、了解对方的为人。

"我是不是来晚了？我没想到你会约我。"

"我也不知道怎么回事，最近总是心神不定。"

"我第一次看到你，就觉得你挺特别的。"

"你觉得你自己有什么优点？"

女孩子的爱一般表现在行动上，而在语言上不大能表现出来。所以恋爱时，还是以男孩子主动开口说话为佳。

要明白，女孩子喜欢大胆、直率和真诚的男孩子，只要男孩子能把握住夸奖、赞美的原则，让女孩听了感觉愉快、甜蜜，双方就一定能继续交往下去。但切忌说肉麻、太露骨的话语，那样反而会把女孩吓跑。

有一种传统的由媒妁牵线、撮合发生恋爱关系方式。基于这种情况的男女大多是些性格内向、忠厚老实且默默无闻的人。当你赴约相见的时候，无论男方或女方，都要克制忐忑不安的心情，用不着羞羞答答，更不应该寡言少语、吞吞吐吐，而要落落大方，主动交谈。就身边的一些小问题，进行简单交谈，譬如，谈天气、周围环境、所见所闻，然后再言归正传，谈年龄、文化程度、工作、性格、嗜好、家庭状况、社会关系等。对于心灵深处的流露、情感方面的表白，可含蓄、委婉、曲折些——这毕竟是"第一次交谈"，留点话题为以后交谈提供条件。

在现代文明社会中，仅仅以貌取人、以风度定优劣固然不可取，但不可否认，一个人的言谈举止、音容笑貌、服饰打扮，在一定程度上反映着这个人的精神世界和审美情趣。一个人一举手一投足、一笑一颦，都会给人留下或美或丑的印象。人与人的相识、相知总是从第一印象开始的，虽然这只注重了外在与表层，不无片面和虚假的弊病，但在恋人之间，它的作用实在不可小觑。爱情的萌发来源于好感，而人们的好感离不开第一印象。当汪杜洛小姐与戴高乐相逢时，她楚楚动人、温和雅丽的风度给戴高乐留下了很好的"第一印象"。因此，我们一定要重视第一印象，给对方一种良好的感觉。

用语言攻势哄到对方心软

要想邀请自己的心上人出去游玩，在很多男孩子看来，不是一件很容易的事，因为女孩碍于矜持和体面，通常会拒绝邀请。但是，你若在此处止步不前了，自然也会无果而终。其实女孩都需要男孩"哄"，只要你哄得恰到好处，问题看来也不是那么难。

多数时候，你最好单刀直入，不给她说"不"的机会。当你要去邀请她时，不要用商量的口气问她"愿不愿意……"之类的话，而最好武断地说："咱们一道去……"

虽然女人也有不愿意与你同行的时候，但是如果她想说"不"的话，则多少会给她造成心理负担，使她对你有一种歉疚感。

然而，你如果用"愿意不愿意……"这种问法，乍看起来好像非常"绅士"，但事实上却给了对方说"好"或"不"的两种机会。不用多说，责任上的分担都推给了对方，警戒心高的女人，为了不节外生枝，干脆就摇头对你说"不"了。

下面是一位小伙子煞费苦心地劝说女朋友答应他的邀约的对话。

"你今天真漂亮。晚上6点钟我们出去吃顿饭、聊聊天，好吗？"

"不行。"

"我们应该彼此多了解一点。就在6点钟好了，到时我来接你。"

"不行。"

"说不定我们可以遇到一个我们喜欢的人，或是一件有趣的事呢！就今晚6点钟吧？"

"不行。"

"6点钟见面以后，我们可以吃顿饭、看场电影，然后到咖啡厅去坐坐，我们会有一个非常美妙的夜晚的，还是去吧！"

"是吗？"

"我发觉我越来越喜欢你，今天晚上一定要见到你，就6点钟，我来接你。"

"那好吧，就6点钟见。"

这是一个聪明的男孩，他使出了浑身解数，终于让对方由说"不"到说"是"。他不断地给对方勾勒出一幅美好的预期的画面，最后女孩终于动心了。

还有一些男孩在邀请女孩的时候以情真意切为主打，让女孩感觉到温暖、真心，女孩被打动了，自然会对你言听计从。这是一封男孩写给他喜欢的女孩的邀请信，它包含着满怀的激情和热爱，执著与关怀。

在这之前我想先向你道谢，谢谢你借我一双手和我

一起抗衡寂寞的冷，战胜寂寞，谢谢你为我剪短思念，
照亮黑夜。

《哈利·波特》是一部很不错的电影，不是吗？主
角们受到攻击时，我听见你细声低喊；舞会那一幕，我
们都看得很入迷，我恨不得拉着你跳进去和他们一起
共舞；主角与巨龙战斗那8分钟，你的呼吸被音乐操控
了，我陪你一起紧张；年轻有为的角色死得如此可惜，
你的叹息让我的心漏跳了一拍。

回程的时候，我的呼吸有点急促。能和你交谈的话
题很少，因为我不健谈。我的CD播放了很多歌，张栋
梁的、杜德伟的、李圣杰的、品冠的、光良的，你只
哼过李圣杰的《痴心绝对》。唔，我会记起来，痴心
绝对。

我双手握着方向盘，我知道回家的方向，却不知道
自己的方向。你总是让我迷惘。空调散出的低温空气是
绷紧的气氛，笼罩着车子里的两个人。你说Good bye、
Good night，把我的快乐辛酸留了下来。我把车子停在
原地，才发觉车子里缺少的气体是勇气。我说再见，因
为我想再见。

我想向你道歉，原谅我的不健谈。我决定再邀你看
一场电影以示歉意。放心，我会预先选好位子，不会像
这次坐在F15和F16的位子。坐在这位子会令我们的脖子
很酸，这一家戏院的冷气也特别冷。唔，好的，下次我

会记得带外套。

再次向你道歉，原谅我不够细心，忘了带外套为你御寒，忘了预先选好位子，忘了买好可乐和爆米花给你享用。一切一切，我都感到深深的歉意。

别担心我，得不到你的原谅，我只是会魂不守舍，上课没心听课导致成绩下降、走路撞到柱子搞得头昏脑胀、忘记吃饭令我虽生犹死、睡不了觉引起情绪不稳定、驾车不专心撞出一场世界性的创举而已。基本上，死不了，所以你有权利不原谅我。但是，基于基本的礼貌，我觉得我还是得等你原谅，等你给我一个赎罪的机会。

这样诚挚的话语，恐怕对方是很难拒绝了。这个男孩无疑又多了一次让对方了解他的机会。

"谨慎""谦恭""有风度"是男人的传统美德和本能表现。因此，在邀请女孩出游的时候要拿出你的勇气，让她们看到你的决心与诚意。女孩子其实都是需要耐心哄的，也是很容易心软的。

有谈才有爱

之所以说"谈"恋爱，也就是说有"谈"才会有爱。所以，在恋爱过程中，要经常给"谈"提供机会，这就要靠约会来加强了解，增进感情，对于陌生男女来说约会更是加强思想交流的重要机会。但是，当你忐忑不安地邀请心仪已久的异性一起约会时，对方却婉言拒绝了你，你的内心深处能否承受得了这种沉重打击呢？

如果你有如下几个妙招，懂得以语言作为武器，就一定能为自己的爱情奋力回击。

一般说来，女孩若想拒绝男孩的邀约，一定会想出若干理由拒绝。若是碰到她们不感兴趣的或者自己难以把握感情时，搪塞的理由就会很大众化，比如说"我有事"或"我今天加班"。如果你就此相信了，或者退让了，那么遗憾地告诉你，你恐怕再也没有机会和她约会了。

王磊打电话邀请女友孙芳吃饭时说："今天我想和你一起去吃火锅，好不好？"但孙芳并不想去，随便找了个借口拒绝了："真是很不巧，我们公司最近太忙了，连续好几天都要加班，要到很晚，可能不能和你一起吃饭了。"王磊并没有退缩，因为他知道，如果他放弃邀请，那么，孙芳一定会认为自己对她的感情不能持之以恒，而对他感到非常失望。对此，王磊说："知道你很忙，但是还是要吃饭啊，你不知道，这几天没见你，我是多么的想你啊。不如一起吃饭陪陪我。吃完饭，我陪你一起加班，好吗？"孙芳听了，哪还好意思拒绝，嗔怪道："讨厌，到时候工作做不完，让你好看。"虽是这样说，但是明显已经答应了。

当感情还没有发展到爱情的时候，想要成功约到对方可不是件简单的事。这就要求一定要有一个合情合理，又不能太过直白的理由，让她觉得和你约会是情理之中的事。所以，要充分发挥自己的聪明头脑，想一个别出心裁的好办法。

万事开头难，邀约虽然看起来不容易，但如果你是真心真意的邀约，对方迟早会接纳你。

真情实情是打开对方心门的钥匙

　　孙犁的名作——《荷花淀》，就像一幅充满诗意的爱情风俗画。水生夫妻的对话就是一首令人回味无穷的爱情诗，其中洋溢着无比的真诚与真情。

　　水生嫂以温柔体贴的话语表达出了对丈夫的深情，她了解丈夫——朴实勤劳、积极能干、小苇庄的游击组长、党支书记，她怎能不爱他呢？所以，当水生从区上回来时，她首先要问的便是"今天怎么回来得这么晚？"语气温柔，充满了体贴关切的感情。轻轻的一句话，却包含了这样的意思：今天你在外面怎么样？这么晚怎不叫人心急？你吃饭了吗？有的只是宽厚贤淑和温柔之情。仿佛是荷花淀飘来的温馨的荷香，让水生顿觉轻松，一天的疲劳也消失了。当水生询问儿子的情况时，水生嫂又轻言细语地说："和爷爷收了半天虾篓，早就睡了。"言语不多，却有许多信息。她讲了儿子和公公的一天活动，她以"儿子早睡了"含蓄地露出了那种嗔怪丈夫回来太晚的心境，但这种嗔怪却是一种关心、一种疼爱。

　　水生和水生嫂这样一对仅仅是粗通文墨的青年农民夫妻的对话里面，没有丝毫语言修辞的炫弄。这里有的只是夫妻间倾心商谈的平常话语，有的只是夫妻间倾注了深厚情爱的言辞。此时的语言像他们的感情一样朴实无华、简洁明了。

水生和水生嫂的感情是令人羡慕的，他们之间没有丝毫掩饰和造作，用简单的语言诉说各自的最真的情感，夫妻间的融洽也就是在平淡如水的话语中不知不觉地增强了。

耍"小性子"可以说是女孩子的天性，恋爱中的女孩子更是如此。她们常为男友的言行不符合自己的心意而耍性子、赌气、抹眼泪。其实，她们心里并不是真的生男友的气，而是故意生气，看男友是不是会过来哄，这时候的男士就应该抓住机会表达真情实意。

一天傍晚，小迪与小光两人为一件小事闹了点别扭。分手时，小光本想按惯例送小迪回家，可小迪却执意不肯。小光拗不过小迪，只好答应，但又担心小迪的安全，只好在后面远远地跟着，看小迪进了家门。小迪回到家，电话就响了。她抓起电话，听筒里传来小光的声音："迪，我是光。"小迪听出是小光，正要放下电话，又听小光说："迪，看见你到了家，我也就放心了，晚上好好休息，我也回家了。"听了小光的一番话，小迪跑到窗边，看到小光离去的背影，泪水夺眶而出，此时的她，心里只有感动，哪还顾得上生气啊。小光不失时机的一番关爱之语，向恋人传送了自己的关心与牵挂。语虽短，意却浓；话虽简，情却真。令对方不由得怦然心动，怨气全消。

当恋爱中的人真情流露时，都会让对方感动至深。情真意切是爱的灵魂，没有真心实意，谈爱就是空洞或虚假的，只有向对方表露诚意，对方才会有同样的回应。

爱情需要甜言蜜语

男女相处的时候，有时甜言蜜语非常受用，尤其是爱侣已到了接近谈婚论嫁的阶段，不妨大胆些，在言语间多放点"蜜"。沐浴在爱河中的人，是不用客套的字眼的。任何海誓山盟，"爱你爱到入骨"的话也可以说，不必怕肉麻，除非你并不爱他。与他久别重逢时你可以讲：

"好像在做梦，多么希望永远不要清醒。"你以充满爱意的眼神望着他："总是惦念着你！别的事我一概不想……我感觉好像一直跟你在一起。"

这是"无法忘怀、时时忆起"的心境，只要谈过恋爱的男女，一定有此体验。除了他以外，任何事都不放在眼中，总是想念着他。上面那句话不用怕羞，可以反复使用。相爱之初，热烈的甜言蜜语绝对不会使人感到厌烦，也许还会认为不够呢！

"你喜欢我吗？"你不妨大胆地问他。

"说说看，喜欢到什么程度？""你发誓，永远爱我！"甚至你单刀直入地这样对他撒娇说，"世界是为我们而存在，对不对？""你爱我，我可以抛弃一切！你也是这样？因为爱就是一切。"

　　不要以为甜言蜜语说出来就是为了一时的气氛，仅仅是为了逗对方开心。甜言蜜语对整个爱情的加固都起着重大作用，它是爱情运转的润滑剂。

　　"如果你爱我，有什么为证呢？"这是女人经常挂在嘴边的话。女性就是希望在有形的，眼睛和耳朵都能感觉到的形式上确认"自己对他是不可缺少的人"。例如，恋人之间在见面的时候，男方没有抱抱她的肩或握握她的手，她就要怀疑他是否爱她。妻子新做了一个发型，或穿了一件新衣服时，做丈夫的假如不发一言，她会认为你无动于衷，这样她就会感到不满。

　　女性要求认可的欲望很强，恋爱中就更不用说了，就是在结婚后，女人也爱问："亲爱的，你爱我吗？"她时常要求确认"爱"，而对此感到退却的大多是丈夫。在男人看来，不管如何爱她，"我爱你"这三个字只要讲过，就不想说第二次。男人总是这样认为，我是否爱你，可以用实际行动表现出来。

　　总之，做丈夫的要把你的爱通过甜言蜜语表现出来，让她时刻体会到你深爱着她，并时时创造一种美妙的生活环境取悦于她，那样你们的感情会一天比一天深厚。

跟任何人
都聊得来

周维/编著

北京时代华文书局

图书在版编目（CIP）数据

跟任何人都聊得来 / 周维编著. -- 北京 ： 北京时代华文书局，2019.10
（2019.12重印）

（沟通的智慧）

ISBN 978-7-5699-3208-9

Ⅰ．①跟… Ⅱ．①周… Ⅲ．①言语交往－通俗读物 Ⅳ．①H019-49

中国版本图书馆 CIP 数据核字（2019）第 220178 号

跟 任 何 人 都 聊 得 来
GEN RENHE REN DOU LIAO DE LAI

编　　著｜周　维

出 版 人｜王训海
选题策划｜王　生
责任编辑｜周连杰
封面设计｜乔景香
责任印制｜刘　银

出版发行｜北京时代华文书局 http://www.bjsdsj.com.cn

北京市东城区安定门外大街136号皇城国际大厦A座8楼

邮编：100011　电话：010-64267955　64267677

印　　刷｜三河市京兰印务有限公司　电话：0316-3653362

（如发现印装质量问题，请与印刷厂联系调换）

开　　本｜889mm×1194mm　1/32　印　张｜5　字　数｜107千字

版　　次｜2019 年 10 月第 1 版　印　次｜2019 年 12 月第 2 次印刷

书　　号｜ISBN 978-7-5699-3208-9

定　　价｜168.00元（全五册）

教你如何聊得来

不管别人聊什么，你说一句话就把后面的路堵死了，别人讪讪不知该如何接口。

无论气氛多热烈，只要你一开口，就立马能够冷下来。

不会接话，好不容易接一句，结果接了还不如不接。

所谓聊天，是人与人之间的互动，是心与心之间的沟通。聊天是一门艺术，也是一种智慧。粗俗的人聊天往往缺乏美的意蕴，只会打碎世界原本的美好；而睿智的人聊天则讲究一种愉悦的境界、一种和谐的气氛。

一个人适逢六十寿诞，请了自己的四个朋友来家吃饭庆祝。

三个人及时赶到了，只有一个人不知什么原因迟迟没来。

主人左等右等，着急之余不禁脱口而出："急死人啦！该来的怎么还没来呢？"

其中一个朋友听闻此言很不高兴，对他说："你说该来的没来，是不是我是不该来的？既然如此不受欢迎，那我告辞了！"说完气呼呼地走了。

一个没来，一个又被气走了，主人急得又冒出一句："真是的，不该走的却走了。"

此言一出，另一位朋友又不高兴了："照你这么说，该走的是我啦？好，我走！"说完，头也不回地走了。

主人脸上冷汗都下来了，两手一摊，不知所措。

剩下的这位朋友跟他交情比较深，就劝他说："朋友都被你气走了，以后说话要注意一点，过过脑子。"

主人苦笑道："他们全都误会我了，我根本就没有说他们。"

最后这朋友听了，再也按捺不住，脸色一沉："什么！你没有说他们，那就是说我啦！莫名其妙，有什么了不起。"

说完，拍案而起，铁青着脸走了。

这就是不会聊天所酿的苦果。有时一言可以成事，一言亦可以败事。很多时候，决定我们成败的并不仅仅是你的业务能力有多么强，而是你会不会聊天，懂不懂聊天的艺术。

会聊天的人，可以广交五湖四海的朋友，为自己的成功建立人脉关系；会聊天的人，可以获得同事的尊敬、客户的信任、老板的青睐；会聊天的人，可以轻松自如地化解尴尬、调节气氛……

聊天，看似是一项简单的活动，只要上嘴皮一碰下嘴皮，语言便形成了。但要把话说得有水平、有意思，使人听之如沐春风，却殊为不易。

春秋战国时期，纵横家之鼻祖鬼谷子曾总结出了一套说话之道："与智者言，依于博，与博者言，依于辨，与辨者言，依于要，与贵者言，依于势，与富者言，依于高，与贫者言，依于利，与贱者言，依于谦，与勇者言，依于敢。"

杰出的聊天能力不是天生的，而是可以通过后天培养训练的。阿基米德说："只要给我一个支点，我就可以撬动整个地球。"对于不会聊天的人来说，这本书就是你的支点。本书以沟通为基础，结合一些经典的小故事，以通俗易懂的语言深入浅出地论述了聊天的艺术。只要你依照本书的方法循序渐进地修习，总有一天，你也可以成为一个会聊天的人。

目录

▼

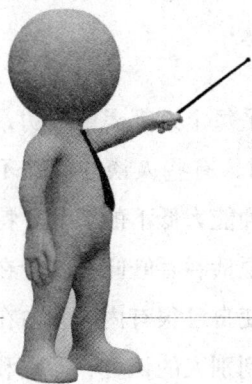

第一章

言之有"教"：会聊天
是一种修养

自信：不怯场，克服内心的自卑

我们处在一个竞争激烈的社会中，几乎每个人都渴望成功，渴望鲜花和掌声。然而，因为性格的不同，有些人谈吐能力不佳，说话无吸引力，这很容易使人产生一种能力低下的感觉。特别是在开会、聚会等场合中，一旦怯场，说话吞吞吐吐，就会在同事面前很没有面子。更为重要的是，即使自己很有内涵，内在素质很高，却展现不出来，这样也很难得到别人的认可、器重和赏识，会逐渐沦为无足轻重的边缘人。

美国心理学家曾经在3000人当中做过一个心理测试，问题是：你最害怕什么。令人吃惊的是，约有40%的人最害怕也最痛苦的事就是在大庭广众之下讲话，而对死亡的恐惧则排在第二位。

在交际中，人们都渴望自己能拥有良好的口才，其实，口才固然重要，但好口才的背后隐藏着更为重要的东西，那就是自信。

即使最自信的演员也会怯场。从百老汇的演员到专业主持人，怯场都是很普遍的。美国大演讲家詹宁斯，他自己承认在第一次走上演讲台时，两个膝盖颤抖得碰在一起；美国幽默大师马克·吐温说他第一次当着众人演讲时，觉得满嘴像塞满了棉花。

　　一位著名的演说家应邀来到哈佛大学参加一场大型演讲，演讲的题目是：如何有效克服演讲时的紧张。离开场还有几分钟，这位演说家在厕所碰到了一位彬彬有礼的小姐。小姐笑着问他："教授，请问您现在是不是很紧张？"演说家急忙摇头："怎么可能？我可是有十几年经验的演讲老手了。"这位小姐上下打量了一下他，说："那您怎么会跑到女厕所来了？"

　　说话时言语不流畅，吞吐搪塞，情绪紧张，大都是由于自信心不足造成的。对自己没有十足的把握，心虚胆怯，就会造成情绪紧张，而情绪紧张又会造成谈吐上的障碍。所以，从一定程度上来讲，树立自信对自己的口才发挥至关重要。

　　拿破仑·希尔曾经说过："有很多思路敏锐、天资高的人，却无法发挥他们的长处参与讨论。并不是他们不想参与，而是因为他们缺少信心。"要想在说话的时候克服畏惧、征服自卑、充满自信，最有效、最直接的方法就是去做自己不敢做的事，努力驱除胆怯，这样就会逐渐获得自信，直到成功。

　　安东尼从小就是一个性格很孤僻的孩子，他每天独来独往，身边很少有朋友。老师告诉安东尼的父母，说他在学校很孤单，上课从来不会主动回答问题，更不跟同学们交流，成绩一直平平。

　　安东尼的父母听到这个情况后，十分担心，心想这孩子到底是怎么了？于是，他们把安东尼送到医院去检查，检查的结果是安东尼没有任何疾病。父母束手无策，更加忧心，这可怎么办啊？

　　安东尼不但身边没有朋友，更是经常在学校受到同学们的欺负。同学们给他起了个外号："哑巴。"每当同学们喊起这个外号时，安东尼都会跳起来，冲同学们怒吼："你才是哑巴呢！"同学们听了就会哄笑起来，说："原来你不是哑巴啊！"安东尼很憋屈，可也无可奈何。他不敢动手，一旦动起手来，同学们就会一哄而上，非把他打得求饶不可。

父母看到越来越孤僻的安东尼，非常为他担心，长此以往下去，安东尼只怕会走向极端。有一天晚上，父亲对安东尼说："孩子，我知道，其实你心里有很多话，可就是不敢大声地表达出来，不如这样吧，你回你的屋子，把门关上，把你想说的话对着墙壁说，没有人会听到你说什么。"安东尼真的进了自己的屋子关上门，然后对着墙壁说了起来。

安东尼好不容易从嘴里挤出了第一句话，接着就越说越多，几十句，几百句，把他的许多心里话都说了出来。从此之后的每天晚上，安东尼都会关上房门，在自己的屋子里对着墙壁说上几十句话。安东尼越说越顺畅，越说越有精神，越说越觉得自己永远有说不完的话。因为说了许多心里话，安东尼心情变得非常好，人也放松了很多。

父亲发现安东尼变了，比以前更有精神，也更快乐，便对他说："你既然跟一堵墙壁都有说不完的话，那么面对我们这些活生生的人，你应该有更多的话要说。以后，你要多多跟我们交流。"安东尼听后点了点头。

从此之后，安东尼每天放学后都会跟父母说上很多话，滔滔不绝地谈起他在学校里的经历。安东尼从父母那儿得到了不少信息，还跟父母增进了感情。他发现原来说话不是那么困难，甚至还能产生快乐。

于是，安东尼也开始尝试着跟班里的同学们说话了。安东尼的话匣子一打开，就跟同学聊得非常投缘。同学们都暗暗吃惊，他们没想到安东尼有这么多话，还能说得这么头头是道，大家都不再叫他"哑巴"，纷纷跟他交朋友。后来，只要安东尼一说话，同学们都会纷纷围上来聆听。安东尼从中得到了不少乐趣，每天他的脸上都洋溢着灿烂的笑容。

渐渐地，安东尼成为全班乃至全学校最受欢迎的人，只要班里或者学校有啥活动，安东尼都会成为小主持人。只要有安东尼在台上，气氛就能被迅速调动起来，台下的听众也感觉非常愉悦。

几十年后，曾经不善言辞的安东尼已经成为英国一家电视台的节目主持人了。不光如此，他还有另外两个身份：谈判专家和演讲家。在一些大型晚会上，人们经常看到他的身影。他主持的节目，在当地的收视率总是排名第一。由此，安东尼成为英国最受欢迎的主持人。

有一天，安东尼接受另一家电视台的采访，主持人问他："您是如何从一个'哑巴'变成一个'话匣子'的，这里面有什么秘诀没有？"安东尼笑着回忆起了父亲让他对着墙壁说话的故事，他说："以前我之所以是一个'哑巴'，是因为我非常孤僻、害羞。自从我对着墙壁说话后，我渐渐找到了自信，于是才敢于跟人交流，敢于倾吐自己的心声。其实，最好的口才就是自信。只要你敢于表达，你就能说出你的精彩！"

以上的故事表明，自信的心态能够让你战胜恐惧。很多人之所以怯场，并不是因为自己口才不好，而是他们在心里默认了一个"高度"，这个高度常常暗示自己："这是不可能的，这是无法达到的。""心理高度"是人无法取得成就的根本原因之一。事实上，一个人的思想决定了他的高度、决定了他的成就。思想有多大，能力就有多大，成就就有多大。

一位成功学家曾说："你的成就大小，往往不会超出你自信心的大小。假如你对自己的能力没有足够的自信，你也不能成就重大的事业，不期待成功而能取得成功的先决条件，就是自信。"自信的人总是镇定、从容、昂首挺胸、胸有成竹，给人一种愿意信赖的安全感。

而培养自信的最佳方法之一，就是在公共场合大胆地表达自己。不要怕丢面子，也不要怕被嘲笑。长此以往下去，你就会告别自卑、告别怯场，充满自信地挑战人生，创造人生。

谦虚：不必急于证明自己

在生活中，我们常常会听到这样的话："这人好大的架子！"那么什么是"架子"？"架子"原指人们生活中使用的搁置或支撑器物的用具。而人们常说的"摆架子"则指的是有些人装腔作势，哪怕对此一窍不通，也必指手画脚一番，以显示自己的高贵和与众不同。

这个世界上有太多爱讲大道理的人，这当中自然不乏口才特别好的的人。伶牙俐齿、滔滔雄辩的确能带给人华美的光环，但如果太过自信就会变成自负，强出风头就会变成炫耀，固执己见则会失去与他人珍贵的友情。

古圣先贤教导人们要"谦虚为怀""满招损，谦受益"，要虚心听取不同的意见，听取朋友的忠告；要在充分尊重对方的前提下提出自己的见解供其参考，不要凡事都好为人师，弄得他人无所是从。

美国莱特兄弟驾驶飞机上天，创造了奇迹，人们为此举行盛大的酒会。热烈的掌声结束后，主持人请大莱特发表演说。

"你们没有弄错吧？"大莱特不好意思地说，"演说是归舍弟负责的。"

主持人于是转向小莱特。小莱特站起来摆摆手说："非常感谢大家，家兄刚才已经演讲过了。"

如此推来推去，主持人还是不罢休。经过再三邀请，小莱特只说了这样一句话："据我所知，鸟类中会说话的只有鹦鹉，而鹦鹉是飞不高的。"

话音刚落，场上就响起了雷鸣般的掌声。

一个谦虚的人，始终认为天外有天人外有人，"三人行，必有我师焉"，他们从来不会放弃学习的机会，自己的水平也在不断提高。

一个骄傲的人，好为人师，喜欢自吹自擂，大话连篇，总是喜欢指出别人这儿不好，那儿不对，走到哪儿都不愿意放下架子，结果成了孤家寡人。

藏族有句俗话："谦虚石头凹之上，不漏智者功德水。"狂妄自大的人永远看不到别人的优点，也学不到前辈圣贤智者的道德，就像凸起的石头上，放多少水也没有用。所以我们做任何事都要谦虚，不要自大。下面的这个故事就是最好的警示：

有一个博士被调到一家研究所工作。作为研究所里学历最高的人，他不禁有些沾沾自喜。一天，博士到单位后面的小池塘去钓鱼，正好正副所长在他的一左一右，也在钓鱼。

"听说他俩也就是本科生学历，跟他们聊天太失身份了。"这么想着，博士只是朝两人微微点了点头，没有说话。

一会儿，正所长站了起来，伸了伸懒腰，突然噌噌噌从水面上如飞似的跑到对面上厕所去了。

博士看到这一幕眼珠子都快掉下来了："水上漂？不会吧？

这可是一个池塘啊！"

少顷，正所长回来了，同样也是噌噌噌地从水上漂回来了。

"这也太神奇了吧？"博士生刚才没去打招呼，现在又不好意思去问，自己是博士啊！

过了好一阵，副所长也放下钓竿站了起来，走了几步，也迈步噌噌噌地漂过水面上厕所去了。

这下子博士更加不相信自己的眼睛了："怎么回事儿？难道我到了一个江湖高手集中的地方？"

过了半天，博士也内急了。这个池塘两边有围墙，要到对面的厕所非得绕十分钟的路，而回单位上又太远，怎么办？

博士放不下架子，不愿意去问两位所长，憋了半天后，于是也起身往水里迈，心想：我就不信这本科生学历的人能过的水面，我博士不能过！

刚一伸腿，只听"扑通"一声，博士栽到了水里。

两位所长见状后赶紧将他拉了出来，问他为什么要下水，他反问道："为什么你们可以走过去而我就掉水里了呢？"

两位所长哈哈大笑，半天后，副所长说："这池塘里有两排木桩子，由于这两天下雨涨水，桩子正好在水面下。我们都知道这木桩的位置，所以可以踩着桩子过去。你不了解情况，怎么也不问一声呢？"

在我们的生活中，有太多人像这位博士一样，只知夸耀自己曾经取得的辉煌，显摆自己的能力学识，错误地以为这样做就可以博得别人的好感与尊敬，可是事实上，他们越标榜自己，就越显示出自己的浅薄和无知。

在社会生活中，谦虚恭敬的行为是有效沟通、增进友谊、提高自身吸引力的首要条件；而傲慢粗鲁的言行会导致敌意、妨碍沟通。

爱尔兰著名的戏剧家、语言大师萧伯纳一生有很多故事。一次，他应邀到俄国访问。闲暇时期，他在莫斯科街头漫步，遇到一位非常可爱的小女孩儿，一时兴起，便高兴地与她玩起了游戏。

这一老一少非常投缘，玩得忘记了时间。到了分别的时候，萧伯纳自豪地对小女孩儿说："回去告诉你妈妈，今天和你玩游戏的可是知名的萧伯纳先生。"

没想到小女孩儿不屑地望了萧伯纳一眼，几乎完全学着他，自豪地说："请你也回去告诉你妈妈，今天和你一起玩游戏的是小女孩儿安妮。"

小女孩儿天真的回答使萧伯纳大吃一惊，他忽然意识到自己的傲慢。事后，他万分感慨地对朋友说："不管一个人有多大的成绩，一定对任何人都要平等相待，保持谦虚的态度。这个莫斯科小女孩儿给我的教训，让我一辈子也无法忘记。"

在与别人相处的过程中，保持谦虚的态度确实是非常重要的。谦虚的态度可以使你永远把自己置于较低的地位，并有助于发现他人的优点。亚里士多德曾说过这样一段话："对上级谦逊是本分；对平辈谦逊是和善；对下级谦逊是高贵；对所有人谦逊是安全。"为人处世，谦虚一些，才不容易遭受别人的排挤，才容易被他人吸纳和认同。

谦虚是一种美德，但有时候，过分谦虚也是一种自负的表现。过分谦虚所产生的影响和自大一样。在某些情况下，过分谦虚反而会让人感到虚伪、不真诚。因此，有的时候，说话要保证自己自信得恰到好处。

绅士：不要试图在聊天中"碾压"对方

"应该活得像一个绅士"，这是很多人常说的一句话。但是，何谓绅士呢？这是一个见仁见智的话题，汉密尔顿·摩尔认为，良好的口才应属绅士的"标配"。

1802年，汉密尔顿·摩尔在《小绅士、淑女指南与英语老师助手》一书中写道："仅仅拥有绅士应该拥有的一两个条件，并不能算是真正的绅士。要成为绅士，必须同时拥有很多品格，其中，优雅的谈吐与优雅的个人形象一样，都是最重要的方面。"

聊天的目的是让对方明白你的想法或达成共识，真正的心与心的交流才是真正的沟通。所以，良好的沟通需要稳定的情绪、健康的心理及绅士的风度。

平等和尊重是一切沟通的基础，失去了平等和尊重的沟通不会取得任何效果。人心灵的天平，是相互尊重。如果你能以平等的姿态与周围的人相处，对方就会觉得自己受到了尊重，从而对你心生好感；如果你总是摆出一副高高在上的架子，盛气凌人地与别人相处，对方就会对你心生厌恶，从而拒绝和你交往。

某一天，布莱尔请了自己的几位朋友来家里做客，其中有一位德国记者、一对美国夫妇、一位日本朋友，还有一位波兰女士。落座之后，在布莱尔的介绍下，大家基本上都了解了对方的姓名和工作。

不一会儿，晚餐开始了。在餐桌上，这位波兰女士又开始一个个地问及客人们的情况："对不起，我刚才没有听太清楚，请问你是做什么工作的？"无奈之下，在座的其他人又一次重新介绍自己。

在客人们介绍自己情况的过程中，这位波兰女士动不动地在别人还未讲完话时就插话："噢！这让我想起了……"然后喋喋不休地道出一段无聊的故事。为了显示礼貌，客人们耐心地听她无穷无尽的乏味故事。

布莱尔为了让大家不尴尬，促成平和局面，便找一个借口打断这位波兰女士的无聊谈话。布莱尔问他的美国朋友："艾丽，听说你目前正在组织一个慈善活动，为很多非洲贫困的儿童捐款。现在怎么样了？""噢，那些贫困可怜的非洲儿童，这些小孩生活在不可想象的条件下……"波兰女士未等艾丽回答，就自己又接上了话题。

"来，请您尝一尝这个菜，"布莱尔又礼貌地找借口，他截住了波兰女士可能会无休止进行下去的话题，"克里斯多夫，你太太在柏林还好吧？"布莱尔问德国记者。"她快生孩子了。"德国记者回答道。

"我的天！生孩子的时候一定要小心，当年我生孩子的时候，发生了难产……"波兰女士又一次接过了话题。这一次，她飞快地讲着，再也没有留给布莱尔可以插话的机会。客人们一边吃着美味的晚餐，一边无可奈何地听着血淋淋的难产故事。很快，美国夫妇和日本朋友找借口帮助去收拾餐桌，躲进了厨房不再出来，最后只留下可怜的德国记者在分享她难产的故事。

聚会结束后，布莱尔说："我真的很抱歉，今天晚上的谈话，我没有控制好。"美国夫妇说："一个让人难以忘却的女人。"从此，这个波兰女士再没有出现在布莱尔的家庭聚会中。

在我们的身边，有很多像这位波兰女士这样乐于表现自己的人。他们总喜欢在别人面前夸夸其谈，并试图在聊天中"碾压"对方，以为这样，就能显示自己的博学多才。殊不知，这种做法只会适得其反，让别人增加对你的厌恶感。

培根曾说："打断别人，乱插话的人，甚至比发言冗长者更令人生厌。"随意打断别人的话，是最失礼的行为。即使你认为自己多么有学问、有见识、有智慧，也应该在与人谈话的时候少说多听，这不仅是对别人的一种尊重，更体现了你的内在修养。

卓别林是20世纪著名的英国喜剧演员，也是现代喜剧电影的奠基者，在全球范围内享有盛誉。

一次巡回表演结束后，卓别林遇到了一位对他仰慕已久的观众。由于很谈得来，两人很快成了好朋友。

当天晚上，这位新朋友请卓别林到家里做客。刚一进家门，这位新朋友就带着卓别林参观了自己收藏的各种各样和棒球有关的收藏片，还和卓别林兴谈起了那几场难忘的棒球比赛。

在朋友滔滔不绝的时候，卓别林很少说话，而是在认真地倾听，并时不时地点点头，给他些反馈。

朋友说到兴奋处，忽然激动地站起来，仿佛他此刻已经站在了万人瞩目的棒球场上，完全沉浸在了对那场比赛的回味之中。

卓别林依旧没有插话，而是微笑地看着他，耐心地听他讲述当时的情形。

朋友越说兴致越高，但同时也表现出了一丝遗憾，他没能得到那场比赛里明星人物的签名。不过，这种沮丧的情绪转瞬即逝，他马上又回到了对比赛的激情解说中。

那天晚上，沉浸在兴奋之中的朋友说得兴起，差点把晚饭都忘记了，直到他夫人把晚餐做好请他们过去的时候，他才不好意思地关掉了话匣子。那天的晚餐，大家的兴致都非常高，尤其是卓别林和这位新认识不久的朋友，彼此之间相谈甚欢。

几天后，卓别林要回国了，这位新朋友非常舍不得卓别林，一直将他送出了很远之后，才恋恋不舍地道别。

回到家后，卓别林马不停蹄地开始拖人找朋友说起的那个棒球明星，费了好大劲终于请他在一个棒球帽上签了名。后来，卓别林又亲自把这个棒球帽寄给了远方那个对棒球极度痴迷的朋友。

很多人对此感到非常不理解，因为大家都知道，在台下一向喜欢安静的卓别林对任何球类比赛都没有兴趣，他们无法想象，为了一个萍水相逢的人的一句话，卓别林竟然会费这么大的精力去要一个签名。

卓别林听到各种质疑声后，笑着对身边的人说："我的确对棒球没有任何兴趣，可我的朋友对棒球感兴趣，只有尊重他人所尊重的事物，别人才能感受到自己被理解被尊敬，这是一切友谊的基础。"

朋友拿到卓别林寄给他的棒球帽，感触良久；当他无意中听到卓别林的这段话时，更是感动得眼泪都快下来了。

几十年过去了，已经满头白发的他在提及这件往事时，仍对卓别林的绅士风度非常折服。他说："这辈子能够成为卓别林的朋友，是我最大的荣幸。是他让我明白了什么叫作真正的尊重和真正的友谊。他的人格光芒，照亮了我的一生。"

绅士风度最大的特征就是得体、谨慎、谦虚、礼貌、沉默、尊重他人，给人留下举止言行富有教养的印象。切斯特·菲尔德勋爵是19世纪著名的绅士，有一次他在给儿子的信中写道："永远不要显得比你周围的人更聪明、更有学识。将你的学识像手表一样，小心放进自己的衣袋里，不要轻易拿出来炫耀，而只是让人知道你也拥有它。"

所以，建议大家不论是做什么工作，要想得到他人的认可，获得良好的人际关系，那么就应该学会尊重对方，不去打断他人，时刻管住自己，不要乱说。如果你真的想要插嘴，那也应该在得到他人的允许之后，在恰当的时机把自己想要说的表达出来。

真诚：聊天就是聊人品

聊天是人与人的交流，更是心与心的对话。聊天的魅力，不在于说得多么滔滔不绝，多么天花乱坠，而在于是否善于表达真诚。语言魅力源于真诚，与人交谈，贵在真诚。所以，聊天就是聊人品。

炽热真诚的情感能使"快者掀髯，愤者扼腕，悲者掩泣，羡者色飞"。真诚是人类交往最为宝贵的一种方式，它是一种精神，更是一种态度。

一位法国夫人去美国去旅行，在一家皮鞋商店门口，她看到一个牌子，上面写着："超级特价，只需一折！"在好奇心的驱使之下，她走进店内，很快就相中了一双漂亮的红皮鞋。她拿起来看了看标志，还是双名牌，质量也很不错。这双鞋她在别的店里已经见过好几次了，都是因为价格太高望而却步。"这么好的事居然让我赶上了，这可能吗？"她想着。

她赶紧招呼导购员过来，然后询问道："这双鞋确实是7美元吗？"工作人员把鞋子拿了过去，说："您稍等！"然后就回到服务台去了。

过了一会儿，导购员又回来了，手里拿着那双红色的皮鞋对她说："没错，这两只鞋的确是7美元。"

"两只鞋？难道这不是一双鞋吗？"法国人问。

导购员说："在您购买之前，我要跟您反映一个情况。我们知道您的时间很宝贵，但还是希望您能听完我说的话，因为我们的服务宗旨是诚实守信。而且如果您回去后觉得不合适，再来找我们的话，更是浪费您的时间。我必须告诉您，这是两只鞋，尺码、皮质款式都是完全相同的，只是颜色稍微有一些差别，您不仔细看是看不出来的。出现这样的情况，原因是以前的顾客弄错了，当时那个顾客各拿了两双鞋的一只，所以这并不是一双鞋。我们保证我们每售出一双鞋，一定不留任何隐患。如果您知道真相而不想买了，那么我们也不会说什么。我们要做的只是诚实。"

这段话深深打动了这位法国夫人，了解清楚真相后，她不仅没有后悔，反而更想买这两只鞋了。而且除了这两只鞋外，她还购买了另外两双鞋。周围都是卖鞋的商店，但她毫不犹豫地就在这一家商店里买了三双鞋。

不光如此，接下来她每次来美国出差，总要抽空到这个商店里转转，挑选几双鞋，并发动她的朋友们也来这家店选购皮鞋。

人与人之间的相识，是一种很奇妙也很宝贵的缘分，所以我们应该真心诚意地对待身边的每一个朋友，即使他只是一个过客也要如此。戴尔·卡耐基曾经提出过一个交友秘诀："一个人只要对别人真诚，在两个月内就能比一个要别人对他真诚的人在两年之内结交的朋友还要多。"

孔子的弟子曾子说："吾日三省吾身：为人谋而不忠乎？与

朋友交而不信乎？传不习乎？"意思是：我每天多次反省自身：
替人家谋虑是否不够尽心？和朋友交往是否不够真诚可信？老师
传授的知识是不是自己还不精通熟练呢？

真诚是一种无比高尚的品格，它可以让一个人的人格变得高
尚。尽管谎言和欺骗虽然能够换来暂时的财富和友谊，但当真相
一旦曝光的时候，那么其必将为自己的错误买单。

晏殊是北宋时期著名的文学家、政治家，14岁被地方官作为
"神童"推荐给朝廷。其实，他原本可以不参加科举考试就有高
官做，但他没有走后门，而是毅然参加了考试。

凑巧的是，那次的考试题目他非常熟悉，因为好几位名师都
曾指点过他做类似的文章。这样，他不费吹灰之力就从千名考生
中脱颖而出，得到了皇帝的赞赏。

但晏殊并没有因此而沾沾自喜，相反，在接受殿试时，他把
情况如实地告诉了皇帝，并要求另出题目。皇帝感到非常欣慰，
与大臣们商议后出了一道难度更大的题目，让晏殊当堂作文。结
果，他的文章还是得到了皇帝的褒奖。

晏殊当职的时候，四海升平，人民安居乐业。当时，京城的
大小官员经常到郊外游玩，或举行各种各样的宴会。晏殊家境贫
寒，没有钱出去吃喝玩乐，只好在家里和兄弟们读写文章。

有一天，皇帝提升晏殊为东宫官，辅佐太子读书。这样的
举动让大臣们感到非常奇怪，他们不明白皇帝为何做出这样的
决定。皇帝告诉他们："近来群臣经常游玩饮宴，但是只有晏
殊闭门读书，在这种情况下如此自重谨慎，正是东宫官合适的
人选。"

让人没有想到的是，晏殊的回答更让人诧异。他谢恩后说："其实我也是个喜欢游玩饮宴的人，只是家贫而已。我和他们一样，如果我有钱，早就参与宴游了。"皇帝听后，更加赞叹晏殊说话的真诚，对他也更加信任。

由此可见，真诚的语言，不论对说话者还是对听话者来说，都至关重要。著名演说家李燕杰说："在演说和一切艺术活动中，唯有真诚，才能使人怒；唯有真诚，才能使人怜；唯有真诚，才能使人信服。"

美国的一名心理学家曾经做过一个试验：他列举了555个描绘人品性的词语，然后供人们选择，看哪些词语的受欢迎程度最高。统计结果出来后，他发现，排在前8位的词语分别是：真诚、诚实、理解、忠诚、真实、信得过、理智、可靠。而在这8个词语中，有6个竟然都与"诚"有关。而在大多数人们最不喜欢的词语中，虚伪居于首位。所以说，与人交往的时候，最需要做到的就是真诚。

小池是日本著名的企业家，他出身贫寒，早在十几岁时就开始在一家机械公司担任销售员。有一段时间，他推销的机械设备销售得非常顺利，半个月内就拿到了25位客户的订单。

有一天，他突然发现自己公司的产品要比别家公司的产品贵很多。当时他就在想：如果让客户知道了，他们一定会以为我之前欺骗了他们，进而可能会对我的信誉产生怀疑。

这个情况困扰了小池很长时间，最后，在良心的驱使下，他决定做点什么。他带着合约书和订单，逐家拜访客户，如实地向客户说明了情况，并请客户重新考虑是否还要履行合约或者继续和自己合作。

　　小池的举动令他的客户很诧异，但更多的是感动。结果，这些客户没有一个人取消订单，反而后来都成为小池义务的"口碑宣传员"，为小池带来了大量的订单，因为大家都认为他是一个值得信赖且诚实可靠的销售员。

　　真诚的言语之所以能够引起人的共鸣，是因为它是人内心深处的声音，是人的真实情感。人与人之间最好的沟通就是真诚，有时它无须冗繁拖沓的语言，只要你肯敞开自己的心扉，一个眼神、一个动作，就足以让人感到有一颗赤诚的心在他面前跳动。

分寸：说话有度，交往有节

说话是一种权利，更是一种责任。"夫者存亡，嘴舌有责。"一言可以化干戈为玉帛，一言也可以令亲友反目成仇；一言可以兴邦，一言也可以丧邦。不良的语言习惯，肯定会遭到他人的厌恶与反感，也会为以后与人相处埋下隐患。

所以，无论什么时候，我们都要善于控制自己的行为，在说话之前一定要三思，否则即使后悔莫及，也难以再有回旋的余地。到时候不仅会让其他人受到严重的伤害，你自己也要吞下亲手酿造的苦酒。

尼古拉一世是俄罗斯帝国的皇帝，他一登基，国内就爆发了一场由自由分子领导的叛乱，这些自由分子要求俄国现代化，并且希望俄国的工业和国内建设必须赶上欧洲的其他先进国家。希望成为"千古一帝"的尼古拉一世用铁血手腕平定了这场叛乱，并且判处其中一名领袖李列耶夫死刑。

在刑场上，这位倒霉的自由分子领导站在绞首台前闭目等死。绞刑开始了，李列耶夫被吊了起来，本以为会死定了，没想到一阵挣扎之后绳索突然断裂了。

在那个年代，如果刑场上发生这样的事儿，人们会将此当成是上天恩宠的征兆，犯人通常会得到赦免。李列耶夫拍了拍身上的土站起来，在庆幸自己的脑袋保住了之余，他向着人群大喊："你们看，这就是俄国的工业，它就是如此差劲，他们不懂得如何做好任何事，甚至连制造绳索也不会！"

一名行刑官马上前往宫殿向尼古拉一世报告消息，虽然尼古拉一世很懊恼，但还是决定遵守传统规矩，提笔签署了赦免令。

"事情发生之后，这名犯人有没有说什么？"尼古拉一世询问行刑官。

"尊敬的陛下，"行刑官回答，"他说俄国的工业如此差劲，这个国家甚至不懂得如何制造绳索。"

"原来是这样啊，"尼古拉一世说，"让我们用事实来证明他说的是错误的吧。"于是他撕毁了赦免令。

第二天，李列耶夫再次被推上绞刑台。这一次，奇迹没有出现。

如果你想要在言语上逞强或者征服别人，你说得越多，出现纰漏的可能就越多。另外，话一旦出口就难以收回，那么由此造成的失误也就难以避免。所以一定要学会控制自己的言语，尤其一定要避免讥讽别人的言语。从刺人的话中得到的暂时满足，远远不及由此引出的麻烦和伤害。

孔子说："可与言而不与之言，失人；不可与言而与之言，失言。"这句话的意思是，可以同他说的话，却不同他说，这就是失掉了朋友；不可以同他说的话，却同他说，这就是说错了话。旨在提醒人们在说话之前，先得想清楚"可与言"和"不可与言"这两种人和两种情况。

逢人只说三分话，未可全抛一片心；话少误事，言多有失；有的话不能说得太露骨，有的话不能说得太刻薄；话到嘴边留半截；响鼓不用重槌敲。这些都是说话需注意分寸的大理。

一名樵夫去森林里打猎，无意中救起了一只落入陷阱的小熊。母熊对他感激不尽，于是安排丰盛的晚餐款待了他。

第二天一大早，樵夫跟母熊请辞，并说："非常感谢你的款待，但我唯一不满意的就是你身上的那股臭味。"母熊虽然心里不愉快，但嘴上却说："作为补偿，你用斧头砍我的头吧。"樵夫照它的话做了。

几年后，樵夫又在森林里遇到了这只母熊。樵夫问它："你头上的伤现在好了吗？"母熊说："那次头上的伤痛了一阵子，伤口愈合后，我就忘了。但是那次你说的话，我一辈子也忘不了。"

真正伤害人心的不是斧头，而是比斧头更厉害的东西——语言。因为它已经远远超过了对肉体的伤害，它刺伤的是心灵。语言是思想的衣裳，谈吐是行动的翅膀。它可以表现一个人的高雅，也可以表现一个人的粗鄙。言谈高雅即行动之稳健；说话刻薄即行动之草率。

中国曾有"君子不失色于人，不失口于人"的古训，意思是说，有道德的人待人应该彬彬有礼，温文尔雅，不能出言不逊。礼貌待人，使用礼貌语言，是我们中华民族的传统美德。可是在现实生活中，很多人明知别人的短处，却总是喜欢把话题往那上面引。要知道，这世间没人愿意提及自己不好的一面，尤其是从他人嘴里当众说出，就像是在伤口上撒盐一样，没有人能够忍受。

有句古语："口能吐玫瑰，也能吐蒺藜。"有人因言而招祸，有人因言而成就，有人舌灿莲花，有人口出污言秽语。赠人以良言，重如珠宝；伤人以恶言，甚于刀剑。

春秋战国时期，齐国有位大臣叫夷射。有一天晚上，夷射被邀请参加齐王的酒宴。酒过三巡之后，夷射带着醉意退出宴席，靠在庭院的门边喘气，守门的士兵看到这种情形说："大夫，您今天喝得真痛快，如果您能留一些酒给卑职喝，那该有多好啊！"

夷射听了之后，很鄙夷地对看门的士兵说："你只是一个看门的贱人，凭什么来跟我要酒喝？"

讨酒不成反被骂，守门人心里很不高兴。等到夷射离开之后，趁着四下无人，他故意倒一些水在门边，好像有人小便似的。

齐王是个有名的洁癖者，他经过这里的时候看到一滩水渍，生气地问守门人："到底是谁在这里小便？"

守门人回答说："我只知道昨天晚上夷射大人曾经在这里待了半晌，除此以外就没有其他的人经过这里了。"

于是，齐王马上下令放逐了夷射。

所谓"良言一句三春暖，恶语伤人六月寒"。说话的方式非常多，越是温文尔雅的人，越是能得到内心的平安喜乐。一个人若想取得成功，就必须掌握说话的分寸和为人处世的技巧，这样做起事来才能得体，才可能实现自己希望达到的目标。

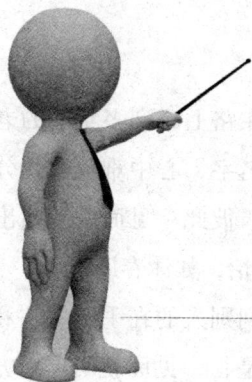

第二章

言之有"法"：好的开
场白是成功的一半

一见面就喊出对方的名字

生活中，我们常有这样的感受，偶然在路上碰到多年前的老师、领导、同事，对方一下子就喊出你的名字，心中难免有几分窃喜，感觉自己很有存在感；同学聚会上，彼此一见面就能叫出对方的名字，一种久违的亲切感令人心旷神怡，如沐春风。

其实，每个人在内心深处，都渴望得到别人的在乎、关注和尊重，而关注、尊重他人最重要的前提就是，一见面就叫出对方的名字。

锡得·李维是一名推销员。有一次，他要拜访一位客户。这位客户的名字非常难读，叫尼古得玛斯·帕帕都拉斯，因为很拗口，所以别人通常简称他"尼古"。在拜访他之前，李维特地拿出几分钟的时间来练习他的名字。

敲开门后，李维亲切地跟他打招呼："早上好，尼古得玛斯·帕帕都拉斯先生！"对方听到这句话后，脸上竟然出现了难以置信的表情，目瞪口呆地看了李维好几秒钟。最后，他的眼中竟出现了眼泪，他说："李维先生，我待在这个国家的15年中，从来没有听过别人用我的全名来称呼我。"可想而知，推销员锡得·李维很快赢得了这位客户的认可。

德国的剧作家席勒曾经说过："我的名字将随我而结束。"名字是一个人与他人区别的标志，也是代表这个人的符号。一个人的名字要伴随人的一生，始终和这个人荣辱与共，尽管人可以改变甚至抛弃它，而它却永远不会背叛自己的主人。因此，在社会交往中，每个人对自己的名字都无比珍视。

古人云："名如其人，人如其名。"名字，就好比人的衣裳，与人交往，除了给别人留下音容笑貌外，自己的名字就在人群间流传。很多时候，在未见其人时，我们大多可以从对方的名字中留下对此人的第一印象。

美国前总统罗斯福有一句至理名言："一种既简单但又最重要的增加亲密感的方法，就是牢记住别人的姓名，并且在下一次见面时喊出他的姓名。"初次见面就喊出对方的名字，这不仅是起码的礼貌，更是获得对方认同的前提。

一次，美国三大汽车制造企业之一的克莱斯勒公司为罗斯福总统制造了一辆汽车。该公司的总经理张伯伦和一位机械师将这辆汽车开到了白宫，并受到罗斯福的约见。

在张伯伦的日记中，清楚地记载了当时的情形：

"这辆汽车配置了很多特殊部件，我一步步教罗斯福总统如何驾驶它，罗斯福总统则教给了我许多为人处世的道理。总统一见到我的面，就马上叫出了我的名字，这使我非常感动。最令我印象深刻的是，他确实很注意我为他所做的说明。我们对这辆汽车进行了特殊设计，非常方便，完全可以用手进行操作。总统说：'这是我见过最完美的一辆汽车，只要一按这个按钮就可以发动它，驾驶起来毫不费力。虽然目前我不知道它是如何工作

的，但等我有空闲了一定要对它进行研究，看看它里面的构造是什么样的。'

"总统一边情不自禁地称赞这辆汽车，一边当着许多朋友和同事的面对我说：'张伯伦先生，我知道为设计这辆车您花费了大量的时间和精力，非常感谢你。这辆车简直太棒了！'

"然后，他又不厌其烦地一一赞赏这辆车的散热器、特制反光镜、特制的照明灯、椅垫的款式、时钟、驾驶座位、刻有他姓名缩写字母的特制衣箱等。对任何一个细节，他都没有放过，每谈到一个细节，他都对我所付出的心血给予了极大的褒奖。他还特意让罗斯福夫人、秘书波金女士、劳工部部长等人注意这些部件。他甚至嘱咐他的司机，对他说：'乔治，你可要好好照顾这些衣箱。'

"等我教会他如何驾驶这辆车之后，总统对我说：'好了，张伯伦先生，我已经让联邦储备委员会的委员们等我30分钟了。我想我应该回去工作了。'

"那天，跟我同去的还有一位机械师。这位机械师是一个很木讷的人，在我们说话的时候，他总是站在后面。虽然他从头到尾没有和总统说过一句话，而且总统也只听我介绍过一次他的名字，但出乎意料的是，当我们离开的时候，总统特意找到这位机械师，并与他握手，还叫出了他的名字，对他来到华盛顿表示感谢。我能感觉出来，他的感谢一点都不做作，而是真心诚意的。

"过了几天，我收到了一张明信片，上面有罗斯福总统的亲笔签名，里面还附有简短的对我的帮助表示感谢的言辞。作为一位国家元首，罗斯福总统怎么会有时间来做这样的事情呢？这真的让我难以置信。"

罗斯福之所以在初次见面时就让张伯伦赞誉有加，并非因为他是国家元首，而是他给予了对方足够的尊重，并且记住了他们的名字。

"赐子千金，不如教子一艺；教子一艺，不如赐子其名。"可见古人对一个人姓名的重视程度。很多人捐钱给图书馆、博物馆，就是为了能够在馆史上留下自己的名字。

在美国，"钢铁大王"卡内基是一位非常有传奇色彩的企业家，他与"汽车大王"福特、"石油大王"洛克菲勒曾经影响着整个美国的金融状况。卡内基就是一个非常善于利用人们对自己姓名重视的心理来说服他人的企业家。

卡内基的幼年在苏格兰长大，有一次，他抓到一只母兔子。接着，他发现了一整窝的小兔子，但没有东西喂它们。想来想去，他最终想了一个很妙的办法。他对附近的那些孩子们说，如果他们找到足够的苜蓿和蒲公英，喂饱那些兔子，他就以他们的名字来替那些兔子命名。

神奇的效果马上显现了，许多孩子争着去为他寻找兔粮。

几十年后，卡内基在商业界利用类似的方法，赚了好多钱。比如，他希望把钢铁轨道卖给宾夕法尼亚铁路公司，他找到了宾夕法尼亚铁路公司的董事长艾格·汤姆森，说他正准备在匹兹堡建一座大型钢铁厂，决定取名为"艾格·汤姆森钢铁工厂"。汤姆森听后非常高兴，这桩生意很快就达成了。

当卧车车厢的制造者乔治·普尔门和卡内基两家制造业巨头为卧车生意而互相竞争的时候，这位钢铁大王又想起了小时候那个兔子的经验。

那时候，卡内基想与联合太平洋铁路公司合作。当时他控制中央交通公司，而竞争对手普尔门的公司也想做成这桩买卖，两家公司你争我夺，竞争异常激烈，如果这样下去就会毫无利润可言。

一次，卡内基和普尔门都去纽约参加联合太平洋的董事会。有一天晚上，卡内基在圣尼可斯饭店碰见了普尔门。

卡内基开门见山："晚安，普尔门先生，我们争得你死我活岂不是在出自己的洋相吗？而且不管谁都赚不到利润，如果合作你看怎么样？"

"你打算怎么办？"普尔门问道。

于是，卡内基说出了他心中的想法，他希望两家公司停止这种无意义的争夺，转为合作，并大肆渲染合作的好处，闭口不谈两家公司的竞争。普尔门仔细倾听着，并不时地点点头。最后他问："这家新公司叫什么名字？"

卡内基马上说："当然是普尔门皇宫卧车公司。"

普尔门的眼神立即亮了起来，高兴地说："到我的房间来，让我们来讨论一番吧。"

这次的讨论改写了一页工业史。

卡内基曾经说过：每个人的名字都是最悦耳的声音。所以你想成为一位聊天高手，请注意：记住别人的名字——这是别人听来最美妙的声音。

看清楚对象再说话

聊天总是双向的，无论是跟人随意闲谈，还是在正式场合演讲，除了发言人外，还有听话人。因此，我们说话一定要看清对象，从对象的不同特点出发，采取不同的交流方式，从而创造一种和谐、融洽的气氛。

中国历史上著名的思想家、谋略家、兵家、纵横家鬼谷子先生曾经精辟地总结出与各种各样的人交谈的办法："与智者言依于博；与博者言依于辨；与辨者言依于要；与贵者言依于势；与富者言依于高；与贫者言依于利；与贱者言依于谦；与勇者言依于敢；与过者言依于锐。此其术也。"

这段话的意思是：与有智慧的人交谈，要依靠见识的广博；与博文广识的人交谈，要凭借犀利的言辞和灵巧的技巧；与善于辩论的人交谈，要懂得简明扼要一击必中；与高贵有身份地位的人交谈，要懂得借力打力；与富有的人交谈，要剖析利益；与身份地位卑微的人交谈，要语气谦和；与勇敢的人交谈，要果敢刚毅；与反应慢的人交谈，要言辞锐利。这就是说话的方式。

春秋时期，孔子带着他的几名学生到各诸侯国游学，一路上风餐露宿，十分辛苦。有一天，孔子一行人来到一个村庄，在村口的一棵大树下休息，准备吃点干粮、喝点水。没想到，孔子的马挣脱了缰绳，跑到庄稼地里吃了人家的麦苗。一个农夫上前抓住马嚼子，将马扣下了。

端木赐是孔子的得意门生之一，一向能言善辩。于是，他自告奋勇地上前去，企图凭借不凡的口才说服那个农夫，争取和解。可是，他说话文绉绉，满口之乎者也，天上地下，将大道理讲了一串又一串，尽管费尽口舌，可农夫就是听不进去。

正在僵持不下时，一位刚刚跟随孔子不久的学生对孔子说："老师，请让我去试试看。"论学识、才干他都远不如端木赐，但孔子还是点头同意了。

他走上前去，笑着对农夫说："我们并不是在遥远的西海种田，你也不是在遥远的东海耕地，我们彼此靠得很近，相隔不远，我的马吃了你的庄稼也情有可原。再说了，说不定哪天你的牛也会吃掉我的庄稼哩，你说对不对？我们该彼此谅解才是。"

农夫听完后点点头，觉得他说的有一定的道理，气也慢慢消了，于是将马还给了孔子。旁边几个农夫也互相议论说："像这样说话才算有口才，哪像刚才那个人，说话不中听。"

每个人的秉性脾气都不同，因此，说话的内容和方式要因人而异，要符合对方的脾气性格，才有可能产生"同声相应，同气相求"的效果。我们在与别人交流时，也要注意因人而异，不要用同一种语言去说服人，讲究"求神看佛，说话看人"。

朱元璋开创了大明帝国，得了天下，他以前的一位苦难朋友从乡下赶到京城去投奔，他对朱元璋说："万岁爷，您还记得吗？当年微臣跟随着您扫荡庐州府，打破罐州城，汤元帅在逃，拿住豆将军，红孩儿当关，多亏菜将军。"

　　他说的话很好听，朱元璋心里感觉无比舒适。回想起来，也隐约记得他说的话里像是包含了一些从前的事情，所以，立刻就封他为大官。

　　另外一个从小跟朱元璋一起长大的朋友得知了这个消息后，心想：同样是难兄难弟，他去了既然有官做，我去当然也不会倒霉吧？于是也就去了。

　　一见朱元璋的面，他就竹筒倒豆子般地说起来："万岁爷，您还记得吗？小时候，我们两个都替人家放牛。有一天，我们偷了一些豆子，悄悄地在芦花荡中把豆子放在瓦罐里煮。还没等煮熟，大家就抢着吃，罐子都被打破了，豆子撒了一地，汤都泼在泥地里。你忙着从地下满把地抓豆子吃，不小心把红草叶子也一起吃进嘴里了，叶子卡在喉咙口，上不来下不去。还是我出的主意，叫你用青菜叶子放在手上一并吞下去，这样红草的叶子才一起下肚了……"

　　当这位老兄还在诉说自己的功绩时，宝座上的朱元璋已经坐不住了，心想，此人太不像话，居然当着满朝文武的面揭我的老底儿，让我这个当皇帝的脸往哪儿搁？于是，他一声令下，把这个穷哥们儿杀了。

　　孔子云："为尊者讳耻，为贤者讳过，为亲者讳疾。"由于听话对象在民族、地域、性别、年龄、职业、文化、修养、见识、经历、性格等诸多方面的不同，所以我们说话时也要注意"见什么人说什么话，到什么山唱什么歌"。朱元璋原本是乞丐，而且当过和尚，做了皇帝后，自然非常避讳以前卑微的出身。这个穷哥们儿哪里知道这些，自以为跟朱元璋感情很好，居然当众揭了皇帝的老底儿，触犯龙颜，岂不是自找倒霉吗？

古代有个读书人，说话总是文绉绉的，喜欢咬文嚼字。一天晚上，他睡觉被蝎子蜇了一下。于是他推了推身边的妻子说："贤妻，速燃银烛，尔夫为虫所袭！"他一连喊了好几遍，妻子丝毫不为所动。

于是，他提高了嗓门："其身似琵琶，尾如铁锥。贤妻呀，快点烛查看这是何物？痛煞我也！"见妻子依旧没有反应，自己实在疼得受不了了，一气之下，冲着妻子吼道："孩子他妈，快来看看，蝎子蜇我了！"

中国有句成语叫"对牛弹琴"，比喻说话不看对象，对不讲道理的人讲道理，对不懂音律的人讲风雅。"人一上百，形形色色"，我们说话一定要顾及听话人的身份、脾气、性格，只有这样，我们所说的话才有意义，才能达到预期的目的。

一开口就打动人心

一次，有一名记者问著名主持人蔡康永："你采访过的人形形色色，请问你最不愿意采访的是什么样的人？"

蔡康永想都没想就脱口而出："我最不愿意采访的是那些说话常常冷场的人。如果嘉宾是一个很健谈的人，主持人就会很轻松，不必一味地去找话题，因为往往一个话题就会聊得大家兴高采烈，而且一个话题结束后，马上就会有另一个话题。但是，如果嘉宾是一个'冷场王'的话，主持人就会很累，因为嘉宾的很多话让人接不下去，你需要随时准备制造下一个话题。"

对于很多人而言，跟陌生人初次聊天时都会患上"开口尴尬症"，想半天愣是不知道怎样开场，而且还会聊着聊着聊到死角。事后，很多人往往又会后悔："我今天怎么能说那样的话呢？""我要是换个方式，结果可能会好点儿？"然而，这个世界上没有卖后悔药的，于是我们只好暗下决心，下次一定要把握好说话方式。可越是谨慎，我们就越害怕跟陌生人交谈。

尼德·尚是《华尔街日报》记者、哈佛大学客座教授，他曾说过："第一句话都不会说，怎么能了解对手呢，这样的傻事我可从来不干。"

一段精彩的开场白，不仅可以凸显自己的修养和才能，而且能为后来的良好沟通奠定坚实的基础；一段糟糕的开场白，则会让自己陷入尴尬无比的境地。

光绪年间，买官卖官成风。浙江有个富商，此人不学无术，却花钱买了个县官当。有一天，他到省城述职，见到了巡抚大人。

一落座，这位县官就浑身不自在，不知道该说什么。就在此时，巡抚的家丁送上茶水，他灵机一动，找着话题了。他端起茶杯喝了一口，说："大人，您这茶叶真不错，卑职一尝就知道是地道的西湖龙井！"

官场上有一个不成文的规矩，即上司的茶不是让客人品的，而是上司觉得没事了，说声"请用茶"，示意你可以走了。这个县官不但不知道这一点，还和自己的上司聊起了茶叶。

巡抚虽然心里不高兴，但还是没有显露出来。于是，他问县官："听说你们县年年河道成患，不知今年情景怎么样呀？"

县官想都没想就脱口而出："回大人，既然您问起了，卑职就跟您汇报一下。这个和道啊……这个……小县那里的和尚倒是好和尚，还有老道……"

巡抚一听，这是哪儿跟哪儿啊，于是赶紧解释说："我不是问和尚道士，我问的是水。"

"噢，您问的是水呀，我们那里的水都是甜水，没有苦水，沏茶可好喝啦！"

巡抚一听，这风马牛不相及啊，干脆，随便问点儿别的，让他走了算啦。于是又问："贵县风土如何？"

县官说："大人，这个风土嘛，卑职到任一年多，倒是没刮过大风，尘土也少，就是经常下大雨。"

巡抚又好气又好笑，又问一句："贵县民风如何？"

"这个蜜蜂啊！卑职那里蜜蜂很少，马蜂却很多，蜇人可厉害啦！"

巡抚这回可真生气了，他用力拍了一下桌子，腾地站起来说："我问的是你的小民！"

县官一听，冷汗都下来了，"扑通"一声跪下说："回大人的话，卑职的小名儿叫'二狗子'。"

这个县官的命运，结果可想可知。如果他事先跟有经验的人请教一下官场上的规矩，准备好应答的话，那结果就大不一样了。

俗话说："万事开头难。"一本书，开头是最难写的，一句话，开头也是最难说的。写文章"开头难"还好说，大不了暂时置之高阁，等什么时候有灵感了再去写；可跟人谈话就不一样了，假如你一开始就让听众失去了注意力，那么后面的聊天，即使费九牛二虎之力，也很难挽回颓势。

一段精彩的开场白，不仅可以引起对方对你的重视，更重要的是还能引起对方对你接下来言谈的强烈兴趣。从某种意义上说，一段吸引人的开场白，就已经使一次愉快的聊天成功了一半。

有一位销售员，经常走街串巷推销电器。这一天，他来到一所农舍前敲门。户主是个上了年纪的老婆婆，她只将门打开了一条缝，看到来人像是一个销售员的样子，她又猛地将门关上了。

销售员毫不退缩，鼓起勇气继续敲门。过了半天，老婆婆才又将门打开，却还是一条小缝，而且还没等对方说话，她就破口大骂起来。

销售员一看形势不对，就急忙岔开话题："太太，我看您是误会了，我来拜访您并不是来销售东西的，我只是想向您买一些鸡蛋。"

听完销售员的话，老婆婆的态度稍微有些缓和，门也开大了一点。销售员接着夸奖道："您家的鸡真是与众不同，它们的羽毛长得真漂亮。这些鸡是多明尼克种鸡吗？"这时，门开得更大了。

这位婆婆诧异地问销售员："你怎么知道这是多明尼克种鸡？"

销售员知道自己的目标已经达成，便乘胜追击："我家在乡下，也养了很多鸡，可我家养的鸡跟您的没法比。我家饲养的来亨鸡，只会生白蛋。太太，您应该有经验的，做蛋糕用红色的鸡蛋比白色的鸡蛋要好一些。我太太今天要做蛋糕，所以我跑到您这儿来了。"

老婆婆这会儿已经彻底卸下了心理防线，非常高兴，她迅速转身到屋里去取鸡蛋。

老婆婆进屋后，销售员开始观察周围的环境。他发现，墙角有一整套务农设备。于是，他有了主意。

不一会儿，老婆婆拿着鸡蛋出来了，销售员说："太太，我敢肯定，您养鸡赚的钱一定比您先生养奶牛赚的钱多。"

这句话忽然让老婆婆心花怒放，眉开眼笑，因为她丈夫一直不承认这件事，而她总想把自己的成就与别人分享。

　　于是，这位老婆婆彻底把销售员当成了朋友，并邀请他参观自己的鸡舍。参观的时候，销售员不时地会称赞几句。两人越聊越投机，很快成了知心的朋友，互相交流着养鸡方面的常识和经验，时间不知不觉间过去了。当老婆婆谈到孵化小鸡的麻烦和保存鸡蛋的困难时，销售员立即不失时机地向她成功地销售了一台孵化器和一台大冰柜。

　　"酒逢知己千杯少，话不投机半句多"。跟陌生人交谈是人际交往的一大难关，处理得当，可以让你轻松摆脱窘境；处理不好，则可能使你的形象迅速滑坡。所以，在跟陌生人聊天前，不妨根据自己的目的和对方的需求，对开场白进行一番精心设计，为后来的良好沟通奠定扎实的基础。

寻找对方感兴趣的话题

在人际交往中，很多人往往会走向一个误区：只顾自己的喜好，却忽略了对方的兴趣。事实上，没有多少人会对自己陌生的领域或不感兴趣的话题表现出过多的热情，而如果遇到自己感兴趣的话题或擅长的领域，他们常常会情绪激昂地参与其中。所以，在与对方聊天时，我们就可以抓住对方的这种心理，寻找对方感兴趣的话题，从而实现进一步的交流。

西奥多·罗斯福是美国第26任总统，每一个见过他的人，都会惊叹于他广博的学识。无论座上宾是高官还是商人，是牛仔还是歌手，罗斯福都能应对自如。那么他是如何做到的呢？

后来，白宫的一位工作人员爆出了答案：每次有客人来访的时候，罗斯福都会在前一天提前了解对方，根据对方感兴趣的话题，一直钻研至深夜。

由此可见，谈论对方最感兴趣的话题，可以直抵对方的内心深处。

美国著名人际关系学大师戴尔·卡耐基说："在去钓鱼的时候，你会选择什么当鱼饵？即使你自己喜欢吃汉堡，但将汉堡放在渔竿前端也钓不到一条小鱼。所以，如果你想钓鱼，不得不用鱼喜欢吃的东西来做鱼饵。"聊天也是如此，只有选对鱼饵，抓住对方感兴趣的话题，才能达到事半功倍的效果。

杜佛诺在纽约经营一家面包公司，为了打开销量，他想方设法要将公司的面包卖给纽约一家旅馆。为了拿到这笔订单，他每星期去拜访一次这家旅馆的经理，并参加这位经理所举行的交际活动，甚至在这家旅馆中开了房间住在那里，以期得到对方的合作，但他还是失败了。

后来，杜佛诺先生决定换种方式，"在研究人际关系之后，我决定改变自己之前的做法。我先要找出这个人最感兴趣的是什么——什么事情能引起他的关注和兴趣。

"通过私底下打听，我发现他是美国旅馆招待员协会的会员，而且想成为该会的会长。不管美国旅馆招待员协会在什么地方召开会议，即便飞过山岭，越过沙漠、大海，他也要到会。

"所以，当我再一次见到他的时候，就开始跟他谈论关于美国旅馆招待员协会的事。他的反应令我非常吃惊！他对我讲了半小时关于招待员协会的事，他的声调非常高昂。我可以清楚地看出，这确实是他很感兴趣的业余爱好。在我离开他的办公室以前，他劝我也加入该会。

"在这次谈话中，我根本没有提到那笔生意。但几天之后，他旅馆中的一位负责人给我打来电话，要我带着货样及价目单去。"

"我不知道你对我们经理说了什么，"这位负责人招呼我说，"但他真的被你挠着痒处了！

"幸亏我从人际关系学中得到了智慧，去想方设法迎合他的兴趣，不然光靠软磨硬泡，我就是再努力几年，也得不到我想要的东西。"杜佛诺回忆说。

每个人都有自己感兴趣的领域，当你进入这个领域的时候，对方必定会对你另眼相看，顿生"久不遇知音"之感。所以，不管是与人交谈还是求人办事，只要抓住了对方的兴趣点，投其所好，积极主动地为对方送上一顿"美味大餐"，相信定会越谈越投机，越谈越"相见恨晚"。

伊斯曼是美国柯达公司的创始人，他曾捐赠巨款在罗彻斯特建造了一座纪念馆、一座音乐堂和一座戏院。为了承接这批建筑物内的坐椅，无数制造商展开了激烈的竞争。但是，找伊斯曼谈合作的商人无不乘兴而来，败兴而归。

"优美座位公司"的经理亚当森也是这千万人当中的一个，不过他谈判的方式有点与众不同。

在拜访伊斯曼之前，伊斯曼的秘书告诉亚当森："我知道您非常想得到这笔订单，但我可以负责任地告诉您，如果您占用了伊斯曼先生5分钟以上的时间，您就完了。他是一个大忙人，所以您进去后要快快地讲。"亚当森微笑着点点头。

进入伊斯曼的办公室后，亚当森并没有急着作自我介绍，而是静静地站在那里仔细地打量起这间办公室来。过了一会儿，伊斯曼从一堆文件中抬起头来，发现了亚当森，便问道："早安，我能帮你一些什么吗？"

亚当森并没有一开口就切入主题，而是缓缓说道："伊斯曼先生，我刚刚仔细观察了您的这间办公室。我本人长期从事室内的木工装修，但从来没见过装修得这么精致的办公室。"

伊斯曼本来想早点打发这个年轻人，但当听完他的话后惊讶地抬起头来，高兴地回答说："哎呀！您不提我都忘啦，这间办公室是我自己设计的，当初刚建好的时候，我喜欢极了。但是后来一忙，一连几个星期我都没有机会仔细欣赏一下这个房间。"

亚当森慢慢地走到墙边，仔细打量了一下墙上的木板，肯定地说："这是英国橡木，是不是？""是的，"伊斯曼激动地快要跳起来了，"那是从英国进口的橡木，是我的一位专门研究室内橡木的朋友专程去英国为我订的货。"

伊斯曼开始对这个年轻人另眼相看了，他带着亚当森仔细地参观起了他的办公室。他把办公室内所有的装饰一件件向亚当森作介绍，从木质谈到比例，又从比例扯到颜色；从手艺谈到价格，然后又详细介绍了他设计的经过。

亚当森一边聆听，一边微微点头。他看到伊斯曼兴致未减，便好奇地询问起他的经历。伊斯曼便从他小时候的生活讲起，母子俩如何在贫困中挣扎的情景，自己发明柯达相机的经历，以及打算为社会所作的巨额捐赠……本来秘书警告过亚当森，他们的谈话千万不要超过5分钟。结果，亚当森和伊斯曼非常愉悦地谈了一个又一个小时，一直谈到中午。

最后，伊斯曼告诉亚当森："我前几年在日本买了几把椅子，现在就放在我家的走廊里，由于长时间风吹日晒，都脱了漆。昨天我上街买了油漆，打算由我自己把它们重新漆好。您有兴趣看看我的油漆表演吗？好了，到我家里和我一起吃午饭，再看看我的手艺吧。"

吃过午饭后，伊斯曼便和亚当森搭档，把椅子重新漆了一遍。直到亚当森告别的时候，两人都未谈及生意。最后，亚当森不但得到了大批的订单，而且和伊斯曼结下了终生的友谊。

有一位哲人曾经说过："我非常爱吃草莓，但我从来不用草莓钓鱼。"这是理所当然的，但许多人在说话时却常常忽略了这句话。很多人在聊天时常常以个人为中心，而忽略了对方的喜好，认为自己觉得有趣的东西，别人也会感兴趣，其实对方根本没听进去。

所以，如果你想要使人喜欢你，如果你想让他人对你产生兴趣，就要摸清对方的兴趣爱好，选择对方感兴趣的话题交谈，才能使交谈变得更加顺畅。

利用好奇心，勾引兴趣

一个人想要成功，需要具备很多东西：耐心、创新能力、个人技能等。然而，有一个很重要的特质却常常被人忽略：好奇心。

爱因斯坦曾经说过："我没有特别的天才，只有强烈的好奇心。永远保持好奇心的人是永远进步的人。"当原始人把被"天火"烧焦的美味放入口中时，当一名画家忍不住摘下被称为"狼桃"的西红柿时，当牛顿被苹果砸中时，好奇心便产生了。好奇心让人类走出了"茹毛饮血"的时代，迈入了辽阔无边的太空。

好奇心是每个人与生俱来的特质。心理学家认为，好奇心是人类行为动机中最有力的一种。在聊天过程中，如果你能会用、善用对方的好奇心，就会让对方对你产生浓厚的兴趣，从而获得非凡的沟通体验。

美国有一位非常优秀的空调销售员，他有一个绰号，叫作"花招先生"。他拜访客户时，会在桌子上放一个计时器，设定成3分钟，接着告诉对方："请您给我3分钟，3分钟一过，当最后一粒沙穿过玻璃瓶之后，如果您还没有做出决定，我就会离开。"

不仅如此，这位销售员会利用身边的一切物品吸引住客户的好奇心，让对方跟着他的思路走。一次，他问一位客户："漂亮的女士，您知道世界上最懒的东西是什么吗？"那位女士想了想，摇了摇头。"就是您存起来不花的钱，它们是可以用来购买空调的，您完全可以买台空调，让您度过一个凉爽的夏天。"销售员笑着说。

《社会心理学》的作者刘安彦教授说："探索与好奇，似乎是一般人的天性，对于神秘奥妙的事物，往往是大家所熟悉关心的注目对象。"好奇心反映了个体的认知需求，抓住这一点，利用好奇心，就可以让你在最快的时间内接近对方。

20世纪80年代，美国有个名叫马丁内兹的小伙子，他在一个叫杜鲁茨城的最为繁华的街道替老板看摊卖水果。

有一次，这条街道上发生了火灾，火势瞬间席卷了整条街道，无数的房屋商铺置于火海之中，顷刻之间化为废墟。马丁内兹的这个小摊也被波及。当消防人员赶来把大火扑灭时，16箱香蕉已被大火烤成了土黄色，表面还出现不少小黑点。

眼看这16箱香蕉卖不出去了，老板决定把它们降价处理，这一任务就交给了马丁内兹。

马丁内兹没有办法，只好硬着头皮，把香蕉摆出来，拼命吆喝。但是，人们往往拿起香蕉一看，扭头就走。任凭马丁内兹怎么吆喝，也无济于事。到傍晚的时候，马丁内兹把嗓子都喊破了，却连一根香蕉也没卖出去。

当天晚上，嗓子都喊哑了的马丁内兹躺在床上，翻来覆去睡不着。他若有所思，重新检查了一遍香蕉。发现香蕉并没有坏，只是皮上有些黑点，且因为烟熏火燎，吃起来反而别有风味。马丁内兹灵机一动，计上心来。

第二天，马丁内兹又把香蕉摆出来，并在旁边立了一个黑板，上面写着："烟熏古巴香蕉，南美风味，全城仅此一家。"

不一会儿，这块与众不同的黑板就吸引来了很多顾客。他们围在水果摊周围，好奇地盯着面前的"烟熏古巴香蕉"，却没有一个人买。因为谁也不知道这其貌不扬的"烟熏古巴香蕉"到底是真的还是假的。

看到一下子围了这么多人，马丁内兹兴奋极了，立刻说："烟熏古巴香蕉，烟熏古巴香蕉！最新进口的。这种香蕉产在古巴靠海的地区，阳光充足，水分多，风味独特！"

人们还是半信半疑，马丁内兹便马上询问眼前的一位女士："小姐，请问您以前尝过这种'烟熏古巴香蕉'吗？"那位小姐笑着摇了摇头。

"那请您尝一尝吧，我敢保证，这一定是您吃到过的最美味的香蕉。"马丁内兹一边说着，一边麻利地将一根剥了皮的香蕉送到小姐的手上。

这位女士尝了几口，马上就赞不绝口："嗯，不错，真是有一种独特的香味。来，给我称10磅吧。"

看到这位女士买了，而且说味道很好，大家也不再犹豫，纷纷掏出钱来，想尝尝"烟熏古巴香蕉"到底是什么样的独特味道。于是你来5磅，他来3磅，很快，16箱被大火烤过的香蕉竟然以高出市价一倍的价钱卖个精光。

本·迪恩是美国宾夕法尼亚大学的博士，他研究发现，对身边人和周围世界充满好奇的人，社交生活十分丰富。充满好奇心的人，不仅非常有生活情调，而且能够与任何人聊得来。

所以，在人际交往中，我们可以通过设置悬念出其不意，制造氛围来激发对方的好奇心，引起对方的兴趣和注意，从而建立良好的沟通环境，获得更多的人脉资源。

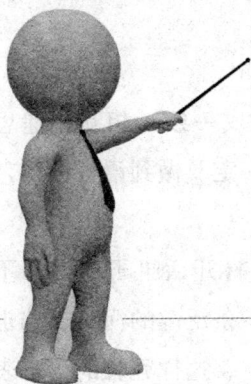

第三章

言之有"节"：倾听是
最好的沟通

言简意赅，别人才会喜欢你

什么是沟通？沟通是交际双方为了达成一致，相互传递思想、感情，反馈信息的过程。所以，沟通一定要做到语言精练，言简意赅。

有些人为了表现自己的口才，常常一打开话匣子就滔滔不绝，一句接着一句，一段接着一段，好似一条泛滥的河流，挡也挡不住，几分钟过去了往往还没有说到重点，这样冗长的语言表达不仅不利于凸显自己的优势，反而会使对方失去耐心。

麦肯锡公司是全球最著名的管理咨询公司，一次，该公司为一家重要的大客户做咨询。项目负责人带领团队加班加点工作，几个月来准备了厚达几百页的报告，包括7个建议、36个改进方法，以及几套详细的实施方案。为了证明这些结论的可行，还准备了5本数据分析和调研报告的附录，还有大量的原始资料。

为了以策万全，该项目负责人还将报告彩色打印，并刻录了光盘以便分发给与会者，提案的前天晚上他还再次检查了所有文字，保证拼写无误，然后提早睡觉以便第二天精力充沛。

客户也非常重视这个提案，安排了公司所有高管出席，并请到了CEO和董事会的主要成员参加。

提案当天，项目负责人准备就绪，神采奕奕地到达会议室。没想到刚一落座，客户突然遇到紧急情况，不得不终止会议马上离开。就在CEO走进电梯的那一刻，他忽然叫住了麦肯锡公司的项目负责人："你能不能在我到停车场的这段时间里，说说报告的主要内容？"

项目负责人愣住了，他完全没有准备，即使有准备，也无法在电梯从30层到1层的30秒钟内把结果说清楚。最终，麦肯锡失去了这位重要客户。

从此以后，麦肯锡要求公司员工任何事情都要在最短的时间内把结果表达清楚，言简意赅、直奔结果。麦肯锡认为，一般情况下人们最多记得前三条，记不住后面的几条，所以凡事要归纳在3条以内，这就是著名的"麦肯锡公司30秒钟电梯理论"或称"电梯演讲"。

语言是传递信息和交流思想的工具，最会讲话的人，一定是那些言简意赅的人。言简，强调语言表达要简短，要求说话要简练，不说多余的话，体现的是量的压缩。意赅，强调语言内涵要丰富，要求在最短的时间内表达出最多的信息，体现的是质的提升。与人沟通时，删繁就简才能切中要害。

1861—1865年，美国爆发了唯一的大规模内战——南北战争。战争造成约几十万名士兵死亡，平民伤亡不计其数。战争结束后，人们在葛底斯堡建立了国家烈士公墓，用来安葬那些阵亡的将士。

公墓落成后，人们举行了一个盛大的典礼，并邀请了前国务卿埃弗雷特到会演讲。埃弗雷特是一个口才大师，他幽默风趣的语言总是能够打动听众的心。

恰巧那天，林肯总统也在附近视察。于是，埃弗雷特向主办方提议，把林肯请来"随便讲几句"。

这明显是为了为难林肯，因为埃弗雷特和林肯是政敌。当年林肯竞选总统的时候，埃弗雷特就背后使过手段。这一次，埃弗雷特打定主意，要让林肯在毫无准备的情况下当众出丑。

接下来，埃弗雷特开始声情并茂地演讲，他富有感染力的语言令所有人都为之神往。两个小时后，埃弗雷特的演讲结束了，现场响起了雷鸣般的掌声。对于埃弗雷特的用意，林肯心中自然有数，听了埃弗雷特的演讲之后，林肯心中立刻反应过来，这次只能以巧取胜了。

只见林肯不慌不忙地走上演讲台，说："感谢埃弗雷特精彩的演讲，今天我只想告诉大家，通往烈士公墓的马路将在下个月铺成沥青马路，并开通专线班车。"

林肯的演讲言简意赅，既委婉地批评了埃弗雷特长达两个多小时的演讲无疑是在浪费大家的时间，又提到了大家都关心的话题，那就是通往公墓的马路马上就会通车，给大家带来切身利益。结果，这场演讲不仅得到了在场近万人持续10分钟的掌声，甚至轰动了全国。

第二天，当地的报纸这样评价林肯的演讲："这场演讲是史无前例的，是有生命的，因为林肯总统站在了听众的立场上考虑最现实的事情！"就连埃弗雷特本人也忍不住在几天后给林肯写了一封表示敬佩的信："你的智慧决定着你是一位无比优秀的总统！"

惜字如金，不仅是一种语言技巧，更是一种人格魅力。鲁钝的说话者，总在做加法，结果越说越影响重点；聪明的说话者，大多是在做减法，只把最精练的东西讲出来。一个人的注意力有限，如果前面洋洋洒洒铺垫了太多的话，听众往往会感到厌烦。所以不说废话的人，大多深谙听者心理，知道如何在有限时间里吸引注意力，不耽误彼此的时间。

1948年，英国首相丘吉尔应邀到牛津大学演讲，演讲的主题为"成功的秘诀"。演讲那天，会场上人山人海，全世界各大新闻媒体都到了。

只见丘吉尔快步走上台，用手势止住大家的欢呼声，说："我的成功秘诀有三个：第一，决不放弃；第二，决不、决不放弃；第三，决不、决不、决不放弃！我的演讲结束了。"

说完，丘吉尔走下讲台。

会场上沉寂了一分钟后，突然爆发出热烈的掌声，经久不息。

清代学者刘大櫆在《论文偶记》中说："文贵简。凡文笔老则简，辞切则简，理当则简，味淡则简，意真则简，气蕴则简，品贵则简。"这就是说，写作一定要抓住根本，要直达主题、提纲挈领、化繁为简。其实聊天也是一样，话是讲给别人听的，听众不喜欢听，那你就是白讲。所以，我们在开口之前，应该将讲话的重点整理出来，坚决不说套话、废话，用最精练的语言表达最丰富的观点。

80%使用耳朵，20%使用嘴巴

有这样一个故事：古代西域有个小国到中国来，进贡了三个一模一样的金人，憨态可掬，可把中国皇帝高兴坏了。

可是这小国的使者却给皇帝出了一个难题："请问皇帝陛下这三个金人哪个最有价值？"

皇帝为此伤透了脑筋，请来珠宝匠检查，称重量，看做工，都是一模一样。怎么办呢？泱泱天朝上国，不会连这件小事都不懂吧？

最后，皇帝实在没招了，只好拿出了杀手锏——请来了护国大禅师，希望他能帮忙解决难题。

护国大禅师上殿后，接过金人端详了一番，然后吩咐下人取三根稻草来。禅师把稻草插入第一个金人的耳朵里，这稻草从另一边耳朵出来了；第二个金人，稻草从嘴巴里直接掉出来；而第三个金人，稻草插进去后掉进了肚子，什么响动也没有。

最后，护国大禅师说："第三个金人最有价值！"

使者默默无语，正确答案的确如此。

这个故事告诉我们：最有价值的人，不一定是最能说的人。

倾诉是人的本能，大多数人都有强烈的倾诉欲，但倾听却是一种智慧，一种修养。古希腊先哲苏格拉底说："上天赐人以两耳两目，但只有一口，欲使其多闻多见而少言。"寥寥数语，形象而深刻地说明了"听"的重要性。

美国知名主持人林克莱特有一天去当地的小学访问，他问一名小朋友："你长大后的愿望是什么？"小朋友很认真地说："我的愿望是当飞机的驾驶员！"

林克莱特又问："如果有一天，你驾驶飞机飞到太平洋上，忽然引擎都熄火了，你会怎么办？"小朋友歪着脑袋想了想："我会先告诉坐在飞机上的人绑好安全带，然后我挂上我的降落伞跳出去。"

此言一出，底下的人哄堂大笑，都觉得这个孩子是个自私的小孩，只顾着自己的安全却抛弃了乘客。林克莱特忍住了笑，继续注视着这孩子，想看他是不是自作聪明的家伙。没想到，孩子的两行热泪夺眶而出，这才使林克莱特发现了孩子的悲悯之心。于是林克莱特问他说："为什么你要这么做？"小孩的答案透露了这个孩子真挚的想法："我要去拿燃料，我取了燃料之后还要回来！"

美国斯坦福大学的一位教授发现，在与他人沟通时，80%的倾听加上20%的说话便能达到理想的效果。而且他还指出，人们在日常语言交往活动中，听的时间占了50%，说的时间大约为30%，剩下的20%就是读和写了。从这些数据中我们可以看出来，倾听在一个人的日常生活中是多么重要。

乔·吉拉德是世界上最伟大的销售员，在他年轻的时候，有一次向一位客户销售汽车，交易过程十分顺利。当客户正要签单时，旁边一位销售人员跟吉拉德谈起昨天的篮球赛，吉拉德一边跟同事谈论篮球赛，一边把单子递给客户。没想到客户却突然掉头而走，连车也不买了。

回到家后，吉拉德苦思冥想，就是不明白客户为什么会突然改变想法。夜里11点，他终于忍不住给客户打了一个电话，询问客户突然改变主意的理由。

客户气冲冲地说："在签单的时候，我跟您说起了我的小儿子，他刚考上密歇根大学，是我们家的骄傲，可是您一点也没有听见，只顾跟您的同伴谈论篮球赛。"

吉拉德恍然大悟，这次生意失败的根本原因并非其他，仅仅是因为自己没有认真倾听客户谈论自己最得意的儿子。

拿破仑·希尔曾说："专心听别人讲话的态度，是我们所能给予别人的最高赞美。"倾听是对别人的一种尊敬，当我们没有听完别人话的时候，千万不要刻意打断，更不要妄加评论，因为我们只听到了冰山一角，后面的话还没有听完，急于表达自己的想法，只会给人留下肤浅、不稳重的印象。

美国曾有一个电视节目叫"我是做什么的？"每一期，主持人都会请来一位观众，向他提出问题，然后从中猜出他的职业。这个节目办了25年。

刚开始的时候，主持人阿丽恩不懂得怎样提问，后来她的丈夫对她说："看你们的节目时，我感到你不能傻等在那里只想提问，而应静下来，认真而细心地倾听别人在讲什么。最关键的是，你要学会积极主动地倾听，却不是滔滔不绝地提问。"

丈夫的建议令阿丽恩茅塞顿开，她回忆说："这真的是个非常好的建议，通过悉心品味他们的谈话，我变得精于此道了。此后，耐心倾听成了我职业的主要内容。"

阿丽恩发现，学会倾听后，她不仅从观众那里得到了不少信息，更与身边的人相处得越来越融洽。她从一个70多岁的老妇人身上也感受到了这一点。

在阿丽恩家的隔壁，住着一位老妇人。她对任何人都充满戒备。但当她见到阿丽恩时，总是拉着她聊个没完。有时阿丽恩碰到自己心情不好时，都不得不耐着性子听下去。

有一天，老妇人对阿丽恩说："我要去阿肯色了，那里的气候很好，对我的身体大有裨益。不过我会很快回来的，免得您惦念。"

阿丽恩惊讶地问道："只有您一个人去吗？"

"是啊，只有我一个人。"她说，"我独居很久了，没人跟我聊天。可遇见您之后，我感觉生活变得好了很多，您愿意听我这个老太婆唠叨，我很感动。"

阿丽恩立马意识到，面前的这位老妇人生活枯燥无味，找人聊天就是她最大的幸福。聆听的耳朵，就是她的需求。从那以后，阿丽恩在与陌生人打交道时，都尽力让自己积极耐心地倾听。

著名作家陶勒斯·狄克曾说："要把耳朵而不是嘴巴借给别人，这才是通向成功的捷径。"说是表达的基础，但滔滔不绝，却是嘴巴张开的陷阱。在生活中我们都希望谈论自己，让别人了解自己，却很少倾听别人，其实倾听更是一种能力，学会倾听，会给别人留下一个可交、可靠的印象。只有站在对方的立场上，耐心听取别人的讲话，你才能够赢得别人的尊重。

你越是喋喋不休，愚蠢越会暴露无遗

在很多人的潜意识里，沟通就是有声的对话，但美国加州大学心理学教授古德曼却认为："沉默可以调节说话和听讲的节奏。沉默在谈话中的作用，就相当于零在数学中的作用。尽管是'零'，却很关键。没有沉默，一切交流都无法进行。"人们将他的理论总结为"古德曼定律"，也称作"沉默定律"。

也许很多人都觉得这一定律有些离谱：沟通是语言的交流，如果大家都保持沉默，那沟通还能进行下去吗？

中国有句古话："雄辩是银，沉默是金。"它与"古德曼定律"有异曲同工之妙。沉默是一种无声的语言，是一种处变不惊的坦然与镇定，是一种无可撼动的宁静与自信。

《墨子·墨子后语》中记载，子禽向自己的老师墨子请教道："多说话有好处吗？"墨子答道："蛤蟆、青蛙，白天黑夜叫个不停，叫得口干舌燥，却从来没有人注意它们。再看那雄鸡，在黎明按时啼叫，天下震动，于是人们都注意它。多说话有什么好处呢？只有在对的情况下说话才有用。"

被誉为"世界发明大王"的爱迪生，在发明了自动发报机之后，想及早地卖掉这项发明专利和制造技术，然后用这笔钱建造一个实验室。但他不懂市场行情，不知道能卖多少钱，于是便与夫人米娜商量。

米娜也是两眼一抹黑，她一咬牙，发狠心地说："要两万美元吧。你想想看，一个实验室建造下来，不会少于两万美元。"

爱迪生摇摇头："两万美元，这也太离谱了吧？"米娜见爱迪生一副犹豫不定的样子，说："要不然，你卖时先套商人的底线，让他出个价再说。"

当时，爱迪生已经在当地小有名气了。一位商人听到这个消息后，表示愿意买下爱迪生的自动发报机发明专利和制造技术。

商人在看到自动发报机后，对这个新产品很是满意。当问到价格的时候，爱迪生沉默了，因为他一直认为要两万美元太高了，所以不好意思说出口。当时他的夫人米娜上班没有回来，爱迪生于是想等到米娜回来再说。

最后，商人终于亮出了底牌："那我先开个价吧，10万美元，怎么样？"

爱迪生几乎不敢相信自己的耳朵，这也太出乎意料了吧！于是他不假思索地和商人拍板成交。后来爱迪生对他妻子米娜开玩笑说："没想到沉默了一会儿就赚了8万美元。"

舌头和舌头的沟通是语言，心灵与心灵的沟通是感觉，灵魂与灵魂的沟通是沉默。美国著名的阿尔伯特·梅拉宾博士发现，在沟通中，只有7%的信息是通过语言传递的，剩下的是通过一些非语言因素来实现的，如语调、音量、面部表情、手势等。那么，如果大部分的沟通都是非语言的，是不是就能说明沉默也可以是一种很有效的沟通方式呢？

在中国古代，有个农民养了一匹马。一天，他牵着马到集市上售卖。走到一半的时候，他看到路边有一家饭馆，于是决定先填饱肚子。

他刚把马拴到门口的一棵树上，一个商人就牵着一匹马走了过来，也要将马拴在这个农民拴马的那棵树上。农民见了急忙过去对商人说："我这匹马性子很野，脾气很暴躁，它会把你的马踢死的，所以你还是拴到别处吧。"谁知，那商人非但不听农民的劝告，还十分无礼地说了几句很难听的话，把马拴好后也进了小饭馆。

就在大家都吃饭的时候，外面忽然响起了马的悲鸣声，人们急忙跑出来看发生了什么事。商人和农民也跑了出来，只见商人的马已经躺在地上奄奄一息了，不用说，肯定是被农民的马踢伤的。

于是，商人恶狠狠地拉住农民，要农民赔他的马，否则就报官。农民自然没有钱赔他，于是两人拉拉扯扯到了县衙。县令听完商人的讲述之后，向农民提出了许多问题，可农民始终装作没听见，闭口不言。

县令两手一摊："这个人是个哑巴，此案无从判起啊！"商人气得暴跳如雷，大喊道："他不是哑巴，刚才他还叫嚷呢！"

县令听后询问商人："你说他不是哑巴，那他刚才说什么了？"

这时商人已经恼羞成怒，顾不得别的了，便将刚才自己拴马时农民规劝自己的话复述了一遍，说完还得意地说："您看，他不是哑巴吧！"

县令听完后，点了点头，沉着脸说："我相信他不是哑巴，但他既然奉劝过你，你不听劝怎么还怪别人呢？你的马也没有理由让他来赔偿了。"

这时候，这个聪明的农民才开口了："小人刚才沉默，就是想借他的口说明事情的原委，现在谁是谁非已经很清楚了，我也不用再装哑巴了！"

犹太法典《塔木德》上说："应该由心来操纵舌头，而不应该由舌头来操纵心。沉默不会使人后悔。"一般来讲，如果一个人喋喋不休地重复同一个话题，听众的注意力就会分散，表面上看起来两个人是在对话，实则对方的思想早已跑到九霄云外了。因此，一旦遇到这种情况，突然的沉默就能发挥作用了。谈话者可以突然沉默不语，这样听者自然就会把注意力转移到你身上。

把表现的机会让给别人

不管一个人的理想再怎么远大、点子再怎么奇妙，如果无法成功和别人沟通，一切都是枉然。那么怎么样开口说话，才能让别人听得下去？很多人都忽视了一条最基本却又最核心的人际关系处理秘籍，即：以对方为中心。

关注自身的利益是人类的本性，所以每个人最喜欢的话题当然是跟自己切身相关的。对于那些木讷不善言辞的人来说，这真是个好消息，因为它意味着你不必成为一个天才交谈者才能使人们对你着迷，你只要记住一件事情：把表现的机会让给别人。

美国的一家汽车公司要购买一批材料，他们看过所有样品后，给日本的三个公司发了参加最后谈判的邀请。成败在此一举，所以三个公司的代表都积极准备。

在谈判的前夕，A公司的代表江崎突然得了感冒，嗓子发炎，说不出话来。事后江崎回忆道："当我进入谈判厅以后，我的嗓子哑得一点话都说不出来。情急之下，我就拿起一张纸，写道：先生们，我的嗓子哑了，不能讲话。然后，我请他们就我的样品发表意见。在后面整个讨论的过程中，我所有的语言仅限于微笑、点头和做一些手势，更多的则是倾听。结果没想到，这次我成功地签下了材料合同，真是出乎意料。"

"本来我以为这次输定了，我嗓子哑了，什么观点都表达不出来。没想到却在偶然的情况下发现，给他人创造说话的机会不无好处。"江崎说。

在人际交往方面，以"我"为中心，给他人带来的感受就是贪婪、奸诈、愚蠢；以对方为中心，则会让对方感受到你身上"爱"的人性光芒。所以，如果想要保证谈话的顺利进行，请遵照这条准则去做："以对方为中心，自己尽量少说话。"

多湖辉是日本著名的心理学家、作家，他认为："和人谈话就如同打乒乓球，提出一个话题，就如同发一个球。如果对方是个作家，你就要说：'听说你又写了一本书，能不能谈谈经验？'这就像在乒乓球赛中，你特意发了个使对方容易接的球，他当然乐于还击。这样一来一往，谈笑风生，你们的关系自然也就渐渐融洽了，你也能够从中获得你想要的东西。"

有一次，爱德华·罗德里格斯去拜会美国普森公司的董事长汤姆丁，希望他赞助一名童军参加在欧洲举办的世界童军大会。

在拜会他之前，爱德华·罗德里格斯打听到汤姆丁曾开过一张面额100万美金的支票，后来那张支票因故作废，他还特地将之装裱起来，挂在墙上作纪念。

一踏进汤姆丁的办公室，爱德华·罗德里格斯就立即针对此事，要求参观一下他这张装裱起来的支票。爱德华·罗德里格斯告诉他，自己从未见过任何人开具过如此巨额的支票，很想见识一下，好回去说给小童军们听。

汤姆丁毫不考虑地就答应了，并将当时开那张支票的情形，详细地讲给罗德里格斯听。

罗德里格斯开始并没有提起童军的事，他一直把发言权交给汤姆丁，让他谈论自己引以为傲的事，结果呢？

"出乎意料的是，等他给我讲完支票的故事后，就主动询问我今天的来意。于是我才一五一十地说明来意。他安静地听完后，不但答应我的要求，而且还答应赞助5个童军去参加童军大会，并要我亲自带队参加，负责我们的全部开销，另外还亲笔写了封推荐函，要求他在欧洲分公司的主管提供我们所需的一切服务。"爱德华·罗德里格斯说。

在交谈中，"你"是一个前进的信号，而"我"则是一个停止的信号。在谈话中，如果我们希望了解对方，就应该让对方多说，以对方为中心而自己多听，从而更能掌握谈话的主动权。

美国一位心理学家认为，谈话中充分运用"FORM法则"，可以让对方感到你的重视与关怀，为谈话奠定良好的基础。

"F"（Family），即询问关于对方家人的问题。比如："你结婚了吗？你的孩子多大了？""你女儿现在上几年级了？""你们全家经常出去旅行吗？"

"O"（Occupation），即询问对方的职业或工作。比如："你是干哪一行的？""最近工作顺心吗？""你是哪年步入职场的？"

"R"（Recreation），即询问对方喜欢哪些娱乐活动。例如："你下班后一般喜欢做些什么呢？""听说你的歌唱得特别好？""你喜欢郊游吗？"

"M"（Money），即询问对方金钱跟梦想的关系。例如：

"你最期待的生活是什么样的？""我知道你很喜欢旅行。如果不缺钱，你最想去哪里旅行呢？""退休后你有哪些打算？"

　　一个高情商的人，一定是一个能引导、启发别人说话的人。FORM这种方式，能在交际中帮助我们引导对方去谈自己，从而涌出很多进一步沟通的话题，这样你们的关系才会有所进步，让对方给你留下很深的印象。这时你会发现，原来与人相处并不是什么有难度的事情，只要以对方为中心，你也会成为一个人际交往的高手。

用适当的提问打开对方的话匣子

无论是在工作中还是生活中，很少有人一见面就滔滔不绝地主动与你交谈，这里排除关系密切者和需要帮助者。

由此可见，在沟通过程中，如何恰当提问打开对方的话匣子，如何通过提问让聊天继续下去，如何通过提问充分了解对方，如何通过提问来得到自己想要的答案等，非常重要。

金庸先生的名著《射雕英雄传》中有这样一个细节：周伯通在给郭靖讲故事时，见他不大起劲，说道："你怎么不问我后来怎样？"郭靖道："对，后来怎样？"周伯通道："你如不问后来怎样，我讲故事就不大有精神了。"郭靖道："是，是，大哥，后来怎样？"

世界级销售培训大师伯恩·崔西说过："如果你能提问，就永远不要开口说。"沟通中，谁想要从另一方那里得到更多的东西，谁就必须做到这一点：用适当的提问协助对方把话说下去。对方说得越多，我们获得的东西就越多。

油桶制造商佩雷斯德先生的办公室里来了一名销售员，他是带着别人的介绍卡来的。

"佩雷斯德先生，您好！我是人寿保险公司的沃克。我想您大概认识皮尔先生吧！"沃克一边说话，一边将自己的名片和皮尔亲笔写的介绍卡递过去。

佩雷斯德不等沃克说完，便毫不客气地打断他的话："你是我今天所见到的第3个销售员了，你没看我很忙吗？要是我整天跟你们消磨时间，那就什么事都别想做了，所以我请你帮帮忙，不要再来我这儿浪费时间了，我实在没时间跟你谈什么保险！"

沃克不慌不忙地说："您误会了，我久仰您的大名，今天来的目的只是希望认识您。如果可以的话，想跟您明天约个时间见个面，再过一两天也可以，您看是中午还是下午好呢？我们的见面大约20分钟就够了。"

佩雷斯德很不客气地说："对不起，我没时间跟你瞎耽误工夫！"

沃克并没马上告辞，也没有说什么。他知道，要和佩雷斯德继续谈下去，必须想别的办法才行。于是他弯下腰很有兴趣地观看摆在佩雷斯德办公室地板上的一些产品，然后问道："佩雷斯德先生，这都是贵公司的产品吗？"

"不错。"佩雷斯德冷冰冰地回答。

沃克又看了一会儿，问道："先生，您入这个行当很久了吧？"

"嗯……大概有二十年了！"佩雷斯德的态度有所缓和。

接着沃克又问："那您当初是怎么进入这一行的呢？"

佩雷斯德看了沃克一眼，接着陷入到了回忆中："这件事就说来话长了，我17岁时就到一家大企业打工，在那为他们卖命一样地工作近十多年，可是到头来只不过混到一个部门小主管，做什么事情都要委曲求全，所以我下了狠心，想办法自己努力创业。"

沃克又问道："请问您是纽约人吗？"

这时佩雷斯德已完全不生气，也不像之前那样不耐烦了，他告诉沃克自己并不是纽约人，而是瑞士人。

听说佩雷斯德是一个外国移民，沃克显得很吃惊："那真是更不简单了，我猜想您很小就移民到美国了，是吗？"

这时佩雷斯德脸上已露出笑容，自豪地对沃克说："我12岁就离开瑞士，先在法国待了一段时间，然后决定到美国来打天下。"

"原来是这样啊！您真是不容易，我猜想您要建立这么大的一座工厂，当初一定筹措了不少资金吧？"

佩雷斯德微笑着继续说："资金？哪里来的资金！我当初开创这家厂时，口袋里不到300美元，但很高兴的是，我的公司现在已有300万美元的资本了。"

沃克又看了看地上的产品道："我想，要做这种油桶一定要靠非常特别的技术，要是能看看工厂的生产过程一定很有趣。您能否带我参观一下您的工厂呢？"

"当然没问题。"

此时，佩雷斯德再也不嫌沃克耽误他的时间了，他一手搭在沃克的肩上，兴致勃勃地带着他参观了他的工厂。

后来，两人结下了终生的友谊。自那以后的17年里，沃克陆续向佩雷斯德和他的5个儿子卖了20份保单。

18世纪法国资产阶级启蒙运动的旗手伏尔泰说："判断一个人要根据他的问话，而不是他的回答。"爱因斯坦说："提出一个问题往往比解决一个问题更重要。"美国新闻学家杰克·海敦说："大约有百分之九十九的新闻是部分或全部以访问——也就是向别人提问——为基础写成的。"

所以，如果你想跟对方愉快的交谈，适当的提问很关键。适当的提问不仅能获得自己想得到的信息，而且能令对方心情舒畅，侃侃而谈。

在一个小镇上有三家相邻的水果店。一天，第一家水果店里来了一位老妇人，问："请问有李子吗？"店主马上迎上前去，笑着说："当然有啊！您看我这李子又大又甜，还是刚进回来，新鲜得很呢！"没想到老妇人一听，竟一言不发扭头走了。店主非常纳闷，自己什么地方得罪老妇人啦？

老妇人出门后，走进了第二家水果店，同样问："请问有李子吗？"第二位店主马上迎上前说："老妇人，您要买酸李子还是甜李子？我们家的李子有酸的，也有甜的。"老妇人说："我想买一斤酸李子。"于是老妇人买了一斤酸李子就回去了。

第二天，老妇人走进了第三家水果店，同样问："请问有李子吗？"第三位店主是个小姑娘，她甜甜地问："老妇人，您要买李子啊？""是啊！"老妇人应道。"我这里李子分为酸甜两种，您是想买酸的还是想买甜的？""我想买一斤酸李子。"老妇人说。

跟前两位店主不同的是，这位小姑娘在给老妇人称酸李子时，顺嘴问道："别人都喜欢吃甜李子，您为什么单单喜欢吃酸的呢？"老妇人高兴地说："你不知道，最近我儿媳妇怀上孩子啦，特别想吃酸的。""原来是这样啊！那我可要恭喜您啦！有您这样细心的婆婆可真是您儿媳妇天大的福气！""哪里哪里，怀孕期间当然最要紧的是吃好，胃口好，营养好啊！"

"没错，我从电视上看到，怀孕期间的营养是非常关键的，多吃些水果，生下的宝宝会非常聪明！""是啊！那吃哪种水果含的维生素更丰富些呢？""很多书上说猕猴桃含维生素最丰富！""那你这儿有猕猴桃卖吗？""当然有，您看我这进口的猕猴桃个大，汁多，含维生素多，您要不先买一斤回去给您儿媳妇尝尝！"

这样，老妇人又兴高采烈地买了一斤进口的猕猴桃，而且以后几乎每隔一两天就要来这家店里买各种水果了。

从这个故事中我们可以看出，通过恰当的问题，我们可以得到自己需要的信息，并掌握谈话的主动权，使谈话结果朝着我们需要的方向前进。

世界知名销售教练马修·史维说："我有三件法宝能帮助我得到我所想要的：第一，我是自己心灵的主人；第二，我懂得问问题的技巧；第三，我可以付诸大量的行动。"用适当的提问打开对方的话匣子，然后倾听对方的想法，再伺机抛出自己的观点，才是沟通的正确打开方式！

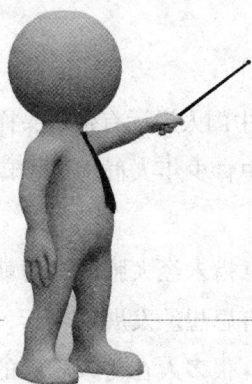

第四章

言之有"物"：把话说到心窝里

改掉令人反感的口头禅

据某大型网站的一项调查显示，66%的中国人说话有带口头禅的习惯，口头禅在当今社会非常普遍，其中青少年人群构成了口头禅使用的中间力量。

口头禅最早可追溯到佛教的禅宗，本意指未经大脑的过滤就把一些现成的经言和公案挂在嘴边，装作有思想。发展到今天，口头禅已经完全成了一个人的习惯性用语。很多人在与人聊天的时候，都会习惯性带上口头禅，这些口头禅偶尔听一两次本无伤大雅，但如果出现的次数太频繁，会让自己的谈话显得冗长啰唆，特别是脏话类口头禅，既不利于沟通，又破坏自身形象。

清末年间，江苏有位巡抚名叫王雪超，此人虽贪赃枉法但灵活机警，故此一直官运亨通。因为身处高位，下属向王雪超请示的事情颇多，让他不胜其烦。

有一天，知县朱得胜求见王雪超。朱得胜是王雪超一手提拔起来的，他的女儿朱芳长得貌美如花，现在已到了婚配年纪，所以朱得胜想让王雪超帮忙介绍一个好婆家。

"大人，您交友广泛，请问您有合适的人选吗？"朱得胜问王雪超。

　　王雪超心中有自己的小九九，但又羞于启齿，只得含糊其词："你说呢？"

　　朱得胜听得一头雾水，只好试探性地问："大人肯定有了，但不知是谁？"

　　王雪超说："你说呢？"

　　朱得胜恍然大悟，说："哦，卑职明白了，不会是大人您自己吧？"

　　王雪超心头狂喜，但又抹不开脸面，只得说："你说呢？"

　　朱得胜说："小女能得到大人的垂青，那是我们全家的福气啊！"

　　后来，王雪超如愿纳了朱得胜的女儿为小妾，心中喜不自胜。事后他一琢磨，自己就说了"你说呢"这三个字，就把事情给办了，这也太容易了。以后每当有人向他求教，他都是这三个字，这几乎成了他的口头禅，对方在这三个字中揣摩着他的心意，往往也能够把事情解决了。

　　光绪年间，洋人在中华大地胡作非为。那一年，外国传教士在江苏欺压百姓，义和团便冲击当地的教堂，杀死了这些传教士。当地的县令蒋伯年束手无策，只好向王雪超请教如何处置，王雪超对此也无可奈何，便沉着脸道："你说呢？"蒋伯年听他话语比较严厉，就说："卑职明白该怎么做了！"

　　回去后，蒋伯年马上率领一队人马前往剿灭义和团。几天后，败报传来，蒋伯年率领的清军和义和团头领于化伦率领的一万多团民短兵相接，最后全军覆没，蒋伯年也被杀身亡。

　　这一仗彻底打醒了满清政府，连老佛爷慈禧都坐不住了，她下旨让王雪超紧急进京汇报并协商对策。王雪超接旨后，快马加鞭来到京城。慈禧看到他后忧心如焚，深深地叹了一口气，说："如今内忧外患，现在义和团又杀死县令，你说此事该如何解决啊？"

这时，王雪超不知哪根筋不对了，他又想起了那句经典的口头禅，脱口道："你说呢？"

慈禧恼羞成怒，她万万没想到王雪超竟然如此目无尊卑，以下犯上，于是下令要将王雪超处死。王雪超被行刑的理由是处事不当，致义和团猖獗泛滥成灾。

很快，王雪超被杀的真正原因就传了开来，街头巷尾纷纷议论。很多人并不是为王雪超感到惋惜，他在任期间贪赃枉法，早已惹得天怒人怨。但人们万万没想到，王雪超最终却是因为一句无关紧要的"口头禅"掉了脑袋。

心理学家发现，21天以上的重复就会形成一个习惯。口头禅是人内心中日积月累形成的一种"执念"，是人们内心将外界信息加工后形成的一种固定的语言反应模式。当同样的情况再次出现时，它便脱口而出。口头禅作为一种下意识的表现，反映了人的一种情绪，一种心态，所以间接地也可以反映出一个人的性格。

美国前总统奥巴马在每次演讲时，总要先说个"请恕我直言"；《纽约时报》的记者在采访肯尼迪的女儿时，发现对方曾一连说了142个"你知道"。虽然人们的身份和职业都不尽相同，但口头禅就像黏在人嘴边的膏药，甩也甩不掉。

可怕的是，负面的口头禅带有很强的心理暗示，不仅会影响自己的语言环境，还会令自己的形象大打折扣，从而影响我们的社交。

　　一句简单的口头禅，不仅能反映一个人的脾气秉性、职业素养和生活遭遇，还能影响听话者对他的态度。很多人缺乏人际交往的常识和技巧，一张嘴就是负面的口头禅。也许你会打着"性格直爽"的幌子来隐藏你在人际交往中的一些缺陷，但这样对于你的人际关系有百害而无一利。

　　想成为一个聊天能手，就应该对自己的口头禅有所重视。如果你发现自己的口头禅会让对方听起来不舒服，就应有意识地减少说的次数，最终将它们从你的语言系统中驱逐出去。

控制好说话的节奏

聊天不仅仅是一种交流，更能体现出一个人的内在修养。有些人说话慢慢吞吞，使人听之昏昏欲睡；有些人说话干脆利落，如竹筒倒豆子一般；有些人说话高亢铿锵，催人奋发；有些人说话抑扬顿挫，犹如连绵起伏的群山，时高时低，引人入胜……所以，同样的内容，用不同的节奏和语调说出来，就会产生大相径庭的效果。

儒家经典著作之一的《礼记》中说："节奏，谓或作或止。作则奏之，止则节之。"还谈道，"言语之美，穆穆皇皇。穆穆者，教以和；皇皇者，正而美"。那些说话吞吞吐吐，没有任何节奏感可言的人，很少能够打动别人。只有会把握说话节奏的人，才是拥有高情商、高口才的人。

摩契斯卡夫人是波兰家喻户晓的女演员。一次她到美国去演讲，有位观众请求她用波兰语演讲，于是她站起来，开始用流畅的波兰语念出台词。

摩契斯卡夫人一开口就牢牢地吸引住了台下的观众，她的演讲非常流畅，语调抑扬顿挫，虽然人们都不了解其意义，但听众仍听得如痴如醉。

在演讲过程中，她的语调时而高昂时而低沉，最后在哀思如潮、悲怆万分之时结束，台下的观众鸦雀无声，同她一样沉浸在悲伤之中。

突然，一阵不合时宜的爆笑声从人群中传了出来，人们纷纷侧目，发现笑声来自摩契斯卡夫人的丈夫、波兰的摩契斯卡伯爵。原来摩契斯卡夫人刚刚用波兰语背诵的是数学公式。

英国著名的政治家、演说家丘吉尔说过：口头表达艺术主要有四大要素，而其中占第一位的就是口语的节奏。丘吉尔之所以认为说话的节奏如此重要，是因为他切实体会到，口语的节奏具有十分强烈、深刻和丰富的表现力。

由于地域的不同，不同河流中的水有急有缓、有多有少，同理，说话的节奏也应一样，有快有慢，有繁有简。然而，在现实生活中，很多人说话不注意节奏和语调，不管说什么话，速度相同，语调一致，听起来让人昏昏欲睡。

美国南北战争结束后，举行了一次国会议员的竞选大会。当时最引人注目的一对竞选对手是士兵约翰和将军陶克。这显然不是一个重量级之间的竞争。前者初出茅庐、默默无闻，后者战功卓著、威名赫赫。几乎所有人都认为约翰不是陶克的对手，都劝说约翰退出竞选，但约翰偏偏不肯放弃。

竞选开始了，士兵约翰和将军陶克分别发表演讲。

陶克的演讲自信满满，他说："同胞们，你们还记得吗？17年前的那天晚上，我带兵与敌人浴血奋战，在荒山野岭中露宿了一个晚上，如果大家没有忘记那次艰苦卓绝的战斗，请在选举中，也不要忘记那个吃尽苦头而屡建战功的人。"

人们当然记得那场著名的战役，于是纷纷把掌声送给了陶克将军。

轮到约翰演讲了，只见他不慌不忙地走上台去，用抑扬顿挫的语调说："我和大家一样，都对那场战斗记忆犹新。很巧的是，我还是那场战斗的参与者，不过我只是一个普通的士兵。那天晚上，我穿着单薄的衣服，和战友们苦守阵地，与敌人进行殊死搏斗，很多战友都在我面前倒下了，这真是一将功成万骨枯啊！当我们在前线浴血奋斗时，陶克将军却在帐篷里睡大觉，而且我们还要分出兵力在他身边站岗放哨，保卫他的安全。今日我能够站在这里讲话，我充分相信诸位的判断力，会做出明智的选择。"

竞选的结果是，约翰胜利了。他的功劳虽然不如陶克大，但他巧妙地利用陶克将军所创立的话题和气氛，让观众随着自己的节奏开始思考。他让观众明白：将军虽然很辛苦，但毕竟还可以在丛林中安睡，而战士则不能休息，一直站岗保卫他。约翰的演讲迎合了观众们的心理，于是他战胜了陶克，当选为国会议员。

说话要有节奏，该快的时候快，该慢的时候慢，有规律地调整，才会有逻辑性，才能使谈话双方激发出灵感的火花。

语言学家温尔顿和汤姆逊曾经合著了一本书——《演说根本》。在这本书里，有一段关于说话节奏重要性的论述："演讲最重要的，是控制好语调和节奏。在叙说幸福、紧张或者冒险的故事时，讲到高潮之处就必须加快说话的速度才能达到预期效果。当然，主题严肃、感情压抑，或者充满悬念气氛的部分，还是应该慢慢地叙述。"

俗话说："咬字千斤重，听者自动容。"说话的节奏不同，给听众的感觉也不同。激昂顿挫的语调使人清醒，快急的语速使人激动、紧张，低沉、悲怆的语气叫人沉思、难过。所以，在说话时，一定要注意恰当地运用说话的节奏，把自己的情感完整地表达出来。

成为一个会讲故事的人

在人际交往中，一个人的长相、学历、人生阅历固然重要，但更重要的是，这个人言语间散发出来的某些东西是否能让别人感觉到他存在的同时，又可以感受到一种力量，一种从主观到客观所散发出来的独特魅力。

而想要与人在初次见面时迅速获得好人缘，提升个人魅力，讲故事无疑是一个好办法。美国著名的作家、导演、剧作家麦基在接受《哈佛商业评论》资深编辑布朗温·弗莱尔的专访时说："故事满足了人们领悟生活方式的一种深层次需要——不仅是理性上的锻炼，而且还蕴含了非常个人化的情感体验。"

中央电视台曾播出过一个节目，讲的是一个作家的爱情故事。

这位作家曾经学业、事业、爱情处处受挫，而立之年依然没有娶到老婆。他的很多朋友给他介绍了不少对象，按他的话说把黑龙江所有的未婚女性都给他介绍过来了。

他不甘心，决定再努力一把，掌握自己的命运。

但他一无所有，没钱、没地位、没身份、没帅气的外表。

他想到了一个办法，就是——讲故事。

在被下放到农村的那段时间里，他每天都给周围的女孩们讲故事，从《钢铁是怎样炼成的》到《安徒生童话》。那时候，人们的物质、精神都很匮乏，所以任何有情节的故事都很吸引人，女孩们每天晚上最大的娱乐就是听他讲故事，都听得上了瘾。

在这群女孩里面，他最钟情的是一个18岁的姑娘，所以他就花更多的时间给这个女孩讲更多的故事。他看过很多国外名著，肚子里的故事数不胜数，这个女孩也越来越喜欢他。但当时规定女孩法定结婚年龄是20岁，他们还不能结婚。

怎么办？他只能继续讲故事，光讲书里的故事还不算，他还自己编故事。

就这样一直讲了两年，讲到这个女孩到了20岁，可以结婚了，两个人理所当然地结了婚。

在编故事的过程中，他锻炼了丰富的想象力，也积累了写作素材，后来成为一个著名的作家。

讲故事，是用最通俗、浅显的方式来表达深刻的道理。故事有开始、过程和结局，即使听话者忘记了你的言谈举止、音容笑貌，他们仍会记得你的故事，以及其中所隐含的智慧。如果你的故事是真实而吸引人的，他们会非常乐于与他人分享，如此一来，你的个人魅力就会散发出来。

某企业来了一位新经理，为了给他树立威信，老板决定召集全体员工开大会，并让这位经理发言。这位经理第一句话就说："我是一头驴。"

下面哄堂大笑。

这位经理没有理会，接着讲。

"我们家乡有一头驴，一天，驴子掉到了枯井里。它不停地叫唤，企图呼唤主人来救它。农夫绞尽脑汁想办法，想救出驴子，但几个小时过去了，驴子还在井里痛苦地哀嚎着。

"无奈之下，这位农夫决定放弃营救，他想这头驴子年纪大了，不值得大费周章去把它救出来，不过无论如何，这口井还是得填起来。于是农夫便请来左邻右舍帮忙一起将井中的驴子埋了，以免除它的痛苦。

"人们开始拿起铲子，将泥土铲进枯井中。当驴子看到这绝望的一幕时，凄惨地叫了起来。但没过多久，这头驴子就安静下来了。农夫好奇地探头往井底一看，出现在眼前的景象令他大吃一惊：当村民们把泥土铲落到驴子身上时，驴子就会用劲抖几下，然后站到铲进的泥土堆上面！

"就这样，每当有泥土落下来，驴子都会将其抖落在井底，然后再站上去。很快地，这只驴子便得意地上升到井口，在众人惊讶的表情中快步地跑开了！

"这时候我再说自己是头驴子，还有人觉得很滑稽吗？"

下面顿时变得鸦雀无声，再没有任何嘲笑的声音，在沉静片刻后，人们的掌声雷动。

这位经理摆摆手止住了掌声，缓缓说道：

"其实，生活也是一样，我们遇到困难和挫折时，就像跌进了一口井，而且还会有人落井下石，想要从这个绝望的险滩中挣脱出来，走向人生的成功与辉煌，办法只有一个，那就是：将这些沉重的包袱和压力统统抖落在地，重重地踩在脚下。我们在生活中遇到的每一个挫折、每一次打击，都将是我们通往成功路上的垫脚石。在以后的工作中，我将会和大家一起去抖落身上的尘土，为公司的发展奉献出我们的每一份力量。所以请大家相信我，也相信你们自己。我们都会成功的！"

一个经典而富有哲理的故事，不仅轻松打开了社交的僵局，还鼓舞了大家的士气。

彼得·古博在《会讲才会赢》一书中这样写道："数据、幻灯片或堆满数字的表格，并不能激发人们采取行动。打动人的是情感，而要使人们对你设置的议程产生情感联系，最好的方式便是以'很久以前'开头。"

讲故事是人类所知最古老的沟通方式之一，可以为听众提供他们愿意听的内容。同时，说话者也可以借此从听众那里获得想要的东西。

一名股票销售员去客户家拜访，这位客户非常顽固，不管销售员怎么推销，就是不为所动。于是，销售员灵机一动，讲了这样一个故事：

有一个富翁要出国旅游，就叫了仆人们来，把他的家业交给他们。

由于每个人的能力不同，富翁给他们银子的数量也不同。一个给了五千，一个给了两千，一个给了一千。他说："管理好我的财产。"就去国外了。

领到五千两银子的那个人心思活泛，马上拿去做买卖，另外赚了五千。领两千两的那个也不甘落后，同样赚了两千。但领一千两的人，却挖个洞，把主人的银子藏起来了。

几年后，富翁回来了，把仆人们叫到面前算账。领到五千的那个人，连本带利把一万两银子交给主人，说"您交给我五千银子，请看！我又赚了五千。"主人说："好！这件事你办得不错，以后我会把更重要的事交给你，你可以进来与我同乐。"

领两千两的人说："主人啊！您交给了我两千银子，我也赚了一倍。"主人说："好！你在我委派的小事上忠心，我以后会让你参与到我的生意中来，你也可以进来与我同乐。"

领一千两的人也来说："主人啊！我知道您一向非常严厉，所以我就没敢动您给的银子，而是把它们偷偷埋起来了，现在您拿去吧。"主人回答说："你这个又坏又懒的家伙！你应当把我的银子放给兑换银钱的人，到我回来的时候，可以连本带利收回。"于是，主人夺过了那一千两银子，把仆人赶走了。

故事讲完了，销售员语重心长地说："《圣经》里写道：'因为凡有的，还要加倍给他，叫他富足有余；没有的，连他所有的，也要夺过来。'钱要是闲置起来，就是一堆废纸；只有把它放到正确的位置上，它才会发挥出应有的价值。您愿意做那个富翁的第几个仆人呢？"

客户听了这个故事后，感触良多，最终买了销售员的产品。

在这个碎片化的时代，人们常常被信息的海洋所淹没，在语言的沟通上，如果没有吸引力，就很难进行下去，所以我们需要学会提炼自己的语言，增强自己的沟通能力，而一个意味深长的故事就好比一件救生衣，能让我们从虚假、不被信任的汪洋大海中解脱出来，游向成功的彼岸。

有条有理，把话说到点子上

世界上所有的沟通，最终都是为了交流感情和想法，这要求我们说话必须条理分明，层次清晰。

民国年间，军阀混战，斗大的字不识一升的韩复榘担任山东省政府主席。虽然此人胸无点墨，却喜欢附庸风雅，充当文化人，因此闹出了许多笑话。他在齐鲁大学的一次演讲，堪称奇文：

诸位、各位、在齐位：今天是什么天气，今天就是演讲的天气。来宾十分茂盛，敝人也实在感冒。开会的人来齐了没有？看样子大体有五分之八啦，来到的不说，没来的把手举起来！很好，都来了！

今天兄弟召集大家，来训一训，兄弟有说得不对的，大家应该相互谅解。你们是文化人，都是大学生、中学生、留洋生。你们这些乌合之众是科学科的，化学化的，都懂得七八国英文，兄弟我是大老粗，连中国的英文都不懂。你们是笔筒里爬出来的，兄弟我是炮筒里钻出来的。今天来这里讲话，真使我蓬荜生辉，感恩戴德。其实，我没有资格给你们讲话，讲起来嘛，就像……就像……对了，就像对牛弹琴。

今天，不准备多讲，先讲三个纲目。蒋委员长的新生活运动，兄弟我举双手赞成。就一条，"行人靠右走"着实不妥，实在太糊涂了。大家想想，行人都靠右走，那左边留给谁呢？还有件事，兄弟我想不通：外国人都在北京的东交民巷建了大使馆，就缺我们中国的。我们中国为什么不在那儿也建个大使馆？说来说去，中国人真是太软弱了！第三个纲目，学生篮球赛，肯定是总务长贪污了。那学校为什么会那么穷酸？十来个人穿着裤衩抢一个球，像什么样？多不雅观。明天到我公馆领笔钱，多买几个球，一人发一个，省得再你争我抢的。

今天这里没有外人，也没有坏人，所以我想告诉大家三个机密：第一个机密暂时不能告诉大家，第二个机密的内容跟第一个机密一个样，第三个机密前面两点已经讲了，今天的演讲就到这里，谢谢诸位。

这是一篇语法不通、逻辑混乱、令人捧腹的演讲，其真实性有待考证。可是回过头来想想，我们身边是不是也有这样的人呢？

说话没有逻辑的人，往往容易抓住芝麻丢了西瓜。在听别人谈话或看一篇文章时，也经常只注意到某一句话，某一个词，并且在回应的时候也只是死抠这些细节。结果便是眉毛胡子一把抓，听者别扭，说者难受。

因此，我们在与人沟通时，叙事一定要层次清晰，条理分明，主旨突出。哪些话应该在前面说，哪些话应该在后面说，哪些是重点，哪些是细枝末节，中心如何突出，都要安排得合理恰当。

公元前630年，秦国和晋国相约联合攻打郑国。郑国受到两翼包抄，秦军驻扎在郑国都城的东边，晋军驻扎在郑国都城的西边。国家生死存亡之际，郑文公连夜召集文武百官商量对策。

有个大臣建言说："如今我们腹背受敌，当真是危如累卵。但是，只要我们能够说服秦国退兵，剩下的敌人只有晋国，那么我国就能够转危为安。"

郑文公急切地问他："那您觉得派谁去劝退秦军比较合适呢？"

大臣想了想说："烛之武大夫可以胜任。"

当晚，郑文公亲自将烛之武送到城楼上，并让士兵拿来一只大筐，让烛之武坐进筐中，缓缓地吊到城墙下。

烛之武直奔秦营，被士兵发现后，将他带到秦穆公帐中。

烛之武一见秦穆公，便失声痛哭。秦穆公看到他这样，便怒喝道："你是什么人？深更半夜跑来这里哭什么？"

烛之武说："我叫烛之武，是郑国大夫，哭我们郑国快要灭亡了。"

秦穆公说："郑国要亡国，你为什么到我们军营里哭呢？"

烛之武说："我也是为你们秦国而哭啊！"

秦穆公哭笑不得："你这是什么意思？我们秦国快要打败你们郑国了，为什么你还要来哭我们秦国呢？"

烛之武说："我们郑国的国土和秦国并不接壤。我们在东，你们在西，中间还隔着一个晋国。到时候，即便我们郑国被灭，也只能被晋国占领，秦国捞不到半点好处。那时候，晋国就会比以前更加强大。你们损兵折将，到头来只是为别人做嫁衣，这是明智之举吗？况且，晋国的侵略野心哪里有满足的日子，它东边灭了郑国，难道就不想向西边的秦国扩张了吗？"

听了烛之武的话，秦穆公茅塞顿开，说："你说得对。"

烛之武接着说："如果您同意马上撤兵，我们郑国从此一定非常感激秦国，贵国使者在东方道上往来经过的时候，我们郑国一定尽东道主的责任，好好招待贵国的贵宾，希望您能好好地考虑这件事情！"

秦穆公思量再三，觉得烛之武说得有道理，于是答应立即撤兵，并和烛之武歃血立盟。秦军当夜就悄悄班师回国，还留下杞子、逢孙、杨孙三位将军，带领两千秦兵，帮助郑国抵御晋国。后来，晋文公看到秦穆公不辞而别，只得也下令撤军。郑国转危为安。

在这一历史故事中，烛之武的劝说是层层递进、步步深入的。一是站在秦国的立场上说话，让对方心生好感；二是说明一旦郑国亡国，得益的只有晋国，秦国捞不到半点便宜；三是陈述保存郑国对秦国有好处；四是从晋国的本性出发，说明晋国过河拆桥、忘恩负义，并分析晋国贪得无厌，从而使秦穆公意识到晋强会危秦。经过这样一番对秦、晋、郑三者之间"利害"关系深入细致的剖析，烛之武终于说动了秦穆公。

要想把话说到点子上，就要在说话前理清思路和线索，有条有理，言之有物，集中主题，避免过多的枝枝蔓蔓。在关键的环节要说得尽可能详细，其他不必要的地方一语带过即可。我们交流的目的是让人听懂、听清楚，如果你语无伦次、左一句右一句，句句不在点上，再聪明的人听的也是"脑袋一盆糨糊"。

用数据和事实说话

每一个行业都会有自己的数据，但很少有人在与人沟通时把这些数据变得有意义。俗话说："事实胜于雄辩。"相对于苍白的语言，数据有它独特的魅力，它能使你的话更权威、更专业、更精准，还能给人以最基本的信任感。

厨房用品推销员戴尔·拉米雷斯曾碰到过一个"老顽固"。一见面，那个"老顽固"就直接告诉戴尔·拉米雷斯，即使他的炊具再好他也不会买。

戴尔·拉米雷斯不甘心，第二天又专门去拜访了这个"老顽固"。当他见到这位"老顽固"时，便从身上掏出一张1美元，当着这位"老顽固"的面撕了，撕完之后问这位"老顽固"是否心疼。"老顽固"说："虽然你把1美元白白地撕掉了，但你撕的是你的钱，我怎么会心疼呢？"接着，戴尔·拉米雷斯又掏出一张20美元的钞票撕了，撕完之后问："你还心疼吗？"老人说："我不心疼，那是你的钱，如果你愿意你就撕吧！"

戴尔·拉米雷斯笑着说："我撕的不是我的钱，而是你的钱呀。""老顽固"摸不到头脑，问道："你撕的怎么是我的钱呢？"这时戴尔·拉米雷斯从身上掏出一个本子，在上面边写边说道："昨天你告诉我，你家里一共6口人，如果用我们公司的厨具，每一天你可以节燃1美元钱，是不是？"老人说："是的！但那有什么关系呢？"

戴尔·拉米雷斯继续说："咱们算一笔账，我们不说一天节约1美元，就按每天5美分来计算。一年有365天，我们就按360天计算。你昨天说你已经结婚23年了，就按20年计算吧。这就是说在过去的20年里你没有用我的厨具，这样你就白白浪费了3600美元，难道你还想在未来的20年里再撕掉3600美元吗？"

这一串数据让"老顽固"大吃一惊，他毫不犹豫地买下了戴尔·拉米雷斯的厨具。

"哈佛大学谈判项目"曾提出过一种"原则谈判方式"，即根据事件本身的是非曲直来寻求解决方案，强调把人和事分开，摆事实、讲数据，以理服人。用数据和事实说话，就是用真实的数据和事实说真实的话。用数据和事实说话的过程，就是不断求真、持续务实的过程。

美国口才大王戴尔·卡耐基租下了纽约一家酒店的大礼堂，租金是每季度1000美元，每季度花20个晚上讲授社交训练课程。

有一天，该酒店的经理告诉卡耐基，租金涨了，要他支付比原来多3倍的租金。听到这个消息的时候，卡耐基早已把入场券印好，而且发出去了，其他准备开课的事宜都已办妥。怎么办呢？经过仔细考虑，两天以后，卡耐基去找经理。

卡耐基一见面就告诉经理："当我接到这个通知的时候，心里无比震惊。当然，这也不能怪你，因为如果我在你的位置上，也会这么做的。你是这家酒店的经理，你的责任是让旅馆尽可能地多盈利。你不这么做的话，你的经理职位就难保住，也不应该保得住。假如你坚持要增加租金，那么让我们来合计一下，这样对你有利还是不利。"

"好的一面是，"卡耐基说，"如果你们把大礼堂租给办舞会、晚会的，那你可以获大利了。因为举行这类活动的时间都很短，每天一次，每次就可以赚200美元，20晚就是4000美元，租给我，显然你们赔了。"

"接下来，我们来谈一谈'坏'的一面。你们提出将租金上涨3倍，我显然就租不起了，没办法，我只好找别的地方举办训练班。"卡耐基说，"但你们想过没有，我们举办的这个训练班将吸引成千的有文化、受过教育的中上层管理人员到你的酒店来听课，对你来说，这难道不是起到了不花钱的广告作用了吗？事实上，假如你花5000美元在报纸上登广告，你也不可能邀请到这么多人亲自到你的酒店来参观，可我的训练班给你邀请来了。这难道不合算吗？请仔细考虑后再答复我。"讲完后，卡耐基告辞了。当然，最后经理让步了。

数据本不会说话，但是面对不同的人时，就会发出不同的声音。"口说无凭"，要想让自己的语言变得有重量，就必须扎扎实实地做好基本功，用数据和事实说话。

如果你是一名销售员，在面对客户时，不防这样跟对方说："截至今年年底，我们已经卖出去了900件产品。""我们的产品在某网站的好评度是99%。""我们已经对全国超过1000名的使用者进行了连续一个月的跟踪调查，没有出现任何的质量问题。"……

　　对任何行业的人而言，脱离了数据和事实的交谈都不会给人留下深刻的印象。只有在交谈时充分运用数据和事实，并结合对方熟悉的事物来讲解的时候，交谈才会变得更加真实、具体，更具有说服力，才能够一击必中。

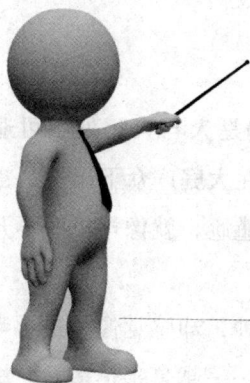

第五章

言之有"趣"：在笑声
中解决问题

幽默可以化解尴尬与矛盾

没有人会喜欢尴尬的场面，可这偏偏是人与人相处不可避免的窘境。跟别人初次见面喊错了名字、在大庭广众下出丑、被别有居心的人当众刁难……生活中躲不开尴尬，就像司机躲不开红灯。

尴尬的厉害之处，在于明明过了几秒钟，却感觉像是过了半个世纪，面红耳赤、手心出汗、大脑空白……越是害怕尴尬，尴尬就越是紧紧贴着你。

要想成功地化解尴尬，需要针对实际情况，灵活对待。或用轻松诙谐的语言来进行调侃，一笑置之；或层层剥茧，指出尴尬的源头，轻松化解；或故意歪曲对方的意思，创造出一种愉快的气氛，化干戈为玉帛。

爱尔兰著名的戏剧家萧伯纳身材瘦削，但他有着机智的应变能力、诙谐的言辞和爽朗的性格。有一次，一位大腹便便的商人碰到了萧伯纳。商人想借机嘲讽他，便说："人们看见你，就知道世界上正在闹饥荒。"萧伯纳笑着说："人们看见你，就知道闹饥荒的原因了。"虽然萧伯纳只是在这位商人的原话里加上几个字，但这样一改，就把他唯利是图、为富不仁、奸诈狡猾的面目刻画得淋漓尽致。这样的"妙答"真是大快人心。

还有一次，萧伯纳正在街上散步，忽然被一个骑车的年轻人撞倒了。年轻人显然认识萧伯纳，吓得说不出话来。只见萧伯纳站起来拍拍自己身上的灰土，以一种惋惜的神情对骑车人摇头说道："年轻人，我看你运气还不是太好，你要是把我撞死了，就可以名扬四海了！"一场虚惊就这样被他化解于无形之中。

萧伯纳的故事启示我们：当你遇到别人存心刁难或尴尬的场面时，最好的办法是用平和的心态，举重若轻地幽默一番，巧妙地化解尴尬。

富兰克林·罗斯福曾说："幽默是人际沟通的洗涤剂。幽默能使激化的矛盾变得缓和，从而避免出现令人难堪的场面，化解双方的对立情绪，使问题更好地解决。"在生活中，难免会发生一些冲撞、矛盾或尴尬，这时候如果能来点幽默，就可以很快地调节气氛，化解尴尬。

1943年，第二次世界大战已经进入尾声。当年11月份，中国、英国和美国三国政府首脑在埃及开罗举行讨论制定联合对日作战计划和解决远东问题的国际会议。

有一天，美国总统罗斯福因为有事要找丘吉尔商量，所以急匆匆地驱车来到了丘吉尔的住地。

开罗是世界著名的"火炉"，11月份依旧酷热难耐，尤其是白天，气温常常超过摄氏四十度。所以，丘吉尔喜欢整天把自己泡在浴缸中。

罗斯福赶到后，听到房间里传出了丘吉尔的歌声。于是，罗斯福顺着歌声找了过去，撞见了躺在浴缸中一丝不挂的丘吉尔。

这一幕令两个大国的元首无比尴尬，为了打破僵局，罗斯福马上开口道："我有急事找你商谈，这下可好了，我们这次真的能够坦诚相见了。"

丘吉尔听完罗斯福的话笑了笑，在浴缸中泰然自若地说："总统先生，在这样的情形下，你应该可以相信，我对你真的是毫无隐瞒的。"

两位伟大人物的幽默对话，不仅轻松地化解了人际关系危机，还被传为美谈。

在这个多变的社会里，当面对尴尬时会产生出三种人。第三等人缺乏处理尴尬的智慧，常常因为尴尬而恼羞成怒，与人发生冲突；第二等人心智平和，虽然脸面无光，但还是忍住怒气保持修养笑脸迎人；第一等人则懂得巧妙地将尴尬轻轻带过，让危机变转机，使人敬佩他的智慧与风度。

事实上，处于尴尬的境地时，无论是名人还是普通人，只要你运用一点小幽默，或自嘲或借力打力，都可以让你迅速摆脱尴尬，让彼此相处变得容易起来。其实，当你在别人面前展现幽默的一面时，对方也察觉到了你身上一种别样的吸引力。这就是幽默的超级效用。

"包袱"抖得响，聊天效果佳

"抖包袱"是一个相声术语，意为"揭示事先埋下的伏笔，制造喜剧效果，以笑料逗乐听众"。同理，若能将"抖包袱"的技法融入到社交聊天中，不仅能增强聊天的生动性、形象性及趣味性，还能牢牢吸引住对方。

真正的社交大师，往往会在不知不觉中，给聊天包袱里一样一样地装东西，待到时机成熟，突然把"包袱"抖开，给人灵光乍现之感。

20世纪初，有个美国商人去法国倒卖香烟，在巴黎的一条街道上大肆渲染抽烟的好处。突然，有一个老人从听众中间走了出来，径直向台前走去。这位商人吃了一惊。老人在台上站定后，大声说："女士们，先生们，对于抽烟的好处，除了这位先生刚才讲的以外，还有另外三大好处！"

美国商人一听两眼放光，马上向老人道谢："您说得太对了！看您老出口不凡，肯定是学识渊博，还请您把抽烟的三大好处讲给大家听听吧！"

老人笑了笑，接着缓缓说道："第一，抽烟的人不怕狗，因为狗一见抽烟的人就连忙逃走。"台下传来窃窃私语，只有商人暗暗高兴。"第二，抽烟的人不怕小偷，因为小偷不敢偷抽烟者的东西。"台下连连称奇，商人更加高兴。"第三，抽烟的人不会变老。"听众们个个都觉得奇怪，商人更是喜不自禁。被吊足了好奇心的人们要求老人解释一番，老人摆一摆手，说："请安静，我给大家解释解释！"那个美国商人更是急不可耐，说："老先生，您就赶快讲吧！"

老人清了清嗓子，解释开来："第一，抽烟的人大多驼背，狗一看到他们还以为是在弯腰捡石头打它呢，你说它能不逃走吗？"台下一阵哄笑，商人心里一凉，心想"坏了"。"第二，抽烟的人夜里总是咳嗽连连，小偷进他家还以为他没睡着，所以不敢去偷他的东西。"台下又是一阵大笑，商人大汗直冒。"第三，抽烟的人命短，所以没有机会活到老。"台下仍是一阵哄堂大笑。而就在此时，大家发现，那位美国商人已经溜走了。

老人的话一波三折、妙趣横生，既婉转地批评了这个利欲熏心的商人，又让观众意识到了抽烟的危害，可谓一举两得。

"包袱"抖得响，聊天效果佳，社交能力强。一个幽默风趣、会"抖包袱"的人，不管是人际沟通、商业谈判、职场演说，还是谈情说爱，都会让人们刮目相看。不管在什么地方都有机会成为人们所关注的焦点。

日本的销售天才原一平天生是个矮个子，身高只有1.45米。他曾为此非常苦恼，但后来慢慢想通了，意识到遗传基因是难以改变的，克服矮小的最佳办法就是坦然接受，然后设法将这缺点转化成为优点。

有一次，上司高木金次告诉原一平："身材高大的人，看起来相貌堂堂，在访问时较易获得别人的好感；身体矮小的人，在这方面要吃大亏。你我都是身材矮小的人，所以必须要学会拿身材开玩笑。"

高木金次的这番话让原一平深受启发。从那时起，他就以独特的矮身材，配上他精心设计的"包袱"，在销售工作中，经常逗得大家哈哈大笑，觉得他可爱可亲。比如他登门向人家推销人寿保险业务时，经常有以下一番对话：

"你好！我叫原一平，是明治保险公司的保险员。"

"喔！明治保险公司，你们的人前几天还来过，我最讨厌你们这些保险员了，上次来的人就在我这儿吃了闭门羹！"

"是吗？不过，我比上次那位同事看起来顺眼多了吧！"原一平一脸正经地说。

"什么？上次那个老兄长得高大魁梧，哈哈，比你好看多了。"

"你这话不对啊！矮个子的人都是好人，辣椒是越小越辣嘛。俗话不也说人越矮，俏姑娘越爱吗？这话可不是我发明的啊！"

"哈哈，你这人真有意思。"

就这样，通过精心设计的"包袱"，客户很快就和原一平消除了隔阂，还给对方留下了深刻的印象，生意往往就这样做成了。

古语云："文似看山不喜平。"聊天也是如此，只有内容轻松，情节跌宕，层层推进，看似"山重水复"，忽而"柳暗花明"，才会动人心弦，摄人心魄。

一个典型的"包袱"，一般都通过制造悬念、渲染悬念、出现反转、产生突变等几个环节构成，将客观中带喜剧性的因素通过一个个大反转表现出来，使听话者获得精神上的愉悦，呈现出笑的情感反映。

"抖包袱"最忌急于求成，需慢慢加热，如果你迫不及待地想要把结果说出来，那就只能像大火煮饺子一样，饺子皮破了，吃到嘴里的也不是美味。所以，我们在使用"抖包袱"这一手段时一定要娓娓道来，不疾不徐，在关键一刻打开"包袱"，从而取得预期的效果。

懂得自嘲，才叫幽默

"自嘲"就是充满自信的"自我嘲讽"。在我们与他人交谈的时候，自嘲与其说是出于无奈，倒不妨把它看作是一种交际的智慧。

自嘲是语言艺术中的一个较高的境界，想要变得幽默的话，先要学会开自己的玩笑，如果你连自己的玩笑都开不起的话，就不可能给身边的人带来欢乐。自嘲是缺乏自信者不敢使用的方法，因为它调侃的是自己，基础是自信。

古今中外，许多著名的人物，都以自嘲来达到圆满的沟通效果。

一次，"童话大王"郑渊洁接受采访时，记者问他："您为什么选择写童话？"郑渊洁说："我是懦夫，不敢像刘胡兰那样为改变世界献身，就通过写童话逃避现实。"

记者又问："您为什么创办《童话大王》月刊？"郑渊洁回答道："我心胸特别狭窄，已经狭窄到不能容忍和别的作家在同一报刊上'同床共枕'。"

记者说："您一个人将《童话大王》月刊写了20年，真是太不可思议了。"郑渊洁淡然一笑："这是懒惰的表现。写一本月刊写了20年都不思易帜，懒得不可救药。"

记者最后问道："如果让你给自己写墓志铭，你怎么写？"郑渊洁回答得更绝："一个著作等身的文盲葬于此。"

面对记者的提问，"童话大王"郑渊洁不走寻常路，而是通过一番自嘲来回答，说自己是"懦夫""心胸特别狭窄""懒得不可救药""一个著作等身的文盲"。这种别开生面的回答，不仅表现出了他投身童话事业的决心，也从侧面反映了他面对荣誉及成绩的淡泊和谦虚。

孔子带领弟子们周游列国，在郑国不小心与弟子们走散了，便一个人站在城池的门口等候。弟子们找不到老师，都十分着急，子贡逢人便打听自己老师的下落。

一个郑国人告诉子贡："城门口有一个人，他的额头像唐尧，脖子像皋陶，肩膀像郑子产，可是从腰部以下和大禹差三寸，一副狼狈不堪、无精打采的样子，真像一条丧家狗。"

子贡听完后，觉得对方说的极有可能就是自己的老师。赶到那里一看，孔子果然在那里等着大家。子贡把原话如实地告诉了孔子。孔子非但没有生气，还哈哈大笑道："他形容我的相貌，不一定对，但说我像条丧家狗，对极了！对极了！"

面对这个郑国人的嘲讽，孔子不仅不予计较，反而幽默地自嘲为"丧家之犬"，这是一种豁达的气度，也是一种异于常人的自信。

鲁迅先生有首家喻户晓的《自嘲》诗："运交华盖欲何求，未敢翻身已碰头。破帽遮颜过闹市，漏船载酒泛中流。横眉冷对千夫指，俯首甘为孺子牛。躲进小楼成一统，管他冬夏与春秋。"自嘲就是"自我开炮"，自我嘲笑，在自己笑的同时，也会让别人快乐。一件看起来充满缺憾的事情，用自嘲的方式说出来，反而充满高昂的喜感。

自嘲时，往往意味着"其实我也一般般，并没有什么特别之处"的低姿态，给别人以"这人比较好相处"的亲近感。但是我们要记得，自嘲的目的是良好的沟通，讲究适时适度，切不可不看情境，盲目贬低自己，否则，只会适得其反。

把握开玩笑的尺度，不要幽默过了头

懂得幽默的人，能让人在一片欢笑声中加深对他的印象，并对他产生亲近感。在出现意外分歧的时候，幽默通常可以成为紧张局面的缓冲剂，使双方之间消除敌意，化干戈为玉帛。

但是，任何事物都有一个"度"，幽默调侃也不例外，它也遵循着"物极必反"的道理。作为语言的传播者，我们更应该慎重而恰当地把握好幽默语言的"度"，千万不要把玩笑开得过火。如果玩笑话让人觉得受嘲弄，那就过了，弄不好还会产生矛盾，适得其反。

美国总统里根的玩笑就曾经开过了。1984年，时任美国总统的里根在一次电台讲话前想测试一下音响是否正常，于是便对着麦克风开玩笑说："我亲爱的美国人民，今天我十分高兴地告诉你们，我已经签署了一项将永远取缔苏联的法案，我们将在5分钟之后对苏联进行轰炸。"

演员出身的里根一向非常善于运用幽默技巧，但这次内容敏感的幽默却给他捅了篓子，引起了一场轩然大波，苏联甚至因此向美国提出了外交抗议。

中央电视台栏目《艺术人生》的主持人朱军说过："娱乐是

娱心，不是娱人。不能把低俗当作幽默。也不能在节目中拼命挖掘明星的隐私。到《艺术人生》里做客的嘉宾虽然都会道出自己的隐私，比如初恋、最冒失的事，但这些都是嘉宾自己诉说的，且主持人的引导也很善意。"

俗话说："人上一百，形形色色。"生活和工作中都需要一些玩笑来活跃气氛，但是开玩笑一定要把握好尺度，掌握好分寸。语言具有极强的威力，话一出口便覆水难收。所以，无论在任何时候，我们都要谨记，千万不要幽默过了头，否则到头来吃亏的只有自己。

宋朝大才子黄庭坚，堪称诗书画"三绝"，与当时的苏东坡齐名，人称"苏黄"。他满腹经纶，幽默风趣，尤喜开玩笑，有时甚至同自己的老师苏轼也开玩笑，在同僚中是著名的"疯子"。也正是由于开玩笑，黄庭坚曾断送了自己大好的前程。

黄庭坚在中央官学国子监工作的时候，有个同僚叫赵挺之。此人是著名女词人李清照的公公、金石收藏家赵明诚的父亲。但跟儿子不同，赵挺之的心胸狭窄，是个权欲熏心的政客，黄庭坚一直看不起他，并常常借机嘲讽他。

当时，黄庭坚等人都在一起用餐，每天用餐前，厨师都要来请示食谱。黄庭坚很讲究美食，每次都要点一大堆菜。而赵挺之不大讲究吃喝，常常操着山东口音大声说："来日吃蒸饼。"

一天，国子监同僚在一起行酒令，黄庭坚出题：讲五个字一句话，前两字合为第三字，再加第四字，合成第五字。第一个人说"戊丁成皿盛"；接着又有人说"王白珀石碧"；然后再有人说"里予野土墅"。到了赵挺之，挖空心思才想了个"禾女委鬼魏"。话音未落，黄庭坚脱口而出："来（來）力敕（勑）正整！"听字音，很像是用山东方言说"来日吃蒸饼"！弄得赵挺之下不来台，却又不好当场发作。

又有一次，赵挺之跟同僚们聊天时说："我们山东人非常重视文化，替人写一篇文稿，人家往往推一车的礼物相赠。"黄庭坚马上揪住话头说："估计都是些萝卜、酱瓜之类吧？"赵挺之恨得牙根痒痒，从此就和黄庭坚结下了怨仇。

黄庭坚性情洒脱，常常外出游历。有一次，荆州刺史邀请他为承天寺新建的佛塔写篇《承天院塔记》。写完后，黄庭坚顺手签了名，并把荆州刺史的名字也写上了。一个叫陈举的官员见状，就想请黄庭坚捎带把自己的名字也写上，刻下来后好留名后世。黄庭坚不喜此人平时的为人，便没搭理他。陈举是个睚眦必报的小人，在黄庭坚这儿碰了钉子后，就给朝廷写了一封举报信，说黄庭坚的碑文诽谤政府。当时赵挺之已经升任为宰相了，接到举报后，他如获至宝，憋了多年的仇终于可以报了，借这个由头一下子把黄庭坚发配到瘴疠遍地的广西宜州。

崇宁四年，宜州高温连连，直到秋末才下了一场小雨。这日，黄庭坚心情极佳，登上高楼一边观雨一边饮酒。微醺之际，他坐在胡床上，把赤着的脚丫伸到栏杆外感受雨滴的清凉。

迷蒙之间，黄庭坚对来访的朋友范寥说："吾平生无此快也！"没过多久，这个诗书画"三绝"的大才子便溘然长逝了。

一代名家命丧宵小之手，这跟他个性要强、言辞无礼、玩笑无度有很大的关系。其悲剧留给后人的警示，也是弥足珍贵的。

由此可见，幽默是一把双刃剑，运用得当，可以给你的人品增光添彩，但若不分场合和对象，一味乱搞笑，乱幽默，往往会坏了大事。

把握幽默的"度"是一个高难度的语言动作，就如同走钢丝一样，稍有不慎便会粉身碎骨。所以，我们在运用幽默的时候，一定要把握最佳尺度，更不能拿对方的种族、宗教信仰及身体缺陷来开玩笑，因为这会严重伤及对方的自尊，使双方的关系跌落到冰点，甚至还会引祸上身。

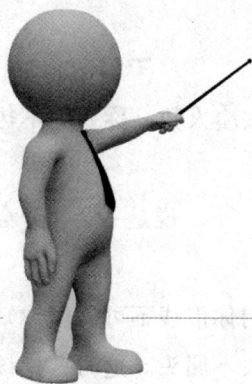

第六章

言之有"度"：你可以
说"不"

别让"不好意思"害了你

朋友晚上打麻将"三缺一",邀请你去凑人数,你一向不热衷此道,该如何回复?

同事在煲电话粥,求你帮忙把PPT美化一下,说是一会儿开会要用,你做还是不做?

一个仅有几面之缘的人缠住你,非要向你借钱不可,但你知道,钱一旦借给他便是肉包子打狗———一去不回头。这时,你该如何拒绝他?

无论是在生活中还是职场上,诸如此类的请求比比皆是,你通常都是如何应对的呢?

无论是中国人还是外国人,在拒绝别人时都很容易产生一种"不好意思"的心理。在这种心理的制约下,很多人往往戴着假面具生活,不仅活得很累,而且还丢失了自我,常常后悔不已;又常常因为难于摆脱这种"无力拒绝症",而感到自责、自卑。

贝纳是美国普林斯顿大学的寄宿生,每个月家里都会给她600美元的生活费。在当时,这是一笔不菲的财富,可是对于贝纳来说却远远不够,因为每次同学邀请她参加生日派对,她总是不好意思说"不"。

有一天，贝纳的姑妈来学校看望她，两人在街上逛了一上午，姑妈提议去餐厅吃饭。马上要到月底了，可怜的贝纳身上只剩下50美元，但是她怎样也无法拒绝姑妈的好意。

贝纳打算带姑妈去一家便宜的小快餐店，在那儿每人花上10美元就可以吃顿很丰盛的午饭。这样一来，用剩下的钱她就可以勉强地维持到月底了。

贝纳领着姑妈朝那家快餐店的方向走去，突然姑妈在一家高档的咖啡厅前停住了。她激动地说："我常听朋友说起这家咖啡厅，在这儿享受一顿午餐肯定是一个不错的选择。"

"是吗？既然您喜欢的话，那我们就去这家咖啡厅吃饭吧。"贝纳微笑着说。是的，她总不能对姑妈说"我身上快没钱了，咱们还是去那家档次比较低的快餐店吧"。

两人刚一落座，服务员就拿过来一份制作精美的菜单，姑妈认认真真地看了一遍说："你认为这份菜怎么样，好像是这家店的特色菜哦！"

贝纳看了一眼，原来那是一道特色澳洲牛柳，标价20美元，是菜单上最贵的菜。贝纳点了点头，随即给自己点了一道鸡蛋布丁，这是菜单上最便宜的菜，只要10美元。然后贝纳在心里默默地念道："还剩下20美元，不，19美元，因为还要给那个女服务员1美元的小费呢！但是，没有关系，只要稍微借那么一点就可以坚持到月底了。"

两人正在用餐间隙，服务员走过来问："两位女士，还需要点什么吗？本店的醋椒火鸡也很不错的哦！而且价钱也不贵，20美元就可以了。"

"可以吗？"姑妈投来了询问的眼神。贝纳又一次无可奈何地点了点头。

两人吃完饭结账的时候，贝纳在盘子里放上了她仅剩的50美元，她身上已经掏不出钱来给服务员小费了。

"这是你全部的生活费吗？"姑妈似笑非笑地问。

"是的，姑妈。"

"你真是个好孩子，居然用全部的生活费请我吃了这么一顿丰盛的午餐，我很感动，孩子。可是，你真是太傻了啊！"

贝纳没有说话。

"知道吗，贝纳，今天是我吃得最多的一顿，胃都快受不了了。其实，在平常的时候，我的午餐仅仅是一小块面包而已，至多再加上一杯牛奶。"姑妈语重心长地说，"孩子，你要学会说'不'，千万别让'不好意思'害了你。"不用说，这顿饭钱最后是姑妈付的，而且她还给了贝纳60美元做礼物。

日本的一位教授曾说过："央求人固然是一件难事，而当别人央求你，你又不得不拒绝的时候，亦是叫人头痛万分的。因为每一个人都有自尊心，希望得到别人的重视，同时又不希望别人不愉快，因而，就难以说出拒绝之话了。"正是由于人们难以摆脱这种"无力拒绝症"，不仅活得很累，而且还丢失了自我。

其实，人生在世，爱或不爱，要或不要，接纳或拒绝，放弃或坚持，都应该完全遵循自己的内心。学会拒绝，就会远离痛苦，远离麻木。

在耶路撒冷，有一家名为"芬克斯"的酒吧。这酒吧很小，只有30平方米，他的经营者是一位名叫罗斯恰尔斯的犹太人。

有一天，罗斯恰尔斯接到一个电话，对方用非常和善的口吻说："我一会儿将带10个随从光顾你的酒吧，为了方便，你能谢绝其他的顾客吗？"罗斯恰尔斯毫不犹豫地说："我欢迎你们的到来，但要拒绝其他的顾客，这不可能。"

罗斯恰尔斯不知道的是，给他打电话的正是美国国务卿基辛格博士。当时，他的访问行程即将结束，在别人的推荐下，才打算到"芬克斯"酒吧的。基辛格无奈，只好表明自己的身份："我是出访中东的美国国务卿，我希望你能考虑一下我的要求。"罗斯恰尔斯依旧拒绝了对方的提议："先生，您愿意光临本店我深感荣幸，但是，因您的缘故而将其他人拒之门外，我无论如何也办不到。"基辛格听了后，摔掉了手中的电话。

第二天，基辛格的电话又打了过来，他首先对昨天的失礼表示道歉，并声明，这次只打算带3个人来，只订一桌，并且不必谢绝其他客人。罗斯恰尔斯说："非常感谢您，但我还是无法满足您的要求。"

基辛格感到大惑不解，问："为什么？"

罗斯恰尔斯说："对不起，先生，明天是星期六，本店休息。"

"可是，后天我就要离开这儿了，您能否破例一次呢？"

罗斯恰尔斯很有礼貌地告诉他："对我们犹太人来说，星期六是个非常神圣的日子，如果经营，那是对神的不敬，所以我不能答应您的要求。"

基辛格无计可施，只好带着遗憾离开了耶路撒冷，至今也没能在中东享受这家小酒吧的服务。

后来，"芬克斯"酒吧连续多年被美国《新闻周刊》列入世界最佳酒吧前十五名，因为人们在罗斯恰尔斯的身上看到了一种十分珍贵的品质，那就是：拒绝的勇气。

英国喜剧之王卓别林曾说：学会说"不"吧，那么你的生活将会美好得多！学会在适当的时候说"不"，既可减少因有求必应而产生的疲惫和压力，又可表现出人格的独特性，也不至于让自己在人际交往中陷于被动，这样生活就会变得轻松、潇洒些。

不懂拒绝，活得纠结

加西亚问父亲："您认为世界上最难说的是什么词？"

父亲回答说："有这样一个词，它只有两个字母，但是它却是世界上最难说的词！"

"只有两个字母！那是个什么词呢？"加西亚问。

"在所有的词汇里，我认为最难说的词是只有两个字母的'NO'！"

"这怎么可能？"加西亚喊道，"NO，NO，NO！这真是太容易了！"

"你现在觉得这个词很容易说，但以后你就慢慢不会这么想了！"

"这有什么难的？"加西亚显得很有信心，"NO，这就和呼吸一样容易。"

"真的吗？加西亚，我希望你能在该说这个字的时候，把它说出来！"

第二天，加西亚和往常一样去了学校。学校后面有一个不大但很深的池塘，冬天孩子们常在那里滑冰。

昨晚迎来了一场早雪，冰已经覆盖了整个湖面，但并不是很厚。男孩子们开心极了，一放学就相约跑到了池塘那儿，有几个已经走上了湖面。

"加西亚，快点来啊！就差你一个了！"伙伴们大声喊道。

加西亚犹豫不决，他觉得冰面并不结实。

"你在想什么？去年冰面也在一天之内就冻上了，我们还在上面滑了呢，难道你忘了？"

"去年的冬天比今年冷多了！"

"算了吧，我们别理这个胆小鬼了！"伙伴们讥笑道。

加西亚感觉自己的面子挂不住了，他激动地走上前去："我才不是胆小鬼呢！"慢慢地，越来越多的孩子们加入到"滑雪大军"中去，湖面上开始传来一阵"咔嚓"声。

突然，一个孩子惊恐地大喊道："冰裂了，冰裂了！"结果加西亚和另外两个孩子一起掉进了冰冷的湖水中。

当大人赶来将他们救出的时候，三个孩子都冻僵了。

晚上，加西亚喝了一碗热腾腾的粥，坐在火炉前，想起今天的一幕，兀自心有余悸。父亲问："为什么不听我的话，要到冰面上去，难道我没有警告过你那是很危险的吗？"

"我本来也不想去，可他们非逼着我上去。"加西亚低声地说。

父亲问："难道是他们几个抓住你的手，把你强拉上去的？"

"那倒没有，但他们嘲笑我是个胆小鬼。"加西亚回答。

"原来是这样啊！你为什么不拒绝呢？说个'NO'字，就一切问题都解决了！"父亲语重心长地说，"昨天你还信誓旦旦地告诉我'NO'是最容易说的，但你并没有做到，不是吗？"

加西亚回答不上来了，现在他终于明白了为什么最难说的词是"NO"了。

不管是在生活中还是工作中，有不少人就是因为不会说"不"，而买了不喜欢的衣服，花了不该花的钱，去了不该去的宴会……

有句话说得好："不懂拒绝就是成全别人恶心自己。"总是碍于面子，总怕得罪人，总是太在意自己在别人眼中的形象，当别人有求于自己的时候，总是不分青红皂白大包大揽，到头来，事情没办成，没达到取悦别人的目的，反而落下一身埋怨，里外不是人。

一天，一个小商贩从市集上花重金买回一头骡子。在跟商贩回家的途中，骡子非常高兴，心想：今后一定要努力干活，不能亏了主人买我的那些银子。

第一天，商贩给骡子背上放了两袋子米，让它驮给客人。骡子很轻松地完成了任务。

第二天，商贩将米增加到三袋子，骡子还是很轻松地将米送了出去。

第三天，商贩拿出了五袋子米，在放到骡子背上之前关切地问它："你扛得住吗？"骡子说："没问题。"

第四天，商贩在骡子的背上放了八袋子的米，骡子顿时打了一个趔趄。商贩问："还能扛得住么？"骡子吃力地说："没问题！"

到了第五天，商贩觉得这头骡子太任劳任怨了，于是一次就给骡子的背上放了十袋子的米。骡子大汗淋漓，蹒跚着往前走去，最后在半道上累死了。商贩埋怨骡子说："既然承受不住那么多的重量，为什么不懂得拒绝呢？"

为了取悦别人，赔上自己休息、娱乐甚至工作的时间，只为了换取对方一句真诚的感谢。不懂拒绝的人，其实是生了一种"不好意思"的病，把面子看得比天还大，内心却极度脆弱。一个完全不懂拒绝的人，也不可能赢得真正的尊重。

婉言拒绝才不伤人

　　在日常的社交生活中，面对他人的盛情邀请或无理要求时，一句简单的"不行，我没空"恐怕不能解决问题，因为这种方式太过于直接，往往会伤害到别人。

　　星云大师曾经说过："拒绝是一种艺术；不要随便地拒绝，不要无情地拒绝，不要傲慢地拒绝；要能委婉地拒绝，要有笑容地拒绝，要有代替地拒绝，要有出路地拒绝。"

　　一次，庄子正在濮水边悠哉悠哉地钓鱼，突然走过来两位衣着华贵的人。他们恭恭敬敬地对庄子说："先生，我们大王想请您到朝廷做官，你同意吗？"

　　庄子一向不热衷功名，但又觉得直截了当地拒绝有失礼貌，于是缓缓说道："我听说楚国有一只神龟，已死去三千多年了，楚王非常珍爱它，用精美的竹器盛着，上面还盖着极华贵的锦缎，高高地供在庙堂之上。我想请问两位大夫，这只神龟的地位高贵不？"

　　使者说："那当然了，没有别的动物能获得如此殊荣。"

　　庄子说："说到这儿我就有一点不明白了，请你们替我参详一下。对那只神龟来说，究竟是死了后被人供奉起来好呢？还是像生前那样快活地生活在泥里摇头摆尾好呢？"

两位使者听了立刻回答："当然是活着最重要啊！"

庄子听了也就立即答道："那么二位请回，我更愿做一只在泥塘里拖着尾巴爬行的龟！"

在我们这个习惯了中庸之道的国度里，简单地说个"不"字，那不叫拒绝。拒绝是要讲究技巧的，既能拒绝对方的不正当要求，又能很好地维护对方的自尊，方可称为完美的拒绝之术。

春秋时期，齐国的国君齐景公虽雄才大略，但又贪图享乐。一次，他的一匹爱马病死了，齐景公大怒，命人将养马的马倌抓了起来，要当众处死。

晏子看到这一情况后，并没有上前阻止，而是向景公作礼问道："君上，此人当真是罪大恶极，只可惜他现在都不知道自己犯了什么罪。不如让微臣替君王将他的罪状一一说明，也叫他知道自己所犯之罪，然后再交狱执行，好让他死得甘心，您觉得可以吗？"

齐景公一听，觉得晏子的话也不错，便答应了。

晏子于是走到那位马倌面前，大声训斥道："你犯有三条大罪：第一，君上让你养马，结果不小心，马病死了，就等于你杀了马，所以你应当被处死。第二，死的马是君上最爱的马，所以你罪责难逃。第三，君上因为一匹马就杀人，全国的百姓知道后，肯定会因此埋怨君王爱马胜于爱人；各地的诸侯如果听说此事，也会因此轻视我们的国家。但是追究原因，只是由于你把君王的马养死了，最后竟让百姓生怨，兵力削弱于邻国，更应当判处死刑。交付狱吏，执行死刑吧！"

　　齐景公听后惊出了一身冷汗，晏子所列举的这三条罪状条条都不足判养马倌死刑，并由此也影射到自己的过错，不由喟然长叹，对晏子说道："先生您就放过他吧！无论如何，也不能因此伤了我的仁德啊！"

　　晏子的话是明智的，他在拒绝的同时也维护了皇帝的尊严。拒绝，既然是对别人行为的一种否定，那么就应该考虑不要把话说绝。在有着含蓄文化传统的中国，赤膊上阵往往不受欢迎，因为它是一种不礼貌和无教养的表现，三国时期"许褚裸衣战马超"就是个活生生的例子。

　　从前，西域有个国王，他有一个美丽的公主，国王视她为掌上明珠。凡是公主喜欢的东西，国王都会想方设法为她找到。

　　一天，雨后初晴，公主带着婢女们在花园闲逛。忽然，公主的目光被荷花池中的奇观吸引住了。原来，池塘中的水经过蒸发，冒出了一颗颗晶莹透亮的气泡，非常漂亮。公主心想：如果把这些水泡串成花环，戴在头上，一定美丽极了！

　　她马上跑回宫中，将父王拉了过来，对着那一串串气泡说："父王，我知道您最疼我了，从小到大，无论我要什么东西，您都会想方设法替我找到。现在我要把池里的水泡串成花环，戴在头上。"

　　国王笑着说："我的傻孩子啊，水泡虽然好看，但终究是虚幻的东西，怎么能做成花环呢？不如我给你做一串珍珠花环吧！它可比水泡漂亮多了！"

　　公主开始哭闹起来："不要，我就要这些水泡做花环，如果父王不答应我，我就不活了。"

国王无奈，只好召集大臣们商量。他忧心忡忡地说："你们都是本国最有智慧的人，如果有人能用池塘中的水泡做成一串花环，我重重有赏！"

大臣们面面相觑，没有一个敢说话。

国王怒了："这么简单的事你们都束手无策，国家养你们干吗？"

这时，宰相走上前去，胸有成竹地说："陛下息怒，微臣倒是有一个办法。只是老臣我老眼昏花，实在分不清水池中的水泡，哪一颗比较均匀圆满，能否请公主亲自挑选，交给我来编串。"

公主听后，兴高采烈地拿起漏网去池中捞自己中意的水泡。谁知，刚一碰到水泡，它就刹那间破碎了。捞了半天，公主一颗水泡也捞不起来。此事只好作罢。

用水泡做花环，无异于水中捞月，根本就是天方夜谭。但在公主哭闹、国王盛怒之时，直接拒绝无疑是最愚蠢的行为，甚至可能会招致杀身之祸。所以，聪明的宰相运用了自己的智慧，通过委婉的方式让公主自己领悟到水泡是无法串成花环的。

英国哲学家阿瑟·赫尔普斯说："说出拒绝的理由时，别忘了为未来的索要留下某种余地。"与直突突的拒绝相比，婉言拒绝更能说服人，因为它在更大程度上顾全了被拒绝者的自尊。不管是庄子、晏子还是故事中的大臣，他们都懂得婉言拒绝的道理，不直接拒绝，而是在拒绝的话中裹上"糖衣炮弹"，既轻松地达成了目的，又给对方留足了面子，使双方都免受尴尬之苦。

让拒绝在笑声中发出威力

第二次世界大战前夕，罗斯福任美军的海军部部长时，曾设想在太平洋某岛秘密修建一座飞机场，用作海上跳板。

一位在媒体工作的朋友听闻此事后，跑过来问罗斯福："朋友，您打算在哪儿修这个基地，能告诉我吗？"

罗斯福微笑着看了看他，然后悄声问："您能保密吗？"

对方马上拍胸脯保证："能。"

"那么，我也能。"罗斯福笑着说。

哪里有幽默，哪里就有活跃乐观的气氛。所谓幽默拒绝法，是指在无法满足对方的要求时，使用幽默的语言，在轻松诙谐的语境中让对方听出弦外之音，以达到轻松拒绝的目的。

秦国的甘罗自幼聪明过人，他爷爷甘茂曾是当朝宰相。一天，秦王突发奇想，要吃公鸡下的蛋，命令满朝文武想法去找，要是三天内找不到，大家都得受罚。甘罗见爷爷急坏了，想出了个主意。

第二天一大早，甘罗说服爷爷留在家中，自己替爷爷上朝了。

秦王哭笑不得："小孩子跑到这里捣什么乱！你爷爷呢？"

甘罗不慌不忙地说："我爷爷正在家生孩子呢，所以我来替他上朝来了。"

秦王听了哈哈大笑："这孩子怎么胡说八道？男人家哪能生孩子？"

甘罗说："既然公鸡能下蛋，为什么男人不能生孩子？"

就这样，甘罗通过自己的聪明才智得体地拒绝了秦王，让秦王不得不放弃自己的无理要求。

幽默的回答在拒绝他人时，有着独特的优势，它不仅能在笑声中指出对方的错误观点或无理要求，而且还不伤及对方的面子，不会损伤彼此的感情，是人们在社交中经常采用的方法。

拿破仑说："我从不轻易承诺，因为承诺会变成不可自拔的错误。"如果自己能力达不到对方的要求，就要学会拒绝，碍于情面答应或随便夸下海口都是得不偿失的。但是，不管对中国人还是外国人来说，拒绝别人的话总是不好说出口，但拒绝的话经常又不得不说出口。这时不妨用幽默的方式说出拒绝的话，把对方遭到拒绝时的不愉快感擦掉。

鲁宾斯坦是俄国著名的钢琴家，有一次，他在巴黎举行演奏会，引起了很大反响。

一天，一位贵妇人找到他，对他说："尊敬的鲁宾斯坦先生，您真是个天才的钢琴家，我也去看你的钢琴演奏会，可是票房的票已经卖光了，您能帮我找一张门票吗？"

鲁宾斯坦被问住了，他手里也没票，却又不想给主办方添麻烦。但他也没有直接拒绝，因为直接拒绝可能会伤害这位贵妇人的面子。因此，他采用先承后转法，把拒绝间接化。

　　鲁宾斯坦平静地答道："非常遗憾，我手上也没有票。不过，在大厅里我有一个座位，如果您高兴……"

　　贵妇人一听兴奋异常："那么，这个位置在哪里？"

　　鲁宾斯坦笑着说："不难找——就在钢琴后面。"

　　在现实生活中，并不是所有的拒绝都可以凭借一句"NO"就能解决。怎么样才能在拒绝别人的同时又不让对方难堪呢？不妨往拒绝中加些幽默。

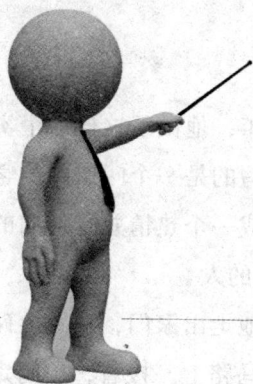

第七章

言之有"术"：心理学
与聊天艺术

首因效应：给对方留下良好的第一印象

洛钦斯是美国著名的心理学家。1957年，他做了这样一个实验。他用两段虚拟的故事做实验材料，描写的是一个叫詹姆的学生的生活片段。前一段故事中把詹姆描写成一个热情并且外向的人，后一段故事则把他写成一个冷淡而内向的人。

故事的上半段：早晨，詹姆容光焕发地走出家门，在路上碰见了他的两个朋友，一起走在充满阳光的马路上。接着，詹姆走进一家文具店，店里挤满了人，他一边等待着店员，一边和一个熟人聊天。在买好文具向外走的途中詹姆遇到了熟人，就停下来和朋友打招呼，后来告别了朋友就走向学校。在路上他又遇到了一个前天晚上刚认识的女孩子，他们说了几句话后就分手告别了。

故事的下半段：放学后，詹姆一个人走出校门，孤零零地走在回家的路上，路上阳光非常耀眼，詹姆走在马路阴凉的一边，他看见路上迎面而来的是前天晚上遇到过的那个漂亮的女孩。詹姆穿过马路进了一家饮食店，店里挤满了学生，他注意到那儿有几张熟悉的面孔，詹姆安静地等待着，直到引起柜台服务员的注意之后才买了饮料，他坐在一张靠墙边的椅子上喝着饮料，喝完之后就回家去了。

实验结果是，先呈现上半段再呈现下半段，有78%的人认为詹姆性格外向；先呈现后半段再呈现上半段则只有18%的人认为詹姆性格外向，63%认为其性格内向。结果说明了首先接受到的信息直接影响个体对他人的认识，即"首因效应"。

"首因效应"也叫第一印象，无论我们是去相亲、面试、见公婆还是去新公司上班，你身边的朋友常常会这样劝告你："要注意你给别人的第一印象！"很多情况下，两人以后交往的好坏，多半与其给对方留下的第一印象有很大的关系。

法兰克·贝格小时候生活清苦，父亲早早就离世了，为了维持生计，他11岁就到街角卖报，14岁到电机行打工。29岁，他进入美国信实人寿保险公司推销保险。一开始，他常常碰钉子，为此他非常沮丧，甚至认为自己不是干销售工作的料。

后来，信实人寿保险公司的一位金牌销售员告诉他："法兰克，你太不注重形象了，你看你，头发那么长，一点也不像个销售人员。你该理发了，每周都要去理一次，那样看上去才会有精神。你的领带也没有系好，衣服的颜色搭配得太不协调了，真该找个人好好请教一番了。"

"可我每个月就那么点收入，哪有多余的钱去给自己打扮呢？"法兰克·贝格辩解道。

"不，你错了！你这不是在省钱，而是在浪费钱。你知道你这样的形象会让你损失多少保单、失去多少业绩吗？你因此而失去的远远超过你用在改变形象上的钱。法兰克，你必须相信我，把自己的形象弄得好一点儿，我保证你的业绩会翻一番。"

法兰克·贝格听从了这位前辈的话，从此每周去理一次头发，甚至还专门去学如何搭配衣服的课程。这些虽然花费了他许多钱，但是结果正如那位前辈所说的那样，他的投资马上就赚回来了。

形象的改变为法兰克·贝格带来了可观的收益，在接下来的十二年，法兰克·贝格由惨败者一跃成为美国寿险推销冠军，成为全美国最成功、收入最高的销售员之一。

全国著名特级教师于永正曾给老师提过这样一个建议："第一节课，如果开头的一段话热情洋溢，板书的第一个字让学生为之赞叹，第一次朗读让学生为之感动，用丰富的表情和机灵的眼神吸引住学生，得体的幽默让孩子笑起来，充满爱意的一次抚摸让学生感到亲切，教学方法的变化让学生感到有趣，那么，你就成功了。"

其实，社交也是如此。研究表明，与一个人初次会面，45秒钟内就能产生第一印象。第一印象可以使一对男女一见钟情，第一印象也可以使两个人老死不相往来；第一印象可以使上司迅速决定录用你，第一印象也会让你的面试泡汤……

日本早稻田大学教育学系教授、著名的人际关系学家东清和曾说："用来形容对某人印象的基本词汇有五六十个，而形容第一印象的则只有五六个，因为第一印象只能用极表面的词语来形容。诸如令人讨厌、有智慧、漂亮、温柔、有干劲，等等。"

日本的"经营之神"松下幸之助早期的时候，十分不修边幅，头发总是乱糟糟的，衣服脏兮兮的，并且有许多褶皱，皮鞋也总是脏兮兮的。有一次，松下幸之助去理发馆理发，当理发师得知他就是大名鼎鼎的松下公司总裁时，先是惊讶得不知该说什么，过了一会儿就严肃地对松下幸之助说："您作为一个有名气的公司的老板，还这样不注意自己的外表，那让别人该怎么说呢？从这一点可以看到贵公司的形象，有损于公司名气。"

理发师的话让松下幸之助茅塞顿开，从此以后，他开始注重起自己的形象来，他的衣服总是整整齐齐，皮鞋亮锃锃，头发也梳得油光光的。外人与他打交道时，看到他整齐的装束与整洁的外貌，印象更加深刻了，也更加信任他了。

有位心理学家曾做过这样一个实验：分别让一位戴眼镜、手提公文包的青年学者，一位衣着华丽的漂亮女郎，一位挎着菜篮子、满脸疲惫的中年妇女，一位染着黄头发、穿着邋遢的男青年在公路边搭车。

实验目的是，看谁更容易拦到车。

结果，时髦的女郎和青年学者的搭车成功率非常高，中年妇女次之，黄头发青年则根本拦不到车。

这个实验说明：不同的穿衣打扮代表了不同的人，也影响了人们不同的际遇。这就是第一印象的重要性。研究发现，50%以上的第一印象是由你的外表造成的。你的外表是否清爽整齐，是让身边的人决定你是否可信的重要条件，也是别人决定如何对待你的首要条件。

古代哲人穆格法曾说："良好的形象是美丽生活的代言人，是我们走向更高阶梯的扶手，是进入爱的神圣殿堂的敲门砖。"在任何人面前，我们只有一次机会建立第一印象。而这短暂的一瞬间，你的形象却已经深深地印在了别人的脑海里。所以，当你在跟陌生人初次交往时，一定要注意给别人留下良好的印象，千万不要搞砸了第一次会面。

登门槛效应：先进门再提请求

1966年，美国社会心理学家弗里德曼做了这样一个实验：他让两位大学生去访问城区公寓的一些家庭主妇。第一位学生首先请求家庭主妇将一个小标签贴在窗户上，或在一个关于美化加州或安全驾驶的请愿书上签名，这是一个微小的请求。

半个月后，另一位大学生再次访问这些家庭主妇，请求她们答应在今后半个月的时间内在院子里竖立一个巨大的广告牌，呼吁大家安全驾驶，这是一个大要求。

实验结果是，答应了第一项请求的家庭主妇中有55%的人接受这项要求，而那些第一次没被访问的家庭主妇中只有17%的人接受了该要求。

这个实验揭示了什么道理呢？

在一般情况下，一开场就向对方提出一个较大的请求，人们往往很难接受，而如果逐步提出要求，不断缩小差距，人们就比较容易接受。人们把这种现象称之为"登门槛效应"，又叫"得寸进尺定律"，它是一种非常有效的心理引导技巧。

周末，妻子告诉丈夫："既然今天没事干，不如我们去外面逛逛吧。"丈夫也觉得待在家里很无聊，就答应了。两人在街上闲逛，妻子开始有意地把丈夫往家具市场方向带。路过家具市场时，妻子说："不如进去随便看看吧？"丈夫答应了。

两人来到家具市场，妻子相中了一款书桌，就对丈夫说："这个书桌很不错，最适合你放电脑和书了，还可以当我的梳妆台，买了吧？"丈夫略加思索，说："买。"

丈夫正准备掏钱，妻子又指着旁边的一个衣橱说："这个衣橱也很漂亮啊！你看价格也不贵，不如我们把它也买下来吧！"

丈夫犹豫不决："家里不是有衣橱吗？虽然旧了点，但还能凑合着用。"

妻子说："你看这个书桌多漂亮，配咱们家那个破衣橱合适吗？"

丈夫一想也是，既然桌子都买了，再多花几百块钱买个衣橱又有何妨呢。于是爽快地说："买。"

不得不说，故事中的这位妻子就很会用"登门槛效应"。"登门槛效应"对我们的启示很多，即要求别人做某件事时，需要像登楼梯一样，一个台阶一个台阶地往上走，这样才能更顺利地登到高处。

国外一位人性研究管理专家指出，人的积极性不仅取决于他所要实现的目标的价值，更取决于实现目标的概率。也就是说，他越是认为完成某件事情的概率大，就越容易完成某件事情。

同样，在销售或说服过程中，当我们一开始就提出较高请求时，容易遭到拒绝；如果我们先提出较低的要求，得到对方的许可后再逐渐增加要求的分量，则更容易达到目标。

一个从乡下来的小伙子去应聘城里最豪华的百货公司的销

售员。

经理问他："你有做销售的经验吗？"

小伙子老实回答说："我以前只在村里挨家挨户推销过农产品。"

"好吧！那我先给你一天的试用期，下班后我来检查你的业绩。"说完经理就走了。

这一天对小伙子来说太漫长了，他百无聊赖，但还是熬到了下班时间。

经理准时过来了，问他："你今天做了几单买卖。"

"一单。"小伙子回答说。

经理轻蔑地嘲讽他："怎么只有一单？我们这儿的销售员一天基本上可以完成20到30单生意呢。你卖了多少钱？"

小伙子说："30万美元。"

经理惊呆了："你是怎么做到的？"

小伙子开始讲起他做成这单生意的经过："一位衣着不凡的男士进来买东西，我先卖给他一个小号的鱼钩，然后是中号的鱼钩，最后是大号的鱼钩。接着，我卖给他小号的鱼线，中号的鱼线，最后是大号的鱼线。我问他上哪儿钓鱼，他说去海边。我建议他买条船，所以我带他到卖船的专柜，卖给他长20英尺有两个发动机的纵帆船。然后他说他的大众牌汽车可能拖不动这么大的船。我于是带他去汽车销售区，卖给他一辆丰田新款豪华型'巡洋舰'。"

经理难以置信地看着他："一个顾客仅仅来买个鱼钩，你就能卖给他这么多东西？"

"不是的。"这个从乡下来的小伙子说，"他是来给他夫人买纸巾的。我就告诉他'你的周末算是毁了，干嘛不去钓鱼呢？'"

加拿大的一位心理学家也做过一个类似"登门槛效应"的实验：如果直接提出要求，多伦多居民愿意为癌症学会捐款的比例为46％。而如果分两步提出要求，前一天先请人们佩戴一个宣传纪念章，第二天再请他们捐款，则愿意捐款的人数比之前几乎增加一倍。

西方一名伟大的销售员说过："如果在门槛边上就开始推销产品，推销多半会失败。而一旦进入到主人家里，再推销产品，推销成功率将大大提升。"这都是登门槛效应在起作用。

屋外风雨交加，郝丽曼夫人听到了敲门声。打开门，发现是一个饥寒交迫的乞丐。郝丽曼夫人皱了皱眉，第一反应就是关上门。不过，乞丐及时说道："夫人，我不想要饭，我就想进去避避雨。"

郝丽曼夫人觉得自己太不近人情了，于是把乞丐让进家门，并给他搬了一把椅子，让他坐下。坐了一会儿，乞丐礼貌地对郝丽曼夫人说："尊敬的夫人，我身上的衣服都湿透了，您能让我烤干衣服吗？"

郝丽曼夫人心想，这个要求也合情合理，于是，就带他来到火炉前。

衣服烤干后，乞丐的肚子开始叫起来。只见他不慌不忙地从兜里掏出一块石头，神秘兮兮地说："我有一颗神奇的汤石，如果把它放到沸腾的锅里，就可以煮出一锅美味的汤来。"

　　郝丽曼夫人感到很奇怪，她觉得很不可思议，一块石头怎么会煮出味道鲜美的汤呢？于是，她给乞丐找了个锅，想看看他怎么变出一锅汤来。

　　很快，水就烧开了，这个乞丐很小心翼翼地把汤石放到滚烫的水中，然后舀起汤尝了一口，兴奋地说："哇！太好喝了，这是我做过的汤里最鲜美的一次。如果再加点洋葱就好了。"郝丽曼夫人拿了一堆洋葱，放到了锅里，然后乞丐开始搅拌。做完这一切他又尝了一口说："太棒了，不过，我相信如果再放一些肉片，这锅汤就会成为最香的汤了。"郝丽曼夫人听后，又给锅里加了点"微不足道"的羊肉。

　　就这样，一锅美味的肉汤出锅了。

　　"登门槛效应"是一个可以广泛运用的心理学效应，也是一种很实用的说话技巧。在现实生活中，无论是销售工作，还是商业谈判，运用"登门槛效应"说话技巧都能发挥出重要的作用。

踢猫效应：不做情绪的奴隶

一个父亲上班迟到了，在公司受到了经理的批评，回到家就把窝在沙发里玩游戏的孩子臭骂了一顿。莫名其妙挨了一顿骂，孩子心里很不爽，于是便狠狠去踢身边打滚的猫。猫逃到街上，正好一辆卡车开过来，司机赶紧避让，却把路边的经理撞伤了。

这就是心理学上著名的"踢猫效应"，描绘的是一种典型的坏情绪传染所导致的恶性循环。

愤怒是人的情绪中可怕的魔鬼。莎士比亚说："不要因为你的敌人燃起一把火，你就把自己烧死。当你发怒的时候，怒火也许会烧及他人，但一般情况下，它是向内烧——烧的是发怒者个人的身心健康。"

美国生理学家爱尔玛曾做过一项著名的实验：他收集了人们在不同情绪下呼出的气体，然后将其装入试管里并插入摄氏零度的冰和水混合的容器中。结果爱尔玛发现，人在情绪稳定时呼出的气，凝成的水澄清透明，无色、无杂质；而在发怒时呼出的气，则会出现紫色的沉淀物。爱尔玛将这"带有紫色沉淀的水"注射到小白鼠身上，几分钟后，小白鼠居然死了。

爱尔玛因此意识到：人在发怒的时候，会分泌出毒素。生气十分钟所消耗的人体精力，相当于一次3000米的赛跑。这就是怒气的可怕之处，人在愤怒的一瞬间，智商几乎为零，过一段时间后才会恢复正常。

两个人的沟通能否成功，情绪占70%，内容仅占30%。如果说话的情绪不对，内容就会被扭曲，纵然有一肚子想法，没有良好的情绪，说得再多也只是发泄，说不到对方的心里去。所以，在学会沟通之前，我们一定要学会控制情绪、控制脾气。

有一个男孩是家里的独生子，常常动不动就发脾气。一天，他的父亲给了他一袋子钉子，并告诉他："以后你每次发脾气时，就给后院的围墙上钉一颗钉子。"

拿到钉子的第一天，这个男孩发了25次脾气，所以他就在围墙上钉下了25颗钉子。渐渐地，他发现控制自己的脾气要比钉下一颗钉子要容易些，所以，他每天发脾气的次数就一点点地减少了。终于有一天，这个男孩能够控制自己的情绪了，不再乱发脾气了。

父亲很欣慰，他告诉男孩："从明天起，每次你忍住不发脾气的时候，就拔出一颗钉子。"过了许多天，男孩终于将所有的钉子都拔了出来。

那一天，父亲带他来到围墙前，语重心长地说："孩子，你做得很棒，但你发现了没有？这面布满小洞的围墙，再也不可能恢复到以前的样子了，你生气时说的伤害别人的话，也会像钉子一样在别人心里留下伤口，不管你事后说了多少对不起，那些伤痕都会永远存在。"

西方一位著名的文学家曾经说过："愤怒暴躁是人们在感到

不如意的时候，还来不及想一想就突然爆发的情绪。它排斥一切理性，蒙蔽了我们理性的慧眼，叫我们的灵魂在昏天黑地中喷射着猛烈的火焰。"既然愤怒能带来这么多的伤害，那我们就有必要控制愤怒。

一休是日本室町时代禅宗临济宗的著名奇僧，他聪明机智，又肯刻苦修行，被人称作安国寺神童。

在安国寺附近的山下，有一个名叫万理江的年轻人，他头脑简单，而且非常爱发脾气。他也知道自己脾气不好，可就是改不了，经常为自己脑袋少根筋而烦恼不已。

一天，有人建议他："安国寺的神僧一休是天底下最聪明的人，你可以花钱从他那儿买些智慧啊。"

万理江听了，跑到安国寺找到一休，直截了当地说："只要您能教我如何克制自己的怒气，变得聪明，我就愿意花钱买您的智慧。"

一休听完后懒洋洋地说："那还不简单，我教给你十个字，'小怒数到十，大怒数到千'，这样子就可以了。"

万理江挠了挠头，疑惑地问："就这么简单吗？多少钱一个字？"

一休说："一个字十两银子！"

万理江的火噌的一下就上来了，他掏出钱来往地上狠狠一摔，大骂道："没见过你这么宰人的，你还算什么有德高僧？"

万理江回到家时天已经黑了，他余怒未消，气冲冲地打算睡觉。结果他发现自己的老婆正跟另外一个人并头睡在一起！

万理江气得五内俱焚，他抄起厨房的菜刀，打算手刃了这对

"奸夫淫妇"。

这时候，他想起今天"骗子"一休教他的十个字，就强忍着怒火，开始在心里数数。

还没数到十，他老婆旁边那个人突然醒了过来，看着万理江拿把菜刀站在自己面前，吓了一跳说："孩子，你拿着菜刀在这里做什么！"

万理江定神一看，原来是自己的母亲。原来母亲见儿子迟迟不归，特地过来陪儿媳妇聊天。两人等得困了，就睡在一起。

万理江心有余悸，心想：幸亏有这些买来的智慧，不然我已经杀了我母亲了！

这时候，万理江才觉得花一百两银子买来这些智慧简直是捡了个天大的便宜。

医学研究表明，愤怒会导致高血压、脑血栓、肠胀气等疾病。据统计，情绪低落、容易生气的人，患癌症和神经衰弱的可能性要比正常人大。愤怒如同决堤的滔滔江水，如果不加以引导，就会酿成巨大的灾难。

一位高僧养了一盆兰花，他对这盆淡雅的兰花呵护备至，经常为它浇水、除草、杀虫。

在高僧的照料下，兰花长得十分健康，出落得清秀可人。

有一次，高僧要外出访友，就把这盆兰花托付给小沙弥，请他帮忙照看。小沙弥很是负责，用心照料这盆兰花，兰花茁壮地成长着。

一天，小沙弥给兰花浇过水后放在窗台上，就出门办事了。没想到天有不测风云，狂风暴雨突至，把兰花打翻砸坏了。小沙弥赶回来，看到一地的残枝败叶，十分痛心，也很害怕师父回来责怪他。

没过几天，高僧回来了，小沙弥战战兢兢地向他讲述了兰花的事情，并准备接受他的责怪。可高僧什么也没说。小沙弥感到很意外，因为那毕竟是师父最心爱的兰花呀。

只见高僧淡淡一笑，说道："我养兰花，不是为了生气的。"

在人们希望避免的所有负面情绪当中，愤怒排在第一位。所以，在社交生活中，当我们遇见不讲理的人时，请注意：不要成为对方的情绪垃圾桶，不要把对方的情绪扔进你的心里，如果你承接了对方的坏情绪，那么你也就在不知不觉中成了别人的情绪垃圾桶。

名人效应：巧借大树来乘凉

有一个人们耳熟能详的故事，说的是一个农民的儿子如何毫不费力地当上了世界银行的副总裁和洛克菲勒的女婿。

在美国的一个偏远山村里，住着一个老头，他有三个儿子。大儿子、二儿子都在城里工作，小儿子和他住在一起，父子俩相依为命。

有一天，一个人找到他说："老人家，我打算带您的小儿子去城里工作。"

老头毫不犹豫地拒绝了他："不行，绝对不行！你滚出去吧！"

这个人并不灰心，问道："如果我在城里给您儿子找个对象，可以吗？"

老头依然没有答应。

这人又说："如果我能让他当上洛克菲勒的女婿呢？"

老头自然知道洛克菲勒的大名，便点点头答应了。

过了几天，这人来到洛克菲勒的办公室，对他说："尊敬的石油大王，我想给您的女儿介绍个对象。"

洛克菲勒头都没抬："快滚出去吧！"

这个人又说："我给您女儿介绍的对象可是世界银行的副总裁！"

洛克菲勒同意了。

又过了一段时间，这人来到了世界银行总裁的办公室，对他说："尊敬的总裁先生，我想让您任命一个副总裁。"

总裁不置可否地说："我们现在有这么多副总裁，干嘛还要再任命一个呢？你快点滚出去吧！"

这个人说："因为这个人是石油大王洛克菲勒的女婿啊！"总裁先生当然同意了。

这就是"名人效应"的巨大作用。一般来说，人们对名人总是有一种盲目的崇拜心理，我们不仅渴望从名人身上学到智慧，还会去效仿名人的一切。

无论是在销售工作、社交生活还是说服过程中，如果我们能巧妙地运用名人效应，也将助成功一臂之力。

黄兰阶是左宗棠一位至交的儿子，他在福建候补知县多年也没有等到实缺。后来，别人告诉他，只有拿到当朝权贵的推荐信才有机会。想到父亲跟左宗棠交情不菲，他就跑到北京来找左宗棠。

故人之子来访，左宗棠十分高兴，并设宴款待他。但当黄兰阶一提出想让他写推荐信给福建总督时，左宗棠的态度立马就冷淡了下来，几句话就将黄兰阶打发走了。

从左宗棠家出来后，黄兰阶心情非常郁闷，于是就闲踱到琉璃厂看书画散心。忽然，他瞥见一家书画小店的老板学写左宗棠字体，十分相似，心中一动，想出一条妙计。他让店主写柄扇子，落了款，得意洋洋地回到福州。

一天，黄兰阶手摇折扇来到总督府。总督很纳闷地看着他："这都深秋了，你干嘛还拿把扇子摇个不停？"

黄兰阶闻言后，故意压低声音说："不瞒大人，这把扇子是左宗棠大人亲送的，上面还有他的题字，所以舍不得放手。"

总督一听恍然大悟，原来这小子是显摆来了。他心想：我本以为这位仁兄没有后台，所以才让他坐了这么多年的冷板凳，没成想他却有这么个大后台；左宗棠是什么人啊？他要是在心里记恨我，只消在皇上耳边说个一句半句，我可就吃不住了。

想到这儿，总督拿过黄兰阶手里的扇子看了看，确定是左宗棠的笔迹。回到后堂后，他马上找师爷商议此事，第二天就给黄兰阶挂牌任了知县。黄兰阶不到几年就升到四品道台。

偶然的一次，福建总督进京述职碰见了左宗棠。他故意在左宗棠面前邀功："大人的故友之子黄兰阶，少年英雄，如今在敝省当了道台了。"

左宗棠半天才回过神来，笑着说："我想起来了，几年前他来找我，我就告诉他，'只要有本事，自有识货人。'老兄就是那个'识货人'嘛！"

黄兰阶能够官拜道台，是借左宗棠这棵大树的名气，让总督给他升了官，实在是棋高一着。这种行径在古代官场上是该受到谴责的，但在今天看来，这种借力打力的妙招却很值得在人际关系中研究。

"名人效应"的普遍存在，首先在于人们心里总存在"权威暗示"，即人们总认为名人往往是正确的楷模，服从他们会使自己具备安全感，增加不会出错的"保险系数"；其次是由于人们有"赞许心理"，即人们总认为名人的要求往往和社会规范相一致，按照名人的要求去做，会得到各方面的赞许和奖励。

在现实生活中，人们利用"名人效应"的例子有很多：参加辩论会的时候，很多人会引用名人语录；推出新产品后，很多商家都会聘请名人代言此产品。在人际交往中，利用"名人效应"，还能够达到引导或改变对方的态度和行为的目的。

刺猬效应：距离才会产生美

一位生物学家把两只刺猬放在寒风刺骨的野外，以研究它们在寒冷的冬天如何生存。刺猬被冻得瑟瑟发抖，为了取暖，它们只好紧紧地靠在一起。可靠在一起后，对方的刺就会扎到自己身上，于是它们又分开了。可天气实在太冷了，两只刺猬不得不又靠在一起取暖，但靠在一起时的刺痛使它们不得不再度分开。

靠得太近，身上就会被刺扎进去；离得太远，又受不了寒风的侵袭。就这样，两只刺猬反反复复地分了又聚，聚了又分，不断地在受冻与受刺之间挣扎。最后，它们终于找到了一个适中的距离，这个距离让刺猬既可以相互取暖，又不至于被彼此刺伤。

这就是心理学中的"刺猬效应"。刺猬效应反映了人际交往中的一个原理：即每个人都需要一个较为宽松的环境，好让自己能够从容舒展，它就像一个无形的气泡一样，为自己"割据"了一定的"领域"。

美国一所著名大学的心理学教授做了这样一个实验：当他发现教室里只有一个人时，就走进去，然后坐在他或她的旁边。实验重复进行了上百次，他最终得出这样一个结论：在一个空旷的教室里，没有一个人能够忍受另一个陌生人紧紧挨着自己。尽管这位教授尝试着变换自己的位置，比如分别坐在被试者的左边、右边、前面或后面，但是被试验者在不知道这是在做实验的情况下，更多的人选择立即默默地远离到别处坐下，有人则干脆提出："你想干什么？"

由此可见，人们对自己周围的个人空间都有很强的保护欲望，一旦这个个人空间被侵犯，就会产生不舒服、不安全的感觉，甚至因此恼怒。当然，个人空间的大小并不绝对，它的范围的大小由交往双方的人际关系和所处情境所决定。简单地说，合适的距离取决于你和对方的亲疏关系和所处环境情况。

从那个效益不错的外资企业辞职后，伊美智的心情陷入了极度郁闷中。说来也是，伊美智自从研究生毕业进入那家外企以来，近十年的时间她可谓是"春风得意马蹄疾"。

伊美智和她的上司朱艳华非常合得来，不光性格相投，就是爱好也惊人的相似。比如她们喜欢用同一个牌子的化妆品，喜欢同一类型的书，喜欢同一个导演的电影……为此两个人在一起的时间也就多一些。有一次，两人不约而同地穿了一件不同款式却绝对风情万种的春衫，她们在更衣室相遇，嬉笑着互骂彼此是妖精，于是伊美智私下里就称朱艳华"老妖精"，朱艳华也乐着回一句"小妖精"。

办公室一向都是流言蜚语的滋生地，她们的亲密自然招致了别人的非议。朱艳华从此留了心，她想慢慢疏远和伊美智的距离，可是伊美智却没有意识到这点。一天，朱艳华在自己的办公室里接待一位客户，伊美智敲门后进来，以为没有别人就冲着她问："嗨，老妖精，今天晚上去看电影怎么样，我搞到了两张票。"朱艳华的脸色立刻很不自然，只说了一句："你风风火火的像什么样子？这是在办公室。"伊美智这才发现在那张宽大的黑色沙发里，坐着一个穿黑风衣的瘦小老头……

年底，优秀员工评选，伊美智落榜了，她知道这一切都是朱艳华背后操作所致。看着同事们在背后不断地指指点点，伊美智自知是再难在这家公司继续待下去了，于是便在递了辞职信之后，形单影只地拿着自己的东西离开了公司。

可见，与老板过度亲密，不一定会是自己晋升的垫脚石，相反，有时会给自己带来负面影响，想必这是伊美智在当初走近朱艳华时所没有料想到的。

刺猬效应启示我们：人和人交往同样要注意距离的尺度，因为离得太远帮不上忙，离得太近往往又会互相伤害。所以有人说，距离就像抓沙子，抓得太紧它会结成干硬的一团，抓得太松它会漏掉。只有不松不紧，才能抓牢抓好。

这是一个真实的故事：日美两国的一次商务合作达成后，举行了盛大的酒会。在酒会上，一位日本谈判代表端着一杯鸡尾酒和美国谈判代表聊起了合作中的一些细节。这个日本代表说话时喜欢紧贴着别人，所以身体不自觉地向着美国代表移去，而美国代表却不喜欢人家靠着他说话，于是也就不自觉地往后退，就这样一个往前移，一个往后退，结果就变成了日本代表追着美国代表在大厅里转圈子。

尽管这个故事有点夸张，但是说明谈话的距离的确很重要，各个民族、各个国家有不同的谈话距离。

我国有句老话"久别胜新婚"，意思是短暂的别离会使夫妻双方的关系更加亲密。同理，如果你跟某个人在一个时期内过分地亲近，将来一定有一个时期会特别地疏远。"友如画梅须求淡"就是这个道理。

推而广之，在人们日常交往中，交际双方如果一开始就过分亲密，有时也会让人感到别扭。正如我们在银行存取钱款的时候，前后两人需要保持"一米线"距离，以确保安全、保密。在同别人特别是陌生人的交往中也是如此，千万不可越过这条"一米线"。